Hanno Drews

Instrumente des Kooperationscontrollings

DUV **Wirtschaftswissenschaft**

Edition Österreichisches Controller-Institut

Herausgeber: Prof. Dr. Rolf Eschenbach

In der

Edition Österreichisches Controller-Institut

werden wissenschaftliche Arbeiten aus den Bereichen zukunftsorientierte Unternehmensführung und Controlling veröffentlicht.

Diese Publikationen richten sich an Leser in Wissenschaft und Wirtschaft, die an Antworten auf aktuelle Fragen der angewandten Betriebswirtschaftslehre interessiert sind.

Mit dieser Reihe werden die „Schriften des Österreichischen Controller-Instituts" fortgesetzt, die seit 1985 im Verlag der Universitätsbuchhandlung der Wirtschaftsuniversität Wien erschienen waren.

Hanno Drews

Instrumente des Kooperationscontrollings

Anpassung bedeutender Controllinginstrumente an die Anforderungen des Managements von Unternehmenskooperationen

Mit einem Geleitwort von Univ.-Prof. Dr. Rolf Eschenbach und Univ.-Prof. Dr. Walter Schertler

Deutscher Universitäts-Verlag

Die Deutsche Bibliothek – CIP-Einheitsaufnahme

Drews, Hanno:
Instrumente des Kooperationscontrollings : Anpassung bedeutender Controllinginstrumente an die Anforderungen des Managements von Unternehmenskooperationen / Hanno Drews. Mit einem Geleitw. von Rolf Eschenbach und Walter Schertler. – 1. Aufl.. – Wiesbaden : Dt. Univ.-Verl., 2001
(Edition Österreichisches Controller-Institut)
(DUV : Wirtschaftswissenschaft)

1. Auflage Januar 2001

Lektorat: Ute Wrasmann / Gereon Roeseling

Der Deutsche Universitäts-Verlag ist ein Unternehmen der Fachverlagsgruppe BertelsmannSpringer.

www.duv.de

Höchste inhaltliche und technische Qualität unserer Produkte ist unser Ziel. Bei der Produktion und Verbreitung unserer Bücher wollen wir die Umwelt schonen. Dieses Buch ist deshalb auf säurefreiem und chlorfrei gebleichtem Papier gedruckt. Die Einschweißfolie besteht aus Polyäthylen und damit aus organischen Grundstoffen, die weder bei der Herstellung noch bei der Verbrennung Schadstoffe freisetzen.

ISBN 978-3-8244-0564-0 ISBN 978-3-322-90824-7 (eBook)
DOI 10.1007/978-3-322-90824-7

Geleitwort

Mit der vorliegenden Arbeit hat Hanno Drews den wissenschaftlichen Schwerpunkt „Management von Unternehmenskooperationen" mit einem äußerst interessanten und für die betriebswirtschaftliche Forschung und Praxis gleichermaßen relevanten Beitrag ergänzt. Mit überzeugenden Argumenten belegt der Autor seine Hypothese, daß Controlling ein beachtliches Nutzenpotential für das Kooperationsmanagement bietet und daß für eine möglichst weitgehende Erschließung dieses Nutzenpotentials eine Anpassung an die Anforderungen des Kooperationsmanagements erforderlich ist. Ziel des Autors ist, entsprechende Anpassungsempfehlungen zu erarbeiten, und zwar speziell für die in der Praxis bedeutendsten Controllinginstrumente, um so eine bestehende Forschungslücke mit einem anwendungsorientierten Beitrag zu schließen. Diesem Anspruch wird die vorliegende, am Fachbereich IV der Universität Trier als Dissertation angenommene Arbeit in ausgezeichneter Weise gerecht.

Als Grundlage für die Anpassung schafft Hanno Drews zunächst einen soliden theoretischen Bezugsrahmen, der die untersuchungsrelevanten Bestandteile von Controlling und Kooperationsmanagement modelltheoretisch zusammenführt. Die dann detailliert hergeleiteten Anpassungsempfehlungen – und damit das zentrale Ergebnis der Arbeit – liegen in Gestalt des Kooperationscontrolling-Instrumentariums vor, welches im Kern vier unternehmensübergreifend ausgerichtete Verfahren umfaßt:

- die auf der Prozeßkostenrechnung basierende *Kooperationsaktivitätskostenrechnung*;
- die *Kooperationswertrechnung*, welche Kapitalwertverfahren, Nutzwertanalyse, spieltheoretische Analyse und Sensitivitätsanalyse integriert;
- das auf der Balanced Scorecard beruhende *Kooperationskennzahlensystem*;
- das *Kooperationsberichtssystem* bzw. die dafür entwickelten Gestaltungshilfen.

Damit ist es gelungen, basierend auf weithin anerkannten und verbreiteten Verfahren effektive, sich gegenseitig ergänzende Instrumente für die spezifischen Anforderungen des Kooperationsmanagements zu entwickeln.

Die Anwendungsorientierung der Arbeit manifestiert sich insbesondere in der Fallstudie, welche erste – erfreulicherweise überwiegend positive – Hinweise auf das praktische Nutzenpotential des Instrumentariums liefert.

Wir wünschen Hanno Drews, daß seine Untersuchungsergebnisse nicht nur in der betriebswirtschaftlichen Forschung aufgegriffen werden, sondern auch das Kooperationscontrolling in der Praxis voranbringen. Dafür hat er mit der vorliegenden Schrift Pionierarbeit geleistet.

Durch die Verleihung des Österreichischen Controllerpreises, der alljährlich durch das Österreichische Controller-Institut für hervorragende Arbeiten aus dem strategischen und operativen Controlling zuerkannt wird, findet die Leistung von Hanno Drews eine besondere Anerkennung. Sie soll ihn ermutigen, in seiner wissenschaftlichen Arbeit fortzufahren und sich neue Ziele zu setzen. Dazu wünschen wir ihm Erfolg und sagen ihm unsere Unterstützung zu.

Univ.-Prof. Dr. Walter Schertler
Universität Trier

Univ.-Prof. Dr. Rolf Eschenbach
Wirtschaftsuniversität Wien
Österreichisches Controller-Institut

Vorwort

Als ich Mitte 1996 aus der Praxis an die Universität Trier kam, ergab sich das Thema der vorliegenden Dissertationsschrift nach wenigen Monaten fast von selbst: Mein Studium sowie die daran anschließende Tätigkeit bei Procter & Gamble standen ganz im Zeichen des Controllings. Diese Ausrichtung wollte ich durch einen Beitrag zur Controllingforschung fortsetzen. Auf meinen Doktorvater und neuen Chef, Univ.-Prof. Dr. Walter Schertler, war ich unter anderem durch seinen Forschungsschwerpunkt Unternehmenskooperationen aufmerksam geworden. Folglich lag Kooperationscontrolling als Arbeitsgebiet nahe. Nach intensiver Recherche zeigte sich, daß in diesem Gebiet Forschungsbedarf in bezug auf Instrumente besteht. Damit waren die Instrumente des Kooperationscontrollings als Thema identifiziert.

Zwischen Themenfindung und Einreichung der Dissertationsschrift lag ein arbeits-, lehr- und ich denke auch ertragreicher Weg. Auf diesem Weg haben mich viele Menschen unterstützt, denen ich hiermit aufrichtig danke. Univ.-Prof. Dr. Walter Schertler gewährte mir den für die Erstellung einer Forschungsarbeit notwendigen Freiraum und gab der vorliegenden Arbeit insbesondere während unserer Dissertantenseminare wertvolle Impulse. Univ.-Prof. Dr. Dieter Rückle hat freundlicherweise das Koreferat übernommen und mit inhaltlichen Anregungen geholfen. Mark Möbius, CBD (Customer Business Development) Finance Manager bei Procter & Gamble und wichtigster Ansprechpartner für die im Rahmen dieser Arbeit angefertigte Fallstudie, war mit seiner Erfahrung maßgeblich an den Forschungsergebnissen beteiligt.

Danken möchte ich auch unserer Lehrstuhlsekretärin Irmgard Maringer, meinen Kollegen René Robles Sy, Christoph Passmann, Dr. Sven Rohte und Uwe Schmidt sowie unseren wissenschaftlichen Hilfskräften. Sie alle haben in irgendeiner Form einen Beitrag zu der vorliegenden Arbeit geleistet.

Der größte und persönlichste Dank gebührt meiner geliebten Familie. Die letzten Jahre waren für mich nicht nur durch meine Dissertation geprägt, sondern vor allem durch die Hochzeit mit meiner Frau Doris, die Geburt unserer Tochter Ronja und die Anschaffung unseres Hundes Sarah. Meine Eltern und Schwiegereltern verkörperten stets eine unverzichtbare Unterstützung. Hervorgehoben seien die Leistungen meiner Frau Doris: Sie stellte eigene Wünsche zurück, um mir die Promotion zu ermöglichen. An ungezählten Abenden hatte sie ein offenes Ohr für meine Gedanken. Daher widme ich ihr diese Arbeit.

Die Erstellung der Dissertationsschrift ist der höchste Gipfel, den ich in meiner Berufslaufbahn bisher erklommen habe. Doch nun gilt ein Zitat des erfahrenen Gipfelstürmers Reinhold Messner: „Ich schöpfe meine Kraft nicht aus Leistungen der Vergangenheit, sondern aus Plänen für die Zukunft." Neue Herausforderungen stehen an!

Hanno Drews

Inhaltsverzeichnis

Hinweis: Eine komprimierte Inhaltsübersicht bietet Abbildung 1 auf Seite 10.

Abbildungsverzeichnis

Abkürzungsverzeichnis

ABC	Activity-Based Costing
APT	Arbitrage Pricing Theory
BAB	Betriebsabrechnungsbogen
CAPM	Capital Asset Pricing Model
CBD	Customer Business Development
CCG	Centrale für Coorganisation
CPFR	Collaborative Planning, Forecasting and Replenishment
CTFM	CBD Team Finance Manager
DPP	Direkter Produkt-Profit
ECR	Efficient Consumer Response
EDI	Electronic Data Interchange
EDV	elektronische Datenverarbeitung
F&E	Forschung und Entwicklung
gew.	gewichtet(e)
H.	Heft
HBR	Harvard Business Review
KAKR	Kooperationsaktivitätskostenrechnung
KRP	Kostenrechnungspraxis
KW	Kapitalwert
KWR	Kooperationswertrechnung
o.Jg.	ohne Jahrgangsangabe
o.O.	ohne Ortsangabe
o.S.	ohne Seitenangabe
o.V.	ohne Verfasserangabe
PIETF	Profit Impact of ECR Task Force (Arbeitsgruppe der Branchenorganisation ECR Europe)
PIETF-ABC	von der PIETF entwickelter Ansatz zum ABC
PKR	Prozeßkostenrechnung

P&G	Procter & Gamble
ROI	Return on Investment
SGE	strategische Geschäftseinheit
URL	Uniform Resource Locator
VLB	Verzeichnis lieferbarer Bücher
VICS	Voluntary Interindustry Commerce Standards
WWW	World Wide Web
ZfB	Zeitschrift für Betriebswirtschaft
ZfbF	Schmalenbachs Zeitschrift für betriebswirtschaftliche Forschung

„If you can't measure it, you can't manage it!"
(Quelle unbekannt)

1 Einführung

1.1 Problemstellung

1.1.1 Nutzenpotential des Controllings für das Kooperationsmanagement

Kooperationen[1] bieten sich jedem Unternehmen als möglicher Weg zur Erreichung bzw. Erhaltung von Wettbewerbsvorteilen an. Wesentliche Entwicklungen wie der Fortschritt von Informationstechnologien und Globalisierung wirken sich positiv auf die durch Kooperationen erzielbaren Vorteile aus. Folglich besitzen Unternehmenskooperationen als Koordinationsformen zwischen Hierarchie und Markt seit vielen Jahren eine hohe Bedeutung in der Wirtschaftspraxis. Dies zeigt sich in empirischen Studien[2] sowie bei der Durchsicht der Wirtschaftspresse, in der täglich Nachrichten wie „Bank 24 und Yahoo kooperieren"[3], „Valeo und Bosch-Tochter gründen Joint Venture"[4], „Allianz von Tengelmann und Edeka"[5] oder „Kooperationen treiben Biotech-Aktien nach oben"[6] zu finden sind. Gelegentlich werden Unternehmenskooperationen sogar als Megatrend bezeichnet.[7] Dem aus der hohen Bedeutung resultierenden Bedarf an Erkenntnissen über Unternehmenskooperationen hat die Wissenschaft durch zahlreiche entsprechende Publikationen Rechnung getragen.[8] Trotz der vorliegenden praktischen Erfahrungen und der umfangreichen theoretischen Durchdringung der Thematik sind in der Praxis häufig Mängel beim Kooperationsmanagement bzw. Mißerfolge von Unternehmenskooperationen zu beobachten.[9] Zur Verbesserung dieser Situation bietet sich das Controlling an.

---

1 Gemeint ist in der vorliegenden Arbeit stets die Kooperation zwischen Unternehmen (vgl. genauer zum Kooperationsbegriff Kap. 3.1.1, zum Unternehmensbegriff S. 27 in Kap. 2.1.3). Die Bezeichnung „Unternehmenskooperation" wird hier synonym mit „Kooperation" verwendet.

2 Vgl. z.B. Doz 1992; Müller-Stewens/Hillig 1992; Hammes 1994, S. 191-194; Pekar/Allio 1994, S. 54-59; Weimer 1994, S. 19; Balling 1997, S. 29-38; Schmidt 1997, S. 62-104; Friese 1998, S. 181-194.

3 O.V. 1999b, S. 24.

4 O.V. 1999c, S. 22.

5 O.V. 1999a, S. 13.

6 O.V. 2000, S. 13.

7 Vgl. z.B. Laurent 1996, S. 17.

8 Einen Überblick geben z.B. Wurche 1994, S. 21-32; Baumgarten 1998, S. 16-87.

9 Vgl. zu Mängeln beim Kooperationsmanagement z.B. Lorange/Roos 1992a, Bleeke/Ernst 1995; Littler/Leverick 1995. Als Mißerfolgsquote zeigt eine Übersicht von Fontanari für verschiedene Studien Werte zwischen 30% und 70% (vgl. Fontanari 1996, S. 28; zu Mißerfolgsquoten vgl. auch die bei Michel 1996, S. 2 u. 47-49 angegebenen Quellen).

Das Controlling dient der erfolgszielorientierten Unterstützung des Managements[10] und hat in den letzten Jahren Anwendung auf nahezu alle Gegenstandsbereiche des Managements gefunden (z.B. als Personalcontrolling, Marketingcontrolling oder Beteiligungscontrolling). Folglich liegt die Vermutung nahe, daß das Controlling auch für die Unterstützung des Kooperationsmanagements Nutzenpotential aufweist.[11] Dieses Nutzenpotential läßt sich anhand wesentlicher Controllingaufgaben veranschaulichen. Eine bedeutende Aufgabe ist die Schaffung von Transparenz durch Informationsversorgung. Beispielsweise kann das Controlling Kosten- und Erlöswirkungen einer Kooperation ermitteln. Des weiteren ist in diesem Zusammenhang die Einrichtung eines kooperationsbezogenen Berichtswesens denkbar. Ein solches Berichtswesen kann einerseits innerhalb eines Unternehmens gewährleisten, daß kooperationsbezogene Informationen in geeigneter Form zum richtigen Zeitpunkt an die richtige Person übermittelt werden. Andererseits kann es – sofern es unternehmensübergreifend ausgerichtet ist – helfen, eine regelmäßige Kommunikation unter den Kooperationspartnern sicherzustellen und durch Annäherung an den gewünschten Grad von Informationssymmetrie das gegenseitige Vertrauen zu stärken. Ein weiteres Beispiel für das Nutzenpotential des Controllings ist der Einsatz der Budgetierung für Koordinationsaufgaben im Kooperationsmanagement. Mit Hilfe der Budgetierung läßt sich unter anderem eine systematische Koordination von Planung und Kontrolle gewährleisten, indem z.B. Erfolgskriterien, Verantwortliche und Konfliktbereinigungsmechanismen für die Kooperation bzw. für einzelne Kooperationsaktivitäten[12] festgelegt werden.

Aufgrund der genannten Beispiele überrascht es nicht, daß in der Praxis durchaus Controller anzutreffen sind, welche vorwiegend entsprechende Managementunterstützungsaufgaben bezüglich bestimmter Kooperationen wahrnehmen. Beispielsweise existiert bei dem Unternehmen Hoffmann-La Roche die Position „Vice Director Controlling Strategic Alliances" und bei der Lufthansa ein Allianzcontrolling für die „Star Alliance" sowie ein Controlling des Franchisingsystems „Team Lufthansa".[13]

Die vorangegangenen Ausführungen demonstrieren, daß das Controlling für das Management von Unternehmenskooperationen sinnvoll und notwendig sein kann, d.h. Nutzenpotential besitzt. Dies wird im weiteren Verlauf der Untersuchung noch deutlicher werden.

---

10 Das Controlling (inklusive des Begriffes „Erfolgszielorientierung") wird in Kap. 2 ausführlich vorgestellt.

11 Zum Nutzenpotential als Kriterium für die Beurteilung des Controllings vgl. Kap. 3.3.3.

12 Dieser für die vorliegende Arbeit wichtige Begriff wird am Ende von Kap. 3.1.1 definiert.

13 Vgl. zu Hoffmann-La Roche Kraege 1997, S. 323. Die Information zur Lufthansa wurde 1998 im Rahmen einer vom Verfasser betreuten Diplomarbeit gewonnen.

1.1.2 Notwendigkeit der Anpassung des Controllings an die Anforderungen des Kooperationsmanagements

Die vorliegende Arbeit fußt auf der Annahme, daß die Anpassung des Controllings an die Anforderungen des Kooperationsmanagements zu einer Erhöhung seines bereits exemplarisch aufgezeigten Nutzenpotentials führen kann. Die Existenz spezifischer Problemstellungen des Kooperationsmanagements sowie der daraus folgende Anpassungsbedarf des Controllings lassen sich unter anderem mit folgenden Argumenten demonstrieren:

- Kooperationsspezifische Erfolgsfaktoren erfordern eine entsprechende Ausrichtung des Controllings, denn Controlling soll erfolgszielbezogen wirken. Wird z.B. die Partnerwahl als Erfolgsfaktor erkannt, muß das Controlling diesen Faktor in seinen Aufgabenbereich einbeziehen und unter anderem die Informationsversorgung entsprechend ausdehnen.
- Oft wird auf die Besonderheiten der mit Unternehmenskooperationen verfolgten Ziele hingewiesen. Unter diesen Zielen finden sich z.B. Marktzugang, Technologiezugang oder auch Zeitersparnis. In der Regel lassen sich Kooperationsziele nicht ausschließlich über monetäre Größen messen und steuern. Daher muß das Controlling die Größen, die es zur Steuerung und Erfolgsmessung einer Kooperation verwendet, entsprechend ergänzen.
- Eine Kooperation erfordert häufig eine Anpassung der institutionellen Gestaltung des Controllings. Dies kann sich unter anderem in einer Verflechtung der Controllingorganisationen der kooperierenden Unternehmen oder in besonderen Anforderungen an die Träger des Controllings manifestieren. So muß beispielsweise das Controlling von Franchisingsystemen strukturell im Einklang mit den Besonderheiten dieser Kooperationsform stehen. Sofern in einem Franchisingsystem der Autonomiegedanke stark ausgeprägt ist (hohes Ausmaß an Selbständigkeit der Franchisenehmer), ist seitens des Franchisegebers kein „autoritäres" Controlling möglich, das beliebig Informationen einfordert, analysiert und dem eigenen Management für Entscheidungen vorlegt. Diese konzeptionelle Besonderheit ist bei der Struktur- und Prozeßgestaltung des Kooperationscontrollings zu beachten, z.B. durch Einrichtung von Controllingstellen beim Franchisegeber, welche die Franchisenehmer bezüglich des Controllings schulen, ihnen also Hilfe zur Selbststeuerung geben.[14]
- Bereits aus den Ausführungen in Kap. 1.1.1 geht hervor, daß Anpassungsbedarf für das Controllinginstrumentarium besteht. Dort zeigte sich als Beispiel die Notwendigkeit, das Berichtswesen unternehmensübergreifend auszurichten, um kooperationsbezogene Informationsversorgungsaufgaben effektiv wahrnehmen zu können. Ähnliches gilt auch für die Kosten- und Erlösrechnung, welche nicht einzelne Analysebereiche isoliert betrachten darf,

---

[14] Vgl. Creusen 1993, S. 285f.

sondern die bei einer Kooperation vorliegenden Beziehungen zwischen Aktivitäten oder Organisationseinheiten einbeziehen muß.

Eine nähere Betrachtung des Koordinationsaspektes liefert eine im Vergleich zu den genannten Einzelargumenten umfassendere Begründung des Anpassungsbedarfes: Controlling wird in der wirtschaftswissenschaftlichen Literatur häufig in Verbindung mit der Koordination innerhalb des Unternehmenssystems – d.h. innerhalb einer Hierarchie – thematisiert. Controlling stellt koordinierend sicher, daß alle Entscheidungen an ökonomischen Zielen orientiert sind und Transparenz durch Informationsversorgung entsteht. Da innerhalb einer Hierarchie die wettbewerbliche Koordination durch den Preismechanismus nicht stattfindet, versucht das Controlling, diese Koordination zu übernehmen bzw. zu simulieren. Es trägt also gewissermaßen marktliche Koordination in die Hierarchie. Da Kooperationen eine Mischform aus den Koordinationsformen Markt und Hierarchie bzw. den jeweiligen Koordinationsmechanismen sind, muß die eben skizzierte Funktion mitsamt den dazugehörigen Instrumenten hier andersartig sein. Das wird am Beispiel der Budgetierung deutlich: Der von der Kooperation betroffene Entscheidungsbereich unterliegt nicht der Verfügungsgewalt *einer* Hierarchie. Daher kann ein Budget nicht top-down vorgegeben werden, sondern ist in einem Einigungsprozeß zu vereinbaren. Für den Fall von Budgetabweichungen sind die zum Tragen kommenden Mechanismen vorher (gegebenenfalls vertraglich) festzulegen, denn im Gegensatz zur Hierarchie können nicht beliebig einzelfallbezogene Maßnahmen beschlossen und durchgesetzt werden. Controlling ist also abhängig von der zu unterstützenden Koordinationsform.

Als Zwischenergebnis kann damit festgehalten werden, daß ein Bedarf nach Anpassung des Controllings an die Anforderungen des Kooperationsmanagements besteht. Dieser Anpassungsbedarf ist im weiteren Verlauf dieser Arbeit noch genauer und systematischer zu untersuchen. Zunächst stellt sich jedoch die Frage, inwieweit die erforderliche Anpassung durch bereits vorliegende Forschungsbeiträge geleistet wurde.

1.1.3 Das Problem: Defizite des Entwicklungsstandes des Kooperationscontrollings

In vielen Veröffentlichungen finden sich kurze Hinweise auf einzelne Aspekte des Kooperationscontrollings. Beispielsweise werden Kennzahlen im Zusammenhang mit Kooperationen erwähnt[15] oder sogar kooperationsspezifische Controllingsysteme gefordert[16]. Solche Veröffentlichungen besitzen für die tatsächliche Anpassung des Controllings jedoch nur wenig Bedeutung.

---

15 Vgl. Rühle von Lilienstern 1972, S. 24-28.

16 Vgl. Bronder 1993b, S. 24-26.

Des weiteren existiert eine geringe Anzahl von Beiträgen, die Aspekte des Kooperationscontrollings für einen bestimmten Praxisfall behandeln. Beispielsweise beschreibt Creusen das Controllingkonzept im Franchisingsystem OBI Bau- und Heimwerkermärkte.[17] Davis/Darling erläutern den Einsatz eines Kostenrechnungsverfahrens zur Steuerung eines kooperativen Netzwerkes.[18] Diese Beiträge geben allenfalls vereinzelte Hinweise für die Anpassung. Das gilt auch für die nicht auf einen Praxisfall bezogene Arbeit von Ahlert/Burg, welche Wesen, Akzeptanz, Aufgaben und Trägerschaft des Kooperationscontrollings kurz aufzeigt.[19]

Die vom Verfasser vorgenommenen umfangreichen Recherchen in der englischsprachigen und insbesondere in der deutschsprachigen Literatur erbrachten nur wenige Veröffentlichungen, welche sich explizit und umfassend mit Kooperationscontrolling beschäftigen. Als solche Veröffentlichungen sind die Dissertationen von Pampel, Albe, Michel, Hippe, Hartlieb und Kraege sowie der Sammelwerkbeitrag von Neumann/Heider zu nennen. Pampel erläutert in einem Kapitel Aufgabenschwerpunkte und Instrumente des Kooperationscontrollings, und zwar spezifisch für die als Titel seiner Arbeit („Kooperation mit Zulieferern") gewählte Kooperationsform.[20] Albe umreißt in seiner Dissertation (Titel: „Total-dynamic-Controlling zwischenbetrieblicher Kooperation") Grundzüge einer stark koordinationsorientierten Konzeption des Kooperationscontrollings.[21] Michel thematisiert das Kooperationscontrolling nur kurz in expliziter Form, liefert jedoch in seiner gesamten Dissertation (Titel: „Wertorientiertes Management strategischer Allianzen") wertvolle Beiträge, vor allem zur Benutzung des Controllinginstrumentes „Wertsteigerungsanalyse" für das Kooperationsmanagement.[22] Hippe entwickelt in seiner Arbeit (Titel: „Interdependenzen von Strategie und Controlling in Unternehmensnetzwerken") Ansätze eines Controllingsystems für strategische Unternehmensnetzwerke, untersucht also wie Pampel eine bestimmte Kooperationsform.[23] Dies trifft auch auf Hartlieb zu, der eine „Konzeption eines unternehmensübergreifenden Schnittstellen-Controlling" (Titel seiner Dissertation) spezifisch für Just-in-Time-Partnerschaften erarbeitet.[24] Hervorzuheben ist die Dissertation von Kraege (Titel: „Controlling strategischer Unternehmungskooperationen").[25] Unter allen gefundenen Beiträgen ist dies der einzige, der das Kooperationscontrolling auf umfassende Weise (Konzeption, Aufgaben, Instrumente, Organisation) und kooperationsformübergreifend aufzeigt. Weit weniger ausführlich präsentieren Neumann/

---

17 Vgl. Creusen 1993.

18 Vgl. Davis/Darling 1996.

19 Vgl. Ahlert/Burg 1996.

20 Vgl. Pampel 1993b, insbes. S. 243-280; für einige von Pampels Gedanken in Kurzform vgl. Pampel 1993a.

21 Vgl. Albe 1996, insbes. S. 223-248.

22 Vgl. Michel 1996; für viele von Michels Ausführungen in Kurzform vgl. Horváth/Herter/Michel 1994 und Michel 1994.

23 Vgl. Hippe 1997, insbes. S. 188-267.

24 Vgl. Hartlieb 1997, insbes. S. 154-214.

25 Vgl. Kraege 1997; für einige von Kraeges Gedanken in Kurzform vgl. Steinle/Kraege 1998.

Heider in ihrer Arbeit (Titel: „Controlling in Franchise-Systemen“) Nutzen und Aufgaben des Controllings spezifisch für das Franchising.[26]

Die Gesamtbetrachtung der bisher vorliegenden Forschungsbeiträge offenbart einige Lücken hinsichtlich der erforderlichen Anpassung des Controllings an die Anforderungen des Kooperationsmanagements, d.h. Defizite des Entwicklungsstandes des Kooperationscontrollings. Es besteht Bedarf nach weiteren Arbeiten, z.B. bezüglich noch nicht abgedeckter Kooperationsformen oder bezüglich der Auswirkungen neuer Informationstechnologien auf das Kooperationscontrolling.

Ein wesentliches Defizit besteht im Bereich des Instrumentariums des Kooperationscontrollings. Die oben kurz angesprochenen Beiträge beschäftigen sich zwar durchaus auch mit instrumentellen Aspekten, behandeln einzelne Instrumente jedoch nur sehr kurz bzw. sehr kooperationsformspezifisch.[27] Eine systematische Anpassung bedeutender Controllinginstrumente wie Kostenrechnung oder Kennzahlensysteme wird kaum vorgenommen. Sie dürfte aber erforderlich sein, um ein möglichst hohes Nutzenpotential des Controllings für das Kooperationsmanagement zu erreichen. Im Laufe der Arbeit wird zu zeigen sein, inwieweit diese Annahme zutrifft. Auch wird die zu Instrumenten des Kooperationscontrollings vorhandene Literatur detaillierter zu analysieren sein.

Weiteren Forschungsbedarf in bezug auf Instrumente sieht auch Kraege am Ende seiner Arbeit, nachdem er eine umfangreiche Zuordnung verschiedenster Instrumente zu einzelnen Aufgaben des Kooperationscontrollings erarbeitet hat.[28] „Die Akzeptanz des Controllings im allgemeinen und bei nicht-hierarchisch organisierten Sonderprojekten [gemeint sind Kooperationen (Anmerkung des Verfassers)] im speziellen, hängt wesentlich von der Lösungs- und Koordinationsmächtigkeit sowie der Praktikabilität der Controllinginstrumente ab.“[29] Michel stellt einen Mangel an Forschungsbeiträgen zur Unterstützung des Kooperationsmanagements mit quantitativen, betriebswirtschaftlichen Informationen fest.[30]

Die Darlegung der Problemstellung, die der vorliegenden Arbeit zugrunde liegt, ist nunmehr geleistet: Controlling bietet Nutzenpotential für das Kooperationsmanagement. Um dieses Potential möglichst weitgehend zu erschließen, muß das Controlling den Anforderungen des Kooperationsmanagements angepaßt werden. Hinsichtlich der erforderlichen Anpassung weist die betriebswirtschaftliche Forschung Defizite auf. Insbesondere fehlt eine systematische, aus-

---

26 Vgl. Neumann/Heider 1996.

27 Eine Ausnahme besteht hier bezüglich investitionsrechnerischer Verfahren. Sowohl die genannte Dissertation von Michel als auch einige weitere Arbeiten, welche sich mit Verfahren zur Bestimmung der optimalen Koordinationsform bzw. der Kooperationsgestaltung beschäftigen (vgl. dazu S. 123f. in Kap. 5.1), haben in diesem Bereich bereits wesentliche Beiträge für die Entwicklung des Kooperationscontrollings geleistet.

28 Vgl. Kraege 1997, S. 147-209 u. 266.

29 Kraege 1997, S. 266.

30 Vgl. Michel 1996, S. 3.

führliche und nicht auf eine bestimmte Kooperationsform beschränkte Anpassung bedeutender Controllinginstrumente.

1.2 Zielsetzung

Als Beitrag zur Bewältigung der skizzierten Problemstellung will der Verfasser Gestaltungsempfehlungen zur Anpassung des Controllinginstrumentariums an die Anforderungen des Kooperationsmanagements erarbeiten. Dabei sollen eine Fokussierung auf die für die Praxis bedeutendsten Instrumente und – soweit möglich – eine Anlehnung an vorhandene Ansätze zu Instrumenten des Controllings bzw. Kooperationscontrollings erfolgen. Das Ziel der vorliegenden Arbeit ist, für das Kooperationscontrolling ein Instrumentarium mit einem hohen Nutzenpotential zu schaffen.

Die Konzentration auf Instrumente im allgemeinen und bedeutende Instrumente im speziellen geschieht nicht nur, um sich gegenüber der vorhandenen Literatur abzugrenzen und eine Lükke in der betriebswirtschaftlichen Forschung zu füllen. Ein weiterer Grund ist der große Umfang der Thematik des Kooperationscontrollings. Sowohl Controlling als auch Kooperationsmanagement sind für sich bereits umfangreiche Themengebiete. Bei der beabsichtigten Zusammenführung dieser Themengebiete läßt eine Fokussierung tiefer gehende Ergebnisse erwarten als eine Gesamtbetrachtung. Schließlich ist als Grund für die Konzentration auf instrumentelle Aspekte das Forschungsinteresse des Verfassers anzuführen. Dieses besteht darin, einen Beitrag zur präskriptiven Theorie sowohl für die Controllingforschung als auch für die Kooperationsforschung zu leisten. Die vorliegende Arbeit verfolgt in der Tradition der praktisch-normativen Betriebswirtschaftslehre ein pragmatisches Wissenschaftsziel, also ein „Streben nach Erkenntnissen, die unmittelbar zur Lösung praktischer Probleme verwendbar sind und damit direkt der Verwirklichung menschlicher Handlungsziele dienen können."[31] Erkenntnisse zu Instrumenten sind besonders geeignet, um konkrete, für die Praxis nützliche Empfehlungen hervorzubringen.[32]

Die zentrale Forschungsfrage lautet also: Wie soll das Controlling das Kooperationsmanagement instrumentell unterstützen? Voraussetzung für die Beantwortung dieser Frage ist eine Klärung der Aufgaben des Kooperationscontrollings, wie noch zu zeigen sein wird. Folglich beschäftigt sich die vorliegende Arbeit umfassend mit funktionalen Aspekten des Kooperati-

---

31 Kosiol 1964, S. 745; zu den beiden üblicherweise unterschiedenen Wissenschaftszielen (pragmatisches, auch praxeologisches genannt, versus theoretisches Wissenschaftsziel) vgl. Kühn 1978, S. 23-25.

32 Vgl. Grünig 1990, S. 41. Kraege zeigt mittels einer empirischen Studie, daß die Praxis dem Einsatz von Instrumenten für das Kooperationscontrolling effizienz- und effektivitätsfördernde Wirkungen zuspricht (vgl. Kraege 1997, S. 247).

onscontrollings.[33] Institutionelle Aspekte dagegen werden aus den oben genannten Gründen soweit wie möglich aus der Betrachtung ausgeklammert.[34]

Wie aus der Darstellung der Problemstellung bzw. aus der Benutzung des nicht kooperationsformspezifischen Begriffes „Kooperationsmanagement“ hervorgeht, strebt der Verfasser Gestaltungsempfehlungen an, welche für alle Kooperationsformen geeignet sind. Das Controllinginstrumentarium ist also allgemein für Kooperationen anzupassen, aber eine weiter gehende, spezifische Anpassung an bestimmte Kooperationsformen ist nicht Ziel der Arbeit.[35] Als einzige Einschränkung wird während der gesamten Arbeit die Annahme getroffen, daß an einer Kooperation nur zwei Unternehmen beteiligt sind (dyadische Perspektive), um eine einfache und verständliche Darstellung zu gewährleisten. Die Erkenntnisse der Arbeit sind jedoch mit unwesentlichen Änderungen auch für Kooperationen mehrerer Unternehmen (Netzwerkperspektive) gültig. Für die Annahme spricht außerdem, daß bilaterale Kooperationen in der Praxis dominieren.[36]

Eine Kooperation verkörpert für ein Unternehmen ein Mittel zur Erreichung seiner eigenen Ziele. Die Gewinnung betriebswirtschaftlicher Erkenntnisse zum Kooperationscontrolling bzw. die hier angestrebte Erzeugung von Empfehlungen für Controllingverantwortliche erfordert, daß die Betrachtung grundsätzlich aus der Sicht eines Unternehmens erfolgt. Inwieweit eine Einbeziehung der Sicht des Partnerunternehmens Sinn macht, ist im Verlauf der vorliegenden Arbeit zu thematisieren. Abschließend sei noch darauf hingewiesen, daß das Management-, Controlling- und Kooperationsverständnis, welches der Arbeit zugrunde liegt, im Zuge der Entwicklung eines theoretischen Bezugsrahmens im zweiten und dritten Kapitel verdeutlicht wird.

Der Problemlösungsanspruch, den die vorliegende Arbeit bezüglich der zuvor dargestellten Problemstellung und Forschungslücke erhebt, ist nunmehr festgelegt.

---

33 Controlling läßt sich funktional gesehen in die Subsysteme „Aufgaben“ und „Instrumente“ unterteilen, institutionell gesehen in die Subsysteme „Strukturen“ und „Prozesse“ (vgl. ähnlich Horváth 1998, S. 143f.; vgl. zur funktionalen Systembildung ausführlich Kap. 2.1.3). Die Unterscheidung funktionaler und institutioneller Systemaspekte ergibt sich aus der Unterscheidung logischer und organisatorischer (im Sinne von Organi sation als reales, sozio-technisches System) Strukturen (vgl. Bircher 1976, S. 80).

34 Selbstverständlich hängen institutionelle Aspekte eng mit funktionalen zusammen. Gegen ihre Einbeziehung spricht neben den genannten Gründen auch das Problem, daß sie stark von der jeweiligen Kooperationsform abhängig (Hindernis für den hier verfolgten kooperationsformübergreifenden Ansatz) bzw. generell stark situationsabhängig sind. Eine ausführliche Untersuchung institutioneller Aspekte des Kooperationscontrollings liefert Kraege (vgl. Kraege 1997, S. 211-239). Noch anzumerken ist, daß auch bei der institutionellen Gestaltung des Controllings Instrumente eingesetzt werden können. Es handelt sich dabei aber nicht um Controllinginstrumente im engeren Sinne, sondern um Instrumente der Struktur- und Prozeßgestaltung aus der Organisationslehre.

35 Zudem ist eine kooperationsformspezifische Anpassung problematisch, da sich aus der großen Anzahl von Gestaltungsdimensionen von Kooperationen eine sehr umfangreiche und schwer abgrenzbare Vielfalt von Kooperationsformen ergibt (vgl. dazu Kap. 3.1.2).

36 Vgl. z.B. Hammes 1994, S. 219f. Dieser kommt in seiner empirischen Studie zu horizontalen Kooperationen zu dem Ergebnis, daß es sich in 89% der Fälle um eine bilaterale Kooperation handelt.

1.3 Vorgehensweise

Zur Erreichung der aufgezeigten Zielsetzung hat der Verfasser eine vorwiegend logisch-deduktive Forschungsmethodik gewählt. Auf der Grundlage bereits bestehender Erkenntnisse zu den Bereichen Kooperationsmanagement sowie Controlling bzw. Kooperationscontrolling sollen mittels logischer Argumentation Gestaltungsempfehlungen abgeleitet werden.[37] Für diese Vorgehensweise spricht, daß bereits umfangreiche Erkenntnisse zu den genannten Bereichen vorhanden sind und daß die vorliegende Arbeit systematisch allgemeingültige Empfehlungen erarbeiten will. Zur Erreichung einer solchen präskriptiven Zielsetzung erscheint eine rein empirisch-induktive Methodik weniger geeignet, da sie nur den aktuellen Entwicklungsstand des Untersuchungsobjektes in der Praxis beschreiben und erklären könnte.

Die Arbeit besteht neben Einführung und Schlußbetrachtung aus sechs Kapiteln, die sich zu drei Teilen gruppieren lassen. Zunächst wird im ersten Teil ein theoretischer Bezugsrahmen erarbeitet. Darauf aufbauend beinhaltet der zweite Teil die Herleitung von Gestaltungsempfehlungen für das Instrumentarium des Kooperationscontrollings. Der dritte Teil schließlich überprüft die gewonnenen Empfehlungen mittels einer Fallstudie. Der auf der folgenden Seite in Abb. 1 veranschaulichte Aufbau der Arbeit wird im folgenden erläutert. Zwecks besserer Orientierung innerhalb des Textes finden sich weitere Erläuterungen zu Ziel und Vorgehensweise der Kap. 2, 3, 4, 5, 6 und 7 jeweils an deren Beginn.

Der theoretische Bezugsrahmen dient der strukturierten Zusammenführung der Grundlagen, welche für die Herleitung von Gestaltungsempfehlungen zum Instrumentarium des Kooperationscontrollings notwendig sind. Er soll einen Begriffs- und Analyserahmen für den zweiten Teil der Arbeit darstellen.[38] Als methodische Basis für den theoretischen Bezugsrahmen wird der Systemansatz herangezogen.[39] Als inhaltliche Grundlagen sind zunächst Erkenntnisse zum Controlling zusammenzutragen bzw. zu erarbeiten. Daher stellt Kap. 2 den Systemansatz vor und zeigt das Controllingsystem als Teil des Unternehmenssystems auf. Außerdem sind in Kap. 2 die im Hinblick auf das Untersuchungsziel relevanten Controllingsubsysteme, nämlich Controllingaufgaben und -instrumente, näher zu charakterisieren. Als weitere inhaltliche Grundlagen präsentiert Kap. 3 mit Hilfe des Systemansatzes Erkenntnisse zu Unternehmenskooperationen, Kooperationsmanagement und -controlling. Am Ende des dritten Kapitels liegt dann als erstes Zwischenergebnis der theoretische Bezugsrahmen vor.

---

37 Für eine nähere Charakterisierung logisch-deduktiver Forschung vgl. z.B. Schanz 1988, S. 44-46; Venker 1993, S. 92-95.

38 Nähere Angaben zur Funktion des Bezugsrahmens folgen in Kap. 2.1.1. Vgl. zur Benutzung eines Bezugsrahmens Rößl 1990.

39 Die Begründung für die Verwendung des Systemansatzes in dieser Arbeit erfolgt in Kap. 2.1.1.

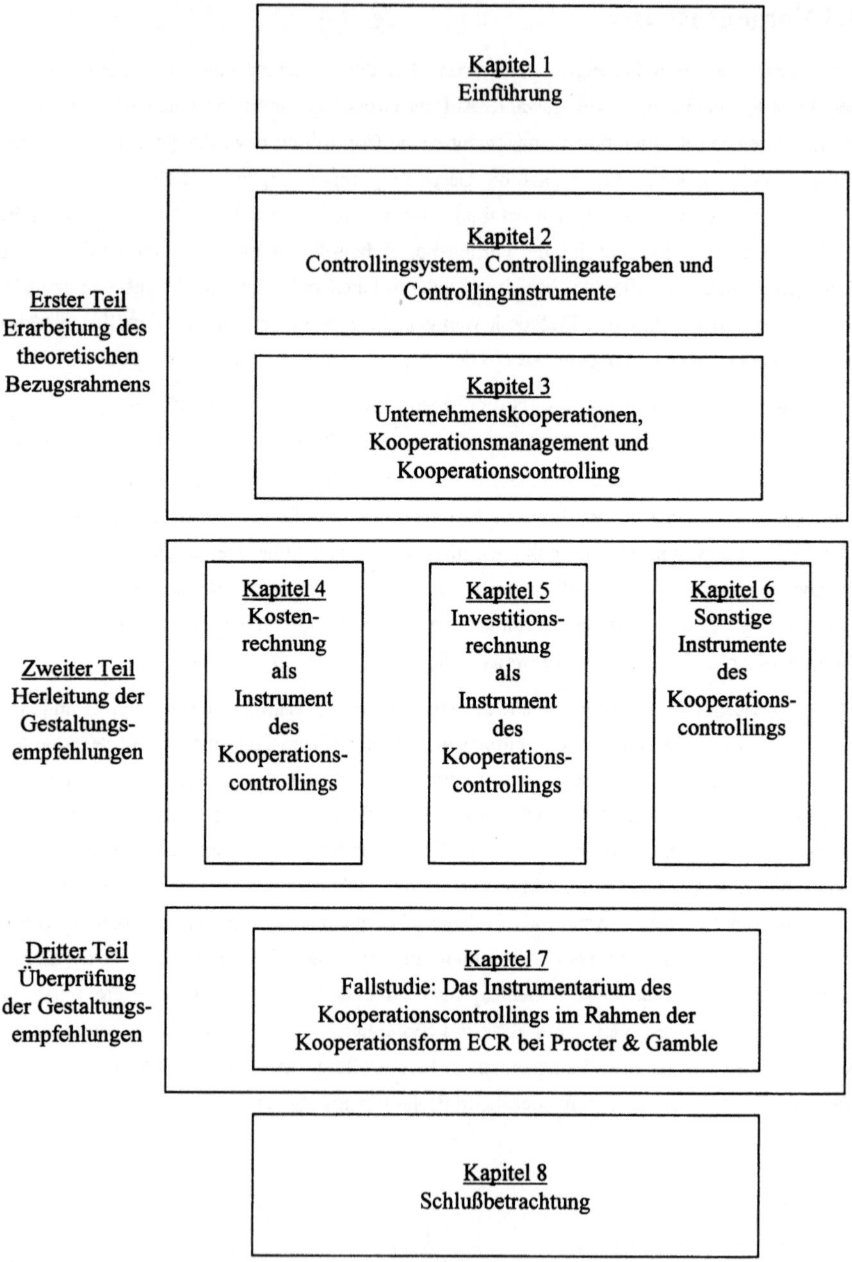

Abb. 1: Aufbau der Arbeit

Der zweite Teil nimmt die Anpassung des Instrumentariums mit Hilfe des theoretischen Bezugsrahmens vor. Die Auswahl der anzupassenden Instrumente und die zu berücksichtigenden Anforderungen ergeben sich aus dem Bezugsrahmen. Abb. 1 offenbart bereits, daß zunächst in Kap. 4 die Kostenrechnung, dann in Kap. 5 die Investitionsrechnung und in Kap. 6 sonstige Instrumente behandelt werden.[40] Als zweites Zwischenergebnis ist am Ende des sechsten Kapitels das Instrumentarium des Kooperationscontrollings, welches die Gesamtheit der Gestaltungsempfehlungen verkörpert, im Überblick zu zeigen.

Die Anpassung der ausgewählten Instrumente gliedert sich jeweils in drei Schritte. Der erste Schritt beinhaltet die Darstellung von Grundzügen des jeweiligen Instrumentes und eine Erläuterung seines Nutzenpotentials hinsichtlich der Aufgaben des Kooperationscontrollings. Außerdem analysiert er, inwieweit vorhandene Forschungsbeiträge herangezogen werden können. Im zweiten Schritt erfolgt die Untersuchung der Anforderungen, welche sich speziell für das jeweilige Instrument im Kooperationscontrolling stellen. Der dritte Schritt schließlich umfaßt für das Instrument die Darlegung von Gestaltungsempfehlungen in Form eines an die Anforderungen adaptierten Verfahrens. Dies geschieht detailliert, um insgesamt der Zielsetzung der vorliegenden Arbeit gerecht zu werden und insbesondere die für die angestrebte Anwendungsorientierung erforderliche Konkretisierung zu erreichen.

Der dritte Teil wird alleine durch das siebte Kapitel gebildet. Dieses untersucht anhand einer Fallstudie, welche in Zusammenarbeit mit dem Unternehmen Procter & Gamble erstellt wurde, das Nutzenpotential der Gestaltungsempfehlungen im Rahmen der Kooperationsform „Efficient Consumer Response“ (ECR). Eine solche Untersuchung ist notwendig, denn bei Verfolgung eines pragmatisches Wissenschaftsziels wird „der Nutzen für die Managementpraxis ... zum Maßstab des Wertes betriebswirtschaftlicher Forschungsarbeit.“[41] Für eine detaillierte Erläuterung des Designs der Fallstudie sei auf das siebte Kapitel verwiesen. Im folgenden ist ihre Benutzung als Mittel zur empirischen Fundierung – d.h. zur Einbringung von Erfahrungswissen – zu begründen. Eine Fallstudie ist besonders für Forschungsfragen geeignet,

- bei denen die Frage nach dem „Wie?“ im Vordergrund steht;[42]
- über die noch wenig bekannt ist, so daß eine möglichst detaillierte Studie erwünscht ist, welche die Forschungsfrage in ihrer gesamten Komplexität abdeckt;[43]
- deren Operationalisierung in Form eines stark formalisierten Hypothesensystems und anschließende Überprüfung anhand einer statistischen Untersuchung einer repräsentativen Stichprobe nur eingeschränkt möglich ist.

---

40 Für ein besseres Verständnis des Aufbaus des zweiten Teils sei auf Kap. 3.4 verwiesen.

41 Peschke 1997, S. 10; vgl. auch die dort angegebene Literatur.

42 Vgl. Yin 1994, S. 5-8.

43 Vgl. Stier 1996, S. 233f.

Für die in Kap. 1.2 dargelegte Forschungsfrage treffen alle drei Kriterien in recht hohem Maße zu.[44]

Ein weiteres Argument für die Erstellung einer Fallstudie ist die durch sie ermöglichte enge Interaktion zwischen Theorie und Praxis.[45] Der Forscher kann nicht nur in der Praxis vorhandenes Erfahrungswissen erheben, sondern auch durch Anwendung der Gestaltungsempfehlungen neues Erfahrungswissen generieren und eine gute Veranschaulichung erreichen. Schon durch eine einzelne Fallstudie läßt sich ein hoher Erkenntnisgewinn erzielen. Der Verfasser der vorliegenden Arbeit hat sich auf einen Fall konzentriert, um auf der Basis eines tiefen Fallverständnisses das Instrumentarium des Kooperationscontrollings ganzheitlich zu untersuchen. Diesem Vorteil steht die mit der Konzentration auf einen Fall verbundene, eingeschränkte externe Validität der empirischen Fundierung gegenüber, welche eine generalisierende Einbringung der Ergebnisse der Fallstudie in die logisch-deduktiv hergeleiteten Gestaltungsempfehlungen problematisch macht.[46] Die Fallstudie begleitet daher nicht die ersten beiden Teile der Arbeit, sondern ist ihnen nachgeordnet.[47]

Erfahrungswissen fließt in die vorliegende Arbeit nicht nur durch die Fallstudie ein. Um eine hohe Anwendungsorientierung zu erreichen, sollen bereits in den ersten beiden Teilen der Arbeit Erkenntnisse aus vorhandenen empirischen Studien Berücksichtigung finden (z.B. bei der Auswahl zu untersuchender Instrumente).

Als Abschluß beinhaltet Kap. 7 mit den Resultaten der Fallstudie das dritte Zwischenergebnis. Da am Ende der drei Teile der Arbeit jeweils ein Zwischenergebnis festgehalten wurde, beschränkt sich Kap. 8 als Schlußbetrachtung auf eine kurze Zusammenfassung und eine kritische Beurteilung, inwieweit die Zielsetzung der Arbeit erreicht worden ist.

---

44 Angemerkt sei hier, daß die herzuleitenden Gestaltungsempfehlungen durchaus als Hypothesen bezeichnet bzw. ausgedrückt werden können. Dies unterbleibt jedoch in der vorliegenden Arbeit, wie in ähnlichen praxeologisch ausgerichteten Arbeiten üblich.

45 Vgl. Walter-Busch 1990, S. 241.

46 Yin erläutert ausführlich, daß für die Beurteilung der externen Validität bei der Fallstudienmethodik anders vorzugehen ist als bei statistisch auszuwertenden Befragungen. Dies begründet er damit, daß Fallstudien erstens nicht eine statistische, sondern eine analytische Generalisierung anstreben und zweitens nicht einer Stichproben-, sondern einer Replikationslogik (wie ein Experiment) folgen (vgl. Yin 1994, S. 30-32 u. 36f.). Gemäß Yins Argumentation ist die in Kap. 7 enthaltene Fallstudie zwar hinsichtlich ihrer externen Validität eingeschränkt (vgl. auch Bortz/Döring 1995, S. 107 u. 298f.), kann aber durchaus wertvolle Hinweise zum Nutzenpotential der Gestaltungsempfehlungen liefern. Insgesamt hat der Verfasser der vorliegenden Arbeit versucht, eine gute Validität und Reliabilität der Fallstudie zu gewährleisten; unter anderem wurde Kap. 7 vom Fallunternehmen durchgesehen und überprüft (vgl. zu Kriterien zur Qualitätsbeurteilung einer Fallstudie und zu dazugehörigen Qualitätssicherungsmaßnahmen Yin 1994, S. 33).

47 Einige Autoren schlagen ein Wechselspiel von Theorieentwicklung (hier also Herleitung der Gestaltungsempfehlungen) und Fallstudiendurchführung vor, im deutschsprachigen Raum oft unter der Bezeichnung „Aktionsforschung“ (vgl. z.B. Kirsch/Gabele 1984; Vaughan 1992; Yin 1994, S. 27-32 u. 49; zur Aktionsforschung allgemein Kromrey 1998, S. 511-519). Insbesondere aufgrund der hohen Anzahl möglicher Kooperationsformen wäre hier jedoch eine hohe Anzahl von Fällen notwendig, so daß der Ansatz der Aktionsforschung nicht weiter verfolgt wird.

Erster Teil

Erarbeitung des theoretischen Bezugsrahmens

„The men who can manage men, manage the men who manage only things, and the men who can manage money manage all."

(Will und Ariel Durant)

2 Controllingsystem, Controllingaufgaben und Controllinginstrumente

Das zweite Kapitel will die für den theoretischen Bezugsrahmen benötigten Grundlagen des Controllings erarbeiten. In Kap. 2.1 wird zunächst der Systemansatz als Grundlage des Bezugsrahmens vorgestellt und eingegrenzt. Dann ist der Controllingbegriff zu klären, um schließlich das Controllingsystem als Subsystem des Unternehmens- bzw. Führungssystems einzuordnen und zu charakterisieren. Kap. 2.2 stellt die für die vorliegende Arbeit relevanten Controllingsubsysteme dar. Erstens bietet es einen systematischen Überblick bedeutender Controllingaufgaben, da diese die Anforderungen an das Controllinginstrumentarium bestimmen und in Kap. 3 als Basis für die Aufgaben des Kooperationscontrollings benötigt werden. Zweitens gibt Kap. 2.2 einen systematischen Überblick bedeutender Controllinginstrumente und liefert damit einen zentralen Teil des Bezugsrahmens. Im Verlauf des zweiten Kapitels soll das dieser Arbeit zugrundeliegende Management- und Controllingverständnis deutlich werden.

2.1 Controlling als System

2.1.1 Der Systemansatz als Grundlage des theoretischen Bezugsrahmens

Die in der vorliegenden Arbeit im Mittelpunkt des Interesses stehenden Instrumente des Kooperationscontrollings weisen enge Beziehungen zu anderen Aspekten des Controllings und des Kooperationsmanagements auf. Beispielsweise ist ein enger Zusammenhang dieser Instrumente mit den Zielen des Controllings bzw. des Kooperationsmanagements offensichtlich. Der zu entwickelnde theoretische Bezugsrahmen soll die in bezug auf das Forschungsziel relevanten Aspekte sowie die zwischen diesen angenommenen Beziehungen explizit und geschlossen darstellen.[1] Die Beziehungen lassen sich oft nicht präzise, sondern nur als tendenzielle Zusammenhänge angeben.[2] Die Aspekte sind begrifflich abzugrenzen und zu operationalisieren (z.B. Auflistung möglicher Controlling- bzw. Kooperationsziele). Auf diese Weise nimmt der Bezugsrahmen eine Strukturierung des bereits vorhandenen Wissens vor und stellt

---

1 Vgl. Kubicek 1975, S. 37f.

2 Vgl. Kirsch 1971, S. 241; Porter 1991, S. 98.

eine Anleitung für das weitere Vorgehen dar, so daß ihm insgesamt eine sprachlich-begriffliche, systematisierende und heuristische Funktion zukommt.[3]

Als Grundlage des theoretischen Bezugsrahmens hat der Verfasser den Systemansatz ausgewählt[4], da dieser hinsichtlich der genannten Funktionen im Zusammenhang mit der Zielsetzung der vorliegenden Arbeit umfangreiche Vorzüge bietet:

- Der Systemansatz hat sich, obwohl er nicht unumstritten ist, in der betriebswirtschaftlichen Forschung vielfach bewährt. Das Systemdenken ist in Theorie und Praxis weit verbreitet.[5] „Der Systemansatz ermöglicht es uns, zur analytischen Beschreibung der Unternehmung und des Unternehmungsgeschehens eine Reihe formaler Grundbegriffe zu verwenden, die nicht durch inhaltliche Vor-Urteile oder a-priori-Annahmen über die Wirklichkeit belastet sind."[6] Er erlaubt außerdem die integrative Betrachtung von ideellen und realen Sachverhalten und ist damit für die in der vorliegenden Arbeit zu bewältigende Untersuchung funktionaler Controllingaspekte passend.[7] Für die angestrebte Herleitung anwendungsorientierter Gestaltungsempfehlungen wurde der Systemansatz (insbesondere der kybernetische) in der Betriebswirtschaftslehre schon häufig herangezogen.[8]

- Auch speziell in der Controllingforschung ist der Systemansatz fest verankert[9], denn er besitzt viele Anknüpfungspunkte zum Controlling: Beispielsweise kommt den Begriffen „Komplexitätsreduktion" und „Adaptionsfähigkeit" sowohl beim Systemansatz als auch beim Controlling eine hohe Bedeutung zu, wie noch zu zeigen ist.

- Der Systemansatz eignet sich besonders gut zur Strukturierung eines komplexen Untersuchungsgegenstandes wie des Kooperationscontrollings, indem er dessen untersuchungsrelevante Bestandteile selektiert und mitsamt ihren Beziehungen ganzheitlich betrachtet.

---

3 Vgl. Rößl 1990, S. 99f. Kubicek spricht von einer Selektions- und Steuerungsfunktion (vgl. Kubicek 1975, S. 39). In der vorliegenden Arbeit ist der Einsatzzweck des Bezugsrahmens auf die Aufbereitung theoretischer Grundlagen beschränkt, er läßt sich aber durchaus weiter fassen (vgl. zu verschiedenen Stufen von Bezugsrahmen Rößl 1990, S. 100). Die im zweiten Teil vorzunehmende Herleitung von Gestaltungsempfehlungen auf Grundlage des Bezugsrahmens kann auch als seine Präzisierung interpretiert werden.

4 Als Grundlage des Bezugsrahmens sind auch andere (betriebswirtschaftliche) Ansätze denkbar (z.B. verhaltensorientierter oder entscheidungsorientierter Ansatz). Insofern bedeutet die Auswahl eines Ansatzes eine Einengung der Untersuchungsperspektive, aber auch eine Präzisierung der Forschungsmethodik. Der Systemansatz weist hier eine besonders hohe Eignung auf, wie noch zu zeigen ist.

5 Vgl. Hoffmann/Niedermayr/Risak 1995, S. 3.

6 Ulrich 1970, S. 135.

7 Als Elemente von Unternehmenssystemen lassen sich sowohl reale Dinge wie Menschen und Sachmittel als auch ideelle (eher abstrakte) Dinge wie Planungssystem, Wertesystem, bestimmte Methoden etc. begreifen (vgl. Ulrich 1970, S. 135).

8 Belege dafür finden sich beispielsweise in den Tagungsbänden der Gesellschaft für Wirtschafts- und Sozialkybernetik (z.B. Witte 1986; Czap 1990), aber auch in zahlreichen anderen Publikationen (z.B. Beer 1985; Gomez/Probst 1995). „Im Zuge der ‚Kybernetisierung' entwickelte sich die Systemtheorie von der Entdeckungsperspektive immer mehr zur Gestaltungsmethodologie" (Wollnik 1978, S. 80, im Original teilweise kursiv).

9 Die Übertragung des Systemansatzes auf das Controlling wurde unter anderem von Horváth geprägt (vgl. Horváth 1979). Bereits vor Horváths Arbeit lagen systemorientierte Controllingkonzeptionen vor (vgl. z.B. Fertakis 1968; Haidekker 1975).

- Aufgrund seines hohen Abstraktionsgrades und der damit zusammenhängenden Allgemeingültigkeit und Interdisziplinarität ermöglicht der Systemansatz eine umfassende Integration von Controlling und Kooperationsmanagement, ohne jedoch den Freiraum für die Benutzung anderer Ansätze für einzelne Problemstellungen im weiteren Verlauf der Arbeit stark einzuengen.

Im folgenden ist der Systemansatz kurz vorzustellen und für die Benutzung in der vorliegenden Arbeit einzugrenzen. Obwohl hier wie in der Literatur oft von *dem* Systemansatz (in Abgrenzung zu andersartigen Ansätzen wie z.B. dem entscheidungsorientierten Ansatz) die Rede ist, handelt es sich tatsächlich um eine nahezu unüberschaubare Vielfalt verschiedener Ansätze. Einige dieser Ansätze sind für die vorliegende Forschungsarbeit nicht oder nur teilweise nutzbar, wie zu zeigen sein wird.

Alle Systemansätze sind theoretische Konzepte, die Untersuchungsobjekte in Systeme bzw. Elemente und Beziehungen dekomponieren sowie auf formal-analytischer Ebene Prinzipien und Gesetzmäßigkeiten aufzeigen, welche für alle Systeme bzw. deren Bestandteile gelten sollen.[10] Systeme werden allgemein definiert als eine geordnete Menge von Elementen, zwischen denen irgendwelche Beziehungen bestehen.[11] Das nach der Meinung vieler Autoren bedeutendste Merkmal aller Systemansätze ist die Art und Weise des Denkens. Als systemisches Denken wird vor allem ganzheitliches Denken postuliert.[12] Das Ganze (das System) ist mehr – oder zumindest etwas anderes – als die Summe seiner Teile (Elemente). Eine besondere Rolle für die Systemtheorie spielen die Offenheit von Systemen, ihre Dynamik, ihre Zweckbestimmung sowie ihre interne und externe Komplexität.[13] Nicht nur die Beziehungen zwischen den Elementen eines Systems, sondern auch die Beziehungen zur Systemumwelt sind bedeutsam für Systemidentität und -verhalten. Die in der Betriebswirtschaftslehre interessierenden Systeme nehmen Inputs aus ihrer Umwelt auf, benutzen diese in systemeigenen Prozessen und geben einen systemspezifischen Output nach außen ab. Sie sind also offen, aber nicht unbegrenzt. Aufgrund ihrer Offenheit befinden sich Systeme in einem kontinuierlichen Anpassungsprozeß, d.h. sie können niemals ein statisches Gleichgewicht einnehmen, sind also dynamisch.[14] Wegen der ganzheitlichen Betrachtung von Systemen mitsamt ihren Elementen sowie internen und externen Beziehungen stellt die Komplexität ein zentrales Thema der Systemtheorie dar. Die Komplexitätsthematik ist eng verknüpft mit der Zweckbestimmung, welche sich im vom System angestrebten bzw. erwarteten Output offenbart. Neben den soeben genannten allgemeinen Eigenschaften von Systemen werden in den weiteren Kapiteln dieser Arbeit gegebenenfalls noch weitere herangezogen.

---

10 Vgl. Stünzner 1996, S. 39.

11 Vgl. Ulrich 1970, S. 105; Krieger 1996, S. 12.

12 Vgl. zum systemischen Denken z.B. Probst 1987, S. 26-42; zum ganzheitlichen Denken Ulrich/Probst 1988.

13 Vgl. Stünzner 1996, S. 40f.

14 Vgl. Grochla 1976, S. 557f. Der genannte Sachverhalt wird häufig als Fließgleichgewicht bezeichnet.

Zahlreiche Autoren haben versucht, die vielen vorhandenen Systemansätze zu klassifizieren. Dabei ist zu beachten, daß eine trennscharfe Abgrenzung verschiedener Systemansätze nicht möglich ist, da die Ansätze Gemeinsamkeiten aufweisen und aufeinander Einfluß nehmen. Müller-Merbach unterscheidet introspektive, konstruktive, extraspektive und kontemplative Systemansätze, unter denen in der Betriebswirtschaftslehre die konstruktiven Ansätze vorherrschen.[15] Diese dienen der Gestaltung eines Systems, welches einerseits in seine Teile zerlegt und andererseits in seine Umwelt eingefügt wird.[16] Nach Müller-Merbachs Klassifizierung läßt sich die Verwendung des Systemansatzes in der vorliegenden Arbeit als konstruktiv charakterisieren.

Die Klassifizierung von Wollnik ermöglicht eine nähere Charakterisierung der hier vorgesehenen Verwendung. Wollnik unterscheidet materialistische Systemtheorie, worunter er allgemeine und kybernetische Systemtheorie faßt, und phänomenalistische Systemtheorie, womit Handlungstheorie und soziologische Systemtheorie gemeint sind.[17] Die phänomenalistische Systemtheorie kann zwar für organisationstheoretische Problemstellungen, d.h. für institutionelle Aspekte in der Betriebswirtschaftslehre herangezogen werden.[18] Für die hier beabsichtigte Erarbeitung eines Bezugsrahmens für funktionale Controllingaspekte ist sie jedoch wenig hilfreich.[19] Das gilt auch für die bedeutsamen, nicht in Wollniks Klassifizierung enthaltenen Systemansätze Synergetik, Chaostheorie und Theorie autopoietischer Systeme.[20]

Die materialistische Systemtheorie entspricht in hohem Maße dem systemorientierten Management, wie es im deutschsprachigen Raum vor allem von Ulrich in die Betriebswirtschaftslehre eingebracht wurde.[21] Sie fußt auf Bertalanffys allgemeiner Systemtheorie, die das interdisziplinäre, systemische Denken in der Wissenschaft neu belebte und erste allgemeine Systemeigenschaften aufzeigte.[22] Die allgemeine Systemtheorie wurde schon bald nach ihrem Entstehen mit der parallel entwickelten kybernetischen Systemtheorie verbunden. Letztere bereicherte als Lehre von der Gestaltung und Lenkung komplexer, dynamischer Systeme die Systemtheorie vor allem um Aspekte der Steuerung bzw. Regelung unter besonderer Berück-

---

15 Vgl. Müller-Merbach 1992, S. 854f. und 870f.

16 Vgl. Müller-Merbach 1992, S. 866f.

17 Vgl. Wollnik 1978, S. 77; zur phänomenalistischen Systemtheorie vgl. insbesondere Werke ihrer bedeutenden Vertreter Parsons (z.B. Parsons 1951, Parsons 1977) und Luhmann (z.B. Luhmann 1994).

18 Vgl. z.B. Schreyögg 1996, S. 87-91. Sie besitzt damit auch für die Kooperationsforschung Nutzenpotential.

19 Dies verdeutlicht eine nähere Betrachtung von Systemkonzept, Erkenntnisziel und weiteren Merkmalen der phänomenalistischen Systemtheorie (vgl. Wollnik 1978, S. 77f. und 83-104).

20 Vgl. zur Synergetik insbesondere Haken 1981; zur Chaostheorie z.B. Loistl/Betz 1994; zur Theorie autopoietischer Systeme insbesondere Werke ihrer bedeutenden Vertreter Maturana und Varela (z.B. Maturana/Varela 1987); zu Ansätzen zur Verwendung der Theorie autopoietischer Systeme (und auch der soziologischen Systemtheorie) für Fragen der Unternehmensorganisation vgl. z.B. Rüegg-Stürm 1998; Mirow 1999.

21 Vgl. Ulrich 1970 (in erster Auflage 1968 erschienen). Insbesondere in jüngeren Arbeiten einiger Schüler von Ulrich ist allerdings Gedankengut aus der phänomenalistischen Systemtheorie bzw. der Theorie autopoietischer Systeme eingeflossen (vgl. z.B. Probst 1987). Dies ist ein Beleg für den interdisziplinären Anspruch der Systemtheorie, welcher eine saubere Klassifizierung nicht zuläßt.

22 Vgl. ausführlich zur allgemeinen Systemtheorie Bertalanffy 1949; Bertalanffy 1968; Franken/Fuchs 1974.

sichtigung der Problemfelder Stabilität und Komplexität.[23] Schon aus dieser groben Charakterisierung ist die Eignung der Kybernetik für die Betriebswirtschaftslehre ersichtlich, denn Unternehmen lassen sich als komplexe, dynamische Systeme begreifen, deren Gestaltung und Lenkung Aufgabe der Unternehmensführung ist. Die kybernetische Modellforschung ist in den 70er Jahren zum primären Entfaltungsbereich der Systemtheorie in den Wirtschaftswissenschaften geworden[24] und besitzt auch heute eine hohe Bedeutung, welche für das Controlling in verschiedenen Veröffentlichungen deutlich wird.[25] Kybernetisches Denken (Denken in Regelkreisen, Denken in Modellen, Denken im Rahmen von Information und Kommunikation, Denken im Rahmen von Komplexitätsbewältigung, Denken in Ordnungsprozessen) weist einen hohen Grad an Übereinstimmung mit Controllingdenken auf.[26]

Die materialistische Systemtheorie kann bei der Erarbeitung des Bezugsrahmens helfen, indem sie zunächst einer systemtheoretischen Interpretation der relevanten Aspekte dient, d.h. der „Entwicklung einer systemtheoretischen Perspektive als Beschreibungs- und Erklärungsparadigma".[27] Die hinsichtlich des Forschungsziels wichtigen Teilbereiche von (Kooperations-) Controlling und (Kooperations-) Management werden mit Hilfe des Systemansatzes selektiert, charakterisiert und strukturiert. Dabei fließt die in der Literatur oft anzutreffende „stärker anwendungs- bzw. gestaltungsorientierte, z.T. auf der Kybernetik basierende Richtung von Forschungsbemühungen"[28] in die vorliegende Arbeit ein. So können im dritten Kapitel die Aufgaben des Kooperationsmanagements, aus denen sich die Anforderungen an das Instrumentarium des Kooperationscontrollings ergeben, mit Hilfe eines kybernetischen Regelkreismodells operationalisiert werden. Bei der Modellierung sind die Grenzen der Kybernetik bzw. häufig geäußerte Kritik zu beachten:[29] Da Kooperationsmanagement aufgrund seiner Komplexität und Situationsabhängigkeit nicht in rein mechanistischen Regelkreisen abbildbar ist, erfolgt keine mathematische Formalisierung des Modells.[30] Außerdem wird nicht versucht, die Institution Kooperation, auf die sich die Aufgaben des Kooperationsmanagements ja beziehen, als Regelkreismodell zu formulieren. Es kommen also nur bestimmte Bereiche der

---

[23] Vgl. Stünzner 1996, S. 43f. Da die Kybernetik, ähnlich wie die Systemtheorie insgesamt, kein einheitlicher Ansatz ist, existieren unterschiedliche Definitionen. Hier wird von der genannten, in der Managementkybernetik weit verbreiteten Definition ausgegangen.

[24] Vgl. Wollnik 1978, S. 80.

[25] Vgl. z.B. Haidekker 1975; Becker 1990; Vollmuth 1997b, S. 15-18; Weisser 1998.

[26] Vgl. zum kybernetischen Denken Probst 1987, S. 41.

[27] Wollnik 1978, S. 81.

[28] Wollnik 1978, S. 82.

[29] Vgl. zu derartiger Kritik z.B. Gaitanides u.a. 1975, insbes. S. 122-129.

[30] Voraussetzung für die mathematische Formalisierung eines kybernetischen Modells ist seine eindeutige Abbildbarkeit durch lineare Differential- oder Differenzengleichungen (vgl. Baetge 1974, S. 69f.), die allenfalls für einzelne, kleine Teilbereiche des Kooperationsmanagements gegeben sein dürfte.

Kybernetik zum Einsatz.[31] Aufgrund dieser Einschränkung ist die Differenzierung von Kybernetik 1. Ordnung und Kybernetik 2. Ordnung in der vorliegenden Arbeit nicht notwendig.[32]

Die vorangegangenen Ausführungen offenbaren, daß in dieser Arbeit nur ausgewählte Teile des Systemansatzes Anwendung finden. „‚Systemtheorie' (im Sinne der materialistischen Systemtheorie) bezeichnet weniger einen Theoriebereich als vielmehr eine Art und Weise des Denkens über bestimmte Sachverhalte."[33] Der Systemansatz soll hier formale, methodische Hilfestellung geben, nicht aber Gesetzmäßigkeiten einbringen, welche für bestimmte reale Systeme vermutet werden. Diese Eingrenzung läßt sich nicht nur mit dem vorgesehenen Einsatzgebiet der Systemtheorie (Grundlage des Bezugsrahmens) begründen, sondern auch mit der beschränkten praktischen Anwendbarkeit weiter Teile der Systemtheorie.[34]

Wie bereits angedeutet, ist das für die vorliegende Arbeit nützliche Gedankengut der Systemtheorie in der betriebswirtschaftlichen Literatur bereits umfassend erläutert und benutzt worden. Daher können nähere einführende Aussagen zur Systemtheorie hier unterbleiben. Im weiteren Verlauf der Arbeit werden einzelne Teile gegebenenfalls verdeutlicht.

2.1.2 Der Controllingbegriff

Bevor das Controlling unter Verwendung des Systemansatzes detailliert untersucht werden kann, ist es zunächst begrifflich zu präzisieren. Der Begriff „Controlling", dessen Ursprünge in der amerikanischen Wirtschaftspraxis Ende des 19. Jahrhunderts zu finden sind, hat vor ungefähr 40 Jahren Eingang in den deutschsprachigen Raum gefunden.[35] Seitdem haben Bedeutung und Verbreitung des Controllings – zuerst in der Praxis, dann auch in der betriebswirtschaftlichen Forschung – stark zugenommen. Laut einer Studie des Beratungsunternehmens McKinsey verfügten bereits 1973 90% der deutschen Großunternehmen über eine Controllingstelle.[36] Eine 1988 durchgeführte Studie zeigte für 96% der befragten Großunternehmen mit über 10.000 Mitarbeitern und immerhin für 54% der Unternehmen mit bis zu 200

---

31 Dies wird in Kap. 3.2 deutlich.

32 Die Kybernetik 2. Ordnung integriert aus anderen systemtheoretischen Ansätzen (insbesondere aus der phänomenalistischen Systemtheorie und aus der Theorie autopoietischer Systeme) Themen wie Selbstreferenz, Instabilität, Evolution und Autopoiesie in die Kybernetik. Diese Ansätze bzw. Themen sind, wie oben bereits ausgeführt wurde, für die Erarbeitung des Bezugsrahmens in der vorliegenden Arbeit wenig hilfreich. Vgl. zur bereits in den frühen 60er Jahren anzutreffenden Unterscheidung von Kybernetik 1. und 2. Ordnung z.B. Hejl 1983, S. 42f.; Staehle 1994, S. 41.

33 Wollnik 1978, S. 82 (im Original teilweise kursiv).

34 Vgl. zur praktischen Anwendbarkeit z.B. Joslyn/Heylighen 1992, Mika-Helfmeier 1994, S. 205f. Die phänomenalistische Systemtheorie und die Theorie autopoietischer Systeme könnten zwar für die Charakterisierung von Unternehmenssystemen (siehe Kap. 2.1.3) und Kooperationssystemen (siehe Kap. 3.2.1) herangezogen werden. Dies läßt jedoch kaum zusätzlichen Nutzen für die Erreichung der Zielsetzung der vorliegenden Arbeit erwarten, so daß eine umfassende Auseinandersetzung mit diesen Ansätzen hier unterbleibt.

35 Vgl. Hahn 1996, S. 177-181.

36 Die Studie wurde nicht veröffentlicht; zitiert nach Horváth 1998, S. 54.

Mitarbeitern mindestens eine Controllingstelle.[37] In den 90er Jahren war in Deutschland ein kontinuierlich zunehmendes Angebot von Controllingstellen zu beobachten.[38]

Mit „Control" bzw. „Controlling" ist in der englischsprachigen Managementliteratur Überwachen, Kontrollieren, Prüfen, Beherrschen, aber auch Steuern und Regeln gemeint. Controlling, wie es heute als betriebswirtschaftliche Funktion bekannt ist, läßt sich aber nur bedingt aus einer solchen semantischen Betrachtung erklären. Eher entspricht es einem bestimmten Aufgabenkomplex, der sich ursprünglich im anglo-amerikanischen Sprachraum unter der Bezeichnung „Controllership" herausgebildet hat.[39] Auf die Aufgaben des Controllings wird im weiteren Verlauf des zweiten Kapitels ausführlich einzugehen sein.

Für die vorliegende Arbeit ist die Erarbeitung eines dem aktuellen Entwicklungsstand entsprechenden Verständnisses erforderlich. Dieses soll hier zunächst anhand von Controllingansätzen aus der deutschsprachigen Literatur gewonnen und dann in den Kap. 2.1.3 bis 2.2.2 vertieft und konkretisiert werden. Grundsätzlich konzentriert sich das zweite Kapitel auf Quellen aus dem deutschsprachigen Raum, denn seit seiner Einführung hier hat sich das Controlling weiterentwickelt, so daß es spezifische Begriffsinhalte aufweist und nicht deckungsgleich mit dem im anglo-amerikanischen Sprachraum anzutreffenden Verständnis von Controllership ist.[40] Trotz dieser Einschränkung ist davon auszugehen, daß die Ergebnisse der vorliegenden Arbeit weitgehend auch außerhalb des deutschsprachigen Raums Geltung besitzen: Erstens weist das Controlling in verschiedenen Ländern durchaus große Gemeinsamkeiten auf und zweitens dürfte sich in der Praxis das Controllingverständnis aufgrund der fortschreitenden Globalisierung international annähern.[41] Gemäß den Zielen der vorliegenden Arbeit beschränkt sich die Analyse auf funktionale Aspekte des Controllings.[42]

Die große Anzahl vorhandener Ansätze bzw. Publikationen zum Controlling läßt eine Konzentration auf ausgewählte Ansätze notwendig und sinnvoll erscheinen.[43] Eine vom Verfasser in der Datenbank VLB (Verzeichnis lieferbarer Bücher) durchgeführte Recherche ergab zum Stichwort „Controlling" weit über 300 deutschsprachige Buchtitel, welche zwischen 1995 und 1998 erschienen sind. Aus diesen hat der Verfasser diejenigen Monographien (d.h. keine Sammelwerke) ausgewählt, welche Controlling allgemein zum Gegenstand haben (d.h. insbesondere keine branchenspezifischen Arbeiten, keine Arbeiten zu bestimmten Teilbereichen

---

37 Vgl. Küpper/Winckler/Zhang 1990, S. 439.

38 Vgl. Weber/Schäffer 1998, S. 228; Schubert-Lüthans 1999, S. K1.

39 Vgl. Reinschmidt 1989, S. 14; Horváth 1998, S. 26f.

40 Vgl. Reinschmidt 1989, S. 15; Horváth 1998, S. 74f.

41 Ein internationaler Vergleich von Controllingaufgaben findet sich z.B. bei Stoffel 1995, insbes. S. 154-246.

42 Controlling meint im Rahmen dieser Arbeit immer funktionale Aspekte, also Controllership. Sofern institutionelle Aspekte gemeint sind, wird explizit darauf hingewiesen bzw. von Controllern oder Trägern des Controllings gesprochen. Zu beachten ist, daß in der Regel auch als Manager bezeichnete Personen teilweise Controllingaufgaben wahrnehmen (vgl. Deyhle 1991, S. 364f.).

43 Vgl. zu verschiedenen Ansätzen auch Jöstingmeier 1994, S. 3-5; Zenz 1998, S. 34-45.

des Controllings) und in der vierten Auflage oder höher erschienen sind.[44] Abb. 2 charakterisiert das in den resultierenden acht Arbeiten vertretene Controllingverständnis.

Autor	**Beziehung des Controllings zum Management**	**Zielorientierung des Controllings**	**Aufgabenbereiche (=Funktionen) des Controllings**
Ebert/ Koinecke/ Peemöller 1996, S. 16	Unterstützung	alle quantifizierbaren Ziele	Informationser- und -verarbeitung, systematische Planung und Kontrolle (Autoren folgen Preißler (s. unten))
Horváth 1998, S. 142-145	Unterstützung	Ergebnisziel	Koordination von Planung, Kontrolle sowie Informationsversorgung
Preißler 1998, S. 11-31	Unterstützung	alle quantifizierbaren Ziele	Informationser- und -verarbeitung, systematische Planung und Kontrolle
Reichmann 1997, S. 3-13	Unterstützung	von jeweiligen Oberzielen abhängig, primär Wirtschaftlichkeits- und Liquiditätsziele	Informationsbeschaffung und -verarbeitung zur Planerstellung, Koordination und Kontrolle
Schröder 1996, S. 21-30 u. 293	Controlling als Führungsphilosophie	alle Ziele, Gewinnziel und Existenzsicherung hervorgehoben	Koordination durch Planung, Information, Analyse/ Kontrolle und Steuerung
Vollmuth 1997b, S. 11f.	Unterstützung	nicht explizit spezifiziert; implizit zeigt sich: alle Ziele, primär Erfolgsziele	Planung, Kontrolle, Steuerung
Weber 1998b, S. 32-34	Unterstützung durch Rationalitätssicherung	nicht explizit spezifiziert; implizit zeigt sich: alle Ziele, primär Erfolgsziele	Sicherstellung einer angemessenen Rationalität der Führung
Ziegenbein 1998, S. 19-24	Unterstützung	nicht explizit spezifiziert; implizit zeigt sich: alle Ziele	Bereitstellung von Methoden und Informationen für Planungs- und Kontrollprozesse sowie Koordination solcher Prozesse

Abb. 2: Controllingverständnis in der deutschsprachigen Literatur[45]

---

44 Letzteres Auswahlkriterium wurde gewählt, weil Monographien in höherer Auflage einige Vorzüge aufweisen: Die Autoren konnten in der Regel umfangreiche Erfahrungen und Entwicklungen in das Werk einfließen lassen. Außerdem weisen entsprechende Monographien zumeist einen vergleichsweise hohen Verbreitungsgrad auf, so daß sie Einfluß auf andere Autoren und auch Praktiker nehmen.

45 Die Loseblattsammlung von Ebert (vgl. Ebert 1997) wurde nicht einbezogen, da sie das gleiche Controllingverständnis wie die Monographie von Ebert/Koinecke/Peemöller aufweist. Der Beitrag von Wildemann (vgl. Wildemann 1997) erfuhr keine Berücksichtigung, da es sich um eine Foliensammlung handelt und das Controllingverständnis des Verfassers unklar bleibt.

Hinsichtlich der Beziehung zum Management zeigt sich, daß die meisten Autoren Controlling als Managementunterstützungsfunktion, d.h. als eine Führungshilfe sehen. Da Management in der Regel sehr komplexe Aufgaben beinhaltet, kann der Einsatz von Führungshilfen, also von „Institutionen und Funktionen, die einen eigenständigen Beitrag zur Erfüllung von Führungsaufgaben leisten“[46], zur Erhöhung von Effektivität und Effizienz des Managements nützlich sein. Controlling ist eine solche Führungshilfe und definiert sich daher stark aus seiner Beziehung zum Management heraus.

Managementunterstützung kann nach Göpfert/Hoppenheit durch Entlastung, Rationalitätssicherung, Spezialisierung und/oder Koordination erfolgen.[47] Eine Entlastung der Führung durch Aufgabenübernahme stellt einen institutionellen Aspekt dar, führt also für die Beschreibung des Controllings als Funktion nicht weiter. Eine Rationalitätssicherungsfunktion wird dem Controlling oft zugeschrieben.[48] Das Controlling steht im Spannungsfeld zwischen analytisch-rationaler und politisch-intuitiver Unternehmensführung eher für die analytisch-rationale Seite. Damit liegt bereits ein erster Hinweis auf die Spezialisierung vor, die zur Kennzeichnung des Controllings sehr wesentlich ist. Controlling ist als ein auf bestimmte Aufgabenbereiche bzw. Ziele spezialisierter Teil des Managements interpretierbar, wie im folgenden zu erläutern ist. Dabei wird die letztgenannte Möglichkeit der Managementunterstützung, die Koordination, als Aufgabenbereich berücksichtigt.

Zunächst ist die Spezialisierung des Controllings in bezug auf bestimmte Management- bzw. Unternehmensziele zu betrachten. Dabei wird stets von der Zielorientierung des Controllings gesprochen, da es nicht um unmittelbare Controllingziele geht.[49] Abb. 2 offenbart, daß einige Autoren Controlling vor allem als erfolgs- und/oder finanzzielorientiert sehen, andere hingegen als auf alle Unternehmensziele bezogene Funktion. Mit „Erfolgszielorientierung“ oder auch „Ergebniszielorientierung“ ist normalerweise allgemein die Ausrichtung an quantitativen, vorwiegend monetären Zielen (insbesondere Gewinn- und Kapitalwertmaximierung) gemeint. Der Begriff „Finanzzielorientierung“ stellt meistens primär auf liquiditätsbezogene Ziele ab.[50] Bei einer 1998 durchgeführten, breit angelegten Befragung deutschsprachiger Hochschullehrer der Betriebswirtschaft sprachen sich 57% der Befragten für eine Orientierung des Controllings an allen Zielen aus.[51] Gleichzeitig offenbarte sich die herausragende Bedeu-

46 Hoffmann/Niedermayr/Risak 1995, S. 42.

47 Vgl. Göpfert/Hoppenheit 1991, S. 156-159.

48 Dies zeigt sich implizit in allen in Abb. 2 aufgeführten Monographien. Weber stellt die Sicherung der Rationalität der Führung als zentrale Controllingfunktion heraus (vgl. Weber 1998b, S. 32-34).

49 Unmittelbare Controllingziele werden in Kap. 2.1.3 thematisiert.

50 Vgl. zur Erfolgs- bzw. Finanzzielorientierung des Controllings z.B. Hahn 1996, S. 182-186; Horváth 1998, S. 137-142.

51 Vgl. Ahn 1999, S. 112.

tung von Erfolgszielen für das Controlling, denn diese stellten die am häufigsten genannte Zielkategorie dar (95%).[52]

Soll das Controlling nun auf alle oder nur auf ausgewählte Ziele ausgerichtet sein, d.h. inwieweit soll es eine spezialisierte Führungshilfe sein? Die Implikationen der Beantwortung dieser Frage sind weitreichend: Im Falle der Definition des Controllings als allgemeine Führungsunterstützungsfunktion wäre z.B. die Koordination der Planung der Verpackungsentwicklung eine Controllingaufgabe. Eine strikte Begrenzung des Controllings auf monetäre Größen andererseits birgt die Gefahr unvollständiger (nicht ganzheitlicher) Führungsunterstützung, die in reiner Formalzielausrichtung die Verbindung mit Sachzielen bzw. die Ableitung von Maßnahmen erschwert.[53] Die heftige Diskussion um diese Frage in der Literatur zeigt, daß es gegen beide Standpunkte gewichtige Argumente gibt und daher nach Meinung des Verfassers der Mittelweg die angemessene Antwort ist. Deswegen wird Controlling in dieser Arbeit als erfolgszielorientiert in weiter Auslegung verstanden. Einerseits ist im Kern mit Erfolgszielorientierung eine Wertzielorientierung für eher langfristige sowie eine Gewinnzielorientierung für eher kurzfristige Problemstellungen gemeint.[54] Liquiditätsbezogene Ziele weisen enge Verbindungen zu Erfolgszielen auf, sind aber nach der hier vertretenen Auffassung nicht dem Controlling, sondern dem Treasuring zuzuordnen.[55] Durch die Spezialisierung auf Erfolgsziele wird sichergestellt, daß das Controlling als Funktion nicht verwässert, sondern spezifische Qualitäten zur Verfügung stellt. Andererseits ist die Erfolgszielorientierung so zu verstehen, daß sie die Verbindung zu nicht-monetären Aspekten, die nicht zuletzt auch im Zusammenhang mit Unternehmenskooperationen bedeutsam sind, einbezieht. Controlling will das Management zwar vor allem hinsichtlich monetärer, erfolgswirtschaftlicher Ziele unterstützen, darf sich dabei aber nicht auf die Arbeit mit monetären Informationen beschränken, sondern muß eben alle erfolgszielrelevanten Größen im Zusammenhang mit dem Gewinn- bzw. Wertziel für das Management transparent machen. In diesem Sinne soll Controlling im folgenden als erfolgszielbezogene Unterstützung des Managements gesehen werden.[56]

Nach der Klärung der Zielorientierung ist nun eine mögliche Spezialisierung des Controllings auf bestimmte Aufgabenbereiche zu betrachten. Bei allen in Abb. 2 aufgeführten Autoren spielen die Aufgabenbereiche Information, Planung, Kontrolle und/oder Koordination eine

---

52 Vgl. Ahn 1999, S. 112.

53 Vgl. zur Abgrenzung von Formalzielen (Erfolgs- und Liquiditätsziele) und Sachzielen z.B. Berthel 1995, S. 1075.

54 Der Begriff „Wert“ meint hier den – in der Regel als Kapitalwert errechneten – Unternehmenswert, während „Gewinn“ auf das Ergebnis einer kurzfristigen Periode (z.B. eines Jahres) abstellt.

55 Vgl. ausführlich zur Abgrenzung von Controlling und Treasuring Serfling 1992, S. 69-80.

56 Das erläuterte Begriffsverständnis berücksichtigt, daß zwar in der rechnungswesen- bzw. controllingnahen Literatur Erfolg zumeist als quantitativ-monetäre Größe gesehen wird, in der Betriebswirtschaftslehre insgesamt aber durchaus auch allgemein als Zielerreichung. Erfolg ist hier also zu verstehen als das vorwiegend, aber nicht ausschließlich in monetären Größen ausgedrückte Ergebnis des Wirtschaftens (vgl. ähnlich o.V. 1997b, S. 183).

zentrale Rolle.[57] Die Begriffe werden zwar auf unterschiedliche Weise miteinander in Beziehung gesetzt und hinsichtlich ihrer jeweiligen Bedeutsamkeit unterschiedlich gewichtet, aber ausgeprägte Gemeinsamkeiten sind unübersehbar. Die Gemeinsamkeiten werden durch einen Vergleich der den jeweiligen Aufgabenbereichen zugeordneten Controllinginstrumente besonders deutlich. Trotz (scheinbar) signifikanter konzeptioneller Unterschiede finden sich bei allen Autoren sehr ähnliche Instrumentarien. Jedoch ist bei einigen Autoren das Instrumentarium bzw. das Aufgabenspektrum so weit gefaßt, daß eine Abgrenzung von der allgemeinen Betriebswirtschaftslehre kaum erkennbar ist.[58]

Wie kann nun die aufgabenmäßige Spezialisierung des Controllings charakterisiert werden? Eine Extremposition nehmen einige Autoren ein, welche Controlling in erster Linie als Koordination des Führungssystems bzw. aller Führungsteilsysteme (Zielsystem, Planungs- und Kontrollsystem, Informationssystem, Personalführungssystem und Organisationssystem) begreifen.[59] Diese Sichtweise ist bereits viel kritisiert worden, insbesondere aufgrund ihrer großen Diskrepanz zu in der Praxis tatsächlich festzustellenden Aufgaben von Controllern sowie aufgrund ihres zweifelhaften Nutzens für die Weiterentwicklung des Controllings.[60] Eine umfassende und einseitige Hervorhebung der Koordination der Führung als Controllingfunktion erscheint aufgrund der Kritik und des Literaturbefundes nicht angemessen. Für Koordination wie auch für Planung, Kontrolle und Informationsversorgung gilt, daß es sich jeweils um eine wesentliche, aber nicht die einzige Controllingfunktion handelt. Folglich ist bezüglich der Aufgabenbereiche des Controllings keine Extremposition angebracht, sondern ähnlich wie bei der Zielorientierung ein Mittelweg.

Eine genauere Betrachtung der in Abb. 2 enthaltenen Ansätze verdeutlicht, daß Informationsversorgung und Koordination sich auf Planung und Kontrolle richten. Daher liegt es nahe, einerseits Informationsversorgung und Koordination als Kernfunktionen des Controllings, andererseits Planung und Kontrolle als vom Controlling zu unterstützende allgemeine Managementfunktionen anzusehen.[61] Doch dies ist problematisch, weil eine trennscharfe Abgrenzung bzw. Zuordnung der Aufgabenbereiche Planung, Kontrolle, Informationsversorgung und Koordination nicht möglich ist. Außerdem werden, wie bereits gezeigt, dem Controlling in der Literatur durchaus Planungs- und Kontrollaufgaben direkt zugeordnet. Als Ergebnis der Lite-

---

57 Zusätzlich findet die Steuerung im Zusammenhang mit Controlling Erwähnung. Steuerung wird jedoch in der Regel als Führungsaufgabe begriffen oder sogar mit Führung gleichgesetzt. Controlling wirkt zwar steuernd bzw. dient der Steuerung, jedoch ist Steuerung nicht als Controllingaufgabe im engeren Sinne zu sehen bzw. begrifflich zur Aufgabenabgrenzung wenig geeignet (vgl. zum Steuerungsbegriff Koch 1994, S. 5-18).

58 Dies zeigt sich z.B. bei der Durchsicht von Horváth 1998 oder Schröder 1996.

59 In früheren Auflagen seiner Monographie „Einführung in das Controlling" vertrat auch Weber diese Controllingsicht (vgl. Weber 1994, S. 40-48; vgl. auch Küpper 1997, S. 12-29). Mittlerweile hat Weber sein Controllingverständnis offensichtlich stark geändert, wie aus Abb. 2 ersichtlich ist.

60 Vgl. z.B. Schneider 1992b, S. 12-20; Müller 1996, S. 144-146; zum erstgenannten Grund Rückle/Gerhards 1998, S. 274.

61 Vgl. auch Botschatzke 1998.

raturanalyse läßt sich hinsichtlich einer möglichen Spezialisierung des Controllings auf bestimmte Aufgabenbereiche also zunächst nur resümieren: Controlling umfaßt Informationsversorgungs-, Koordinations-, Planungs- und Kontrollaufgaben. Um welche Aufgaben es sich im einzelnen handelt, ist in Kap. 2.2.1 mit Hilfe empirischer Erkenntnisse wesentlich detaillierter zu untersuchen, so daß dann die aufgabenbezogene Spezialisierung des Controllings deutlicher wird.

Als Ergebnis von Kap. 2.1.2 liegt nun das Controllingverständnis für die weiteren Ausführungen vor: Controlling ist die analytisch-rationale, erfolgszielbezogene Unterstützung des Managements durch Wahrnehmung von Informationsversorgungs-, Koordinations-, Planungs- und Kontrollaufgaben. Diese Definition spiegelt nach Einschätzung des Verfassers das im deutschsprachigen Raum zur Zeit vorherrschende Verständnis gut wider und ist daher als Prämisse für das weitere Vorgehen geeignet.

2.1.3 Das Controllingsystem im Unternehmenssystem

Nun ist mit der systemanalytischen Betrachtung des Controllings zu beginnen, und zwar durch Bildung und Charakterisierung des Controllingsystems.[62] Dies kann durch Lösung des Relevanz- und Grenzproblems[63] sowie durch Bestimmung der Ausprägung einzelner Systemmerkmale geleistet werden. Im Zuge der Lösung des Relevanzproblems sind alle hinsichtlich des Untersuchungsgegenstandes relevanten Komponenten eines Systems zu bestimmen. Das Grenzproblem beinhaltet die unter Berücksichtigung der Untersuchungsziele vorzunehmende Abgrenzung benachbarter Systeme bzw. ihrer Komponenten. Für die Lösung von Relevanz- und Grenzproblem stellt der Systemansatz auch begriffliche Grundlagen zur Verfügung:[64] Die betrachtete Systemebene wird als „System“ bezeichnet, die nächsthöhere Ebene als „Supersystem“, die nächsttiefere Ebene als „Subsystem“. Mit „Umsystem“ ist eine übergeordnete Ebene mit weniger engen Beziehungen zum System gemeint. Der Ausdruck „Element“ schließlich bezeichnet die tiefste, in einem bestimmten Zusammenhang noch interessierende Systemebene. Der Begriff „Systemkomponenten“ wird in dieser Arbeit als Sammelbegriff für Subsysteme, Beziehungen und Elemente eines Systems benutzt.

Zunächst sollen nun Relevanz- und Grenzproblem parallel gelöst werden, d.h. die zur funktionalen Untersuchung des Controllings relevanten Systemkomponenten und ihnen übergeordnete Systeme sind zu bestimmen sowie voneinander abzugrenzen. Da Controlling oben als Managementunterstützung beschrieben wurde und folglich aus Sicht des Managements in-

---

62 Eine Systemanalyse untersucht die Strukturen und Funktionen von Systemen, so daß sich letztlich das Vorgehen der vorliegenden Arbeit insgesamt als Systemanalyse begreifen läßt (vgl. Venker 1993, S. 199f.; vgl. zur Systemanalyse als Forschungs- und Gestaltungsstrategie Fuchs-Wegner 1974).

63 Vgl. ähnlich Becker 1990, S. 297f.

64 Vgl. Haberfellner 1975, S. 8.

strumentellen Charakter hat, ist das Controllingsystem ein Subsystem des Management- oder Führungssystems.[65] Daher wird das Unternehmenssystem ausdifferenziert in die Funktionen „Führung" und „Ausführung". Diese Funktionen beziehen sich auf das Unternehmen als Institution, d.h. als sozio-technisches, also aus Menschen und Sachen bestehendes System. Während das Führungssystem die Willensbildung und -durchsetzung im Unternehmen wahrnimmt, wird dem Ausführungssystem die Erstellung der Leistungen zugeordnet. Angemerkt sei, daß die vorliegende Arbeit den Begriff „Unternehmen" synonym zu „Unternehmung" verwendet, verstanden als weitgehend selbständige, örtlich nicht gebundene, wirtschaftlich-finanzielle und rechtliche Einheit.[66]

Wie ist nun das Führungssystem funktional auszudifferenzieren? Bei der funktionalen Betrachtung lassen sich Aufgaben, d.h. Aktivitäten zur Erreichung von Zielen, und Instrumente, d.h. Hilfsmittel für die Ausführung der Aufgaben, unterscheiden.[67] Es sind hier ausschließlich ideelle Instrumente einzubeziehen, nicht aber technische.[68] Ideelle Instrumente sind Methoden im Sinne einer bestimmten Vorgehensweise, d.h. einer endlichen Folge von mehr oder weniger konkreten Handlungsanweisungen (z.B. Kapitalwertmethode).[69] Technische Instrumente sind für das Controlling insbesondere Informationstechnologien (z.B. Kostenrechnungssoftware). Sie dienen der Realisierung der ideellen Instrumente und sind der institutionellen Ebene zuzuordnen.

Als Aufgaben des Managements werden hier in Anlehnung an die systemorientierte Managementforschung die Gestaltung und die Lenkung von Unternehmenssystemen gesehen.[70] Die Gestaltung umfaßt das Entwerfen und Erschaffen, aber auch das fortlaufende Umgestalten (also das Entwickeln) des Unternehmenssystems als Institution. Die Lenkung „bewirkt, daß in einem Verhaltensfeld, das durch die Systemgestaltung bestimmt und abgegrenzt wurde, ganz bestimmte Verhaltensweisen ausgewählt werden."[71] Lenkung will bei gegebenem System ein im Unternehmensinteresse liegendes Verhalten sicherstellen. Im Gegensatz zu den Aufgaben

---

65 Die Begriffe „Management" und „Führung" bzw. „Unternehmensführung" werden in dieser Arbeit synonym benutzt.

66 Vgl. o.V. 1992c, S. 3431. Eine solche Verwendung des Begriffes „Unternehmen" ist mittlerweile weitgehend üblich. Der Begriff „Unternehmung" wird in der Literatur nicht einheitlich definiert (vgl. Löwer 1993, S. 2173).

67 Die Ziele von Unternehmenssystemen und ihren Subsystemen werden nicht als separate Systemkomponente, sondern als Merkmal später in diesem Kapitel behandelt. Eine trennscharfe Abgrenzung von Ziel, Funktion, Aufgabe und Instrument ist nicht möglich. Der Begriff „Funktion" wird in dieser Arbeit in erster Linie zur Abgrenzung von institutionellen Aspekten benutzt. Was im Einzelfall ein Ziel, eine Aufgabe oder ein Instrument ist, hängt vom Betrachtungsstandpunkt ab. Daher kann das Controlling aus Sicht des Managements ein Instrument sein, aber auch selbst Instrumente beinhalten.

68 Vgl. zur Unterscheidung ideeller und technischer Instrumente Horváth 1998, S. 144.

69 Vgl. zum Begriff „Methode" Kamitz 1980, S. 429; zum in der vorliegenden Arbeit synonym verwendeten Begriff „Verfahren" Grünig 1990, S. 38.

70 Vgl. z.B. Probst 1981, S. 22; Ulrich 1990, S. 13. Einige Publikationen nennen die Entwicklung von Unternehmenssystemen als weitere Aufgabe. Diese kann und soll hier jedoch unter Gestaltung subsumiert werden.

71 Ulrich/Probst 1988, S. 261. Lenkung ist allerdings nicht mit Verhaltensbeeinflussung gleichzusetzen, denn auch die Gestaltungsaufgabe impliziert verhaltensbeeinflussende Tätigkeiten.

des Ausführungssystems geht es bei beiden Managementaufgaben – allerdings mit unterschiedlicher Gewichtung – um planungs-, organisations-, personalführungs- und kontrollbezogene Aufgaben.[72]

Als weiteres Subsystem des Führungssystems wird aufgrund der Ziele dieser Arbeit nur das Controllingsystem ausdifferenziert.[73] Das Controllingsystem läßt sich funktional in die Subsysteme „Controllingaufgaben" und „Controllinginstrumente" aufgliedern. Bereits im vorangegangenen Kapitel wurde verdeutlicht, daß Controlling einen bestimmten Teil von Managementaufgaben umfaßt, wobei die Controllingaufgaben nicht trennscharf abgrenzbar sind. Die Abgrenzung läßt sich mit Hilfe des Entscheidungsprozesses veranschaulichen: Während das Management das Treffen von Entscheidungen, ihre Durchsetzung sowie die Ergebnisverantwortung beinhaltet, sind dem Controlling eher die Entscheidungsvorbereitung, vereinzelte Unterstützungsaufgaben bei der Durchsetzung sowie die Messung und Analyse der Ergebnisse zuzuordnen.[74] Controllingaufgaben und -instrumente werden aufgrund ihrer zentralen Bedeutung für die vorliegende Arbeit separat in Kap. 2.2 weiter zergliedert und charakterisiert. Abb. 3 zeigt die bisher erfolgte Systembildung.

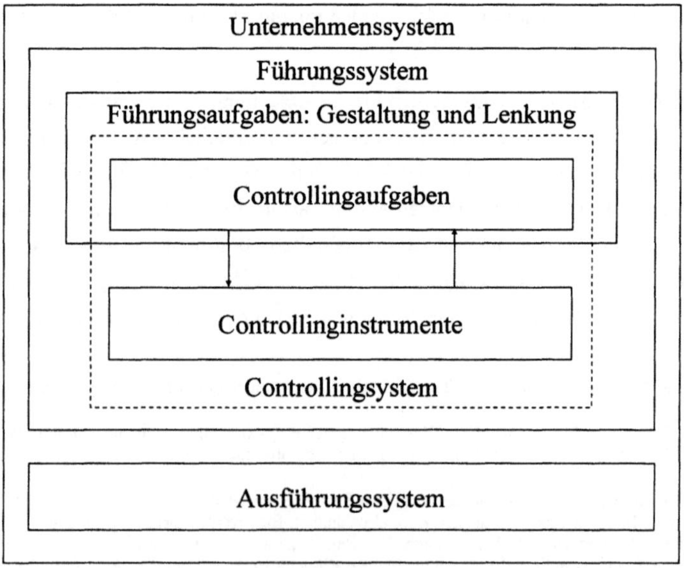

Abb. 3: Das Controllingsystem als Subsystem des Führungssystems

72 Vgl. zu Managementfunktionen Steinmann/Schreyögg 1997, S. 8-11.

73 Neben dem Controlling sind durchaus andere Führungsunterstützungssysteme abgrenzbar, z.B. ein Personalentwicklungssystem.

74 Vgl. ähnlich Scheffler 1989, S. 27.

In Abb. 3 sind nur die für den Bezugsrahmen besonders wichtigen Beziehungen zwischen Systemkomponenten durch Pfeile symbolisiert: Die Controllinginstrumente dienen als Hilfsmittel zur Erfüllung der Controllingaufgaben. Diese geben den Controllinginstrumenten die Anforderungen vor. Weitere wichtige Beziehungen, die jedoch nicht durch Pfeile symbolisiert sind, bestehen für jede Systemkomponente zur ihr übergeordneten Systemkomponente. So ist das gesamte Managementsystem abhängig von bestimmten Eigenschaften des Unternehmenssystems. Es sind insbesondere die Offenheit, die Komplexität und die eng damit verbundene Prognostizierbarkeit, die Dynamik und die damit verbundene Stabilitätsproblematik sowie die Zielorientierung, welche Implikationen für Gestaltung und Lenkung und damit auch für das Controlling mit sich bringen.[75] Dies ist im folgenden zu erläutern, wobei die Betrachtung nicht auf funktionale Aspekte eingeschränkt bleibt, da ja das Unternehmen als Institution Objekt der Controllingfunktion ist. Folglich wird auch der soziale Charakter von Unternehmenssystemen anzusprechen sein.

Offenheit: Zwecks Erreichung von Systemidentität und Erfüllung von Systemfunktionen ist eine Grenzziehung notwendig, um „in die Komplexität der Welt, in das Übermaß an Möglichkeiten, eine Ordnung zu legen, d.h. in spezifischer Weise einzuengen, zu reduzieren und zu verarbeiten."[76] In diesem Sinne ist die Offenheit von Unternehmenssystemen zwar eingeschränkt, doch sind diese mit ihrem Umsystem ständig durch ein Netz von Austauschbeziehungen verbunden, welche die Fähigkeit des Systems zur Erfüllung seiner Funktionen beeinflussen. Da folglich der Unternehmenserfolg von Beziehungen zwischen Unternehmenssystem und Umsystem abhängt, dürfen die Aufgaben des Führungssystems – und daher auch des Controllingsystems – nicht auf Unternehmensinternes beschränkt sein. Es liegt also die Erwägung nahe, die Art der Grenzziehung – und damit den Grad an Offenheit – einerseits bei der Gestaltung des Controllingsystems bzw. seiner Subsysteme zu berücksichtigen und andererseits als vom Controlling zu unterstützendes Managementproblem zu thematisieren. Diese Erwägung ist im Zusammenhang mit Unternehmenskooperationen wieder aufzugreifen.

Komplexität: Die Komplexitätsproblematik besteht für Unternehmenssysteme nicht nur gegenüber ihrer Umwelt. Insbesondere große Unternehmen sind aufgrund der hohen Anzahl verschiedener Elemente und Beziehungen sowie aufgrund der hohen Anzahl verschiedener Zustände, die sie aufweisen können, komplexe Systeme.[77] Eindeutige Ursache-Wirkungs-Beziehungen sind daher kaum existent oder zumindest nur schwer bestimmbar. Deshalb sind Unternehmen bezüglich der Prognostizierbarkeit als stochastische Systeme zu bezeichnen. Eine hohe Komplexität und die damit verbundene mangelnde Prognostizierbarkeit wirken sich negativ auf die Gestalt- und Lenkbarkeit eines Systems aus. Zur Milderung dieses Problems

---

75 Vgl. Ulrich 1970, S. 111-118.
76 Schreyögg 1996, S. 90.
77 Vgl. Malik 1991, S. 198.

erfolgen neben der Grenzziehung gegenüber der Umwelt weitere Grenzziehungen innerhalb des Unternehmenssystems. Vor allem werden Subsysteme gebildet, die eine Spezialisierung auf bestimmte Systemfunktionen ermöglichen. Controlling ist ein solches Subsystem und bietet die Möglichkeit, die Fähigkeit zu Gestaltung und Lenkung komplexer Unternehmenssysteme zu verbessern. Dieses leistet es beispielsweise dadurch, daß es mit Hilfe des Rechnungswesens erfolgszielbezogene Informationen erhebt, strukturiert, die entscheidungsrelevanten selektiert und auf diese Weise Orientierung gibt.

Dynamik: Unternehmen verändern sich – ob geplant oder ungeplant, sind also dynamische Systeme. Ausmaß und Geschwindigkeit dieser Veränderungen hängen vom Unternehmen selbst sowie von seinem Umsystem ab. Eine hohe Dynamik verstärkt die Komplexitätsproblematik.[78] Dynamik und Komplexität des Umsystems erhöhen sich nach Aussagen vieler Autoren für die meisten Unternehmen kontinuierlich. Daher nimmt auch die Bedeutung des Controllings sowie anderer Mechanismen zur Komplexitätsbewältigung (z.B. Dezentralisierung, Outsourcing) zu. Durch die dynamische Betrachtungsweise wird deutlich, daß zu der Fähigkeit zur Komplexitätsbewältigung auch die Fähigkeit zur Adaption an eingetretene oder erwartete Veränderungen unter zeitlichen Restriktionen gehören muß. Die Adaptionsfähigkeit gewährleistet eine gewisse Stabilität des Unternehmenssystems, so daß es einen dynamischen Gleichgewichtszustand (z.B. in Form eines bestimmten Profitabilitätsniveaus) erreichen und damit seine Existenz sichern kann. Die dynamische Betrachtung wird in Kap. 3 durch ein kybernetisches Regelkreismodell unterstützt.

Zielorientierung: Das Unternehmenssystem und seine Teilsysteme sind zielgerichtet. Die einem System zuordenbaren Ziele hängen von den Zielen anderer (insbesondere übergeordneter) Systeme ab, so daß sich auf das System ein entsprechendes Zielsystem projizieren läßt. Die Ziele des Unternehmenssystems ergeben sich aus den Zielen der Anspruchsgruppen (Stakeholder), die weitgehend dem Umsystem zuzurechnen sind und aus ihrem Austauschverhältnis zum Unternehmen einen bestimmten Nutzen – d.h. einen Beitrag zur eigenen Zielerreichung – erwarten. Die Eigen- und Fremdkapitalgeber sind primär an einem bestimmten Rendite- und Risikoniveau interessiert, woraus die bereits in Kap. 2.1.2 angesprochenen Erfolgs- und Liquiditätsziele resultieren. Weitere Unternehmensziele resultieren vor allem aus den Interessen der Kunden (bestimmtes Preis-Leistungs-Verhältnis), der Mitarbeiter (bestimmtes Verhältnis aus Arbeitsleistung und Kompensation) und weiterer Anspruchsgruppen (Lieferanten, Wettbewerber, Staat, lokales Gemeinwesen u.a.).[79] Aufgrund der besonderen

78 Vgl. Ulrich 1970, S. 116.
79 Vgl. Hahn 1995, S. 328f.; Meier-Scherling 1996, S. 122-128.

Stellung der Eigenkapitalgeber dominieren unter den Unternehmenszielen zumindest in privaten, in einer Marktwirtschaft agierenden Unternehmen die Erfolgs- und Liquiditätsziele.[80]

Das Managementsystem zielt auf die Realisierung eines maximalen Zielerfüllungsgrades bezüglich der Unternehmensziele, deren jeweilige Ausprägung und Gewichtung sich nicht zuletzt aus rechtlichen Ansprüchen und Machtpositionen der Anspruchsgruppen ableiten. Es dient der unternehmenszielkonformen Gestaltung und Lenkung des Unternehmenssystems. Während die Unternehmensziele für das Management also unmittelbare Ziele darstellen, sind sie für das Controlling lediglich mittelbare Ziele.[81] Als Führungshilfe bzw. Führungsunterstützungssystem zielt das Controlling unmittelbar auf die Sicherung und Erhaltung der Funktionsfähigkeit des Managements, d.h. der Fähigkeit, das Unternehmen effektiv und effizient zu führen.[82] Wie bereits in Kap. 2.1.2 gezeigt wurde, konzentriert das Controlling seine Unterstützung auf Erfolgsziele des Unternehmens. Daher ist es vor allem für erfolgszieldominierte Organisationen von zentraler Bedeutung. In Organisationen, bei denen andere Ziele vorherrschen (Non-Profit-Organisationen), ist das Controlling auch sinnvoll einsetzbar, sofern erfolgswirtschaftlich ausgerichtete Ziele im Zielsystem enthalten sind. Die Bedeutung und das Nutzenpotential des Controllings dürften in solchen Organisationen allerdings geringer sein.

Sozio-technischer Charakter: Als letztes Merkmal von Unternehmenssystemen ist hier hervorzuheben, daß es sich um sozio-technische Systeme handelt. Ein Unternehmen weist als Systemkomponenten sowohl Sach- als auch Humanressourcen auf. Da die einzelnen Ressourcen hinsichtlich ihrer Eigenschaften unterschiedlich sind und arbeitsteilig bestimmte Teilaufgaben wahrnehmen sollen, entsteht ein Bedarf nach Controlling, um sie durch Planung, Kontrolle und Informationsversorgung erfolgszielorientiert zu koordinieren. Controlling richtet sich, wie Management insgesamt, in erster Linie auf die Beeinflussung des Verhaltens von Menschen. Folglich sind menschliche Verhaltenseigenschaften bzw. soziale Beziehungen bei der Ausgestaltung eines Controllingsystems zu berücksichtigen.[83]

Unternehmenssysteme sind, wie bereits angedeutet, aufgrund der erläuterten Merkmale nur begrenzt gestalt- und lenkbar. Malik unterscheidet zwei Arten von Managementverständnis, um diese Problematik zu bewältigen: Einerseits sieht er als konstruktivistisch-technomorphes Paradigma „die Herstellung einer an bestimmten, im voraus festzulegenden Zwecksetzungen zu beurteilenden und im Lichte dieser Zwecksetzungen als rational geltenden Ordnung (von Elementen, Abläufen usw.) durch planvolles menschliches Handeln".[84] Andererseits nennt

[80] Die Dominanz von Gewinnzielen wurde für den deutschsprachigen Raum von mehreren Autoren empirisch nachgewiesen (vgl. Günther 1991, S. 14f.). Die Dominanz der Anteilseignerinteressen zeigt sich z.B. in einer Studie von Coopers & Lybrand (vgl. Englert/Scholich 1998, S. 684).

[81] Vgl. Reinschmidt 1989, S. 29; vgl. zu Controllingzielen auch Welge 1988, S. 25-47.

[82] Vgl. ähnlich Horváth 1998, S. 142f. Nach Horváth zielt Controlling vor allem auf die Koordinations-, Reaktions- und Adaptionsfähigkeit der Führung.

[83] Vgl. zum verhaltensorientierten Controlling ausführlich Wielpütz 1996.

[84] Malik 1984, S. 38.

Malik das systemisch-evolutionäre Paradigma, welches eine sich selbst generierende Ordnung unterstellt. Diese kann zwar durch das Handeln von Menschen entstehen und in hohem Maße zweckrational sein, entspricht aber nicht notwendigerweise im voraus gefaßten menschlichen Plänen oder Zwecksetzungen.[85] Gemäß diesem Paradigma hat sich das Management eher auf das Schaffen günstiger Rahmenbedingungen zu konzentrieren, während mit dem konstruktivistisch-technomorphen Paradigma eher das Steuern im Detail einhergeht.[86] Der Verfasser der vorliegenden Arbeit ist der Auffassung, daß beide Paradigmen für das Management Gültigkeit besitzen bzw. Nutzen stiften und daß eine einseitige Betonung eines Paradigmas weder erforderlich noch sinnvoll ist. Jedoch ist die Unterscheidung der beiden Paradigmen für das Verständnis des Controllings hilfreich, denn Controlling folgt eher dem konstruktivistisch-technomorphen Paradigma. Es zielt auf Rationalität im konstruktivistischen Sinne, d.h. darauf, „einem im voraus bestimmten konkreten Ziel auf der Basis erkannter oder praktisch erkennbarer Kausalzusammmenhänge entsprechend möglichst ökonomisch zu handeln."[87] Controlling will die Gestalt- und Lenkbarkeit des Unternehmenssystems verbessern, kann aber natürlich nicht zu einer vollkommenen Gestalt- und Lenkbarkeit führen. Die Grenzen des Nutzenpotentials des Controllings werden spezifisch für das Kooperationscontrolling später in dieser Arbeit kritisch zu betrachten sein.

Nachdem durch die vorangegangenen Ausführungen das Controlling charakterisiert und abgegrenzt worden ist, sind nun Controllingaufgaben und Controllinginstrumente detailliert aufzuzeigen, um die Entwicklung des theoretischen Bezugsrahmens voranzubringen.

2.2 Entwicklungsstand hier relevanter Controllingsubsysteme

2.2.1 Controllingaufgaben

Die in Kap. 2.1.2 auf der Basis einer Literaturanalyse vorgenommene Grobcharakterisierung von Controllingaufgaben soll im folgenden mit Hilfe vorhandener empirischer Studien fundiert und präzisiert werden. Abb. 4 (siehe folgende Seite) zeigt die Ergebnisse von vier Studien, welche zwischen 1988 und 1998 publiziert wurden und die zehn wichtigsten Controllingaufgaben nach ihrer Bedeutung geordnet identifizieren.[88]

---

85 Vgl. Malik 1984, S. 38f.

86 Vgl. Malik 1991, S. 203.

87 Malik 1984, S. 43.

88 Nicht in Abb. 4 aufgenommen wurden empirische Studien zum Controlling, die branchenspezifisch sind (z.B. Lück 1998), Controllingaufgaben nicht explizit thematisieren (z.B. Niedermayr 1994), sich explizit nur auf ein bestimmtes Controllingteilgebiet (z.B. Marketingcontrolling oder Controlling im Mittelstand) beziehen (z.B. Kosmider 1994) oder keine Rangfolge der zehn wichtigsten Aufgaben darlegen (z.B. Rückle/Gerhards 1998). Eine Durchsicht dieser Studien zeigt jedoch, daß ihre Ergebnisse weitgehend kompatibel mit den Ergebnissen der in der Abbildung enthaltenen Studien sind. Das gilt auch für die Studie von Landsberg/Mayer, deren Ergebnisse hier aus Übersichtlichkeitsgründen nicht aufgeführt werden (vgl. Landsberg/Mayer 1988, S. 69-79).

Reichmann/Kleinschnittger/Kemper 1988, S. 36-46	**Amshoff 1993, S. 305-324 und 483-492**	**Stoffel 1995, S. 155-159**	**Weber/Schäffer 1998, S. 228-230**
1. Abweichungsanalyse 2. Kumulierte Erfolgsplanung 3. Berichtswesen 4. Kumulierte Kostenplanung 5. Deckungsbeitrags-/ Profit-Center-Ergebnisrechnung 6. Auf- und Ausbau des Controllinginstrumentariums 7. Budgetierung 8. Aufbau/Weiterentwicklung eines Controllingsystems 9. Operative Unternehmensplanung 10. Betriebswirtschaftliche Sonderberechnungen	1. Realisationskontrolle 2. Konsolidierung von Teilplänen 3. Informationsübermittlung an das Management 4. Sammlung und Abstimmung von Einzelplänen 5. Informationsübermittlung an diverse Unternehmenseinheiten/ -bereiche 6. Ermittlung und Analyse von Abweichungsursachen 7. Bewertung und Interpretation der Abweichungsursachen 8. Prognose bzw. Aufzeigen der Abweichungskonsequenzen 9. Betrieb und Anpassung des bestehenden Planungssystems 10. Betrieb und Anpassung des Informations-/Berichtssystems	1. Budgetierung 2. Internes Berichtswesen 3. Operative Planung 4. Investitionsrechnung 5. Internes Rechnungswesen Die weiteren erhobenen Aufgaben (strategische Planung, externes Berichtswesen, Liquiditätssteuerung, externes Rechnungswesen, EDV, Steuerwesen, Versicherungen, interne Revision, Debitorenbuchhaltung) waren bei deutlich weniger als der Hälfte der befragten Unternehmen wichtige Controllingaufgaben.	1. Berichtswesen 2. Kurzfristige/ jahresbezogene/ operative Planung 3. Soll-Ist-Vergleiche/ Abweichungsanalysen/ Kostenüberwachung 4. Budgetierung und Budgetkontrolle 5. Investitions-/ Wirtschaftlichkeitsrechnungen 6. Kostenrechnung/ Kalkulation 7. Projektkoordination/ Sonderuntersuchungen 8. Betriebswirtschaftliche Beratung und Betreuung 9. Bilanzierung/ Konzernbilanzierung 10. Strategische Planung

Abb. 4: Die zehn wichtigsten Controllingaufgaben nach ihrer Bedeutung geordnet

Aus den Ergebnissen der empirischen Studien lassen sich einige wichtige Aussagen ableiten:

1) Controllingaufgaben sind vor allem auf Erfolgsziele ausgerichtet! Finanzwirtschaftliche Aufgaben (im Sinne von Treasuring), externes Rechnungswesen, externes Berichtswesen und das Steuerwesen werden nicht als wesentliche Controllingaufgaben betrachtet. Die in Kap. 2.1.2 postulierte Spezialisierung auf erfolgswirtschaftliche Führungsunterstützung findet hier also Bestätigung. Dies wird durch empirische Studien über Controllinginstrumente (siehe Kap. 2.2.2) noch deutlicher. Wie bereits im vorangegangenen Kapitel angemerkt, schließt diese Ausrichtung die Einbeziehung nicht-monetärer Aspekte nicht aus, sondern erfordert sie sogar. Es ist eben gerade die Aufgabe des Controllings, erfolgszielrelevante, nicht unmittelbar quantitativ-monetär abbildbare Sachverhalte in ihrem Zusammenhang mit den Erfolgszielen transparent, also gestalt- und lenkbar zu machen.

2) Operative Aufgaben stehen im Vordergrund! Wenn Controlling aber sowohl Gestaltungs- als auch Lenkungsaufgaben des Managements unterstützen soll, muß es auch strategisch

ausgerichtete Aufgaben wahrnehmen. Gestaltungsaufgaben haben in der Regel eher strategischen, Lenkungsaufgaben eher operativen Charakter.[89] Da Controlling erfolgszielbezogen unterstützen soll und der Unternehmenserfolg sowohl von operativen als auch von strategischen Entscheidungen abhängt, muß das Controlling sich auf beide Entscheidungsebenen beziehen. In der Praxis zeigt sich eine Vernachlässigung strategischer Aufgaben durch das Controlling, doch die Notwendigkeit, dies zu ändern, ist von vielen Unternehmen erkannt worden.[90]

3) Controllingaufgaben dienen in erster Linie Planung, Kontrolle und Informationsversorgung! Die aus den empirischen Untersuchungen hervorgegangenen Controllingaufgaben stehen also weitgehend in Einklang mit den in Kap. 2.1.2 aus der Literaturanalyse hergeleiteten Aufgabenbereichen. Der Koordination scheint jedoch nur eine untergeordnete Bedeutung zuzukommen. Zu beachten ist aber, daß die Koordination vor allem eine derivative Aufgabe darstellt, d.h. viele Controllingaufgaben wirken koordinierend.[91] Bei den empirischen Studien zeigt sich wie bei der Literaturanalyse, daß eine trennscharfe Abgrenzung der Controllingaufgaben gegenüber Aufgaben des Managements sowie des Finanz- und Rechnungswesens kaum möglich ist.[92] Rückle/Gerhards gelangen in ihrer Studie sogar zu dem Fazit, daß Controlling lediglich eine neue Bezeichnung für Planung und (vorrangig internes) Rechnungswesen verkörpert.[93]

Für die Entwicklung des theoretischen Bezugsrahmens ist eine weitere Präzisierung der Controllingaufgaben erforderlich. Als Grundlage dafür dient die Studie von Amshoff, und zwar aus folgenden Gründen: Erstens beruht Amshoffs Studie auf einer umfangreichen Befragung sowie auf einer soliden theoretischen Basis. Zweitens unterscheidet Amshoff sorgfältig funktionale und institutionelle Aspekte.[94] Drittens strukturiert er die einzelnen Aufgaben auf eine Art und Weise, die weitgehend der im vorangegangenen Kapitel aus der Literatur gewonnenen Struktur entspricht.[95] Und viertens liefert Amshoff im Gegensatz zu den anderen Autoren eine

---

89 Vgl. Ulrich/Probst 1988, S. 266f.; Bleicher 1995, S. 68.

90 Gemäß einer empirischen Studie von Coenenberg/Günther wollen 72% der Unternehmen ihre Anstrengungen bezüglich des strategischen Controllings verstärken (vgl. Coenenberg/Günther 1990, S. 467f.).

91 Vgl. Becker 1990, S. 309.

92 In der Literatur wird gelegentlich argumentiert, das „neue" bzw. „typische" am Controlling liege weniger in seinen einzelnen Aufgaben, sondern vielmehr in ihrer Verknüpfung zu einem Controllingsystem (vgl. Horváth 1998, S. 78).

93 Vgl. Rückle/Gerhards 1998, insbes. S. 275 u. 279.

94 Amshoff fragt bei der Erhebung der Controllingaufgaben ausdrücklich nach der Controllingfunktion, d.h. es können auch Controllingaufgaben ermittelt werden, deren Träger nicht als Controller bezeichnet wird (vgl. Amshoff 1993, S. 338-340 u. 544f.). Zu beachten ist, daß funktionale und institutionelle Aspekte nicht trennscharf unterschieden werden können und die aus empirischen Studien gewonnenen Controllingaufgaben von der institutionellen Realität beeinflußt sind.

95 Amshoff unterscheidet Planung, Kontrolle und Steuerung sowie Informationsversorgung (vgl. Amshoff 1993, S. 304). Mit Kontrolle sind nur reine Vergleiche gemeint, während Steuerung die den Vergleichen nachgelagerten Analyse- und Bewertungsaufgaben umfaßt (vgl. Amshoff 1993, S. 191). In der vorliegenden Arbeit wird der Kontrollbegriff weiter gefaßt und beinhaltet sowohl den Vergleich als auch dessen Analyse und Bewertung.

saubere Trennung von Controllingaufgaben und Controllinginstrumenten, was für die vorliegende Arbeit von besonderer Bedeutung ist.[96]

Wie aus einer detaillierten Betrachtung der Studie von Amshoff zu erkennen ist, nimmt das Controlling Planung, Kontrolle und Informationsversorgung nicht insgesamt wahr, sondern konzentriert sich auf bestimmte Teilbereiche davon.[97] In bezug auf Planungsaufgaben dominieren administrative und technokratische Teilaufgaben (z.B. Abstimmung und Konsolidierung von Teilplänen, formelle Prüfung der Pläne, Organisation des Planungsablaufs, Einrichtung, Betrieb und Anpassung des Planungssystems, Festlegung der Planungsinstrumente). Inhaltsorientierte Teilaufgaben werden zum Teil stark dem Controlling zugeordnet (z.B. erfolgsorientierte Bewertung von Plänen, Planung operativer Ziele), zum Teil aber kaum als Controllingaufgabe betrachtet (z.B. Planung der Unternehmensphilosophie, Genehmigung von Plänen). Nahezu alle Kontrollaufgaben werden recht stark als Controllingaufgaben gesehen, jedoch kommt auch hier einigen inhaltsorientierten Teilaufgaben eine geringere Bedeutung zu (z.B. Kontrolle der Unternehmensphilosophie, Kontrolle von Terminen). Die auch in diesem Zusammenhang von Amshoff untersuchten umsetzungsbezogenen Aufgaben werden kaum als Controllingaufgaben eingeschätzt (z.B. Durchführung erarbeiteter Korrekturkonzepte). Die meisten Informationsversorgungsaufgaben sind gemäß Amshoffs Studie in hohem Maße als Controllingaufgaben zu interpretieren. Hierbei wird erneut technokratischen (z.B. Betrieb und Anpassung des Informations-/Berichtssystems) eine größere Bedeutung als inhaltlichen Teilaufgaben (z.B. Genehmigung der Informations-/Berichtssystemkomponenten) zugebilligt. Außerdem sind Aufgaben der Informationsaufbereitung und -übermittlung in höherem Maße Controllingaufgaben als solche der Informationsbeschaffung, die aber auch wichtig sind.

Abschließend wird nun ein Aufgabenkatalog aufgezeigt, der das Subsystem Controllingaufgaben als Grundlage des theoretischen Bezugsrahmens verkörpert. Der Katalog ordnet den Bereichen Planung, Kontrolle und Informationsversorgung einzelne Controllingaufgaben zu. Koordination wird aus den oben unter Punkt 3 genannten Gründen nicht als eigener Aufgabenbereich abgegrenzt. Der Katalog beinhaltet diejenigen Aufgaben, die in Amshoffs Studie einen Wahrnehmungsintensitätswert von über 50% erzielten.[98] Eine aufgrund der oben unter Punkt 2 geäußerten Kritik zu erwägende Ergänzung um strategische Aufgaben ist nicht notwendig, da diese zwar niedrigere Werte als operative Aufgaben erreichen, aber durchaus im Aufgabenkatalog enthalten sind. Andere neuere Entwicklungen aus Controllingforschung und -praxis ziehen nach Ansicht des Verfassers nicht zuletzt wegen des recht hohen Abstraktions-

---

96 Beispielsweise läßt sich die Budgetierung einerseits als Controllingaufgabe, andererseits als Hilfsmittel für Planung und Kontrolle interpretieren, also als Controllinginstrument.

97 Vgl. zu den folgenden Ausführungen dieses Absatzes Amshoff 1993, S. 305-324.

98 Amshoff hat in seiner Studie folgendes Schema für den Wahrnehmungsintensitätswert zugrunde gelegt: 0 bis < 20%: keine Controllingaufgabe; 20 bis < 40%: nur in Ausnahmefällen; 40 bis < 60%: selten oder nur manchmal wichtige Aufgabe; 60 bis < 80%: wichtige, aber keine der Hauptaufgaben; 80 bis 100%: sehr wichtige, eine der Hauptaufgaben (vgl. Amshoff 1993, S. 305-307).

grades des von Amshoff ermittelten Aufgabenkataloges keinen wesentlichen Änderungsbedarf nach sich.[99]

Die Gruppierung der einzelnen Controllingaufgaben erfolgt nicht deckungsgleich mit Amshoffs Vorgehen. Um eine gute Einfügung in den theoretischen Bezugsrahmen zu gewährleisten, werden controllingsystemgestaltende und controllingsystemnutzende Aufgaben unterschieden.[100] Zwecks übersichtlicher Zuordnung zu diesen beiden Bereichen wurden die von Amshoff ermittelten einzelnen Aufgaben teilweise zusammengefaßt, womit aber keine wesentliche Veränderung seiner Ergebnisse verbunden ist.[101]

Als controllingsystemgestaltende Aufgabe ist allgemein die Einrichtung und Weiterentwicklung eines Informationsversorgungs-, Planungs- und Kontrollsystems zu nennen. Diese Aufgabe beinhaltet für Planung, Kontrolle und Informationsversorgung die Festlegung

- von Instrumenten (insbesondere Entwicklung eines aussagefähigen Rechnungswesens);
- von formalen Fragen (Detailliertheit, Arten von Teilplänen, Planungsformularsystem, Kontrollformen, Informationsübermittlungsformen, Abstimmungsverfahren (z.B. Top-down-Planung));
- von Gegenstands- bzw. Beobachtungsbereichen (Ziele, Maßnahmen, Ressourcen, Prozesse, Verhalten, Ergebnisse u.ä. auf operativer und strategischer Ebene; Ordnungsgerüst für Planung und Kontrolle);
- von Zeitpunkten und Zeiträumen (Planungs-, Kontroll- und Berichtskalender);
- von beteiligten Organisationseinheiten bzw. Personen;
- von Richtlinien bezüglich der vorangegangenen Punkte.

Die vorliegende Arbeit will also eine controllingsystemgestaltende Aufgabe bewältigen, indem sie Gestaltungsempfehlungen für Controllinginstrumente spezifisch für das Kooperationscontrolling erarbeitet. Bei der Gestaltung von Instrumenten sind auch Festlegungen in bezug auf Form, Gegenstandsbereiche etc. zu treffen, d.h. die genannten Teilaufgaben hängen eng zusammen.

Als controllingsystemnutzende Aufgabe ist allgemein der Betrieb von Informationsversorgungs-, Planungs- und Kontrollsystem zu nennen. Die Instrumente dienen den verschiedenen dabei anfallenden Teilaufgaben, von denen Abb. 5 (siehe S. 37) die bedeutendsten zeigt.[102]

---

99 Solche Entwicklungen sind z.B. unternehmenswertorientiertes Controlling, prozeßorientiertes Controlling, neue Informationstechnologien (Internet u.a.) und Balanced Scorecard.

100 Vgl. Hahn 1996, S. 186-189.

101 Vgl. zu den einzelnen, im Aufgabenkatalog enthaltenen Aufgaben Amshoff 1993, S. 248-274, 305-324 und 483-492.

102 Instrumenten für die Gestaltung des Controllingsystems wird in der Literatur nur wenig Beachtung geschenkt. Die vorliegende Arbeit wird ein solches Instrument in Kap. 6.3.2 in Form eines Richtlinienkataloges vorstellen.

Planung: insbesondere Aufgaben der Entscheidungsvorbeitung	**Kontrolle: insbesondere Aufgaben der Überwachung der Entscheidungs-umsetzung**

- Gewinnung und Lieferung der Planungs-grundlagen durch Analysen und Prognosen
- erfolgsorientierte Bewertung von Planent-würfen/-alternativen
- Koordination des Planungsprozesses
- Sammlung, Abstimmung und Konsolidie-rung der Einzelpläne
- Überwachung der Planaufstellung und for-melle Prüfung der Pläne
- Verteilung des Planungsoutputs
- Dokumentation der Planungsaktivitäten
	- Durchführung verschiedener Kontrollen:
	  - Realisationskontrolle (Plan/Ist)
	  - Planfortschrittskontrolle (Plan/Wird)
	  - Ex-Post-Kontrolle (Ist/Ist)
	  - Prämissenkontrolle (Wird/Ist)
	  - Profitabilitätskontrolle
	  - Zielkonsistenzkontrolle (Plan/Plan)
	  - Prognosekonsistenzkontrolle (Wird/ Wird)
	- Ermittlung von Art und Ausmaß der Ab-weichungen
	- Ermittlung, Analyse und Bewertung/Inter-pretation von Abweichungsursachen und Prognose/Aufzeigen der Abweichungskon-sequenzen
	- Beobachtung der Auswirkungen eingelei-teter Maßnahmen
	- Bestimmung/Auswahl und Adäquanzüber-prüfung von Kontrollstandards und Tole-ranzwerten
	- Erarbeitung kurz- und langfristiger Maß-nahmen zur Gegensteuerung bzw. Abwei-chungsvermeidung
	- Dokumentation der Kontrollaktivitäten

⇑ ⇑

Informationsversorgung
- Aktivierung der Informationsbedürfnisse - Ermittlung und Analyse von Informationsbedarf und -stand - Ermittlung der Informations-/Bezugsquellen - Beschaffung, Speicherung und Dokumentation von Informationen - Prüfung der Informationen auf Bedarfsgerechtigkeit - Aufbereitung der Informationen nach inhaltlichen Kriterien und nach Empfänger - Informationsübermittlung an das Management bzw. an diverse Unternehmensbereiche

Abb. 5: Katalog bedeutender controllingsystemnutzender Aufgaben[103]

Alle in Abb. 5 genannten Aufgaben beziehen sich auf erfolgszielrelevante Gegenstandsbereiche. Zwar kann das Controlling in seiner Eigenschaft als Querschnittsfunktion bezüglich fast aller Teilsysteme des Unternehmenssystems Aufgaben wahrnehmen (z.B. Personalcontrolling,

---

[103] Vgl. die Ergebnisse der Studie von Amshoff 1993, S. 309-324.

Marketingcontrolling, Logistikcontrolling etc.). Es ist aber nicht jede Art von Information oder planerischer Dokumentation etc. Gegenstand von Controllingaufgaben.[104]

In Form des Aufgabenkataloges liegt nunmehr eine konkrete, durch Literaturanalyse und empirische Erkenntnisse fundierte Grundlage für die Erarbeitung des Controllinginstrumentariums bzw. des theoretischen Bezugsrahmens vor.

2.2.2 Controllinginstrumente

Welche Instrumente – also Hilfsmittel – stehen zur Verfügung, um die Controllingaufgaben wahrzunehmen? Wie bei der Frage nach den Controllingaufgaben soll auch hier eine auf Literaturanalyse und empirischen Erkenntnissen basierende Antwort gegeben werden. Als Ergebnis von Kap. 2.2.2 soll ein systematischer Überblick von Instrumenten vorliegen, der als Ausgangspunkt für die beabsichtigte Erarbeitung des Instrumentariums des Kooperationscontrollings geeignet ist. Insbesondere sind die bedeutenden Controllinginstrumente zu identifizieren, an denen gemäß der Zielsetzung dieser Arbeit die Anpassung an die Anforderungen des Kooperationsmanagements ansetzen kann. Eine Erläuterung einzelner Instrumente ist nicht Gegenstand dieses Kapitels, sondern erfolgt für ausgewählte Instrumente in Kap. 4 bis 6. Im Mittelpunkt von Kap. 2.2.2 sowie der gesamten Arbeit stehen ideelle Controllinginstrumente.[105] Wie bereits in Kap. 2.1.3 erwähnt, sind technische Controllinginstrumente den institutionellen Aspekten des Controllings zuzurechnen und daher für die vorliegende Arbeit nur insoweit relevant, wie sie Auswirkungen auf die ideellen Instrumente haben. Technische Instrumente finden lediglich im Rahmen eines Exkurses Berücksichtigung. Für die gesamte Arbeit gilt: Wird der Begriff „Instrumente" nicht näher spezifiziert, sind stets ideelle Instrumente gemeint.

Zunächst soll übersichtlich dargelegt werden, welche Controllinginstrumente die Literatur nennt. Dafür sind geeignete Systematisierungskriterien auszuwählen. Solche Kriterien ergeben sich unter anderem aus der Untergliederung der dem Instrumentarium übergeordneten Systeme, nämlich den Controllingaufgaben (Unterscheidung in planungs-, kontroll- und informationsversorgungsbezogene Instrumente) oder den Managementaufgaben (Unterscheidung in Instrumente zur Unterstützung der Gestaltung (eher strategische Ebene) und Lenkung (eher operative Ebene) des Unternehmenssystems).[106] Obwohl der Bezug der Instrumente zu den

---

[104] Eine genaue Abgrenzung ist dabei aber kaum möglich. Streng genommen sind alle unternehmensbezogenen Sachverhalte und Prozesse erfolgszielrelevant, jedoch ist z.B. die Beschaffung von Informationen zur Analyse markenrechtlicher Implikationen einer Produktneueinführung kaum als Controllingaufgabe anzusehen.

[105] Vgl. zur Unterscheidung ideeller (z.B. Deckungsbeitragsrechnung oder Nutzwertanalyse) und technischer (z.B. Software zur Realisierung von Deckungsbeitragsrechnung oder Nutzwertanalyse) Instrumente S. 27 in Kap. 2.1.3.

[106] Eine Unterscheidung der Instrumente nach Controllingsystemgestaltung und -nutzung ist nicht sinnvoll, da ja erstere die Festlegung der Instrumente und letztere den Einsatz der Instrumente beinhaltet. Vgl. zu verschiedenen Systematisierungsmöglichkeiten von Controllinginstrumenten auch Horak 1995, S. 136-139.

genannten Aufgabenbereichen im weiteren Verlauf der Arbeit aufzugreifen ist, werden diese hier nicht als Systematisierungskriterium für die Instrumente benutzt. Ursächlich dafür ist die für viele Instrumente mangelnde Zuordenbarkeit zu einem der Aufgabenbereiche. Beispielsweise dienen Kennzahlensysteme sowohl zur Analyse und Zielvorgabe im Rahmen der Planung als auch zur Ergebnismessung und Abweichungsanalyse bei der Kontrolle sowie zur verdichteten Informationsversorgung. Außerdem können sie sowohl strategische als auch operative Aufgaben unterstützen. Grundsätzlich ist eine präzise Systematisierung kaum möglich. Am geeignetsten erscheint dem Verfasser hier eine an den Vorschlag von Töpfer angelehnte Unterscheidung in analytisch-bewertende, prognostische, koordinierende sowie kommunikative Controllinginstrumente.[107] Abb. 6 gibt einen entsprechend geordneten Überblick der Controllinginstrumente, welche in der in Abb. 2 (siehe S. 22) ausgewählten Controllingliteratur oft genannt werden.[108]

Analyse-/ Bewertungs-instrumente	Methoden der Kosten- und Erlösrechnung - Deckungsbeitragsrechnung - Plankostenrechnung - Prozeßkostenrechnung - u.v.a. Investitionsrechnungsmethoden/ Entscheidungsmodelle - Kapitalwertmethode/Shareholder-Value-Analyse - interner Zinsfuß - Nutzwertanalyse - Risiko- und Sensitivitätsanalysen - u.v.a. Kennzahlen (-systeme) - Balanced Scorecard - DuPont-Kennzahlensystem - u.v.a.	Weitere Methoden - ABC-Analyse - Methode der kritischen Erfolgsfaktoren - Portfolioanalysen - Break-Even-Analyse - Bilanzanalyse - strategische Bilanz - Benchmarking/Betriebsvergleich - Stärken-Schwächen-Analyse/Wettbewerbsanalyse - Abweichungsanalyse - Wertanalyse - Wertkettenanalyse/Prozeßanalyse - Gap-Analyse - Erfahrungskurvenanalyse - Checklisten - u.v.a.
Prognose-instrumente	Frühwarnsysteme/-indikatoren Simulationsrechnungen/-modelle Szenariotechnik	Zeitreihenanalyse, Korrelations- und Regressionsanalyse, Trendextrapolation Lebenszyklusanalyse
Kommuni-kations-instrumente	Standardberichte Abweichungsberichte	Ausnahme- und Bedarfsberichte Visualisierungstechniken (z.B. Balkendiagramme)
Koordi-nations-instrumente	Budgetierung (operative und strategische) - Zero-Base-Budgeting - Kostenbudgets, Investitionsbudgets, ... - u.v.a.	Handbuch bzw. Richtlinien für Planung u.a. Verrechnungs- und Lenkungspreissysteme Target Costing Netzplantechnik/Ablaufdiagramme

Abb. 6: In der Controllingliteratur häufig genannte Controllinginstrumente

[107] Die Klassifizierung von Töpfer (vgl. Töpfer 1976, S. 167-224) wurde hier abgeändert, da dieser nicht Controllinginstrumente, sondern allgemein Planungs- und Kontrollinstrumente untersucht. Insbesondere hat der Verfasser der vorliegenden Arbeit koordinierende und kommunikative Instrumente aufgrund ihrer Bedeutung für das Controlling ergänzt. Die bei Töpfer gesondert aufgeführten heuristischen Instrumente (gemeint sind Kreativitätstechniken) werden in den in Abb. 2 gezeigten Controllingmonographien fast gar nicht als Controllinginstrumente thematisiert und daher im folgenden nicht mehr beachtet.

[108] Für umfangreiche Darstellungen des Controllinginstrumentariums vgl. auch Bramsemann 1990, S. 227-355; Vollmuth 1997a.

Aufgrund unterschiedlicher und zum Teil sehr weiter Controllingdefinitionen ist fast jede betriebswirtschaftliche Methode in irgendeiner Publikation schon als Controllinginstrument aufgeführt worden. In Abb. 6 sind die bereits bei der Diskussion der Controllingaufgaben hervorgetretenen Abgrenzungsschwierigkeiten des Controllings gegenüber dem Management deutlich erkennbar. Eine engere Abgrenzung des Instrumentariums ist aber durchaus möglich. Die in Abb. 6 aufgeführten Instrumente unterscheiden sich hinsichtlich ihrer Bedeutung für die Controllingpraxis und sind nicht alle als Controllinginstrumente im engeren Sinne zu verstehen.[109] Daher geschieht im folgenden die Eingrenzung, d.h. die Selektion der bedeutendsten Controllinginstrumente, mit Hilfe empirischer Erkenntnisse.

Als Basis für die Eingrenzung dient die bereits in Kap. 2.2.1 für die Aufstellung des Controllingaufgabenkataloges herangezogene Studie von Amshoff, und zwar aus den dort genannten Gründen.[110] Damit wird eine sorgfältige, konsistente Abgrenzung von Controllingaufgaben und -instrumenten gewährleistet.[111] Abb. 7 (siehe S. 41) zeigt auf der linken Seite diejenigen Instrumente, die in Amshoffs Studie einen Einsatzintensitätswert von mindestens 50 erreicht haben (geordnet nach eben diesem Wert).[112] Die selektierten Instrumente lassen sich zusammenfassen (rechte Seite von Abb. 7), so daß das Controllinginstrumentarium für den theoretischen Bezugsrahmen und damit für das weitere Vorgehen in übersichtlicher Struktur vorliegt.

Die Fokussierung auf wenige, bedeutende Instrumente entspricht der Zielsetzung der vorliegenden Arbeit. Aber die Benutzung des gemäß Abb. 7 eingegrenzten Controllinginstrumentariums birgt die Gefahr, für das Kooperationscontrolling wesentliche Instrumente zu übersehen, da die Bedeutung eines Instrumentes in Abhängigkeit von seinem Gegenstandsbereich variieren kann. Deswegen wird später zu prüfen sein, inwiefern weitere Instrumente für die Wahrnehmung der Aufgaben des Kooperationscontrollings benötigt werden.[113] Dabei kann die Übersicht in Abb. 6 hilfreich sein. Außerdem sind bei der Erarbeitung des Instrumentari-

---

109 Instrumente, die neben dem Controlling auch in hohem Maße anderen Führungsfunktionen dienen (dies trifft insbesondere auf einige Prognose- und Kommunikationsinstrumente zu) können als sekundäre Controllinginstrumente bezeichnet werden. Instrumente, die in erster Linie Controllingaufgaben unterstützen (insbesondere analytisch-bewertende und koordinierende Instrumente) und dem Controlling eindeutiger zuordenbar sind, lassen sich als primäre Controllinginstrumente bezeichnen (vgl. Amshoff 1993, S. 276).

110 Außerdem sind dem Verfasser keine weiteren, gleichermaßen geeigneten Studien bekannt. Einzige Ausnahme ist die Erhebung von Niedermayr, deren Ergebnisse mit denen von Amshoff weitgehend kompatibel sind (vgl. Niedermayr 1994, insbes. S. 232f.).

111 In der Literatur herrscht Uneinigkeit darüber, was als Controllingaufgabe und was als Controllinginstrument anzusehen ist. Wie bereits oben angemerkt wurde, ist eine allgemeine, objektiv eindeutige Antwort auf diese Fragestellung nicht möglich. Es ist jedoch für die vorliegende Arbeit erforderlich, eine sinnvolle Abgrenzung dieser beiden Teilsysteme vorzunehmen.

112 Amshoff ließ die befragten Unternehmen zahlreiche Instrumente, welche er auf der Grundlage einer Literaturanalyse und vorhandener empirischer Studien ausgewählt hat, auf einer Skala zwischen 1 (kein Einsatz) und 7 (sehr häufiger Einsatz) bewerten (vgl. Amshoff 1993, S. 277 und 548). Der Einsatzintensitätswert wurde analog zum oben erwähnten Aufgabenwahrnehmungsintensitätswert berechnet (vgl. Amshoff 1993, S. 325). Amshoff unterscheidet (ideelle) Controllinginstrumente, EDV-Hilfsmittel und Berichtsmethoden, wobei letztere sowohl ideelle als auch technische Instrumente umfassen (vgl. Amshoff 1993, S. 274-286). Abb. 7 enthält nur ideelle Controllinginstrumente.

113 Vgl. Kap. 6.3.1.

ums des Kooperationscontrollings neuere Entwicklungen, die in Amshoffs Studie nicht enthalten sind, gegebenenfalls zu berücksichtigen.[114]

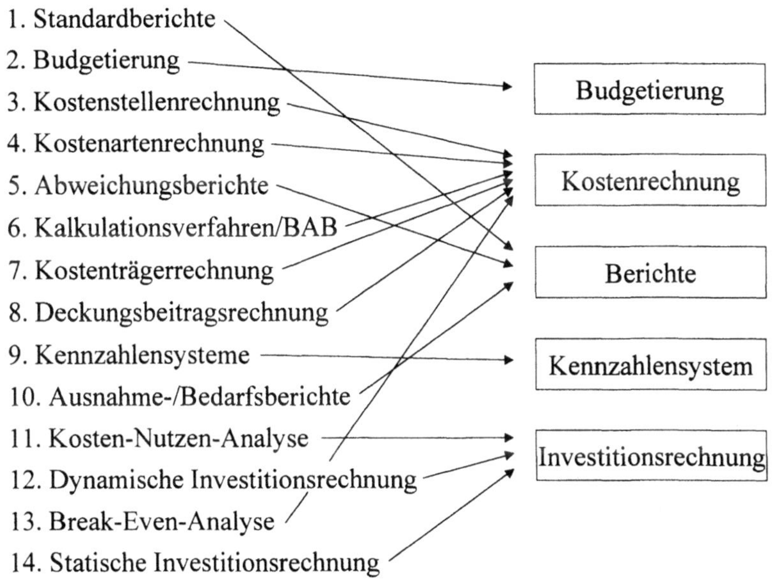

Abb. 7: Bedeutende Controllinginstrumente[115]

Die fünf in Abb. 7 hervorgehobenen Instrumente ermöglichen die Wahrnehmung aller in Abb. 5 (siehe S. 37) gezeigten Aufgaben. So dienen Kosten- und Investitionsrechnung zur Gewinnung und Lieferung der Planungsgrundlagen, zur erfolgsorientierten Bewertung von Planentwürfen/-alternativen, zur Durchführung verschiedener Kontrollen sowie zur Ermittlung von Abweichungen und Analyse ihrer Ursachen. Die Budgetierung kann als Hilfsmittel herangezogen werden für die Koordination des Planungsprozesses, die Sammlung, Abstimmung und Konsolidierung der Einzelpläne, die Überwachung der Planaufstellung und formelle Prüfung der Pläne, die Beobachtung der Auswirkungen eingeleiteter Maßnahmen, die Bestimmung, Auswahl und Adäquanzüberprüfung von Kontrollstandards und Toleranzwerten sowie die Erarbeitung kurz- und langfristiger Maßnahmen zur Gegensteuerung bzw. Abweichungsver-

114 Beispielsweise hat die stärkere Betonung eines prozeß- und wertkettenorientierten Managements in jüngerer Zeit Controllinginstrumente wie z.B. die Prozeßkostenrechnung hervorgebracht bzw. ihre Bedeutung verstärkt. Ein weiteres Beispiel für eine aktuelle Entwicklung ist die Balanced Scorecard, die gegebenenfalls im Rahmen von Kennzahlensystemen einzubeziehen sein wird.

115 Vgl. die Ergebnisse der Studie von Amshoff 1993, S. 324-328 u. 493-495.

meidung. Das Berichtssystem dient zur Dokumentation der Planungs- und Kontrollaktivitäten sowie zur Bewältigung der verschiedenen Informationsversorgungsaufgaben. Das Kennzahlensystem schließlich unterstützt diverse der bereits im Zusammenhang mit den anderen Instrumenten genannten Aufgaben, z.B. die Durchführung von Kontrollen oder die Informationsversorgung.

EXKURS

Gegenstand der bisherigen Ausführungen in Kap. 2.2.2 waren ideelle Controllinginstrumente. Für deren Realisierung sind technische Controllinginstrumente erforderlich, unter denen EDV-Hilfsmittel eine herausragende Bedeutung einnehmen.

Abb. 8 (siehe folgende Seite) gibt einen systematischen Überblick über in der Controllingliteratur häufig genannte EDV-Hilfsmittel und ordnet sie den Phasen des Informationsprozesses zu.[116] Der Informationsprozeß spielt für das Controlling eine wichtige Rolle, denn Informationen verkörpern Input und Output aller ideellen Instrumente.[117] Die Zuordnung der Produktbeispiele spiegelt lediglich die jeweils überwiegende Funktion des jeweiligen Produktes wider, da der Funktionsumfang vieler Produkte mittlerweile recht groß ist.

Aus Amshoffs Studie ergibt sich eine hohe Bedeutung für Datenbanken, Planungssprachen und Tabellenkalkulationsprogramme sowie für Abfragesysteme mit standardisierten Abfragen, eine geringe Bedeutung dagegen für Expertensysteme, bestimmte andere Abfragesysteme sowie für Modell- und Methodenbanken.[118] Die anderen der in Abb. 8 enthaltenen Hilfsmittel waren nicht Gegenstand der Befragung, besitzen aber teilweise auch eine hohe Bedeutung (z.B. integrierte Standardsoftware mit teilweise vorgegebenen Strukturen).

---

116 Betriebssystem, Hardware und Netzwerk werden nicht einbezogen, da sie keine der Controllingfunktion zuordenbaren EDV-Hilfsmittel darstellen. Einige der in Abb. 8 aufgeführten EDV-Hilfsmittel verkörpern keine Controllinginstrumente im engeren Sinne, da sie nicht spezifisch für das Controlling gestaltet worden sind (z.B. Groupwaresysteme).

117 Die zur Systematisierung der ideellen Instrumente erwogenen bzw. verwendeten Kriterien sind bezüglich der EDV-Hilfsmittel nicht gut geeignet.

118 Vgl. Amshoff 1993, S. 326f. Modell- und Methodenbanken wurden nicht explizit in Abb. 8 aufgenommen, denn für das Controlling ist die Gesamtheit der aufgeführten Anwendungen – mit Ausnahme der Datenbanken – als Methodenbank anzusehen (vgl. ähnlich Biethahn/Fischer 1994, S. 53).

Informations-prozeßphase	**EDV-Hilfsmittel**	**Produktbeispiel**
Informations-erfassung und -speicherung	Datenbanken (externe und interne)	DB2 (IBM)
Informations-aufbereitung	Integrierte Standardsoftware mit weitgehend frei gestaltbaren Strukturen (sprachenorientierte Systeme):	
	- Tabellenkalkulations-programme	Excel
	- Planungssprachen	APL
	Integrierte Standardsoftware mit teilweise vorgegebenen Strukturen:	
	- für Kostenrechnung	SAP R/3 Modul CO (Controlling)
	- für erfolgswirtschaftliche Analyse	SAP R/3 Modul EC (Unternehmenscontrolling)
	- für Geschäftsprozeßanalyse	ARIS Toolset
	Individualsoftware	
	Expertensysteme	CONTREX
Informations-übermittlung	Abfragesysteme, insbes. Führungs-informationssysteme im engeren Sinne	FIS (CIC GmbH)
	Workflowmanagementsysteme/Groupwaresysteme (Intranet, E-Mail etc.)	Lotus Notes
	Standardsoftware für Berichte und Präsentationen	Powerpoint, Word

Abb. 8: Überblick über EDV-Hilfsmittel als technische Controllinginstrumente[119]

Durch die rasante Entwicklung der Informationstechnologien unterliegen die EDV-Hilfsmittel des Controllings starken Veränderungen. Zunehmende Benutzerfreundlichkeit und Leistungsfähigkeit haben sich positiv auf Effizienz und Effektivität des Controllings ausgewirkt.[120] Viele der oben genannten ideellen Controllinginstrumente (z.B. umfangreiche Kostenrechnungssysteme) sind ohne EDV-Unterstützung kaum realisierbar. Jedes ideelle Instrument kann durch EDV-Hilfsmittel unterstützt werden.

ENDE DES EXKURSES

---

[119] Zur Auswahl der einbezogenen EDV-Hilfsmittel vgl. Amshoff 1993, S. 279-286; Reichmann 1997, S. 529-563; Horváth 1998, S. 678-696; Ziegenbein 1998, S. 63-91.

[120] Vgl. Landsberg/Springer/Richarz 1997.

Die Schaffung der für diese Arbeit notwendigen Grundlagen des Controllings ist nunmehr abgeschlossen. Die Grundlagen manifestieren sich insgesamt in der Abgrenzung und Charakterisierung des Controllingsystems, insbesondere aber in der Controllingdefinition auf S. 26 in Kap. 2.1.2, im Controllingaufgabenkatalog auf S. 36f. in Kap. 2.2.1 (siehe vor allem Abb. 5) und im eingegrenzten Controllinginstrumentarium auf S. 41 in Kap. 2.2.2 (siehe Abb. 7).

„Controlling darf nicht am Werkstor enden!“
(Péter Horváth, Werner Seidenschwarz und Holger Sommerfeldt)

3 Unternehmenskooperationen, Kooperationsmanagement und Kooperationscontrolling

Das dritte Kapitel verfolgt zwei Ziele: Erstens soll es die für den theoretischen Bezugsrahmen notwendigen Grundlagen in bezug auf Unternehmenskooperationen und Kooperationsmanagement schaffen. In Kap. 3.1 erfolgt für Unternehmenskooperationen die Klärung von Begriff und Merkmalen, Gestaltungsdimensionen und Formen sowie Zielen und Erklärungsansätzen. Im Anschluß daran werden Kooperationen und Kooperationsmanagement in Kap. 3.2 mit Hilfe des Systemansatzes charakterisiert und für den Bezugsrahmen operationalisiert. Das zweite Ziel des dritten Kapitels ist die Verknüpfung von Controlling und Kooperationsmanagement. Daher ist in Kap. 3.3 unter Einbeziehung der Inhalte von Kap. 2 das Kooperationscontrolling als Subsystem des Kooperationsmanagements darzustellen. Darauf basierend kann dann in Kap. 3.4 als erstes zusammenfassendes Zwischenergebnis der theoretische Bezugsrahmen für die Erarbeitung des Instrumentariums des Kooperationscontrollings vorgestellt werden.

3.1 Grundlagen von Unternehmenskooperationen

3.1.1 Begriff und Merkmale: Was sind Unternehmenskooperationen?

Grundlegend für das Verständnis von Unternehmenskooperationen ist das Erkennen ihrer konstitutiven Merkmale. Daher soll im folgenden mittels einer Diskussion von in der Literatur häufig genannten Merkmalen der Begriff „Unternehmenskooperation“ charakterisiert werden.[1] Wie bereits im ersten Kapitel angemerkt, werden die Begriffe „Kooperation“ und „Unternehmenskooperation“ im folgenden synonym benutzt.[2]

Aufgrund der in Kap. 2.1.3 vorgenommenen Kennzeichnung von Unternehmen als rechtliche Einheit ist für die Kooperation zwischen Unternehmen die rechtliche Selbständigkeit der Kooperationspartner bereits als Merkmal gegeben.[3] Demzufolge fällt die Zusammenarbeit zwischen verschiedenen zu einem Unternehmen gehörenden Betrieben, d.h. örtlichen, technisch-

---

1 Eine einheitliche, weitgehend anerkannte Begriffsdefinition existiert leider nicht. Eine Auflistung häufig genannter Merkmale von Kooperationen bieten z.B. Linn 1989, S. 18f.; Meckl 1993, S. 10; Fontanari 1996, S. 35; Michel 1996, S. 11; Jansen 1998, S. 90.

2 Kooperation kann sich im betriebswirtschaftlichen Kontext sowohl auf Individuen als auch auf Institutionen beziehen. In der vorliegenden Arbeit ist stets Kooperation zwischen (nicht innerhalb von) Institutionen gemeint. Dabei ist zu beachten, daß eine präzise Trennung in personell/individuell einerseits und institutionell andererseits nicht möglich ist, da Institutionen aus Menschen bestehen (vgl. Schertler 1995, S. 21).

3 Die rechtliche Selbständigkeit wird von sehr vielen Autoren als Merkmal von Kooperationen genannt.

organisatorischen Einheiten, nicht unter den Kooperationsbegriff.[4] Die rechtliche Selbständigkeit stellt lediglich ein notwendiges Abgrenzungskriterium dar und muß im Verbund mit der wirtschaftlichen Selbständigkeit gesehen werden.[5] Hinsichtlich der wirtschaftlichen Selbständigkeit ist eine Kooperation einerseits durch ein bestimmtes Mindestmaß gekennzeichnet, andererseits grundsätzlich mit einer Einschränkung verbunden. Dies läßt sich mit Hilfe des aus der Transaktionskostentheorie stammenden Markt-Hierarchie-Kontinuums veranschaulichen.[6] Danach kann ein Unternehmen für jede Transaktion eine bestimmte Koordinationsform – ein institutionelles Arrangement – auswählen. Die Extrempole dabei sind die (rein) marktliche Koordination sowie die (rein) hierarchische Koordination. Unternehmenskooperationen liegen zwischen diesen beiden Extrempolen: Die Koordination bleibt nicht auf marktliche Mechanismen beschränkt, läßt aber aufgrund der weitgehend gewahrten Selbständigkeit der Transaktionspartner die Benutzung hierarchischer Mechanismen wie Pläne und Anweisungen nur begrenzt zu. Die Grenzen zwischen marktlicher, kooperativer und hierarchischer Koordination sind fließend, es handelt sich eben um ein Kontinuum.

Die Grenze von Kooperation zu Hierarchie wird nach in der Literatur weit verbreiteter Ansicht überschritten, wenn die Entscheidungsautonomie über Ein- und Austritt in die Kooperation für einen Transaktionspartner nicht mehr gegeben ist.[7] Dies ist insbesondere dann der Fall, wenn unter den Transaktionspartnern Verflechtungen in Form einer finanziellen Beteiligung bzw. eines gemeinsamen Eigentümers bestehen, welche die Entscheidungsautonomie stark einschränken.[8] Folglich ist die Zusammenarbeit rechtlich selbständiger Unternehmen innerhalb von Konzernen gemäß dem hier vertretenen Verständnis nicht als Kooperation zu bezeichnen, da diese Unternehmen wirtschaftlich unselbständig sind.[9]

Die Grenze zwischen Markt und Kooperation ist erreicht, wenn selbständige Unternehmen freiwillig und unter partieller Aufgabe ihrer wirtschaftlichen Selbständigkeit eine Zusammenarbeit vereinbaren, die über eine einfache und einmalige Aktivität hinausgeht.[10] Wirtschaftli-

---

4 Zur hier vorgenommenen Verwendung der Begriffe „Unternehmen" und „Betrieb" vgl. o.V. 1992c, S. 3432; o.V. 1997a, S. 523f. Vor allem Autoren, die den Begriff „Betrieb" anders verstehen, sprechen von „zwischenbetrieblicher Kooperation". Diese Bezeichnung findet in der vorliegenden Arbeit keine Verwendung.

5 Vgl. z.B. Albe 1996, S. 26.

6 Vgl. Williamson 1975, S. 20-40; Sydow 1993, S. 103f.; zur Transaktionskostentheorie siehe Kap. 3.1.3.

7 Vgl. z.B. Bidlingmaier 1967, S. 356; Linn 1989, S. 21f.; Kaufmann 1993a, S. 27f.

8 Vgl. Hanke 1993, S. 34.

9 Vgl. Bleicher/Hahn 1989, Sp. 899; Hanke 1993, S. 34f. Auch innerhalb eines Unternehmens können zwischen weitgehend selbständigen Organisationseinheiten Beziehungen vorliegen, welche Unternehmenskooperationen ähnlich sind, so daß eine weitere Fassung des Kooperationsbegriffes möglich ist (vgl. Schertler 1995, S. 23). Inwieweit eine Austauschbeziehung kooperativen Charakter besitzt, läßt sich letztendlich nur situativ bestimmen. Die vorliegende Arbeit folgt jedoch der in der Literatur vorherrschenden Meinung, sieht also die rechtliche und wirtschaftliche Selbständigkeit der Kooperationspartner als begriffsbestimmende Merkmale für Unternehmenskooperationen. Aus der damit verbundenen Entscheidungsautonomie der Partner und Beschränkung hierarchischer Koordinationsmechanismen resultieren wesentliche Besonderheiten für Kooperationsmanagement und -controlling.

10 Vgl. Kraege 1997, S. 51.

che Selbständigkeit meint also aus Sicht der Kooperationspartner die Möglichkeit, autonom über eine begrenzte Aufgabe von Autonomie zu entscheiden. Einfache Kaufverträge oder auch ein unregelmäßiger, informeller Informationsaustausch stellen aber noch keine Kooperation dar. Der Kooperationsbegriff findet in der Regel erst dann Anwendung, wenn umfangreiche Aktivitäten bzw. Bündel von Aktivitäten (z.B. die gemeinsame Produktentwicklung durch zwei Maschinenbauunternehmen) oder mehrmalige Aktivitäten (z.B. engere Abstimmung von Liefermengen und -zeitpunkten im Rahmen eines Just-in-Time-Konzeptes) betroffen sind. Außerdem ist nach Meinung vieler Autoren das Vorliegen einer expliziten Vereinbarung und damit eine bewußte Zusammenarbeit notwendig, um von einer Unternehmenskooperation sprechen zu können.[11]

Neben den im Rahmen der bisherigen Diskussion aufgezeigten Merkmalen wird in der Literatur häufig das Vorhandensein gemeinsamer Ziele oder auch die wechselseitige Ziel-Mittel-Verflechtung der Kooperationspartner genannt.[12] Unternehmenskooperationen verkörpern eine Strategie, also einen Weg zur Zielerreichung. Zur Realisierung einer Kooperationsstrategie müssen alle Partner Mittel (Ressourcen) einbringen, die im Rahmen der Kooperation abgestimmt oder gemeinsam genutzt werden, um für alle Partner einen im Vergleich zu alternativen Strategien höheren Zielerfüllungsgrad zu gewährleisten. Die Ziele der Kooperationspartner müssen dabei nicht identisch, zumindest aber komplementär sein.[13]

Aus der vorangegangenen Diskussion ist deutlich geworden, daß Unternehmenskooperation nicht mit jeder Form von Zusammenarbeit zwischen Unternehmen gleichzusetzen ist. Vielmehr bezeichnet Unternehmenskooperation eine bestimmte Art der Zusammenarbeit, nämlich explizit vereinbarte, freiwillige, wechselseitige Ziel-Mittel-Verflechtungen zwischen rechtlich selbständigen und in den nicht von der Kooperation betroffenen Bereichen auch wirtschaftlich selbständigen Unternehmen. Die Verflechtung ist dabei auf die Abstimmung oder gemeinsame Wahrnehmung von Teilen der Unternehmensaktivitäten beschränkt, geht aber über einfache oder einmalige Aktivitäten hinaus. Die eine Kooperation betreffenden bzw. im Rahmen einer Kooperation stattfindenden Aktivitäten – d.h. Führungs- und Ausführungsvorgänge, die Produktionsfaktoren beanspruchen und eine Leistung hervorbringen[14] – werden im folgenden als Kooperationsaktivitäten bezeichnet (z.B. einzelne Aktivitäten innerhalb eines Logistikprozesses bei einer Logistikkooperation).[15] Unternehmenskooperationen sind eine Gruppe von Austauschbeziehungen bzw. Koordinationsformen (institutionellen Arrangements), die Elemente von hierarchischer und marktlicher Koordination verbinden.

---

11 Vgl. z.B. Rotering 1993b, S. 10f.; Albe 1996, S. 20f.

12 Vgl. z.B. Lützig 1982, S. 20f.; Wurche 1994, S. 47.

13 Vgl. Wurche 1994, S. 104-124.

14 Vgl. zum Begriff der Aktivität o.V. 1992a, S. 83; Fröhling 1994, S. 150; Preißler 1995, S. 11f.; Mayer/ Liessmann/Mertens 1996, S. 291.

15 Die Bezeichnung „Kooperationsaktivitäten" verwendet auch Michel, ohne sie jedoch genau zu definieren (vgl. Michel 1996, S. 24 u.v.a. Stellen).

Das skizzierte Begriffsverständnis spiegelt nach Einschätzung des Verfassers das in der Literatur vorherrschende Verständnis gut wider[16] und ist daher als Prämisse für das weitere Vorgehen geeignet.

3.1.2 Gestaltungsdimensionen und Kooperationsformen: Welche Formen von Unternehmenskooperationen gibt es?

Eine Betrachtung der Gestaltungsdimensionen von Unternehmenskooperationen erscheint hier aus mehreren Gründen sinnvoll. Sie führt nicht nur zu einem tieferen Verständnis der Kooperationsthematik, sondern erlaubt auch eine Systematisierung verschiedener Kooperationsformen, aus der unter anderem die Abgrenzung wichtiger Begriffe hervorgeht. Außerdem werden die Dimensionen als Variablen für das noch im Verlauf des dritten Kapitels zu entwickelnde kybernetische Modell benötigt.

Unternehmenskooperationen lassen sich durch viele verschiedene Gestaltungsdimensionen kennzeichnen. Abb. 9 auf der folgenden Seite zeigt in der Literatur häufig genannte Gestaltungsdimensionen und mögliche, dazugehörige Ausprägungen. Neben den in der Abbildung enthaltenen Dimensionen werden in der Literatur insbesondere solche angeführt, die in engem Zusammenhang zu der Rechtsstruktur der Kooperation stehen (z.B. Risikoverteilung, Gewinnverteilung, Leitungsbefugnisse, Anpassungs- und Abbruchmodalitäten, Informations- und Kontrollrechte, Kapitalausstattung, Kapitalverflechtungen zwischen den Partnern) oder auf bestimmte Partnereigenschaften abstellen (z.B. Größe, Kompetenzprofil, Kultur, Strategie). Diese und weitere in der Literatur anzutreffende Dimensionen lassen sich den zehn in der Abbildung aufgelisteten zuordnen.

Jede Unternehmenskooperation läßt sich durch Bestimmung der Ausprägungen aller Gestaltungsdimensionen genau charakterisieren bzw. durch deren konkrete Festlegung konfigurieren. Im folgenden werden die Dimensionen aus Abb. 9 erläutert und gleichzeitig zur Klassifizierung von Kooperationen herangezogen.

---

16 Vgl. das Kooperationsverständnis von Sölter 1966, S. 236; Bidlingmaier 1967, S. 353ff.; Knoblich 1969, S. 501; Rasche 1970, S. 15; Schneider 1973, S. 33-51; Lützig 1982, S. 21; Müller/Goldberger 1986, S. 43f.; Tröndle 1987, S. 13-38; Bronder 1992, S. 13; Staudt u.a. 1992, S. 3; Meckl 1993, S. 9-11; Rotering 1993b, S. 6-14; Sell 1994, S. 3; Teichert 1994, S. 5; Vornhusen 1994, S. 25-33; Wurche 1994, S. 47-58; Rose/Glorius-Rose 1995, S. 152; Wöhe 1996, S. 388; Kraege 1997, S. 49-53; Chung 1998, S. 27-30; Friese 1998, S. 57-68. Das hier aufgezeigte Begriffsverständnis steht auch weitgehend in Einklang mit Definitionsansätzen in der anglo-amerikanischen Literatur (vgl. den Überblick bei Friese 1998, S. 62-64).

Gestaltungsdimension	Ausprägungen
Richtung	vertikal, horizontal, diagonal
Rechtsstruktur, Formalisierungs- und Institutionalisierungsgrad	mündlich fixierter Vertrag, schriftlich fixierter Vertrag (mit oder ohne institutionalisierte Zusammenarbeit; Minderheits-, Pari- oder Mehrheitsbeteiligung, ohne Beteiligung)
Zielebene	operativ, strategisch
Fristigkeit und Zeithorizont	befristet (kurz-, mittel- oder langfristig), unbefristet
Zielbezug	Ressourcenzugang, Kostenreduktion, Risiko- und Lastenteilung, Marktbeeinflussung
Art der Ressourcenverknüpfung	Funktionsabstimmung und -austausch (Exchange), gemeinsame Funktionserfüllung (Pooling)
Umfang und Intensität	gering, mittel, hoch
Symmetrie und wirtschaftliche Selbständigkeit	gering, mittel, hoch
Geographische Ausdehnung, Nationalität der Kooperationspartner	regional, national, international
Betroffene Funktionsbereiche	Logistik, Produktion, Marketing, F&E etc.

Abb. 9: Gestaltungsdimensionen von Unternehmenskooperationen im Überblick[17]

Nach der Kooperationsrichtung bzw. nach der Zugehörigkeit der Kooperationspartner zu bestimmten Wirtschaftsstufen lassen sich horizontale, vertikale und diagonale Kooperationen unterscheiden. Bei horizontalen Verbindungen kooperieren Unternehmen der gleichen Wirtschaftsstufe und Branche, d.h. unmittelbare Konkurrenten.[18] Für horizontale Kooperationen wird häufig (allerdings keineswegs einheitlich) der Begriff „strategische Allianzen" verwendet.[19] Eine vertikale Unternehmenskooperation liegt vor, wenn Unternehmen, die aufeinanderfolgenden Wirtschaftsstufen angehören, miteinander kooperieren. Es handelt sich also um Unternehmen, die – zumindest potentiell – in einer Lieferanten-Abnehmer-Beziehung stehen.[20] Für vertikale Kooperationen wird in jüngerer Zeit oft (aber wiederum nicht einheitlich)

17 Vgl. die Auflistungen von Tröndle 1987, S. 51; Wurche 1994, S. 132f.; Fontanari 1996, S. 40; Balling 1997, S. 39f.; Kraege 1997, S. 66; Friese 1998, S. 144. Diese Autoren, insbesondere Wurche, stützen ihre Auflistungen auf die Arbeiten zahlreicher anderer Autoren, so daß hier keine weiteren Quellen notwendig sind.

18 Dabei kann es sich nicht nur um aktuelle, sondern auch um potentielle Wettbewerber handeln, z.B. um zwei Luftfahrtgesellschaften, die – noch – in unterschiedlichen Regionen tätig sind (vgl. Backhaus/Piltz 1990, S. 2f.).

19 Vgl. dazu ausführlich Hammes 1994, S. 16-31.

20 Unter Betonung dieses Aspektes gelangen Müller-Stewens/Gocke zu der Auffassung, daß eine Beziehung vertikal ist, wenn sie „die Lieferung eines Gutes oder einer Dienstleistung des einen Partners an den anderen beinhaltet." (Müller-Stewens/Gocke 1995, S. 63) Folglich wäre auch eine vertikale Kooperation zwischen zwei Konkurrenten möglich, z.B. wenn ein Automobilhersteller Motoren an einen anderen Automobilhersteller liefert. Aufgrund ihrer weiteren Verbreitung wird hier aber der Definition gefolgt, die sich an der gesamtunternehmensbezogenen Zugehörigkeit zu einer Wirtschaftsstufe orientiert.

der Begriff „Wertschöpfungspartnerschaften“ verwendet.[21] Im Rahmen diagonaler Kooperationen sind die Kooperationspartner weder in vor- oder nachgelagerten Wirtschaftsstufen noch auf der gleichen Wirtschaftsstufe bzw. in der gleichen Branche tätig.[22]

Eine sehr wichtige Gestaltungsdimension, die allerdings keine trennscharfe Klassifizierung zuläßt, ist die Rechtsstruktur bzw. der Formalisierungs- und Institutionalisierungsgrad.[23] Grob können hier zunächst mündlich und schriftlich fixierte Verträge unterschieden werden. Ausschließlich mündlich fixierte Abmachungen repräsentieren den niedrigsten Formalisierungsgrad einer Kooperation und stehen damit am Rand zu marktlichen Beziehungen. Sie können sich beispielsweise auf regelmäßige Treffen von Arbeitsgruppen beziehen. Durch schriftliche Verträge geregelte Kooperationen können je nach Regelungsdichte einen geringen oder hohen Formalisierungsgrad aufweisen. In engem Zusammenhang damit steht der Institutionalisierungsgrad, der zwar auch viele verschiedene Ausprägungen annehmen kann, insbesondere jedoch mit dem Vorliegen eines gemeinsam geführten, rechtlich ausgegliederten Unternehmens verknüpft wird. Liegt ein solches Gemeinschaftsunternehmen nicht vor, ist also die Rechtsstruktur der Kooperation auf einen – in der Regel schriftlichen – Vertrag begrenzt, dann handelt es sich um ein sogenanntes Contractual Joint Venture. Existiert jedoch ein Gemeinschaftsunternehmen, so liegt ein Equity Joint Venture vor. Diese Kooperationsform wird im folgenden – wie in der deutschsprachigen Literatur üblich – vereinfachend als institutionalisierte Kooperation oder als Joint Venture bezeichnet.

Nach der Zielebene unterscheiden einige Autoren operative und strategische Kooperationen.[24] Eine entsprechende Unterscheidung ist jedoch nicht präzise möglich und letztlich auch wenig sinnvoll, da Unternehmenskooperationen grundsätzlich strategischen Charakter besitzen und Kooperationsmanagement sowohl eine strategische als auch eine operative Ebene aufweist. Letzteres wird in Kap. 3.2 ausführlich zu zeigen sein. Der strategische Charakter begründet sich darin, daß Kooperationen grundlegende, strukturelle Fragestellungen im Zusammenhang mit unternehmensexternen Wirtschaftssubjekten, welche zumeist Bestandteil des unmittelbaren Wettbewerbsumfeldes sind, betreffen.[25] So sind denn die häufig anzutreffenden Bezeichnungen „strategische Kooperation“ bzw. „strategische Allianz“ als Betonung der strategischen Bedeutung von Unternehmenskooperationen zu verstehen, kaum aber als Abgrenzung zu

---

21 Vgl. Kraege 1997, S. 73.

22 Derartige Kooperationsformen werden in der Literatur auch unter den Bezeichnungen „konglomerat“ (vgl. Meckl 1993, S. 19), „neutral“ (vgl. Hammes 1994, S. 42) oder „lateral“ (vgl. Schäfer 1994, S. 688) diskutiert.

23 Vgl. zu dieser Dimension z.B. Meckl 1993, S. 64f.; zu rechtlichen Rahmenbedingungen von Kooperationen vgl. z.B. Rotering 1993b, S. 20-32.

24 Als Charakteristika strategischer Kooperationen werden vor allem ein recht hohes Maß an Umfang, Intensität, Reichweite und Bedeutung sowie insgesamt eine nachhaltige Beeinflussung der Wettbewerbsposition des Unternehmens gesehen (vgl. Frank 1994, S. 8f.; Wurche 1994, S. 96f.; Kraege 1997, S. 53f.).

25 Dieser Charakter wird auch dadurch unterstrichen, daß die wissenschaftliche Literatur Kooperationen in erster Linie im unternehmensstrategischen Kontext thematisiert.

nicht-strategischen Kooperationen.[26] Aus den genannten Argumenten folgt, daß die vorliegende Arbeit nicht operative und strategische Kooperationen, sehr wohl aber operatives und strategisches Kooperationsmanagement unterscheidet.

Die in Abb. 9 auch als Gestaltungsdimension genannten Ziele von Unternehmenskooperationen werden in Kap. 3.1.3 separat erläutert.

Eine wichtige Gestaltungsdimension ist die Fristigkeit bzw. der Zeithorizont.[27] Es lassen sich befristete und unbefristete Kooperationen unterscheiden. Eine Befristung kann kurz-, mittel- oder langfristig erfolgen, wobei kurzfristige Arrangements besonders im Zusammenhang mit genau definierten Projekten in Frage kommen. Eine Befristung kann auch durch die Verknüpfung der Existenz der Kooperation mit dem Erreichen eines bestimmten Ziels erfolgen (sachliche Befristung). Damit sind dann die Regeln des „Sich-Trennens" festgelegt. Nur wenn die Trennung weder zeitlich festgelegt noch aus sachlichen Gründen absehbar ist, handelt es sich tatsächlich um eine unbefristete Kooperation.

Nach der Art der bei einer Kooperation stattfindenden Ressourcenverknüpfung lassen sich Funktionsabstimmung und -austausch (Exchange) sowie gemeinsame Funktionserfüllung (Pooling) unterscheiden.[28] Die erstgenannte Form beinhaltet die wechselseitige Abstimmung bzw. den Austausch von unterschiedlichen, aber komplementären Ressourcen und wird daher oft „reziproke" oder „komplementäre Kooperation" genannt. Bei der gemeinsamen Funktionserfüllung dagegen legen die Partner gleichartige Ressourcen zusammen, weswegen für diese Kooperationsform häufig die Bezeichnung „additive Kooperation" anzutreffen ist. Hierbei verfolgen die Partner gleichartige Ziele, während bei komplementären Kooperationen unterschiedliche, aber miteinander kompatible Ziele vorliegen. Für eine präzise Klassifizierung ist die Art der Ressourcenverknüpfung allerdings nicht geeignet, da insbesondere bei umfangreicheren Kooperationen aufgrund der Vielfalt eingebrachter Ressourcen Mischformen anzutreffen sind.

Der Umfang und die Intensität einer Unternehmenskooperation verkörpern eine Gruppe mehrerer Gestaltungsdimensionen. Dazu gehören insbesondere die Häufigkeit und Größe der betroffenen Aktivitäten, die Qualität und Quantität der tatsächlich in die Kooperation eingebrachten Ressourcen, die Anzahl der betroffenen Funktionsbereiche und die Anzahl der Kooperationspartner.[29] Nach den beiden letztgenannten Dimensionen lassen sich unifunktionale und funktionbereichsübergreifende bzw. bilaterale und multilaterale Kooperationen differenzieren. Multilaterale Kooperationen werden auch als Netzwerkkooperationen bezeichnet, ins-

---

26 Vgl. Rotering 1993b, S. 19; Hahn/Kaufmann 1994, S. 834; Michel 1996, S. 25.

27 Vgl. zu dieser Gestaltungsdimension z.B. Wurche 1994, S. 136-144.

28 Vgl. zu dieser Gestaltungsdimension z.B. Tröndle 1987, S. 18-23.

29 Vgl. zu solchen Dimensionen z.B. Lorange/Roos 1992b, S. 10-12; Kutschker 1994, S. 126; Kraege 1997, S. 68.

besondere wenn sich die Beziehungen zwischen den Partnern nicht auf eine der drei oben genannten Kooperationsrichtungen (horizontal, vertikal, diagonal) beschränken.[30] Die anderen zur Charakterisierung von Umfang und Intensität einer Kooperation angeführten Dimensionen sind für das Kooperationsmanagement bedeutend, für eine klare Abgrenzung von Kooperationsformen aber wenig geeignet.

Die Symmetrie beinhaltet sowohl das Gleichmaß bezüglich der Verteilung von Kosten und Nutzen zwischen den Kooperationspartnern als auch die wechselseitige Entsprechung – also das Zusammenpassen – der Partner.[31] Nach dem Gleichmaß lassen sich ausgewogene und unausgewogene Kooperationen unterscheiden, wobei Unausgewogenheit in der Regel durch die Dominanz eines oder mehrerer Partner, d.h. durch ungleiche Machtverteilung innerhalb der Kooperation, zu erklären ist. Ob das Ausmaß des Zusammenpassens der Partner hoch oder niedrig ist, kann durch eine vergleichende Betrachtung der Partner hinsichtlich ihrer Ziele, Strategien (strategischer Fit), Struktur (struktureller Fit) und Kultur (kultureller Fit) ermittelt werden. Eine präzise Klassifizierung von Kooperationsformen geht aus der Symmetrie, die den Kooperationserfolg wesentlich beeinflußt, nicht hervor.

Gemäß der regionalen Ausdehnung bzw. der Nationalität der Kooperationspartner sind vor allem internationale (Sitz der Partner in unterschiedlichen Nationen), nationale (Sitz der Partner in der gleichen Nation) und regionale (Sitz der Partner in der gleichen Stadt, dem gleichen Bundesland o.ä.) Kooperationen zu unterscheiden.[32] Aus dieser Gestaltungsdimension können besondere Anforderungen an das Kooperationsmanagement resultieren, z.B. in Form unterschiedlicher kultureller und rechtlicher Rahmenbedingungen.

Nach dem von einer Unternehmenskooperation betroffenen Funktionsbereich lassen sich Logistikkooperationen, Beschaffungskooperationen, Produktionskooperationen, Marketing- und Vertriebskooperationen, Forschungs- und Entwicklungskooperationen sowie sonstige (Personal, EDV, Finanzen und andere Verwaltungsfunktionen) Kooperationen differenzieren.[33] Der Funktionsbereich, d.h. die Art der betroffenen Aktivitäten, ist zur Charakterisierung und – zumindest für unifunktionale Kooperationen – als Klassifizierungskriterium gut geeignet.

Im Zuge der vorangegangenen Erläuterung der Gestaltungsdimensionen wurden solche Kooperationsformen abgegrenzt, die sich anhand *einer* Dimension charakterisieren lassen (z.B. Joint Venture, Logistikkooperation). Letztlich ergibt sich die Form einer real existierenden Unternehmenskooperation durch die spezifische Kombination von Ausprägungen bezüglich aller genannten Gestaltungsdimensionen.[34] Bestimmte Kombinationen von Ausprägungen

---

30 Vgl. zur begrifflichen Klärung netzwerkartiger Kooperation z.B. Sydow 1993, S. 82; Beck 1998, S. 11-24.

31 Vgl. zur Symmetrie z.B. Wurche 1994, S. 161-169; speziell zum Zusammenpassen (Fit) Bronder/Pritzl 1991, S. 49-51.

32 Vgl. z.B. Friese 1998, S. 148f.

33 Vgl. ähnlich die in Form der Wertkette vorgenommene funktionale Unterteilung von Porter 1985, S. 36-43.

34 Dies wird für die Kooperationsform ECR am Ende von Kap. 7.2.1 demonstriert.

bezüglich einiger der Dimensionen sind in der Praxis gehäuft anzutreffen und mit gesonderten Bezeichnungen versehen, z.B. Franchising, Managementverträge oder Genossenschaften.[35] Mit den Dimensionen liegt also eine allgemeine Struktur für Klassifizierung, Charakterisierung und Gestaltung von Kooperationen vor. Gemäß der in Kap. 1 dargelegten Zielsetzung und Vorgehensweise dieser Forschungsarbeit ist eine genauere Erläuterung einzelner Kooperationsformen hier nicht notwendig.[36]

3.1.3 Ziele und theoretische Erklärungsansätze: Warum kooperieren Unternehmen?

Die Ziele von Unternehmenskooperationen sind wichtige, für den weiteren Verlauf der Arbeit benötigte Variablen des Kooperationsmanagements. Sie werden im folgenden auf der Grundlage ausgewählter theoretischer Erklärungsansätze herausgearbeitet.

Es gibt zahlreiche theoretische Ansätze, die in der wissenschaftlichen Literatur für die Erklärung von Unternehmenskooperationen Verwendung gefunden haben: die Transaktionskostentheorie, die Theorie der Verfügungsrechte, der Prinzipal-Agenten-Ansatz, der Ressourcen-Abhängigkeits-Ansatz, die Industrieökonomik, der Ansatz des strategischen Managements, der Ansatz des wertorientierten Managements, die Spieltheorie, die Anreiz-Beitrags-Theorie, der situative Ansatz und einige andere.[37] Die Ansätze weisen Überschneidungen auf, ermöglichen aber unterschiedliche Blickwinkel für die Erklärung von Unternehmenskooperationen. Eine umfassende Darstellung aller möglichen Erklärungsansätze ist im Hinblick auf die Ziele dieser Arbeit nicht notwendig.[38] Statt dessen werden im folgenden die in der wissenschaftlichen Kooperationsliteratur dominierenden Ansätze Transaktionskostentheorie und strategisches Management betrachtet, denn das vorliegende Unterkapitel zielt – wie Kap. 2 und 3 insgesamt – auf die Erarbeitung allgemein anerkannter und verbreiteter Grundlagen.

---

[35] Vgl. für Auflistungen von Kooperationsformen z.B. Wurche 1994, S. 127 und die dort angegebenen Quellen; Wöhe 1996, S. 393-416; zur Systematisierung von Kooperationen Lode 1974, S. 140-173; Chung 1998, S. 31-38.

[36] Die vorliegende Arbeit will das Controllinginstrumentarium allgemein für Kooperationen anpassen. Eine weitergehende kooperationsformspezifische Anpassung ist nicht Ziel der Arbeit. Eine Einschränkung besteht nur bezüglich der Anzahl der Kooperationspartner (Beschränkung auf dyadische Perspektive). Kooperationsformspezifische Überlegungen werden lediglich im Rahmen der Fallstudie zwecks Überprüfung der in Kap. 4 bis 6 zu erarbeitenden allgemeinen Empfehlungen vorgenommen.

[37] Vgl. zur Anwendung des jeweiligen Ansatzes für die Kooperationsforschung: zur Transaktionskostentheorie z.B. Rotering 1993b; zum Prinzipal-Agenten-Ansatz z.B. Trumpp 1995; zur Theorie der Verfügungsrechte z.B. Strautmann 1993; zum Ressourcen-Abhängigkeits-Ansatz z.B. Pfeffer/Salancik 1978; zur Industrieökonomik z.B. Hammes 1994; zum Ansatz des strategischen Managements z.B. Schertler 1995; zum Ansatz des wertorientierten Managements z.B. Michel 1996; zur Spieltheorie z.B. Axelrod 1984; zur Anreiz-Beitrags-Theorie z.B. Frank 1994, S. 31-37; zum situativen Ansatz z.B. Backhaus/Plinke 1990, S. 23-33. Eine Übersicht geben z.B. Wurche 1994, S. 21-32; Balling 1997, S. 51-76; Baumgarten 1998, S. 49-84; Friese 1998, insbes. S. 69. Die Systemtheorie wird kaum zur Erklärung von Unternehmenskooperation herangezogen, sondern nur vereinzelt zur Charakterisierung von Kooperationen bzw. zur Aufstellung eines Bezugsrahmens (vgl. Hofmann 1982; Kaufmann 1993b, S. 19-21; Pampel 1993b; Baumgarten 1998, S. 119-128).

[38] Soweit benötigt, sind einzelne Ansätze im Kontext der Instrumente des Kooperationscontrollings näher zu erläutern.

Die der Institutionenökonomie zuzurechnende Transaktionskostentheorie weist im Gegensatz zu fast allen oben genannten Ansätzen den Vorzug auf, explizit auf die hier interessierende Frage ausgerichtet zu sein, warum bestimmte Koordinationsformen bzw. institutionelle Vereinbarungsmuster (unter anderem eben auch einzelne Kooperationsformen) für bestimmte Arten von Transaktionen gewählt werden.[39] Mit der Bezeichnung „Transaktion" ist dabei zumeist nicht der Güteraustausch selbst, sondern die diesem logisch und zeitlich vorgelagerte Übertragung von Verfügungsrechten gemeint.[40] Die Auswahl der Koordinationsform geschieht gemäß der Transaktionskostentheorie ausschließlich auf der Grundlage eines Kostenkalküls: Für eine bestimmte Transaktion bzw. Transaktionsmenge wird diejenige Koordinationsform präferiert, welche die niedrigsten Transaktionskosten aufweist. „Transaktionskosten sind die im Zusammenhang mit der Bestimmung, Übertragung und Durchsetzung von Verfügungsrechten entstehenden Kosten."[41] Die wichtigsten Einflußfaktoren bezüglich der Transaktionskosten sind das Ausmaß transaktionsspezifischer Investitionen, das Ausmaß von Unsicherheit und Komplexität der Transaktionsbedingungen sowie die Häufigkeit der Transaktion.[42]

Zentraler Bestandteil der Transaktionskostentheorie und Grundlage für die folgende Argumentation ist das Markt-Hierarchie-Paradigma, von dem das bereits in Kap. 3.1.1 erläuterte Markt-Hierarchie-Kontinuum einen wesentlichen Aspekt darstellt.[43] Sind die erwähnten Ausmaße bzw. die Häufigkeit gering, gilt marktliche Koordination über den Preismechanismus als vorteilhaft.[44] Sind sie jedoch hoch, dann ist unter Annahme von Informationsasymmetrien sowie beschränkter Rationalität und opportunistischem Verhalten der Transaktionspartner Marktversagen die Folge, so daß hierarchische Koordination überlegen ist. Je nach Ausprägung der Einflußgrößen sind allerdings Mischformen aus hierarchischer und marktlicher Koordination am vorteilhaftesten. Als solche Mischformen wurden Unternehmenskooperationen bereits in Kap. 3.1.1 abgegrenzt. Die Frage „Warum kooperieren Unternehmen?" beantwortet die Transaktionskostentheorie also damit, daß bestimmte Kooperationsformen für bestimmte Transaktionen bzw. Transaktionsbündel unter bestimmten Bedingungen transaktionskostenminimal sind.

Die weite Verbreitung der Transaktionskostentheorie in der wissenschaftlichen Kooperationsliteratur ist wohl darauf zurückzuführen, daß das Markt-Hierarchie-Paradigma einerseits zur

---

39 Vgl. Picot 1982, S. 270.

40 Vgl. Commons 1931, S. 652; ausführlich Michaelis 1985, S. 65-77; Grote 1990, S. 27-34.

41 Picot/Dietl 1990, S. 178; vgl. auch die dort angegebene Literatur. Über den Begriff „Transaktionskosten" bestehen – wie über den Begriff „Transaktion" – in der Literatur verschiedene Begriffsauffassungen (vgl. Michaelis 1985, S. 78-100).

42 Vgl. Schreyögg 1996, S. 71.

43 Vgl. zum Markt-Hierarchie-Paradigma Williamson 1975; Williamson 1985.

44 Vgl. zur Vorteilhaftigkeit bestimmter Koordinationsformen z.B. Picot 1982, S. 275; Picot/Dietl 1990, S. 181f.; Schneider 1994, S. 66-88; Albe 1996, S. 240.

Charakterisierung und Einordnung von Unternehmenskooperationen geeignet ist, andererseits aber auch wichtige Einflußgrößen für die Wahl der Koordinationsform – und damit zugleich für die Kooperationsgestaltung – aufzeigt. Aufgrund ihrer Relevanz wird die Transaktionskostentheorie im Zusammenhang mit den Instrumenten des Kooperationscontrollings in Kap. 4 wieder aufgegriffen. Ihr Nutzen (für die vorliegende Arbeit wie auch allgemein) ist jedoch sehr eingeschränkt wegen zweier, in der Literatur häufig genannter Kritikpunkte:[45] Erstens ist die mangelnde Operationalisierbarkeit zu beklagen, deren Ursachen in Schwierigkeiten bei Abgrenzung und Bestimmung der Transaktionskosten liegen. Der zweite Punkt betrifft die Beschränkung auf die Transaktionskosten als Entscheidungskriterium bzw. die damit verbundene Vernachlässigung anderer Kosten sowie der Nutzenseite.[46] Für eine Beurteilung von alternativen Koordinationsformen – also auch von Kooperationen – ist aber die Gesamtheit der Auswirkungen auf die Zielsysteme der Transaktionspartner zu berücksichtigen.

Eine solche ganzheitliche Betrachtung erlaubt der Ansatz des strategischen Managements, da er nicht monokausal nur einen Aspekt bzw. ein Ziel hervorhebt. Streng genommen handelt es sich nicht um einen einzigen, klar umrissenen Ansatz, sondern um eine Fülle von Arbeiten und Konzeptionen.[47] Unter diesen hat sich zwar bisher kein dominantes Paradigma herausgebildet, jedoch lassen sich einige Gemeinsamkeiten feststellen, so daß im folgenden weiterhin vereinfachend von einem Ansatz gesprochen wird.[48] Strategisches Management läßt sich allgemein charakterisieren als ganzheitlicher Ansatz der Unternehmensführung zur Realisierung von tendenziell grundsätzlichen und langfristigen Zielen in einer Wettbewerbssituation.[49] Er betont das Streben nach nachhaltigen Wettbewerbsvorteilen unter Berücksichtigung unternehmensbezogener Stärken und Schwächen sowie umweltbezogener Chancen und Risiken. Strategisches Management kann als kontinuierlicher Prozeß verstanden werden, der den optimalen Fit des Unternehmens mit seiner sich verändernden Umwelt anstrebt.[50] Der Prozeß

---

45 Vgl. zur Kritik in Kurzform Schreyögg 1996, S. 72; ausführlich Schneider 1985; Kieser 1988.

46 Dieser Kritikpunkt läßt sich teilweise auf die oben genannte Definition des Begriffes „Transaktion" zurückführen. Anders als viele andere Autoren sieht Williamson diesen Begriff umfassender und setzt ihn weitgehend gleich mit dem Begriff „Aktivität", wie er in der vorliegenden Arbeit verwendet wird (vgl. Williamson 1981, S. 1544; Michaelis 1985, S. 75f.; zum Begriffsverständnis in der vorliegenden Arbeit siehe Kap. 3.1.1, S. 47). Die vorliegende Arbeit geht grundsätzlich vom Aktivitätsbegriff aus, um eine vollständige und klare Betrachtung zu ermöglichen.

47 Vgl. Fontanari 1996, S. 115f.

48 Dies erscheint hier gerechtfertigt, weil die Unterschiede zwischen den Ansätzen (es handelt sich dabei vor allem um unterschiedliche Begriffsauffassungen, inhaltliche Schwerpunktsetzungen und Vorgehensmodelle) für die vorliegende Arbeit keine gravierenden Konsequenzen haben. Einen Überblick über Ansätze zum strategischen Management geben z.B. Thomas/McGee 1986; Rodermann 1997, S. 247-257. Letzterer hat ausführlich hergeleitet, daß in strategischen Ansätzen ein Grundkonsens bezüglich der Erzielung nachhaltiger Wettbewerbsvorteile besteht.

49 Vgl. zum strategischen Management z.B. Schertler 1995, S. 41-49; Schertler 1998, S. 89-118; stellvertretend für zahlreiche Lehrbücher z.B. Wheelen/Hunger 1995; Hinterhuber 1996. Schreyögg verdeutlicht den engen Zusammenhang von strategischem Management und anderen oben genannten Erklärungsansätzen wie Industrieökonomik und Ressourcen-Abhängigkeits-Ansatz (vgl. Schreyögg 1996, S. 370-377).

50 Vgl. Digman 1990, S. 7-9; zum Fit als Leitgedanken des strategischen Managements vgl. Bea/Haas 1997, S. 14-17.

beinhaltet nicht nur die strategische Planung, sondern auch ihre Durchsetzung und Kontrolle.[51] Im Rahmen dieses Prozesses sind Strategie, Struktur und Kultur – ausgerichtet an einer Orientierung gebenden Vision bzw. den daraus ableitbaren, obersten Unternehmenszielen – so zu gestalten, daß sie untereinander sowie gegenüber der Umwelt hinsichtlich der Schaffung nachhaltiger Wettbewerbsvorteile optimal abgestimmt sind. Strategisches Management erstreckt sich dabei auf das gesamte Denken und Handeln im Unternehmen, wobei strategisches Denken als Potential-, Richtungs- und Vorteilsdenken sowie visionäres, ganzheitliches und vernetztes Denken charakterisiert werden kann.[52]

Wie erklärt nun der Ansatz des strategischen Managements Kooperationen? „Unternehmenskooperationen sind strategische Nutzenpotentiale und Ausdruck einer ‚Strategischen Wahl' der Unternehmensführung, die als unternehmerische Entscheidungen zur Sicherung der langfristigen Ertragsbasis des Unternehmens dienen."[53] Sie stellen also eine strukturelle und gleichzeitig eine strategische Entscheidungsalternative bzw. ein Instrument zur Erzielung von Wettbewerbsvorteilen dar. Eine Kooperationsstrategie wird dann verfolgt, wenn sie in bezug auf bestimmte Wettbewerbsvorteile einen höheren Zielerreichungsgrad erwarten läßt – d.h. größere Erfolgspotentiale besitzt – als alternative Strategien. Als Arten von Wettbewerbsvorteilen können Kostenvorteile und Differenzierungsvorteile (Qualitäts-, Zeit-, Know-how-, Servicevorteile etc.) unterschieden werden.[54] Im folgenden ist auf der Grundlage von in der Literatur aufgeführten Kooperationszielen[55] zu zeigen, wie Kooperationen zur Erreichung dieser Vorteile beitragen können, d.h. zur Verfolgung welcher Ziele sie dienen.

Differenzierungsvorteile lassen sich durch Kooperationen vor allem dann erreichen, wenn diese den Zugang zu Ressourcen ermöglichen, welche im eigenen Unternehmen nicht oder nur unzureichend vorhanden sind. Möchte beispielsweise ein Unternehmen einen neuen Markt bzw. Absatzkanal erschließen, so kann es dieses Ziel im Zuge einer Kooperation mit einem Partner, der die entsprechenden Vertriebsressourcen besitzt, schnell (und auch kostengünstig) realisieren. Know-how und Kapazitäten anderer Unternehmen werden auf diese Weise nutzbar, so daß Zeit-, Qualitäts- und auch Kostenvorteile entstehen können. Die Erschließung neuer Märkte erweist sich in empirischen Studien häufig als das bedeutendste Kooperationsziel.[56] Jedoch ist auch der Zugang zu Technologien ein wichtiges Motiv für Kooperationen, welches primär Differenzierungs-, aber auch Kostenvorteile eröffnen kann.

---

51 Vgl. Schertler 1995, S. 41.

52 Vgl. zu den Merkmalen strategischen Denkens Schertler 1996, o.S.

53 Schertler 1995, S. 44.

54 Vgl. Porter 1985, S. 11f.

55 Vgl. insbesondere Tröndle 1987, S. 39-49; Bühner 1993, S. 382-385; Vornhusen 1994, S. 43-48; Eisele 1995, S. 20-31; Bronder/Pritzl 1992, S. 27f.; Albe 1996, S. 48-102; Fontanari 1996, S. 137-154; Michel 1996, S. 39f.; Balling 1997, S. 77-95; Chung 1998, S. 39-48.

56 Vgl. z.B. Rotering 1993a, S. 1; Fontanari 1996, S. 247-249.

Kostenvorteile können mittels Kooperationen vor allem durch Größeneffekte (Economies of Scale) und durch Effizienzsteigerungen über Funktionsabstimmung erzielt werden.[57] Neben Economies of Scale werden in der Literatur auch Economies of Scope (Verbundeffekte) als Kooperationsziel genannt. Diese bezeichnen Wirtschaftlichkeitsvorteile, die nicht durch Menge (also Größe), sondern durch Vielfalt (bei enger Auslegung: Produktvielfalt) entstehen.[58] Während Economies of Scale durch die Zusammenlegung gleichartiger Ressourcen erreichbar sind (d.h. durch additive Kooperationen), lassen sich Economies of Scope eher durch die Zusammenlegung bzw. Abstimmung unterschiedlicher, aber sich ergänzender Ressourcen (d.h. durch komplementäre Kooperationen) realisieren. Kooperationen können Economies of Scope insbesondere durch den Zugang zu Ressourcen, aber auch durch Diversifikation von Risiko erschließen.

Eine weitere Möglichkeit zur Erzielung von Kostenvorteilen durch Unternehmenskooperationen besteht in der Risiko- und Lastenteilung, insbesondere in Form gemeinsamer Finanzierung und Diversifikation von Risiko.[59]

Unternehmenskooperationen, die primär der Marktbeeinflussung dienen sollen, können verschiedene Wettbewerbsvorteile schaffen. Kooperieren beispielsweise Unternehmen, um einen technischen Standard durchzusetzen, sind damit sowohl Differenzierungs- als auch Kostenvorteile erzielbar. Dies gilt ebenso für auf die Erlangung und Ausübung von Marktmacht ausgerichtete Kooperationen, welche unter anderem – sofern rechtlich möglich – zur Senkung der Wettbewerbsintensität (z.B. mittels Erhöhung von Markteintrittsbarrieren) benutzt werden können.

Aus der vorangegangenen Diskussion lassen sich als wesentliche Kooperationsziele Ressourcenzugang, Kostenreduktion, Risiko- und Lastenteilung sowie Marktbeeinflussung ableiten.[60] Diese Untergliederung weist Überschneidungen auf. Eine überschneidungsfreie Darstellung ist nicht möglich, da zwischen vielen Kooperationszielen Abhängigkeiten bestehen.[61] Die meisten Kooperationen dienen mehreren der genannten Ziele.

---

57 So gelang es Ford und Volkswagen durch ihr Joint Venture „AutoEuropa", die zur Erreichung des erforderlichen Kostenniveaus kritische Produktionsmenge für Mini-Vans zu realisieren (vgl. Volkswagen AG 1997, S. 1f.). Ein Beispiel für Kostensenkungen durch kooperative Abstimmung liegt in Form der Kooperationsform ECR in der Konsumgüterwirtschaft vor (vgl. z.B. Becker 1997; vgl. ausführlich Kap. 7.2.1).

58 Vgl. z.B. Panzar/Willig 1981; Bühner 1993, S. 33f. und 142f.

59 So war der Erfolg der europäischen Raumfahrtindustrie mit der Trägerrakete Ariane nur möglich, weil 53 Industrieunternehmen, Banken und andere Organisationen ihre Finanzkraft in einem Unternehmen gebündelt, also Investitionen gemeinsam getragen haben (vgl. Kolf 1997, S. 29). Eine detaillierte und kapitalmarkttheoretisch fundierte Erläuterung von Risikovorteilen im Zusammenhang mit Kooperationen liefert Michel (vgl. Michel 1996, S. 81-85).

60 Der Begriff „Economies of Scope" wird hier nicht weiter zur Abgrenzung von Kooperationszielen benutzt, weil er zu weit und unspezifisch ist. Das gilt auch für die in der Literatur häufig als Kooperationsziel anzutreffenden Synergieeffekte. Diese sind kaum von Economies of Scope unterscheidbar (vgl. Kay 1993, S. 33) und umfassen die meisten möglichen Kooperationsziele (vgl. Albe 1996, S. 85; Kraege 1997, S. 58).

61 Ein Indiz dafür ist auch darin zu sehen, daß in der Kooperationsliteratur die einzelnen Ziele auf sehr unterschiedliche Weise klassifiziert werden und sich keine Klassifizierungsart durchgesetzt hat.

Ein wesentlicher Vorteil des Ansatzes des strategischen Managements ist, daß er die Möglichkeit zur Integration anderer Ansätze eröffnet. Diese Eigenschaft soll zur integrativen Betrachtung des wertorientierten Managements genutzt werden, um eine Verbindung zu der in dieser Arbeit wichtigen Erfolgszielorientierung herzustellen. Grundidee des wertorientierten Managements ist, alle Aktivitäten des Unternehmens systematisch und konsequent an der Schaffung von Wert für die Anteilseigner (Shareholder Value) auszurichten.[62] Dieser Ansatz betont also die Interessen der Eigenkapitalgeber unter den im Zielsystem eines Unternehmens berücksichtigten Interessen von Anspruchsgruppen. Die Auswirkungen von Entscheidungsalternativen auf den Marktwert des Unternehmens sind das einzige oder zumindest das dominierende Entscheidungskriterium. Dies erscheint konsequent aufgrund der bereits in Kap. 2.1.3 erwähnten Dominanz von Erfolgszielen in der Unternehmenspraxis sowie aufgrund der Tatsache, daß auch die erwähnten Wettbewerbsvorteile letztendlich auf die Schaffung von Erfolgspotentialen – und damit auf den Unternehmenswert – zielen. Als wesentliche Werttreiber, also Einflußgrößen des Unternehmenswertes, lassen sich Umsatzwachstum, Rentabilität, Investitionen und Kapitalkosten abgrenzen.[63]

Eine Unternehmenskooperation bzw. eine bestimmte Kooperationsform wird gemäß diesem Ansatz dann gewählt, wenn sie gegenüber anderen Koordinationsformen eine günstigere Beeinflussung des Shareholder Value erwarten läßt. Kooperationen können also ein Mittel zur Maximierung des Unternehmenswertes sein. In Abhängigkeit davon, welche der oben genannten Kooperationsziele verfolgt werden, setzen sie dabei an unterschiedlichen Werttreibern an. Zielt eine Kooperation auf den Zugang zu Ressourcen wie neue Technologien oder Märkte, setzt sie vor allem am Wachstum an. Besteht ihr Ziel in erster Linie in Kostenreduktion, dann wird damit der Werttreiber Rentabilität beeinflußt. Eine Kooperation, deren Zweck Risiko- und Lastenteilung ist, richtet sich stark auf das investierte Kapital und dessen Kosten. Bei Kooperationen zur Marktbeeinflussung steht kein einzelner Werttreiber im Vordergrund.

Abb. 10 (siehe folgende Seite) zeigt zusammenfassend die Ziele von Unternehmenskooperationen im Zusammenhang mit wettbewerbs- und wertorientierten Zielen. Sie enthält für die vier Arten von Kooperationszielen jeweils zwei bedeutende Ausprägungen zur exemplarischen Veranschaulichung, d.h. ohne Anspruch auf Vollständigkeit. Die Abbildung verdeutlicht, daß Kooperationsstrategien für ein breites Spektrum von Zielen eingesetzt werden können.

---

62 Vgl. zum wertorientierten Management, welches auch unter den Bezeichnungen „Shareholder-Value-Ansatz", „Value Based Management" u.a. zu finden ist, z.B. Copeland/Koller/Murrin 1993; Brune 1995.

63 Vgl. die von Bühner im Überblick gezeigten Arbeiten zum Shareholder-Value-Ansatz (vgl. Bühner 1994, S. 35-48). Auf die Methodik des wertorientierten Managements (Wertsteigerungsanalyse bzw. Kapitalwertverfahren) wird in Kap. 5.3 detailliert eingegangen.

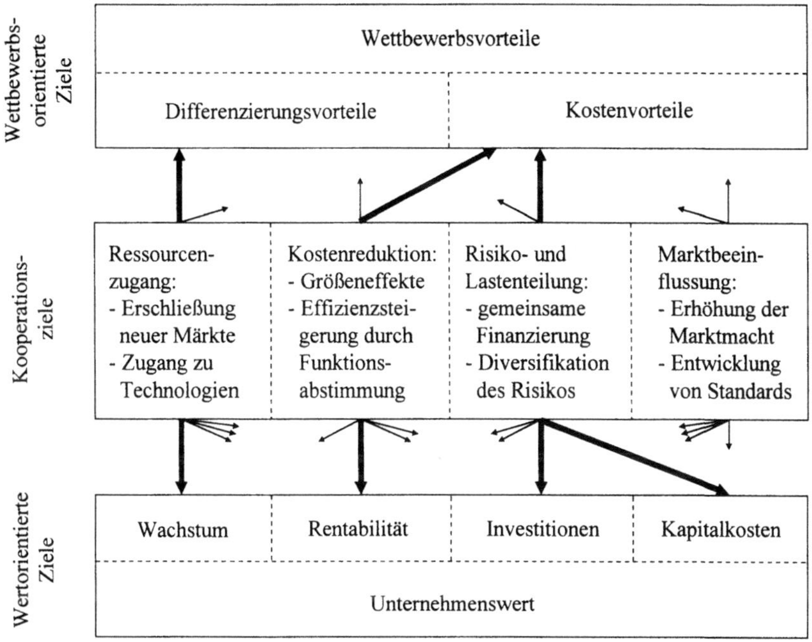

Abb. 10: Kooperationsziele im Zusammenhang mit wettbewerbs- und wertorientierten Zielen[64]

3.2 Charakterisierung des Managements von Unternehmens-kooperationen mit Hilfe des Systemansatzes

3.2.1 Kooperationssystem und Kooperationsmanagementsystem

Analog zur Ausdifferenzierung des Unternehmenssystems in Kap. 2.1.3 ist im weiteren Verlauf des dritten Kapitels das Kooperationssystem zu bilden und zu charakterisieren.[65] Funktional gesehen besteht das Kooperationssystem demnach aus Führungs- und Ausführungsaktivitäten, welche eine Kooperation betreffen bzw. im Rahmen einer Kooperation stattfinden. Diese wurden in Kap. 3.1.1 als Kooperationsaktivitäten abgegrenzt, so daß im weiteren Verlauf der Arbeit die Bezeichnung „Kooperationsaktivitätssystem" Verwendung findet. In insti-

[64] Fette Pfeile symbolisieren, daß die jeweiligen Kooperationsziele sich primär auf eine Wettbewerbsvorteilsart bzw. einen Werttreiber richten. Die dünnen Pfeile deuten an, daß alle vier Arten von Kooperationszielen zumindest einen geringen Einfluß auf jede Wettbewerbsvorteilsart bzw. jeden Werttreiber ausüben können.

[65] Je nach Betrachtungsstandpunkt bzw. Untersuchungsziel ist es auch möglich, eine Unternehmenskooperation vereinfachend als eine bestimmte Art von Austauschbeziehung zu begreifen. Hier erscheint jedoch eine Systembildung angemessen.

tutioneller Sichtweise sind Unternehmenskooperationen sozio-technische Systeme. Sowohl in funktionaler als auch in institutioneller Hinsicht umfaßt ein Kooperationssystem Elemente (Aktivitäten bzw. Sach- und Humanressourcen) aus mindestens zwei Unternehmen.

Ein Kooperationssystem ist wie ein Unternehmenssystem ein offenes, komplexes, dynamisches, zielorientiertes System, unterscheidet sich hiervon aber hinsichtlich der Ausprägung dieser Merkmale, insbesondere hinsichtlich der Offenheit.[66] Ein Unternehmenssystem (also eine Hierarchie), welches sich mit anderen Unternehmen ausschließlich marktlich koordiniert, weist eine geringere Offenheit auf als ein Unternehmenssystem, welches zusätzlich kooperative Koordination nutzt. Dies läßt sich mit Hilfe der in Kap. 3.1.1 hergeleiteten Merkmale von Unternehmenskooperation verdeutlichen. Kooperationen wurden dort definiert als explizit vereinbarte, freiwillige, wechselseitige, über einfache oder einmalige Aktivitäten hinausgehende Ziel-Mittel-Verflechtungen zwischen rechtlich selbständigen und in den nicht von der Kooperation betroffenen Bereichen auch wirtschaftlich selbständigen Unternehmen. Solche Verflechtungen implizieren eine Aufweichung der Grenzen der beteiligten Unternehmenssysteme. Damit verbunden ist eine Aufweichung der Systemidentität und eine Einschränkung der Autonomie der Systemfunktionalität. Dies wird besonders deutlich bei Franchisingsystemen: Durch die enge und umfassende Verflechtung von Franchisenehmer und -geber besitzen die einzelnen Kooperationspartner kaum eine eigene Systemidentität und können ihre Funktionen kaum unabhängig ausführen.

In engem Zusammenhang damit stehen Unterschiede hinsichtlich der Zielorientierung von Kooperationssystemen im Vergleich zu Unternehmenssystemen. Im vorangegangenen Kapitel wurde deutlich, daß Kooperationen zwar recht verschiedenartige Ziele, aber letztlich immer nur von den Unternehmenszielen abhängige – also exogen vorgegebene – Unterziele verfolgen. Deswegen sind Kooperationssysteme gegenüber Unternehmenssystemen in der Regel weniger selbstorganisierend und stärker fremdgestaltet.[67] Außerdem erwächst aus der Verfolgung sachlich und eventuell auch zeitlich begrenzter Ziele sowie aus deren Abhängigkeit von den Zielen und der Existenz der übergeordneten Unternehmenssysteme eine geringere Stabilität und Lebenserwartung von Kooperationssystemen. Sobald mindestens ein Kooperationspartner sein Ziel (z.B. Markteintritt) erreicht hat, nicht mehr für erreichbar hält oder es verändert, ist der Fortbestand der Kooperation gefährdet.

Aus den Eigenschaften eines Kooperationssystems ergeben sich die Anforderungen an Kooperationsmanagement und -controlling. Die aufgezeigten Unterschiede zwischen Unternehmens- und Kooperationssystemen führen dabei zu spezifischen Anforderungen, wie bereits in Kap.

---

66 Nachdem Unternehmen bereits in Kap. 2.1.3 mit Hilfe des Systemansatzes charakterisiert und wesentliche Merkmale von Kooperationen in Kap. 3.1.1 erklärt wurden, erfolgt hier nur eine kurze Kennzeichnung von Kooperationssystemen (vgl. dazu Hofmann 1982, insbes. S. 28-36; Kaufmann 1993b, S. 19-21; Pampel 1993b, insbesondere S. 65-91; Baumgarten 1998, S. 119-128).

67 Vgl. Pampel 1993b, S. 75-77.

1.1.2 exemplarisch demonstriert wurde. Die Anforderungen sind zunächst im weiteren Verlauf von Kap. 3.2 durch eine detaillierte Betrachtung des Kooperationsmanagements genauer zu erarbeiten, um sie dann für das Kooperationscontrolling in den weiteren Kapiteln berücksichtigen zu können. Gemäß den Zielen dieser Arbeit konzentrieren sich die Ausführungen auf funktionale Aspekte von Kooperationsmanagement bzw. -controlling, um einen für die Entwicklung von Instrumenten geeigneten Bezugsrahmen zu schaffen.

Erinnert sei hier an die in Kap. 1.2 getroffene Prämisse, daß die vorliegende Arbeit sich auf die Untersuchung bilateraler Kooperationen beschränkt. Folglich beinhalten die zu betrachtenden Kooperationssysteme Managementaktivitäten aus jeweils zwei Unternehmen.[68] Außerdem wurde in Kap. 1.2 erläutert, daß die Betrachtung grundsätzlich aus der Sicht eines Unternehmens erfolgt. Daher beziehen sich die Begriffe „Kooperationsmanagement(-system)" bzw. „Kooperationscontrolling(-system)" stets auf die entsprechenden Aktivitäten *eines* Unternehmens, wobei die besondere Beziehung zum Kooperationsmanagement bzw. -controlling des Partnerunternehmens jedoch nicht ignoriert werden darf.

3.2.2 Grundzüge des Kooperationsmanagements in systemtheoretisch-kybernetischer Betrachtung

Die detaillierte Betrachtung des Kooperationsmanagements soll nun mit Hilfe der kybernetischen Systemtheorie geschehen.[69] Insbesondere dient ein Regelkreismodell, die zentrale Methodik der Kybernetik, zur weiteren Ausdifferenzierung des Kooperationsmanagementsystems und damit zur Konkretisierung der Anforderungen an die Instrumente des Kooperationscontrollings.[70] Solche Modelle sind bereits erfolgreich auf viele (nicht nur) betriebswirtschaftliche Problemstellungen angewendet worden.[71]

In Anlehnung an die systemtheoretische Darstellung von Management in Kap. 2.1.3 läßt sich Kooperationsmanagement als Gestaltung und Lenkung eines Kooperationssystems bzw. genau genommen der von *einem* Unternehmen beeinflußbaren Teile eines Kooperationssystems charakterisieren. Dementsprechend sind die Aufgaben Kooperationsgestaltung und Kooperationslenkung zu unterscheiden.

Am Beginn der Kooperationsgestaltung steht die Entscheidung für eine Kooperationsstrategie. Für jede Aktivität ist zu entscheiden, wie ihre Koordination institutionalisiert werden soll und inwieweit eine Kooperationsform gegenüber anderen Koordinationsformen vorteilhaft ist.

---

68 Wenn die Kooperation institutionalisiert wird, lassen sich im Kooperationssystem zusätzlich die entsprechenden Aktivitäten des Gemeinschaftsunternehmens abgrenzen.

69 Vgl. zur Kybernetik und ihrer Eignung für die vorliegende Arbeit Kap. 2.1.1.

70 Zu weiteren Instrumenten der Kybernetik bzw. der Systemtheorie, von denen einige in Verbindung mit Regelkreismodellen anwendbar sind, vgl. z.B. Gomez 1981, S. 213-288.

71 Beispiele für wirtschaftswissenschaftliche Anwendungen finden sich z.B. in den Tagungsbänden zu den Jahrestagungen der Gesellschaft für Wirtschafts- und Sozialkybernetik (vgl. z.B. Witte 1986; Czap 1990).

Hier stellt sich also allgemein die Frage nach der Art der Koordination mit Organisationen der Unternehmensumwelt (vor allem Zulieferer, Abnehmer sowie Konkurrenten), so daß es sich nicht um Kooperationsmanagement im engeren Sinne handelt.[72] Diese Fragestellung wird jedoch aufgrund ihrer engen Verknüpfungen mit den weiteren Aufgaben des Kooperationsmanagements hier – wie auch im Großteil der Kooperationsliteratur – in die Betrachtung einbezogen. Des weiteren umfaßt die Kooperationsgestaltung die Partnerwahl sowie die Konfiguration, d.h. die Festlegung der verschiedenen Gestaltungsdimensionen der Kooperation.

Während die Kooperationsgestaltung das Entwerfen, Erschaffen und Entwickeln des Kooperationssystems beinhaltet (Kooperationssystem als Objekt), richtet sich die Kooperationslenkung auf die Beeinflussung des Verhaltens von Elementen des Kooperationssystems bei gegebener Struktur, d.h. bei gegebener Kooperationsform (Kooperationssystem als Rahmenbedingung). Auf dieser eher operativen Ebene geht es darum, die in die Kooperation eingebrachten Ressourcen effizient zu nutzen. Die Kooperationsgestaltung dagegen hat stark strategischen Charakter und bezweckt den Aufbau der Ressourcen, d.h. der Elemente des Kooperationssystems.[73] Auch im Rahmen der Gestaltungsaufgabe beeinflußt das Kooperationsmanagement das Verhalten bestimmter Systemelemente, d.h. Lenkung bzw. operative Ebene und Verhaltensbeeinflussung sind nicht gleichzusetzen. In der Terminologie der Systemtheorie ausgedrückt gewährleistet die Kooperationsgestaltung die Fähigkeit der primären Regulation des Kooperations- bzw. Unternehmenssystems, d.h. die Anpassung durch strukturelle Änderungen. Die Kooperationslenkung stellt die sekundäre Regulation sicher, d.h. die Anpassung durch Veränderung einzelner Verhaltensparameter bei gegebener Struktur.[74] Die Abgrenzung von Gestaltung und Lenkung als Aufgaben des Kooperationsmanagements ist kompatibel mit den in der Literatur verbreiteten Phasenschemata des Kooperationsprozesses.[75]

Im folgenden ist Kooperationsmanagement als kybernetischer Regelkreis zu modellieren, um die Anforderungen an das Kooperationscontrolling und die Anknüpfungspunkte für seine Instrumente zu identifizieren.[76] Mit Hilfe eines Regelkreises lassen sich die Aufgaben des Kooperationsmanagements (funktionale Betrachtung!) abgrenzen, zueinander in Beziehung set-

---

72 Die skizzierte Fragestellung ist schon seit langer Zeit Gegenstand betriebswirtschaftlicher Forschung, häufig unter der Bezeichnung „make or buy“ (vgl. z.B. Berlien 1993). Um nicht nur die Alternativen „Markt“ und „Hierarchie“ zu berücksichtigen, ist die Bezeichnung zu erweitern zu „make or cooperate (make it with a partner) or buy“.

73 Die Kooperationsgestaltung will die Kooperationsstrategie an Zielen bzw. einer Vision orientiert strukturell und kulturell umsetzen. Sie bezieht sich also unmittelbar auf die Elemente des strategischen Managements (vgl. zu diesen Elementen Schertler 1995, S. 41-48).

74 Vgl. zu diesen Regulationsbegriffen Wollnik 1978, S. 79.

75 Beispielsweise lassen sich die von Bronder/Pritzl unterschiedenen Phasen „Strategischer Entscheid“, „Konfiguration der Allianz“ und „Partnerwahl“ der Kooperationsgestaltung zuordnen, während die Phase „Allianzmanagement“ der Kooperationslenkung entspricht (vgl. Bronder/Pritzl 1991, S. 45-53). Vgl. zu weiteren Phasenschemata Fontanari 1996, S. 165-187. Eine Unterteilung des Kooperationsmanagements in zwei Managementebenen findet sich auch bei Pampel und Michel (vgl. Pampel 1993b, S. 84-88; Michel 1996).

76 Auch eine Abbildung des Kooperationsmanagements in mehreren Regelkreisen ist möglich, wurde aber nach genauen Überlegungen für nicht notwendig befunden.

zen und durch Identifikation dazugehöriger Variablen näher charakterisieren. Dies geschieht aus der Sicht eines Unternehmens, wobei das Partnerunternehmen in Form von Variablen explizit in das Modell einbezogen wird. In der Literatur zur Kybernetik finden sich verschiedene Vorgehensweisen, von denen die meisten die Schritte Problemformulierung, Modellbildung und Modellanwendung beinhalten bzw. mit ihnen kompatibel sind.[77] Die Problemformulierung ist mit den vorangegangenen Ausführungen bereits geleistet worden.

Die Modellbildung richtet sich nach dem in Abb. 11 dargestellten Grundschema, welches der Verfasser durch Verknüpfung der für einen Regelkreis notwendigen Elemente bzw. Variablen mit den Aufgaben des Managements konstruiert hat.[78]

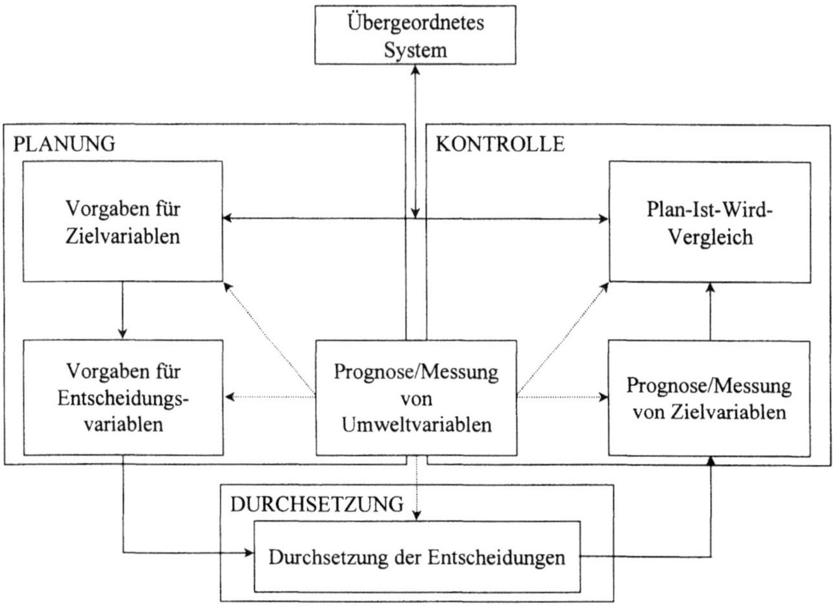

Abb. 11: Management als kybernetischer Regelkreis (Grundschema)

[77] Vgl. z.B. Gomez 1981, S. 31-33.

[78] Vgl. zum Aufbau von Regelkreismodellen z.B. Baetge 1974, S. 23-70; Gomez 1981, S. 181-189; speziell zur Übertragung auf Management- bzw. Controllingaufgaben Becker 1990, S. 301-312.

Die notwendigen Variablen sind:

- Entscheidungsvariablen (weitgehend deckungsgleich mit den in der Literatur vorzufindenden Bezeichnungen „Stellgröße“, „lenkbare Variable“ u.ä.): Variablen, welche das Management beeinflussen kann;
- Umweltvariablen (weitgehend deckungsgleich mit den in der Literatur vorzufindenden Bezeichnungen „Störgröße“, „nicht-lenkbare Variable“ u.ä.): Variablen, die wesentlichen Einfluß auf das Unternehmen ausüben, aber vom Management nicht bzw. nur schwer beeinflußt werden können;
- Zielvariablen (weitgehend deckungsgleich mit den in der Literatur vorzufindenden Bezeichnungen „Regelgröße“ u.ä.): Variablen, deren Ausprägungen das Ergebnis des Zusammenwirkens bestimmter Entscheidungs- und Umweltvariablen darstellen.[79]

Um eine regelkreisartige, also prozeßhafte Abbildung der Managementaufgaben zu erreichen, erfolgt eine Untergliederung in Planung, Durchsetzung und Kontrolle. Diese Untergliederung ermöglicht in Kap. 3.3 eine Verbindung mit den in Kap. 2.2.1 abgegrenzten Controllingaufgaben. Sie dient nicht als Ersatz, sondern als Ergänzung der Unterscheidung von Gestaltung und Lenkung, wie noch zu zeigen sein wird.

Im Rahmen der Planung sind insbesondere Planwerte für die Ziel- und Entscheidungsvariablen festzulegen, wobei gegebenenfalls Vorgaben eines übergeordneten Systems berücksichtigt werden müssen. Bei der Durchsetzung sind die mit der Planung der Entscheidungsvariablen beschlossenen Maßnahmen durch Einwirkung auf das Ausführungssystem zu realisieren. Inhalt der Kontrolle schließlich ist die Prognose und Messung (Wird- bzw. Istwerte) von Zielvariablen mit daran anschließendem Plan-Ist-Wird-Vergleich, dessen Ergebnisse dann in eine neue Planungsphase überleiten. Die Prognose bzw. Messung von Umweltvariablen findet Eingang in alle bereits genannten Aufgaben im Regelkreis. Die in Abb. 11 enthaltenen Pfeile symbolisieren den Informationsfluß im Führungsprozeß. Dabei entspricht die Planung dem kybernetischen Prinzip der Vorwärtskopplung (Feedforward), die Kontrolle dem kybernetischen Prinzip der Rückkopplung (Feedback).[80] Das Zusammenwirken dieser beiden Mechanismen stellt die Lern-, Entwicklungs- bzw. Anpassungsfähigkeit des Systems sicher. Das in Abb. 11 gezeigte Grundschema wird in Kap. 3.2.3 zum Regelkreis des Kooperationsmanage-

[79] Die Abgrenzung von Umwelt-, Entscheidungs- und Zielvariablen ist nicht völlig trennscharf möglich. So ist z.B. das Verhalten der von gestaltenden Maßnahmen betroffenen Individuen nur begrenzt lenkbar, so daß es zwar vorwiegend als Entscheidungsvariable angesehen werden kann, aber auch Eigenschaften einer Umweltvariable aufweist.

[80] Vgl. Becker 1990, S. 302f. Die Vorwärtskopplung wird in der Kybernetik als Steuerung, die Rückkopplung als Regelung bezeichnet. Die vorliegende Arbeit verwendet die Begriffe „Steuerung“ und „Regelung“ nicht in diesem kybernetischen Sinne, da die betriebswirtschaftliche Literatur sie zumeist in anderer Bedeutung benutzt. Der Steuerungsbegriff findet hier im Sinne einer vor allem auf Verhaltensbeeinflussung abstellenden Managementaufgabe Berücksichtigung (vgl. zum Steuerungsbegriff Koch 1994, S. 5-18).

ments weiterentwickelt. Zuvor ist kurz auf den dritten Schritt der Modellierung, die Modellanwendung, einzugehen.

Eine Modellanwendung im Sinne einer Lösung für ein konkretes Problem des Kooperationsmanagements setzt die Vervollständigung des Regelkreismodells dahingehend voraus, daß es alle relevanten Variablen mit allen möglichen Ausprägungen sowie mit allen Zusammenhängen zwischen den Variablen enthält. Dieses Modell müßte dann mit Informationen über die konkrete Problemsituation verknüpft werden, um eine Lösung zu erhalten. Ein solches Modell würde ein so mächtiges Führungsinstrument darstellen, daß andere Instrumente weitgehend obsolet wären. Es ist aber nach heutigem Kenntnisstand nicht realisierbar, erstens aufgrund der mit der notwendigen Varietät des Modells verbundenen hohen Komplexität, zweitens aufgrund der nur sehr begrenzt bekannten Ursache- und Wirkungszusammenhänge in Kooperationssystemen und drittens aufgrund der ebenfalls nur sehr begrenzt bekannten zukünftigen Entwicklung einiger Variablen (eher stochastische als deterministische Zusammenhänge). Aus diesen Gründen unternimmt die vorliegende Arbeit nicht den Versuch, ein vollständiges, allgemeingültiges Kooperationsmanagementmodell zu entwickeln und dann als Instrument anzuwenden. Statt dessen soll das kybernetische Regelkreismodell im Stadium eines Modellgerüstes als eine Grundlage für die Anpassung von Controllinginstrumenten an die Anforderungen des Kooperationsmanagements Bestandteil des theoretischen Bezugsrahmens sein.[81]

Durch das skizzierte Vorgehen bei der Modellierung umgeht der Verfasser die in der Literatur geäußerte Kritik an der Kybernetik, eine wenig nützliche Anwendung mechanistischer Input-Output-Modelle auf nicht-technische Systeme – wie Unternehmen oder Kooperationen – zu bezwecken.[82] Das Regelkreismodell in der vorliegenden Arbeit dient nicht zur Erklärung von Aufbau und Verhalten von Kooperationssystemen, sondern zur Strukturierung und Konkretisierung der Aufgaben des Kooperationsmanagements.

3.2.3 Kooperationsmanagement als kybernetischer Regelkreis

Die Weiterentwicklung des im vorangegangenen Kapitel skizzierten Grundschemas hin zum Regelkreis des Kooperationsmanagements geschieht durch Identifikation der Variablen, welche Gegenstand des Kooperationsmanagements sind. Eine Veränderung der mit dem Grundschema gegebenen Struktur des Regelkreises ist nicht erforderlich, denn die Aufgaben des Kooperationsmanagements unterscheiden sich auf dem im Regelkreis abgebildeten Abstraktionsniveau hinsichtlich ihrer Art und Struktur nicht von den allgemeinen Aufgaben des Managements. Wegen der großen Anzahl, der beschränkten Abgrenzbarkeit sowie der Situations-

81 Das Modellgerüst kann allerdings auch selbst als Controllinginstrument (im Sinne eines Denk- und Analyserahmens) Nutzen stiften.

82 Vgl. Staehle 1994, S. 41; Schreyögg 1996, S. 87; ausführlich zur Kritik an der Kybernetik Gaitanides u.a. 1975, S. 122-129.

abhängigkeit der Variablen ist eine vollständige Auflistung in allgemeingültiger Form unmöglich.[83] Deswegen erfolgt eine grobe Abgrenzung in dem Sinne, daß die nun aufzuführenden Variablen streng genommen Variablengruppen sind, die weiter ausdifferenziert werden können.[84]

Als Entscheidungsvariablen sind sowohl Variablen für die Kooperationsgestaltung als auch Variablen für die Kooperationslenkung zu berücksichtigen. Die Gestaltung des Kooperationssystems richtet sich auf Systemaufgabe, Systemelemente und Systembeziehungen, die Lenkung auf das Systemverhalten innerhalb der durch die Gestaltungsaufgabe geschaffenen Struktur.[85]

Die für die Kooperationsgestaltung notwendigen Entscheidungsvariablen wurden bereits in Kap. 3.1.2 als Gestaltungsdimensionen für die Bestimmung verschiedener Kooperationsformen diskutiert. Zur Festlegung der Systemaufgabe lassen sich von den dort genannten Dimensionen die Richtung der Kooperation, der betroffene Funktionsbereich sowie Teile der Dimension Umfang und Intensität (Häufigkeit und Größe der betroffenen Aktivitäten) heranziehen. Damit werden die Kooperationsaktivitäten abgegrenzt, für die eine aus Elementen und Beziehungen bestehende Struktur zu schaffen ist. Als Systemelemente sind die Ressourcen (Humanressourcen und Sachressourcen) festzulegen, die ein Unternehmen in die Kooperation einbringt. Für die Gestaltung der Ressourcen lassen sich zahlreiche Variablen heranziehen, um sie nach Umfang (z.B. Anzahl der in ein Joint Venture eingebrachten Mitarbeiter) und Eigenschaften (z.B. Kooperationsfähigkeit der Mitarbeiter) zu bestimmen. Diese Aspekte wurden in Kap. 3.1.2 der Dimension Umfang und Intensität zugeordnet.

Schließlich sind Variablen zur Gestaltung der Beziehungen im Kooperationssystem zu bestimmen. Erst aus den Ausprägungen dieser Variablen ergibt sich die Koordinations- bzw. Kooperationsform. Von besonderem Interesse sind somit Variablen für die Festlegung der Beziehungen zum Kooperationspartner: die rechtliche Beziehung (Rechtsstruktur, Formalisierungs- und Institutionalisierungsgrad), die räumliche Beziehung (Grad der Institutionalisierung im physischen Sinne, geographische Ausdehnung, Nationalität der Partner), die Art der Ressourcenverknüpfung (Funktionsabstimmung, -austausch oder gemeinsame Funktionserfüllung), die Fristigkeit der Beziehung (kurz-, mittel-, langfristig oder unbefristet) sowie die

---

83 Die beschränkte Abgrenzbarkeit und die Situationsabhängigkeit der Variablen des Kooperationsmanagements zeigen sich unter anderem in der Uneinheitlichkeit der Ergebnisse von empirischen Studien zu Erfolgsfaktoren des Kooperationsmanagements (vgl. z.B. die Studien von Bleeke/Ernst 1991; Gahl 1991; Zielke 1992; Parkhe 1993; Pekar/Allio 1994; Troy 1994; Eisele 1995; Littler/Leverick 1995). Folglich ist auch eine allgemeingültige Variablenauflistung in Form einer Übersicht der wichtigsten Erfolgsfaktoren nicht möglich.

84 Für die nur situativ durchführbare Detailbetrachtung sind die noch zu erarbeitenden Instrumente des Kooperationscontrollings ein wichtiges Hilfsmittel.

85 Laut Fuchs-Wegner sind alle systemanalytischen Konzeptionen mit der Unterteilung in Systemaufgabe, -elemente, -beziehungen und -verhalten kompatibel (vgl. Fuchs-Wegner 1974, S. 73-77). Die Trennung von Systemstruktur und -verhalten ist in der Kybernetik weit verbreitet (vgl. z.B. Probst 1987, S. 36-38).

Symmetrie und wirtschaftliche Selbständigkeit (Fit, Grad der Abhängigkeit). Auch die Beziehungen zwischen den vom eigenen Unternehmen eingebrachten Ressourcen sind zu gestalten, stehen hier jedoch nicht im Mittelpunkt des Interesses.

Nach den Gestaltungsvariablen sind nun Lenkungsvariablen, d.h. Entscheidungsvariablen für die Kooperationslenkung, zu identifizieren. Gegenstand des Lenkens sind letztlich die einzelnen Ressourcen, welche zu einem bestimmten, im Unternehmensinteresse liegenden Verhalten veranlaßt werden sollen.[86] Als wesentliche Verhaltensdimensionen lassen sich Leistungs- und Kooperationsverhalten unterscheiden. Ersteres stellt auf das Verhalten der Ressourcen hinsichtlich der Kooperationsinhalte ab, d.h. darauf, inwieweit die Ressourcen Leistungen bezüglich der Kooperationsaktivitäten erbringen. Als Variablen geht es dabei beispielsweise um Leistungsmengen und -qualitäten sowie Produktivität. Kooperationsverhalten dagegen bezieht sich auf die Kooperation als Koordinationsform, d.h. darauf, inwieweit sich die Ressourcen kooperationsstrategiekonform verhalten. Hier geht es z.B. um Variablen wie Vertrauen, Kommunikation und Dominanzstreben.

Im nächsten Schritt sind die Zielvariablen für das kybernetische Regelkreismodell zu bestimmen. Dies ist mit den Ausführungen in Kap. 3.1.3 bereits geschehen. Dort wurden Ressourcenzugang, Kostenreduktion, Risiko- und Lastenteilung sowie Marktbeeinflussung als Kooperationsziele aufgezeigt, über die ein Unternehmen Wettbewerbsvorteile erreichen bzw. den Unternehmenswert steigern möchte. Wettbewerbsvorteile und Unternehmenswert sind dem Managementsystem des betrachtenden Unternehmens allgemein zuzuordnen, stellen also für das Kooperationsmanagement übergeordnete Ziele dar. Zusätzlich zu den vier genannten Kooperationszielen lassen sich für das Kooperationsmanagement Ziele bezüglich ansonsten nicht explizit berücksichtigter Interessen von Anspruchsgruppen (z.B. Mitarbeiterzufriedenheit) aufführen.[87]

Als letzte Variablenart sind für den Regelkreis des Kooperationsmanagements, den Abb. 12 auf der folgenden Seite veranschaulicht, die Umweltvariablen zu identifizieren. Diese lassen sich nach ihrer Nähe zum Unternehmenssystem einteilen in Variablen beim Kooperationspartner, Variablen in der Wettbewerbsumwelt sowie Variablen in der allgemeinen Umwelt. Die oben abgegrenzten Entscheidungs- und Zielvariablen sind für beide an der Kooperation beteiligten Unternehmen relevant. Da der Regelkreis das Kooperationsmanagement aus Sicht eines Unternehmens modelliert, verkörpern die Entscheidungs- und Zielvariablen des Partnerunternehmens wichtige Umweltvariablen für das betrachtende Unternehmen.

---

86 Vgl. Ulrich/Probst 1988, S. 261.

87 Vgl. dazu auch S. 30f. in Kap. 2.1.3.

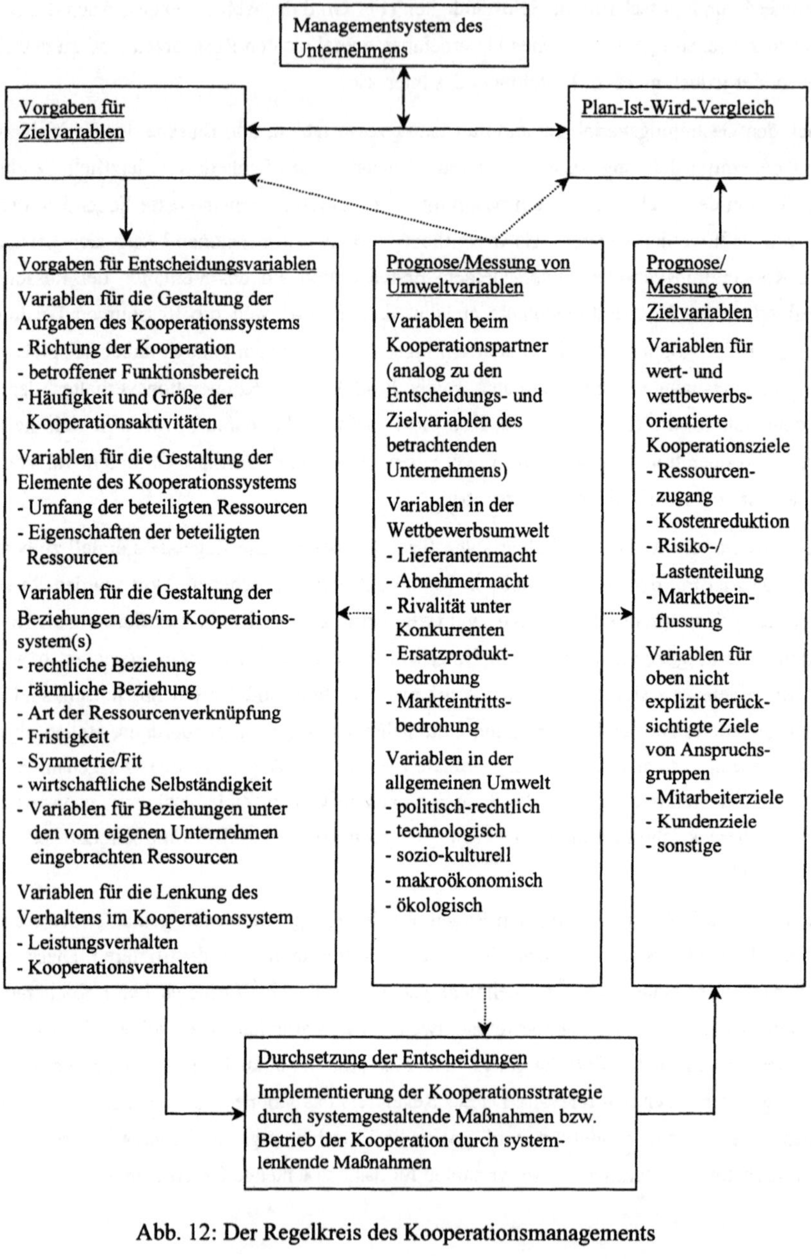

Abb. 12: Der Regelkreis des Kooperationsmanagements

Zur Identifikation von Variablen in der Wettbewerbsumwelt bietet sich das Modell der Wettbewerbskräfte von Porter an. Danach nehmen fünf Gruppen von Variablen Einfluß auf die kooperierenden Unternehmen: die Verhandlungsmacht der Lieferanten, die Verhandlungsmacht der Abnehmer, die Bedrohung durch neue Konkurrenten, die Bedrohung durch Ersatzprodukte sowie die Rivalität unter den bereits in der Branche tätigen Unternehmen.[88] Beispielsweise kann ein hohes Ausmaß an Lieferantenkonzentration (Variable zur Kennzeichnung der Lieferantenmacht) den Anstoß zu einer Einkaufskooperation geben. Da strategische Entscheidungen grundsätzlich wettbewerbsorientiert sind, stellen die genannten Variablengruppen insbesondere für die Kooperationsgestaltung wesentliche Einflußgrößen dar. Bedeutende Variablen in der allgemeinen Umwelt sind in Anlehnung an die in der Literatur verbreitete Unterteilung zu sehen im politisch-rechtlichen, im technologischen, im makroökonomischen, im sozio-kulturellen sowie im ökologischen Bereich.[89] Beispielsweise wirken sich neue informationstechnologische Entwicklungen möglicherweise auf die Kommunikation unter den kooperierenden Unternehmen aus.

Der nunmehr vorliegende Regelkreis des Kooperationsmanagements ist ein wichtiger Bestandteil des theoretischen Bezugsrahmens.

3.3 Kooperationscontrolling als Subsystem des Kooperationsmanagements

3.3.1 Grundzüge des Kooperationscontrollings

Analog zur Darstellung in Kap. 2 (siehe vor allem Abb. 3 auf S. 28) lassen sich als Subsystem des Kooperationsmanagements das Kooperationscontrolling und als dessen Subsysteme Aufgaben und Instrumente ausdifferenzieren. Bevor in Kap. 3.3.2 die Aufgaben und im weiteren Verlauf der Arbeit die Instrumente des Kooperationscontrollings näher betrachtet werden, sind einige grundlegende Ausführungen zu Begriff, Zielen, Notwendigkeit, Grenzen und Besonderheiten des Kooperationscontrollings angebracht.

In Anlehnung an die im zweiten Kapitel hergeleitete Controllingdefinition läßt sich Kooperationscontrolling definieren als die analytisch-rationale, erfolgszielbezogene Unterstützung des Kooperationsmanagements durch Wahrnehmung von Informationsversorgungs-, Planungs- und Kontrollaufgaben. Die in Kap. 3.1.3 aufgezeigten Kooperationsziele stellen für das Kooperationsmanagement unmittelbare Ziele dar, für das Kooperationscontrolling aber lediglich mittelbare Ziele. Als Führungshilfe bzw. Führungsunterstützungssystem zielt das Kooperationscontrolling unmittelbar auf die Sicherung und Erhaltung der Funktionsfähigkeit des Kooperationsmanagements, d.h. der Fähigkeit, die Kooperation effektiv und effizient zu führen.[90]

---

88 Vgl. Porter 1992, S. 22-27.

89 Vgl. z.B. Steinmann/Schreyögg 1997, S. 159-166.

90 Vgl. die entsprechenden allgemeinen Ausführungen zum Controlling auf S. 31 in Kap. 2.1.3.

Dabei konzentriert es seine Unterstützung auf Erfolgsziele, orientiert sich also an Unternehmenswert und Gewinn.[91] Das Kooperationscontrolling will die erfolgszielorientierte Koordination des Kooperationssystems ermöglichen.

Aus der skizzierten Definition und Zielsetzung gehen Grenzen für das Kooperationscontrolling hervor. Kooperationscontrolling ist für ein erfolgreiches Kooperationsmanagement notwendig, aber nicht hinreichend. Die Notwendigkeit ergibt sich aus dem Nutzenpotential, welches die durch die Definition beschriebene Art der Unterstützung für die meisten Unternehmenskooperationen besitzt. Beispielsweise kann die Versorgung des Kooperationsmanagements mit Informationen über den Kooperationserfolg oder die Koordination von Kooperationsaktivitäten mit Hilfe der Budgetierung eine hohe Funktionsfähigkeit des Kooperationsmanagements gewährleisten und damit zur Erreichung der Kooperationsziele beitragen.[92] Das Nutzenpotential wurde bereits in Kap. 1.1.1 erläutert und wird im weiteren Verlauf der Arbeit an vielen Stellen deutlich. Durch die Spezialisierung des Kooperationscontrollings auf eine analytisch-rationale, erfolgszielorientierte Unterstützung bzw. auf bestimmte Aufgaben sind dem Nutzenpotential Grenzen gesetzt. Erstens weist das Kooperationsmanagement auch eine politisch-intuitive Seite auf, die sich unter anderem in der hohen Bedeutung von persönlichen Beziehungen und Vertrauen in Kooperationen manifestiert.[93] Zweitens muß es sich in der Regel auch an anderen Zielen als Erfolgszielen orientieren, z.B. an Mitarbeiterbedürfnissen. Drittens umfaßt es nicht nur Informationsversorgungs-, Planungs- und Kontrollaufgaben, sondern vor allem auch Personalführungs- und Organisationsaufgaben. Es existieren also einige Bereiche des Kooperationsmanagements, für die das Nutzenpotential des Kooperationscontrollings aufgrund seiner Spezialisierung recht beschränkt ist, z.B. das Management kultureller Differenzen gegenüber dem Kooperationspartner. Der insgesamt erreichbare Nutzen und damit der optimale Intensitätsgrad des Kooperationscontrollings ist situativ verschieden.[94]

Bereits in Kap. 1.1.2 wurde die Notwendigkeit demonstriert, das Controlling an die Anforderungen des Kooperationsmanagements anzupassen, um ein möglichst hohes Nutzenpotential zu erreichen. Diese Anforderungen beinhaltet der in Abb. 12 auf S. 68 dargestellte Regelkreis, aus dem sich für das Kooperationscontrolling wesentliche Besonderheiten ergeben:

---

91 Obwohl das Controlling letztlich eine Abbildung in monetären Größen anstrebt, ist es nicht auf die Arbeit mit monetären Größen beschränkt. Wie bereits in Kap. 2.1.2 ausgeführt wurde, ist eine Einbeziehung nichtmonetärer Größen notwendig, um Einflußgrößen monetärer Größen zu untersuchen.

92 Das Nutzenpotential ist auch aus Forschungsbeiträgen zu Erfolgsfaktoren des Kooperationsmanagements ersichtlich. Als solcher Erfolgsfaktor wird beispielsweise häufig eine gute Planung genannt (vgl. z.B. Gugler 1992, S. 92; Murray/Mahon 1993, S. 108; Pekar/Allio 1994, S. 62), womit zumindest teilweise auch Controllingaufgaben angesprochen sind.

93 Dabei ist gemäß Lorange/Roos zu bedenken, daß „zu viel Politik" einen wesentlichen „Stolperstein" für das Kooperationsmanagement darstellen kann (vgl. Lorange/Roos 1992a, S. 343 u. 346f.).

94 Vgl. Kraege 1997, S. 127.

- Das Kooperationscontrolling ist unternehmensübergreifend auszurichten! Für ein kooperierendes Unternehmen besitzen die in ihrer Ausprägung zumindest partiell unterschiedlichen Entscheidungs- und Zielvariablen des Partnerunternehmens als besondere Umweltvariablen signifikanten Einfluß auf den Unternehmens- bzw. Kooperationserfolg.[95] Will das Controlling erfolgszielorientiert unterstützen, muß es folglich diese Variablen in seinen Gegenstandsbereich einbeziehen. Die Controllingsysteme der kooperierenden Unternehmen sind aufeinander abzustimmen.

- Das Kooperationscontrolling weist besondere Inhalte auf, welche sich anhand der Art der im Regelkreismodell enthaltenen Entscheidungs- und Zielvariablen zeigen! Deren Kombination sowie viele der explizit aufgeführten Variablen (z.B. Kooperationsverhalten und Variablen für die Gestaltung der Beziehungen im Kooperationssystem) machen die Spezifität der Inhalte aus.[96]

Die genannten Besonderheiten sind im weiteren Verlauf der Arbeit zu berücksichtigen, da aus ihnen der Anpassungsbedarf für die Controllinginstrumente resultiert. Auch helfen sie bei der Abgrenzung des Kooperationscontrollings vom Controlling nicht-kooperativer Koordinationsformen. Da das Spektrum möglicher Koordinationsformen ein Kontinuum ist, ist die Abgrenzung nicht immer deutlich. Insbesondere kann auch das Controlling innerhalb eines aus mehreren Unternehmen bestehenden Konzerns unternehmensübergreifend ausgerichtet sein und sich auf viele der im Regelkreis gezeigten Variablen beziehen. Im Gegensatz zum Kooperationscontrolling sind hier jedoch die Entscheidungs- und Zielvariablen eines zum Konzern gehörenden Unternehmens für ein anderes zum Konzern gehörendes Unternehmen kaum als Umweltvariablen zu interpretieren. Die wirtschaftliche Selbständigkeit ist stärker eingeschränkt; dem Management beider Unternehmen ist der gleiche Regelkreis übergeordnet. Es handelt sich um Konzern- bzw. Beteiligungscontrolling.

Aus der skizzierten Abgrenzungsproblematik läßt sich ableiten, daß die Empfehlungen, welche diese Forschungsarbeit für das Kooperationscontrolling erarbeitet, für Gemeinschaftsunternehmen und für Kooperationen, bei denen ein Partner mittels einer Beteiligung maßgeblich beeinflußt wird und als assoziiertes Unternehmen anzusehen ist[97], nur eine eingeschränkte Relevanz besitzen. „Assoziierte Unternehmen und Gemeinschaftsunternehmen sind zwar nicht Konzernunternehmen, stehen aber unter so großem Einfluß eines oder mehrerer anderer Unternehmen, daß einiges dafür spricht, diese Übergangsformen zwischen wirtschaftlich selb-

---

95 Hier zeigt sich die bei einer Kooperation erhöhte Offenheit eines Unternehmenssystems.

96 Einige der Variablen sind auch bei anderen Koordinationsformen Gegenstand des Managements (insbesondere solche Variablen, welche sich eher auf den Koordinationsinhalt bzw. auf Leistungspotential und -verhalten beziehen als auf Koordinationsform bzw. Kooperationspotential und -verhalten). Diese stellen zwar keine kooperationsspezifischen Variablen dar, sind aber auch von der unternehmensübergreifenden Ausrichtung betroffen, welche als erste Besonderheit genannt wurde.

97 Vgl. Rückle 1990, S. 149.

ständigen und wirtschaftlich unselbständigen Unternehmen der Wirtschaftseinheit ‚Konzern' zuzurechnen."[98]

Hinsichtlich der Abgrenzung des Kooperationscontrollings sei außerdem darauf hingewiesen, daß es in engem Zusammenhang mit dem jeweiligen Funktionsbereichscontrolling zu sehen ist. Beispielsweise läßt sich das Controlling einer Logistikkooperation als Teil des Logistikcontrollings verstehen. In den zahlreichen Literaturbeiträgen zu verschiedenen Arten des Funktionsbereichscontrollings sind entsprechende Überlegungen trotz der hohen Relevanz unifunktionaler Kooperationen fast überhaupt nicht anzutreffen.

3.3.2 Aufgaben des Kooperationscontrollings

In Anlehnung an die im zweiten Kapitel vorgenommene Systembildung lassen sich die Aufgaben des Kooperationscontrollings als bestimmter Teil der Aufgaben des Kooperationsmanagements begreifen, d.h. als bestimmter Teil des Regelkreismodells. Welcher Teil der Aufgaben dem Kooperationscontrolling zuzuordnen ist, geht aus der detaillierten Darstellung allgemeiner Controllingaufgaben in Kap. 2.2.1 hervor. Aufgrund des der Darstellung zugrunde gelegten hohen Abstraktionsgrades sind die dort genannten Aufgaben auf alle Controllingteilbereiche übertragbar, so auch auf das Kooperationscontrolling. Die Aufgaben des Kooperationscontrollings ergeben sich also durch die Zusammenführung des in Kap. 2.2.1 hergeleiteten Aufgabenkataloges (siehe S. 36f.) mit dem in Kap. 3.2 entwickelten Regelkreis des Kooperationsmanagements (siehe S. 68). Daher ist nun keine wiederholende Detaildarstellung erforderlich, so daß sich die folgenden Ausführungen auf einige Erläuterungen zu den Aufgaben bzw. Besonderheiten, welche sich durch die Zusammenführung ergeben, beschränken können.

Um ein umfassendes Verständnis der Aufgaben zu gewährleisten, erscheint auf der Grundlage der bisherigen Ausführungen eine Betrachtung nach drei Perspektiven nützlich: Demnach umfaßt das Kooperationscontrolling erstens Planungs-, Kontroll- und Informationsversorgungsaufgaben, zweitens controllingsystemgestaltende und -nutzende Aufgaben sowie drittens kooperationsgestaltungs- und kooperationslenkungsbezogene Aufgaben.

Das Kooperationscontrolling unterstützt die Vorbereitung kooperationsbezogener Entscheidungen im Rahmen der Planung und ihre Überwachung im Rahmen der Kontrolle. Dabei leistet es eine umfassende Informationsversorgung. Das Kooperationscontrolling hat die für das Kooperationsmanagement relevanten Entscheidungs-, Umwelt- und Zielvariablen sowie die Beziehungen zwischen diesen zu identifizieren, abzubilden und zu analysieren, um geeignete Informationen für Planung und Kontrolle zu generieren. Es muß einerseits ein kooperationsbezogenes Planungs-, Kontroll- und Informationssystem einrichten bzw. vorhandene Systeme

[98] Rückle 1990, S. 150.

entsprechend anpassen.[99] Damit gestaltet es selbst einen Teil des Kooperationssystems, eben das Kooperationscontrollingsystem. Andererseits muß das Kooperationscontrolling das Planungs-, Kontroll- und Informationssystem teilweise selbst betreiben und nutzen. Sowohl bei der Gestaltung als auch bei der Nutzung des Kooperationscontrollingsystems ist in der Regel eine Abstimmung oder sogar eine gemeinsame Durchführung mit dem Partnerunternehmen zielführend. Es ist eine wichtige controllingsystemgestaltende Aufgabe, zwischen den kooperierenden Unternehmen einen guten Fit der jeweiligen Kooperationscontrollingsysteme zu erreichen, denn der Fit ist für die Kooperation grundsätzlich ein bedeutender Erfolgsfaktor.[100]

Das Kooperationscontrolling unterstützt sowohl die Kooperationsgestaltung als auch die Kooperationslenkung. Da erstere eher strategischen und letztere eher operativen Charakter hat, nimmt es – wie das Kooperationsmanagement – strategische und operative Aufgaben wahr.[101] Das kooperationsgestaltungsbezogene Controlling ist stark an Erfolgspotentialen orientiert, denn diese sind das Ergebnis der Gestaltung, und zwar in Form der Struktur des Kooperationssystems. Da der Unternehmenswert Erfolgspotentiale widerspiegelt, ist das Kooperationscontrolling auf dieser Ebene stark wertorientiert. Mit Erfolgspotentialen sind die Erfolge gemeint, die sich aus einer erreichten Position bzw. bestimmten strukturellen Voraussetzungen heraus zukünftig realisieren lassen, d.h. die erwarteten, potentiellen Ausprägungen der Zielvariablen.[102] Strukturelle Voraussetzungen für die Erfolgsrealisierung sollen in der vorliegenden Arbeit als Fähigkeitspotentiale bezeichnet werden, wenn sie im Unternehmen angesiedelt sind, und als Marktpotentiale, wenn sie außerhalb des Unternehmens bestehen.[103] Das Kooperationsmanagement muß Fähigkeitspotentiale sowohl im Sinne von Leistungsfähigkeit als auch von Kooperationsfähigkeit der an der Kooperation beteiligten Ressourcen aufbauen und entwickeln.[104] Dabei sind relevante Marktpotentiale zu berücksichtigen, zu denen vor allem auch die Fähigkeitspotentiale des Kooperationspartners bzw. möglicher Kooperationspartner gehören.

Das kooperationslenkungsbezogene Controlling richtet sich auf die Nutzung der Fähigkeits- und Marktpotentiale, d.h. auf die tatsächliche Erfolgsrealisierung. Bei gegebener Struktur des

---

99 Vgl. ähnlich Michel 1996, S. 234f.; Hippe 1997, S. 202-205.

100 Vgl. zur Bedeutung des Fits zwischen kooperierenden Unternehmen z.B. Hermann 1989, S. 62f.; Bronder/ Pritzl 1991, S. 49-51; Eisele 1995, S. 135f.

101 Es lassen sich also strategisches und operatives Kooperationscontrolling unterscheiden, die mit kooperationsgestaltungsbezogenem und kooperationslenkungsbezogenem Controlling weitgehend, aber nicht vollständig gleichzusetzen sind. Da strategisches Controlling primär die Unterstützung des strategischen Managements, nicht aber die Wahrnehmung strategischer bzw. gestalterischer Aufgaben in bezug auf das Controlling meint, umfaßt es sowohl controllingsystemgestaltende als auch controllingsystemnutzende Aufgaben. Entsprechendes gilt für das operative Controlling.

102 Vgl. Winand 1989, Sp. 444.

103 Einige Autoren ordnen die Voraussetzungen dem Erfolgspotentialbegriff zu (vgl. z.B. Gälweiler 1990, S. 26f.); zu Potentialen bzw. Erfolgspotentialen vgl. auch Lehmann 1993, S. 56-74; Breid 1994, S. 34-39.

104 Zur Kooperationsfähigkeit vgl. Müller-Stewens/Gocke 1995, S. 47; Pohlmann 1995, S. 46; Rose/Glorius-Rose 1995, S. 17.

Kooperationssystems sind die Ressourcen im Sinne von Leistungs- und Kooperationsbereitschaft zu lenken. Das Kooperationscontrolling orientiert sich auf dieser Ebene am konkreten Kooperationserfolg, der jedoch oft nicht bzw. nicht ausschließlich als monetäre Ergebnisgröße ausgedrückt werden kann (z.B. bei Kooperationszielen wie Marktbeeinflussung oder Ressourcenzugang).[105]

Im folgenden werden zwecks besserer Veranschaulichung einige bedeutende Aufgaben des Kooperationscontrollings, welche sich aus der Zusammenführung des allgemeinen Controllingaufgabenkataloges mit dem Regelkreis des Kooperationsmanagements ergeben, hervorgehoben.[106] Wie bereits zu Beginn dieses Unterkapitels erläutert, ist hier keine vollständige Auflistung notwendig, so daß es sich um Beispiele handelt:

- Als entscheidungsvorbereitende Aufgaben des Controllings wurden im Aufgabenkatalog unter anderem die Gewinnung und Lieferung der Planungsgrundlagen durch Analysen und Prognosen sowie die Bewertung der Planalternativen genannt. Alternativen drücken sich in unterschiedlichen Ausprägungen der Entscheidungsvariablen aus, welche im Zusammenhang mit Umwelt- und Zielvariablen zu analysieren sind. Das Kooperationscontrolling muß zunächst die Kooperationsstrategie im Vergleich zu alternativen Strategien abbilden und bewerten. Es hat zu analysieren, welche Aktivitäten für eine Kooperation in Frage kommen, welche Ressourcen eingebracht bzw. erschlossen werden sollen, wie die Beziehung zum Kooperationspartner auszugestalten ist, welche Partner einen guten Fit zum eigenen Unternehmen aufweisen und vieles mehr.

- Eine weitere planungsbezogene Aufgabe ist die Koordination des Planungsprozesses. Das Kooperationscontrolling beinhaltet die unternehmensübergreifende Abstimmung von Plänen bezüglich der Kooperationsaktivitäten, d.h. Ziele und Entscheidungen des eigenen Unternehmens sind mit denen des Partnerunternehmens zu koordinieren. Auch innerhalb des eigenen Unternehmens ist eine Koordination der kooperationsbezogenen Planung notwendig. Pläne sind in Teilpläne und damit in konkrete Zielvorgaben herunterzubrechen, um Leistungs- und Kooperationsverhalten zu beeinflussen.

- Als entscheidungsüberwachende Aufgaben wurden im allgemeinen Controllingaufgabenkatalog unter anderem verschiedene Kontrollen genannt. Das Kooperationscontrolling muß die Erreichung der Kooperationsziele kontrollieren, d.h. sie messen bzw. prognostizieren. Dies umfaßt die Überwachung der Kooperationsstrategie insgesamt im Sinne eines Strategie-Audits oder auch kurzfristiger Teilziele im Sinne einer Realisationskontrolle. Bei der Kontrolle des Kooperationserfolges ist es in der Regel notwendig, nicht nur die

---

[105] Vgl. Kraege 1997, S. 129f.

[106] Die meisten der sich ergebenden Aufgaben finden sich in ähnlicher Form auch in den wenigen, bereits vorhandenen Beiträgen zum Kooperationscontrolling (vgl. Pampel 1993b, S. 246-252; Ahlert/Burg 1996, S. 439-444; Michel 1996, S. 234-236; Hippe 1997, S. 188-215; Kraege 1997, S. 147-209).

Zielerreichung für das eigene Unternehmen zu betrachten, sondern auch für den Partner und für die Kooperation insgesamt.[107] Im Anschluß an die Erfolgsermittlung sind Abweichungen zwischen Plan-, Ist- und Wirdwerten zu bestimmen und zu analysieren. Dabei müssen verschiedenste Variablen inklusive weicher Einflußgrößen wie Kooperationsfähigkeit, Vertrauen oder Fit unternehmensübergreifend einbezogen werden.

- Die genannten planungs- und kontrollbezogenen Aufgaben sind stets mit dem Durchlaufen eines Informationsversorgungsprozesses verbunden, dessen einzelne Aufgaben im allgemeinen Controllingaufgabenkatalog aufgeführt wurden. Für das Kooperationscontrolling ergibt sich beispielsweise die Aufgabe, ein EDV-gestütztes Informations- und Berichtssystem zu pflegen, welches Informationen zu den relevanten Variablen des Kooperationsmanagements enthält.

Bei den genannten Aufgaben des Kooperationscontrollings besteht die Chance und Notwendigkeit, Führungsinformationen vom Kooperationspartner zu bekommen, aber auch das Risiko, schutzbedürftige Führungsinformationen an ihn zu verlieren. Bestimmte Informationen bezüglich der eigenen Entscheidungs- und Zielvariablen sind zwar dem Unternehmen bekannt, bleiben aber möglicherweise dem Partner anfänglich oder auf Dauer verborgen, stellen also unsichere Informationen für ihn dar.[108] Solche Informationsasymmetrien können einerseits zum Schutz von Wettbewerbsvorteilen eines Unternehmens erwünscht sein, andererseits aber die Kooperation beeinträchtigen. Das Kooperationscontrolling hat dieses Spannungsverhältnis zu berücksichtigen bzw. für eine Annäherung an den optimalen Grad an Informationssymmetrie zu sorgen.[109] Dies ist durch Einbeziehung von Variablen des Kooperationspartners ins Informationssystem und durch Anreize für den Partner zur Offenlegung von Informationen erreichbar.[110]

Mit der Skizzierung der vielschichtigen Aufgaben des Kooperationscontrollings liegt nunmehr ein weiterer Bestandteil des theoretischen Bezugsrahmens vor.

---

[107] Vgl. z.B. Balling 1997, S. 169-184; Büchel u.a. 1997, S. 197-208.

[108] Vgl. Spremann 1990, S. 562.

[109] Informationsasymmetrien bestehen nicht nur zwischen, sondern ebenfalls innerhalb der kooperierenden Unternehmen. Das Kooperationscontrolling richtet sich auch auf diese internen Asymmetrien hinsichtlich kooperationsbezogener Informationen. Die Asymmetrien gegenüber dem Partner dürften jedoch schwerer beeinflußbar und größer sein.

[110] Um nicht nur auf den Informationsstand, sondern direkt auf Struktur und Verhalten des Kooperationssystems Einfluß zu nehmen, hat das Kooperationscontrolling ein geeignetes Anreizsystem zu unterstützen. Auch diese Aufgabe läßt sich aus der Zusammenführung von Regelkreis und allgemeinem Aufgabenkatalog ableiten. Sie wird im zweiten Teil der Arbeit im Rahmen der Budgetierung aufgegriffen.

3.3.3 Resultierende Anforderungen an das Instrumentarium des Kooperationscontrollings

Die zentrale Anforderung und damit das Kriterium für die Auswahl und Ausgestaltung der Instrumente ist das Nutzenpotential hinsichtlich der Ziele und Aufgaben des Kooperationscontrollings. Das Nutzenpotential stellt auf die einem Instrument inhärente Effektivität ab, denn Effektivität wird in der Literatur zumeist als Maßstab für die Zielerreichung bzw. Aufgabenerfüllung verstanden, d.h. als Maßstab für den Nutzen bezüglich eines Ziels oder einer Aufgabe.[111] Die vorliegende Arbeit will bedeutende Controllinginstrumente den Anforderungen des Kooperationsmanagements anpassen, um ein möglichst hohes Nutzenpotential – also eine hohe Effektivität – des Kooperationscontrollings zu erreichen. Das Nutzenpotential ist als Kriterium sowohl für das Instrumentarium des Kooperationscontrollings insgesamt als auch für die einzelnen Instrumente zu berücksichtigen.

Keine Verwendung als Kriterium findet hier dagegen die Effizienz, verstanden als Maßstab für Wirtschaftlichkeit im Sinne einer meßbaren Input-Output-Relation, denn sie ließe sich nur situativ im Zusammenhang mit institutionellen Aspekten beurteilen und ist zudem bezüglich des Controllings kaum operationalisierbar.[112] Zur Rechtfertigung der Nicht-Verwendung des Effizienzkriteriums ist sicherzustellen, daß das Instrumentarium des Kooperationscontrollings eine flexible Anpassung an situative Gegebenheiten zuläßt und somit ein effizienter Einsatz möglich ist. Es kann nicht allgemeingültig bestimmt werden, wer zu welchem Zweck welches Instrument wie einsetzen soll. Die Flexibilität ist bei der Ausarbeitung des Instrumentariums in Kap. 4, 5 und 6 zu berücksichtigen. Sie drückt sich beispielsweise darin aus, daß der Umfang eines Instrumentes variiert werden kann. Ein weiterer wesentlicher Flexibilitätsaspekt ist die Möglichkeit, den Einsatz eines Instrumentes mit unterschiedlicher Intensität der Zusammenarbeit mit dem Partner zu betreiben. Das bedeutet, ein kooperierendes Unternehmen kann das Instrument entweder ohne Abstimmung mit dem Partner, mit Abstimmung oder sogar gemeinsam mit ihm für die Unterstützung des Kooperationsmanagements einsetzen.

Exakte, quantitative Aussagen zum Nutzenpotential der Controllinginstrumente sind kaum möglich. Daher beschränkt sich die vorliegende Arbeit auf grobe qualitative Aussagen, indem das Nutzenpotential jeweils als niedrig, mittel oder hoch charakterisiert wird.[113] Die Beurteilung des Nutzenpotentials bemißt sich daran, für welche und wie viele Aufgaben des Kooperationscontrollings ein Instrument als Hilfsmittel wie gut geeignet ist. Eine gute Eignung impliziert zunächst, daß das Instrument zur Aufgabe paßt. Beispielsweise erfordert die Bewer-

---

111 Vgl. Trumpp 1995, S. 10f.

112 Vgl. zum Effizienzbegriff Trumpp 1995, S. 10f.; zur Controllingeffizienz Weber 1991, S. 17-24. Auch Kraege verbindet den Effektivitätsbegriff mit der Controllingfunktion und den Effizienzbegriff mit der Controllinginstitution (vgl. Kraege 1997, S. 10).

113 Dies wird insbesondere bei der Überprüfung der Instrumente in Kap. 7 sichtbar.

tung einer Kooperationsstrategie ein Bewertungsinstrument, z.B. ein investitionsrechnerisches Verfahren. Des weiteren verlangt eine gute Eignung, daß das Instrument die Besonderheiten der Aufgaben des Kooperationscontrollings berücksichtigt. So müßte das investitionsrechnerische Verfahren beispielsweise beachten, daß der Kooperationserfolg oft nicht als rein monetäre Größe bestimmt werden kann und zudem eine Erfolgsbetrachtung ausschließlich für das eigene Unternehmen nicht ausreichend ist. Gemäß dem pragmatischen Wissenschaftsziel der vorliegenden Arbeit muß das Nutzenpotential nicht nur theoretisch begründbar, sondern auch für die Praxis tatsächlich gegeben sein. Daher ist auf die praktische Anwendbarkeit der Instrumente zu achten.

3.4 Zwischenergebnis: Theoretischer Bezugsrahmen für die Erarbeitung des Instrumentariums des Kooperationscontrollings

Mit den Ausführungen im zweiten und dritten Kapitel sind die Elemente des in Abb. 13 auf der folgenden Seite dargestellten theoretischen Bezugsrahmens geschaffen worden. Die Aufgaben des Kooperationscontrollings ergeben sich, wie in Kap. 3.3.2 ausgeführt, aus der Zusammenführung des in Kap. 2.2.1 hergeleiteten allgemeinen Kataloges von Controllingaufgaben mit dem in Kap. 3.2 entwickelten Regelkreis des Kooperationsmanagements. Sie bestimmen die Anforderungen an das Instrumentarium des Kooperationscontrollings. Wie in Kap. 3.3.3 dargelegt, ist das Nutzenpotential bezüglich der Aufgaben des Kooperationscontrollings das Kriterium für die Auswahl und Ausgestaltung der Instrumente.

Die bedeutenden Controllinginstrumente, welche in Kap. 2.2.2 identifiziert wurden, verkörpern die Grundlage, welche gemäß den Anforderungen weiterzuentwickeln ist. Die Auswahl der einzelnen Instrumente ist damit bereits weitgehend festgelegt. Dies läßt sich folgendermaßen rechtfertigen: Bereits in Kap. 2.2.2 wurde demonstriert, daß die fünf identifizierten Instrumente in ihrer Gesamtheit die Wahrnehmung aller im allgemeinen Aufgabenkatalog enthaltenen, controllingsystemnutzenden Aufgaben unterstützen. Da diese Aufgaben auf das Kooperationscontrolling übertragbar sind, ist ein gewisses Nutzenpotential der fünf Instrumente hinsichtlich der Aufgaben des Kooperationscontrollings gegeben. Dieses Nutzenpotential ist durch Anpassung der Instrumente an die aufgezeigten Anforderungen zu erhöhen. Nach der Anpassung der fünf im Bezugsrahmen explizit genannten Instrumente wird zu überprüfen sein, inwiefern weitere Instrumente notwendig sind, wobei auch die Unterstützung controllingsystemgestaltender Aufgaben zu betrachten ist.[114]

---

[114] In Kap. 2.2 wurde darauf hingewiesen, daß die Entwicklung bzw. Anpassung von Controllinginstrumenten eine controllingsystemgestaltende Aufgabe ist.

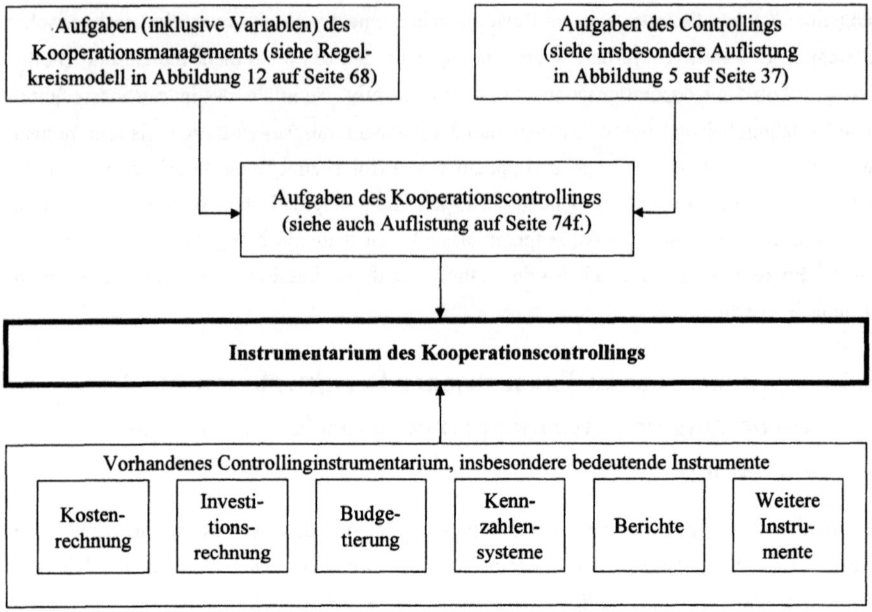

Abb. 13: Der theoretische Bezugsrahmen für die Erarbeitung des Instrumentariums des Kooperationscontrollings[115]

Die Konzentration auf wenige, bedeutende Instrumente wurde schon im Zuge der Darlegung von Problemstellung und Zielsetzung im ersten Kapitel begründet.[116] Mit der Konzentration ist für das entstehende Instrumentarium des Kooperationscontrollings lediglich eine geringfügige Einschränkung seines Nutzenpotentials verbunden. Die fünf ausgewählten Instrumente sind nicht nur die bedeutendsten, sondern auch mächtige Instrumente, die sich gut mit weiteren Instrumenten verbinden lassen (z.B. Sensitivitätsanalyse bei der Investitionsrechnung). Es handelt sich eher um Gruppen von Instrumenten als um ein Instrument im Sinne einer einzigen bestimmten Vorgehensweise.[117]

Nachdem der theoretische Bezugsrahmen geschaffen ist, kann nun im zweiten Teil der Arbeit die Herleitung von Gestaltungsempfehlungen zur Anpassung der Instrumente vorgenommen werden. Dies erfolgt zunächst für die Kostenrechnung in Kap. 4 und für die Investitionsrech-

115 Aus Platzgründen enthält die Abbildung nicht das Regelkreismodell und den Aufgabenkatalog des Controllings, sondern nur Verweise darauf. Die Pfeile verdeutlichen, daß die Aufgaben von Kooperationsmanagement, Controlling und Kooperationscontrolling die Anforderungen an das Instrumentarium des Kooperationscontrollings verkörpern, während die vorhandenen Controllinginstrumente die anzupassende Grundlage darstellen.

116 Vgl. S. 6 in Kap. 1.1.3 und S. 7 in Kap. 1.2.

117 Beispielsweise umfaßt die Kostenrechnung Deckungsbeitragsrechnung, Prozeßkostenrechnung und viele andere Instrumente.

nung in Kap. 5.[118] Die Budgetierung wird in Kap. 4 und 5 integriert, um eine geschlossene Darstellung von Informationserzeugung mittels Kosten- bzw. Investitionsrechnung und Informationsverwendung für Koordination bzw. Planung und Kontrolle mittels Budgetierung zu erreichen. Für Kennzahlensysteme und Berichte reicht eine komprimierte Betrachtung in Kap. 6 aus, wie dort zu begründen ist. Außerdem enthält das sechste Kapitel die oben bereits angekündigte Untersuchung der Notwendigkeit weiterer Instrumente, gegebenenfalls Gestaltungsempfehlungen zu diesen Instrumenten, einen Exkurs zu EDV-Hilfsmitteln sowie abschließend einen Überblick über das entstandene Instrumentarium des Kooperationscontrollings.

[118] Die Kostenrechnung wird zuerst untersucht, weil sie als „Inputgenerator“ für die Investitionsrechnung fungiert. Die Reihenfolge der Betrachtung der einzelnen Instrumente soll nicht deren Bedeutung widerspiegeln, sondern eine anschauliche Darstellung gewährleisten. Eine andere Reihenfolge wäre durchaus möglich. Unter den fünf zu betrachtenden Instrumenten bestehen enge Zusammenhänge, so daß eine präzise Abgrenzung der Instrumente voneinander nicht möglich ist. Dies wird im zweiten Teil der Arbeit und insbesondere auch bei der Fallstudie deutlich werden.

Zweiter Teil

Herleitung der Gestaltungsempfehlungen

„Wer zu spät an die Kosten denkt, ruiniert sein Unternehmen.
Wer immer zu früh an die Kosten denkt, tötet die Kreativität.“
(Philipp Rosenthal)

4 Kostenrechnung als Instrument des Kooperationscontrollings

Dieses Kapitel soll zeigen, wie die Kostenrechnung zwecks Wahrnehmung von Aufgaben des Kooperationscontrollings zu gestalten ist. Um dieses Ziel zu erreichen, werden die in Kap. 1.3 für alle zu untersuchenden Instrumente angekündigten drei Schritte durchlaufen: Am Anfang stehen eine kurze Darstellung der hier notwendigen Grundzüge der Kostenrechnung, eine Erläuterung ihres Nutzenpotentials für das Kooperationscontrolling sowie eine Analyse bereits vorhandener Forschungsbeiträge (Kap. 4.1). Dann folgt die Untersuchung der Anforderungen, welche sich für die kooperationsbezogene Kostenrechnung ergeben (Kap. 4.2). Schließlich stellt Kap. 4.3 unter der Bezeichnung „Kooperationsaktivitätskostenrechnung“ (KAKR) ausführlich das Verfahren vor, welches der Verfasser zur Erfüllung der identifizierten Anforderungen entwickelt hat. Die operative Budgetierung ließe sich zwar als eigenständiges Instrument betrachten, wird aber als Bestandteil der KAKR präsentiert, um ihre enge Verbindung zur Kostenrechnung herauszustellen.[1] Am Ende von Kap. 4.3 ist eine kritische Würdigung des Nutzenpotentials der KAKR vorzunehmen.

4.1 Grundlegendes zur Kostenrechnung im Kooperationscontrolling

Kostenrechnung wird hier verstanden als systematische, entscheidungsorientierte Ermittlung und Analyse von Kosten- und Erlösinformationen.[2] Mit ihrer Hilfe kann das Controlling das Management in allen Phasen des Führungsprozesses mit quantitativen, vorwiegend monetären Informationen versorgen. Die Kostenrechnung ist ein Subsystem des internen Rechnungswesens, denn die Informationsempfänger (Träger des Managements) sind Teil des Unternehmens. Sie läßt sich nach den einzelnen Fragestellungen, bezüglich derer sie Informationen liefert, in drei Teilsysteme untergliedern:[3]

---

1 Vgl. die kurze Begründung auf S. 79 in Kap. 3.4.

2 Vgl. ähnliche Charakterisierungen der Kostenrechnung z.B. bei Kilger 1993, S. 2; Schweitzer/Küpper 1995, S. 13-16. In der vorliegenden Arbeit wird stets – wie in der Literatur weitgehend üblich – der Begriff „Kostenrechnung“ vereinfachend anstelle von „Kosten- und Erlösrechnung“ bzw. „Kosten- und Leistungsrechnung“ benutzt. Für die monetär bewertete Gütererstellung gebraucht der Verfasser den Begriff „Erlös“ (wie z.B. Schweitzer/Küpper 1995) und nicht „Leistung“ (wie z.B. Coenenberg 1997), da „Leistung“ den unbewerteten Output bezeichnen soll.

3 Die folgende, in der Literatur sehr verbreitete Untergliederung erläutern z.B. Christmann/Witthoff 1994, S. 58-61.

- Kostenartenrechnung: Welche Kosten und Erlöse sind entstanden?
- Kostenstellenrechnung: Wo sind die Kosten und Erlöse entstanden?
- Kostenträgerrechnung: Wofür sind die Kosten und Erlöse entstanden?

Mit Hilfe dieser Teilsysteme will das Controlling die Kosten und Erlöse nach bestimmten Kriterien erfassen, bestimmten Bezugsgrößen verursachungsgerecht zurechnen sowie einer Analyse zugänglich machen.[4] Um den gesamten Führungsprozeß unterstützen zu können, sollte die Kostenrechnung Plan-, Wird- und Istgrößen benutzen. Außerdem ist – zumindest bei kurz- und mittelfristigen Entscheidungen – eine Unterscheidung von Voll- und Teilkosten notwendig. Mit Hilfe der Differenzierungskriterien Plan-/Istgrößen, Voll-/Teilkosten und Kostenarten-/Kostenstellen-/Kostenträgerrrechnung lassen sich einzelne Kostenrechnungsverfahren (z.B. Grenzplankostenrechnung) charakterisieren.[5]

Die traditionelle[6] Kostenrechnung ist kurzfristig und unternehmensintern orientiert, so daß sie vor allem dem operativen Controlling zuzurechnen ist. Seit Mitte der 80er Jahre ist eine Ausweitung in Richtung einer strategischen Kostenrechnung zu beobachten. Diese Ausweitung drückt sich insbesondere im Einsatz der Kostenrechnung für die strategische Analyse (z.B. Wertkettenanalyse, Analyse von Kostentreibern, Analyse der Zielkosten) aus.[7] Erst durch die Befreiung von der rein kurzfristigen und unternehmensinternen Ausrichtung ist es möglich geworden, Unternehmenskooperationen zum Gegenstand der Kostenrechnung zu machen.

Das beträchtliche Nutzenpotential der Kostenrechnung für das Kooperationscontrolling geht bereits aus den Ausführungen im ersten Teil der Arbeit hervor, wird im Verlauf des vierten Kapitels weiter verdeutlicht und nun kurz allgemein erläutert. Die Kostenrechnung als Instrument des Kooperationscontrollings dient der Ermittlung und Analyse, welche Kosten und Erlöse (Kosten- und Erlösarten) wo (Kosten- und Erlösstellen) und wofür (Kosten- und Erlösträger) im Rahmen von Kooperationsaktivitäten anfallen sollen (Festlegung geeigneter Plangrößen), anfallen werden (Prognose von Wirdgrößen) bzw. angefallen sind (Messung von Istgrößen). Sie bietet damit umfangreiche erfolgszielorientierte Unterstützung für entscheidungsvorbereitende und -überwachende Aufgaben des Kooperationscontrollings. Dies gilt in hohem Maße für kooperationslenkungsbezogene, eher operative Entscheidungen und in geringerem Maße für kooperationsgestaltungsbezogene, eher strategische Entscheidungen. Erstens kommt qualitativen Variablen auf der strategischen Ebene generell eine größere Bedeutung zu

4 Vgl. Horváth 1998, S. 466.

5 Eine Übersicht von und Erläuterungen zu einzelnen Verfahren finden sich in zahlreichen Kostenrechnungsmonographien (vgl. z.B. Coenenberg 1997).

6 Die Bezeichnung „traditionell" wird in der vorliegenden Arbeit wie bei einigen anderen Autoren (vgl. z.B. Coenenberg/Fischer 1991, S. 21) zur Abgrenzung von seit längerem vorhandenen Kostenrechnungsverfahren (z.B. flexible Plankostenrechnung) gegenüber neueren Verfahren (insbesondere Prozeßkostenrechnung) verwendet.

7 Vgl. Shank 1989, S. 50-62; Horváth 1991, S. 71-83; Shank/Govindarajan 1995, S. 27-47.

als auf der operativen, und zweitens können längerfristige Entscheidungen nicht allein mit Hilfe von Kostenrechnungsverfahren gefällt werden, sondern erfordern die Hinzuziehung von Investitionsrechnungsverfahren.[8] Der Kostenrechnung kommt jedoch als Informationslieferant für die Investitionsrechnung eine große Bedeutung zu. Außerdem kann sie durch die erfolgszielorientierte Analyse von strukturellen Kosten- und Erlösdeterminanten, d.h. insbesondere von Gestaltungsvariablen im Regelkreis des Kooperationsmanagements, wichtige Informationen generieren.

Die Höhe des Nutzenpotentials der Kostenrechnung ist situativ verschieden und hängt von zahlreichen Eigenschaften des betroffenen Kooperationssystems ab. Beispiele für solche Eigenschaften sind die Kooperationsziele und die Größe des Kooperationssystems (Umfang betroffener Aktivitäten und Ressourcen). So verspricht die Kostenrechnung im Rahmen einer auf Kostenvorteile zielenden Kooperation tendenziell einen höheren Nutzen als bei einer Kooperation, welche primär dem Zugang zu Know-how dient. Da Kosten- und Erlösgrößen jedoch bei nahezu allen Kooperationen – zumindest als Nebenbedingung – zu berücksichtigen sind, kann die Kostenrechnung grundsätzlich Nutzen für das Kooperationscontrolling bringen.[9] Die situative Ausgestaltung der Kostenrechnung ist den Eigenschaften des jeweiligen Kooperationssystems anzupassen.[10]

Bevor nun die nähere Untersuchung der Kostenrechnung als Instrument des Kooperationscontrollings erfolgt, soll überprüft werden, inwieweit in der wirtschaftswissenschaftlichen Literatur vorhandene Beiträge dieser Untersuchung nützen können. Im Zuge einer ausführlichen Literaturanalyse fand der Verfasser keinen Beitrag, welcher Kostenrechnung im Zusammenhang mit Kooperationen explizit und umfassend behandelt. In einigen, wenigen Arbeiten wird die Kostenrechnung zwar in diesem Zusammenhang betrachtet, jedoch bleibt es bei einer bloßen Erwähnung oder einer sehr knappen Erläuterung.[11] Hervorzuheben ist allenfalls die Arbeit von Pampel, welcher der Thematik unter der Bezeichnung „Kalkulation der Kooperationskosten“ ein Unterkapitel widmet.[12] Die Ausführungen beziehen sich jedoch speziell auf Beschaffungskooperationen und beinhalten keine umfassende Erarbeitung eines für Kooperationen geeigneten Kostenrechnungsverfahrens, welche in der vorliegenden Arbeit angestrebt wird.

In der Literatur existieren seit einigen Jahren Ansätze einer Koordinationskostenrechnung, die insbesondere für kooperationsgestaltungsbezogene Controllingaufgaben hilfreich sein können.

---

8 Vgl. Ossadnik/Maus 1995, S. 144; Baden 1997, S. 227-229; Horváth 1998, S. 543f.

9 Ein Vergleich des Einsatzes einzelner Controllinginstrumente bei verschiedenen Kooperationsformen ist nicht Ziel der vorliegenden Arbeit und wird hier folglich für die Kostenrechnung nicht näher ausgeführt.

10 Die in Kap. 4.3 vorzustellende KAKR erlaubt eine solche situative Anpassung und gibt dazu einige Hinweise. Für allgemeine (d.h. nicht kooperationsspezifische) Hilfestellung für die situative Anpassung der Kostenrechnung vgl. z.B. Krieger 1995.

11 Vgl. Hippe 1997, S. 229-231; Kraege 1997, S. 209f.

12 Vgl. Pampel 1993b, S. 264-276.

Koordinationskosten entstehen für die Abstimmung über Märkte (Transaktionskosten) sowie für die Abstimmung innerhalb von Unternehmen (Organisationskosten).[13] Die entsprechenden Arbeiten versuchen, den Transaktionskostenansatz in die Kostenrechnung zu integrieren. Auf diese Weise soll die Verfügbarkeit von koordinationsformbezogenen Kosteninformationen erreicht werden. „Das traditionelle Rechnungswesen liefert gegenwärtig keine hinreichenden Informationen für die Beantwortung der Frage, ob und unter welchen Bedingungen die Einsparung von Transaktionskosten am Markt sinnvoll ist, weil die zusätzlich entstehenden Koordinationskosten [genau: Organisationskosten (Anmerkung des Verfassers)] im Unternehmen niedriger sind. Auch für die Wahl zwischen mehreren denkbaren Organisationsentwürfen eines Unternehmens liefert das Rechnungswesen keine Anhaltspunkte.“[14] Entsprechende Kosteninformationen sind für das Kooperationsmanagement aber notwendig, um die Gestaltungsvariablen und damit die Kooperationsform optimal festzulegen. Sie ermöglichen außerdem ein besseres Gemeinkostenmanagement, denn Koordinationskosten werden durch traditionelle Kostenrechnungsmethoden nicht differenziert genug bzw. gar nicht gesondert ermittelt.[15] Aus diesen Gründen finden Koordinationskosten im weiteren Verlauf des vierten Kapitels explizit Berücksichtigung. Dabei fließen die in der Literatur vorhandenen Beiträge zur Koordinationskostenrechnung lediglich fragmentarisch ein, da sie zuwenig anwendungsorientiert sind und/oder Unternehmenskooperationen nicht explizit thematisieren.[16] Die Arbeiten von Pampel[17], Albe[18] und Michel[19] greifen zwar Koordinationskosten im Zusammenhang mit Unternehmenskooperationen auf, sind jedoch nicht sehr tiefgehend (Albe und Michel) bzw. strikt auf Beschaffungskooperationen bezogen (Pampel).

Zusammenfassend läßt sich feststellen, daß eine umfassende Erarbeitung eines kooperationsbezogenen Kostenrechnungsverfahrens nach dem Kenntnisstand des Verfassers bisher in der Literatur nicht vorhanden ist. Es liegt allerdings eine geringe Anzahl an Beiträgen vor, die für bestimmte Teile eines solchen Verfahrens verwendet werden können.

---

13 Vgl. Bössmann 1982, S. 665; zum Transaktionskostenansatz vgl. auch S. 53-55 in Kap. 3.1.3. Über die genaue Verwendung bzw. Abgrenzung der Begriffe „Koordinationskosten“, „Transaktionskosten“ und „Organisationskosten“ herrscht in der Literatur keine Einigkeit. Die vorliegende Arbeit verwendet nur den Oberbegriff „Koordinationskosten“, weil eine Unterscheidung zwischen Transaktionskosten und Organisationskosten problematisch und hier nicht notwendig ist.

14 Albach 1988, S. 1164.

15 Damit wird bereits ein Anknüpfungspunkt zur noch vorzustellenden Prozeßkostenrechnung (PKR) deutlich, denn Miller/Vollmann, die mit ihrem Artikel „The Hidden Factory“ den Anstoß für die PKR gaben, schreiben: „If, as we believe, transactions are responsible for most overhead costs ..., then the key to managing overheads is to control the transactions that drive them.“ (Miller/Vollmann 1985, S. 146)

16 Vgl. Albach 1988; Weber 1991, S. 159-165; Weber 1993b; Fröhling 1994, S. 282-290; Meuser 1997; Klingshirn 1997, S. 182-192. Die mangelnde Anwendungsorientierung zeigt sich insbesondere darin, daß die notwendige Operationalisierung des jeweiligen Ansatzes unterbleibt bzw. nicht überzeugend ist.

17 Vgl. Pampel 1993b, S. 266-271.

18 Vgl. Albe 1996, S. 235-242.

19 Vgl. Michel 1996, S. 179.

4.2 Anforderungen an die kooperationsbezogene Kostenrechnung

In diesem Unterkapitel sollen nun die Anforderungen an die kooperationsbezogene Kostenrechnung spezifiziert werden. Im Mittelpunkt des Interesses stehen dabei die aus den Besonderheiten des Kooperationscontrollings resultierenden Anforderungen, denn aus diesen ergibt sich der Adaptionsbedarf für die Kostenrechnung. Als wesentliche Besonderheiten wurden in Kap. 3.3.1 die unternehmensübergreifende Ausrichtung sowie die spezifischen Inhalte, welche sich anhand der Art der im Regelkreismodell enthaltenen Entscheidungs- und Zielvariablen zeigen, identifiziert. Um ein systematisches Vorgehen zu gewährleisten, geschieht die Spezifikation sequentiell für Kostenarten-, Kostenstellen- und Kostenträgerrechnung.

Bei der Kostenartenrechnung sind grundsätzlich – unabhängig von der Koordinationsform – folgende Hauptkostengruppen als Kostenarten zu berücksichtigen: Personalkosten, Materialkosten, Betriebsmittelkosten, Kapitalkosten, Kosten für Fremddienste und -rechte, Kosten für öffentliche Abgaben und Steuern sowie Wagniskosten.[20] Diese Hauptkostengruppen werden branchen-, länder- und unternehmensindividuell weiter untergliedert. Die Kosten lassen sich jeweils als Vollkosten oder lediglich als Teilkosten ermitteln.[21] Es ist wahrscheinlich, daß die Kooperationspartner innerhalb der Hauptkostengruppen die Kosten mit unterschiedlichem Detaillierungsgrad und nach unterschiedlichen Kriterien erfassen. Dies trifft insbesondere dann zu, wenn die Kooperation länder- oder branchenübergreifend ist. Um einen Austausch geeigneter Informationen aus der Kostenrechnung zu ermöglichen, können daher Maßnahmen erforderlich sein, welche die Strukturgleichheit und damit die Vergleichbarkeit der Kontenrahmen der Kooperationspartner gewährleisten. Solche Maßnahmen reichen von Anpassungen einzelner Kostenarten bei Sonderanalysen bis zur gemeinsamen Festlegung eines Kontenrahmens, welche insbesondere für auf Dauer angelegte Kooperationen sinnvoll sein dürfte.

Die Feingliederung des Kontenrahmens ist auch für spätere Zurechnungen und Analysen im Rahmen der Kostenstellen- und Kostenträgerrechnung bedeutsam. Dabei werden aber nicht nur die soeben angesprochenen Kosteninformationen, sondern auch detaillierte Erlösinformationen benötigt. Bei marktlicher Koordination werden in der Kostenrechnung als Erlösgrößen in erster Linie die Erlöse für Produktleistungen (inkl. Erlösschmälerungen) des Unternehmens gegenüber anderen Unternehmen erfaßt. Es ist jedoch charakteristisch für Unternehmenskooperationen, daß sich die Zusammenarbeit nicht auf die Erbringung üblicher Produktleistungen eines Unternehmens gegenüber einem anderen beschränkt, sondern eine wechselseitige

---

20 Vgl. Christmann/Witthoff 1994, S. 63f.; Schweitzer/Küpper 1995, S. 95; Coenenberg 1997, S. 49f.; Weber 1997, S. 105f.

21 Bei Untergliederung der Kosten nach der Abhängigkeit vom Beschäftigungsgrad werden die beschäftigungsabhängigen Kosten als variable Kosten bezeichnet, die beschäftigungsunabhängigen als fixe Kosten. Bei Untergliederung nach der Zurechenbarkeit werden die Kosten, die einer Bezugsgröße direkt zurechenbar sind, als Einzelkosten bezeichnet, die nicht direkt zurechenbaren Kosten dagegen als Gemeinkosten (vgl. Schweitzer/Küpper 1995, S. 95f.). Teilkosten meinen häufig variable bzw. Einzelkosten.

Abstimmung von Teilleistungen unter den Kooperationspartnern und/oder eine gemeinsame Leistungserstellung der Kooperationspartner gegenüber Dritten beinhaltet. Für spätere Analysen und insbesondere für die Beurteilung des Kooperationserfolges aus Sicht der einzelnen Partner ist eine genauere Ermittlung dieser Leistungen, d.h. eine Differenzierung in einzelne Teilleistungen, notwendig.[22] Für diese liegen nur dann die dazugehörigen Erlösgrößen vor, wenn die einzelnen Teilleistungen präzise festgelegt und durch Verrechnungspreise, wie sie oft innerhalb großer Hierarchien anzutreffen sind, entgolten werden. Dies ist aber bei Kooperationen oft nur eingeschränkt möglich bzw. erwünscht, unter anderem aus Gründen der Wirtschaftlichkeit und Flexibilität der Erlösabrechnung. Als Hilfsmittel für die aufgezeigte Problematik bietet sich die relativ junge Prozeßkostenrechnung (PKR)[23] an, denn diese sieht die Ermittlung von Mengen einzelner Aktivitäten als Teilleistungen explizit vor und kann eine Grundlage für die Bewertung der Teilleistungen schaffen, wie in Kap. 4.3 ausführlich zu demonstrieren ist.

Parallel zu den Kosten- und Erlösarten sind deren Einflußgrößen zu erfassen. Die Einbeziehung von Einflußgrößen ist mit Ausnahme der Größe „Beschäftigungsgrad" kein integraler und auf alle Leistungsbereiche durchgängig angewandter Bestandteil traditioneller Kostenrechnungsverfahren.[24] Eine gute Informationsversorgung des Kooperationsmanagements erfordert jedoch die Ermittlung der Größen, welche auf die Kosten und Erlöse einwirken, die bei Kooperationsgestaltung und -lenkung entstehen. Diese Größen werden insbesondere für Analyseaufgaben benötigt und sind teilweise aus dem Regelkreis des Kooperationsmanagements ersichtlich. Es ist ein wesentliches Merkmal der in Kap. 4.3 vorzustellenden PKR, Einflußgrößen einzubeziehen, und zwar meistens unter der Bezeichnung „Kostentreiber".

Parallel zu der eben diskutierten Frage, welche Kosten, Erlöse und Einflußgrößen zu ermitteln sind, stellt sich die Frage, wo diese entstehen bzw. wirken (Kostenstellenrechnung). Dafür ist die Aufteilung des Unternehmens in Abrechnungsbereiche notwendig. So wird die Grundlage für die Zurechnung von Gemeinkosten auf Kostenträger und für die verantwortungsbereichsbezogene Budgetierung geschaffen. Üblicherweise legt die Kostenrechnung als Abrechnungsbereiche Kostenstellen fest, die gemäß aufbauorganisatorischen – dabei insbesondere funktionalen und räumlichen – Gesichtspunkten gebildet werden.

Bei der Kostenstellenrechnung stellen sich im Rahmen von Unternehmenskooperationen besondere Abgrenzungs- und Zurechnungsprobleme. An einer Kooperation ist in den meisten Fällen nicht das gesamte Unternehmen beteiligt, sondern nur bestimmte Organisationseinhei-

---

22 Die Notwendigkeit einer genaueren Leistungsermittlung betonen für den speziellen Fall von Kooperationen mit Zulieferern Pampel (vgl. Pampel 1993b, S. 272) und allgemein für die Kostenrechnung z.B. Warnick (vgl. Warnick 1995, S. 190f.) und Männel (vgl. Männel 1997, S. 51-53).

23 Im folgenden findet zur Vereinfachung der Begriff „Prozeßkostenrechnung" als Oberbegriff für aktivitäts- bzw. prozeßorientierte Kostenrechnungsverfahren Verwendung.

24 Vgl. Hergert/Morris 1989, S. 183-186; Schweitzer/Küpper 1995, S. 321.

ten, also bestimmte Kostenstellen oder Teile von Kostenstellen.[25] Um zu gewährleisten, daß kooperationsbezogene Informationen isolierbar sind, muß entweder die Kostenstellenstruktur angepaßt (entsprechende Unterteilung der Kostenstellen[26], Zusammenfassung zu einem Buchungskreis) oder eine zusätzliche Rechnung durchgeführt werden.[27] Eine Anpassung der bestehenden Kostenstellenstruktur bringt jedoch umfangreiche Probleme mit sich, insbesondere das Risiko negativer Auswirkungen auf die nicht kooperationsbezogene Informationsversorgung sowie Zweifel, ob der Anpassungsaufwand gerechtfertigt ist (vor allem aufgrund der Unsicherheit in bezug auf die Entwicklung der Kooperation). Außerdem erscheint die Betrachtung einzelner Kostenstellen mittels traditioneller Kostenrechnungsverfahren wenig geeignet, die Beziehungen – insbesondere die bei einer Kooperation entscheidenden unternehmensübergreifenden Beziehungen – zwischen Variablen aus verschiedenen Kostenstellen abzubilden.[28] Es ist eine wesentliche Anforderung des Kooperationsmanagements, nicht nur Kosten, Erlöse und Einflußgrößen im eigenen Unternehmen zu ermitteln, sondern diese im Zusammenhang mit entsprechenden Variablen beim Kooperationspartner zu betrachten. Dies gilt für das Kooperationscontrolling sowohl auf operativer als auch auf strategischer Ebene, während das Controlling bei hierarchischer Koordination auf operativer Ebene primär unternehmensintern ausgerichtet ist und nur auf strategischer Ebene über die Unternehmensgrenzen blickt. Unter Berücksichtigung dieser Argumente erscheint eine zusätzliche Rechnung, welche kostenstellen- und unternehmensübergreifende Beziehungen berücksichtigen kann, für das Kooperationscontrolling geeigneter als die Anpassung der Kostenstellenstruktur. Als derartige Rechnung bietet sich die PKR an, die in Kap. 4.3 hinsichtlich der aufgezeigten Problematik vertieft wird.

Schließlich ist im Rahmen der Kostenträgerrechnung die Frage zu beantworten, wofür Kosten und Erlöse entstehen, d.h. für welche Leistungen bzw. Aktivitäten. Diese Informationen werden in traditionellen Kostenrechnungsverfahren zur Untersuchung der Kosten- und Erlösstrukturen von Produkten (Kostenträgerstückrechnung, Kalkulation) oder von Unternehmen bzw. Unternehmensteilen (Kostenträgerzeitrechnung, kurzfristige Erfolgsrechnung) benutzt.[29] Auch das Kooperationscontrolling erfordert Kalkulationen von Leistungen sowie kurzfristige Erfolgsrechnungen, wobei einige Besonderheiten zu beachten sind. So ist im Rahmen von

---

25 Beispielsweise zeigt Hammes, daß ca. 90% der von ihm untersuchten Kooperationen sich nur auf einen oder zwei Funktionsbereich(e) beziehen (vgl. Hammes 1994, S. 213).

26 Vgl. Pampel 1993b, S. 273.

27 Die hier angesprochenen Abgrenzungs- und Zurechnungsprobleme entstehen vor allem bei Kooperationen, die nicht in Form eines organisatorisch klar separierten Gemeinschaftsunternehmens durchgeführt werden. Die Problematik tritt aber auch bei institutionalisierten Kooperationen auf, und zwar hinsichtlich der Beziehungen der beteiligten Unternehmen untereinander und zum Gemeinschaftsunternehmen.

28 Vgl. Hergert/Morris 1989, S. 183; Weber 1995, S. 28f.

29 Vgl. Coenenberg 1997, S. 102. Informationen aus der Kostenträgerstückrechnung und auch aus der Kostenstellenrechnung werden für die kurzfristige Erfolgsrechnung nur bei Einsatz des Umsatzkostenverfahrens benötigt, beim Gesamtkostenverfahren nur, wenn Bestandsveränderungen vorliegen (vgl. Coenenberg 1997, S. 104-106).

Kooperationen die ausschließliche Betrachtung von Produkten als Kostenträger nicht ausreichend. Wie bereits aus den Ausführungen zur Kostenartenrechnung hervorgeht, müssen die einzelnen Teilleistungen der beteiligten Unternehmen sowie die Aktivitäten, deren Ergebnis diese Teilleistungen sind, sichtbar gemacht werden. Die Berücksichtigung von Teilleistungen bzw. der dazugehörigen Aktivitäten als Kostenträger bietet wesentliche Vorteile:

- Kooperationen umfassen häufig nicht die vollständige Produkterstellung, sondern nur die Wahrnehmung einzelner Aktivitäten dafür. Folglich sind Informationen über die Kosten- und Erlösstrukturen dieser Aktivitäten bzw. der dabei entstehenden Teilleistungen notwendig. Nur so kann Transparenz bezüglich der unternehmensübergreifend entstehenden Kooperationsgesamtleistung erreicht werden. Auf diese Weise entsteht die Grundlage für die Ermittlung des Kooperationserfolges, sofern sich Kosten und Erlöse aus Sicht der kooperierenden Unternehmen und auch für die gesamte Kooperation gegenüberstellen lassen. Außerdem wird eine genauere Zurechnung der Kosten auf die nach wie vor auch als Kostenträger zu betrachtenden Endprodukte ermöglicht. Des weiteren ist zu bedenken, daß letztlich die Teilleistungen bzw. Aktivitäten erfolgszielorientiert zu optimieren sind und daher für die Analyse entsprechende Informationen benötigt werden.
- Die Betrachtung einzelner Aktivitäten ermöglicht die Trennung strategischer und operativer Kooperationsaktivitäten. Dies ist wichtig, weil strategische Aktivitäten die Kostenstruktur anders beeinflussen als operative. Strategische Aktivitäten sind eher strukturbildende Vorgänge und werden in der Regel nur einmal auf die gleiche Art durchgeführt. Sie determinieren die fixen Kosten, d.h. die „Kosten des vorhandenen Leistungspotentials bzw. der gegebenen Leistungsbereitschaft“[30], sowie einen Korridor für die variablen Kosten. Operative Aktivitäten sind eher strukturnutzende Vorgänge und werden in der Regel mehrmals auf die gleiche Weise durchgeführt. Sie determinieren die variablen Kosten im gegebenen Korridor. Kosten für strategische Aktivitäten und Fixkosten bzw. Kosten für operative Aktivitäten und variable Kosten dürfen jedoch nicht gleichgesetzt werden, wie im Verlauf von Kap. 4.3 noch deutlich wird. Um eine gute Informationsversorgung für das Kooperationsmanagement zu erreichen, ist eine Trennung operativer und strategischer Aktivitäten bzw. der dazugehörigen Kosten sowie fixer und variabler Kosten bedeutsam.

Aufgrund der genannten Vorteile ist die Ermittlung einzelner Aktivitäten mit den dabei entstehenden Kosten und Erlösen eine zentrale Anforderung an das zu verwendende Kostenrechnungsverfahren. Für die Lösung des Problems der Zurechnung zu einzelnen Aktivitäten bzw. Teilleistungen besitzt die PKR eine besondere Eignung, da sie dafür die Benutzung mehrerer Bezugsgrößen vorsieht.

---

30 Schweitzer/Küpper 1995, S. 326.

Eine weitere Besonderheit hinsichtlich der Beantwortung der Frage, wofür Kosten anfallen, ergibt sich aus den Ausführungen zu Ansätzen der Koordinationskostenrechnung im Rahmen der Literaturanalyse am Ende von Kap. 4.1. Dort wurde die Notwendigkeit gezeigt, Koordinationskosten explizit zu berücksichtigen. Die Kosten jeder Aktivität sind demnach in Koordinations- und Durchführungskosten zu unterteilen.[31] Nach dem hier zugrundeliegenden Verständnis entstehen erstere für die Abstimmung (Vorbereitung, Vereinbarung, Kontrolle) von Aktivitäten zwischen und innerhalb von Unternehmen, letztere dagegen für die Durchführung von Aktivitäten.

Abschließend ist noch auf einige Besonderheiten beim Einsatz der Kostenrechnung als Instrument des Kooperationscontrollings hinzuweisen, welche sowohl für Kostenarten- als auch für Kostenstellen- und Kostenträgerrechnung Relevanz besitzen. Die bei Kooperationen freiwillig eingeschränkte Entscheidungsautonomie bringt für die beteiligten Unternehmen einen Abstimmungs- und Einigungsdruck mit sich, denn ein gut abgestimmtes Vorgehen läßt einen höheren Zielerreichungsgrad erwarten. Ein solches gut abgestimmtes Vorgehen muß seine Entsprechung bei der Informationsversorgung und damit auch beim Einsatz der Kostenrechnung finden. Da Plangrößen bei Kooperationen nicht autonom festgelegt werden können, sind die entsprechenden Größen des Kooperationspartners möglichst frühzeitig in die eigene Planung einzubeziehen. Unterschiedliche Prognosewerte für Wirdgrößen müssen abgeglichen werden. Auch die Istgrößen des Partners sind zu berücksichtigen, um die Erfolgssituation aus seiner Sicht in Entscheidungen einfließen lassen zu können.[32]

Ein weiteres Problem liegt in der Meß- bzw. Quantifizierbarkeit von Einflußgrößen, welche auf kooperationsbezogene Kosten und Erlöse einwirken. Einige Variablen des Kooperationsmanagements, z.B. Vertrauen oder strategischer Fit, sind nicht direkt quantitativ erfaßbar, so daß die Untersuchung ihrer Erfolgswirkungen erschwert ist. Eine zumindest verbesserte Operationalisierung solcher Variablen kann durch die Benutzung von Indikatoren oder geeigneten Meßverfahren (z.B. Einschätzung eines Sachverhaltes auf einer Rangskala durch betroffene Mitarbeiter) erreicht werden.[33]

In Kap. 4.3 ist nun ein Kostenrechnungsverfahren zu entwickeln, welches die hergeleiteten Anforderungen, welche Abb. 14 auf der folgenden Seite im Überblick zeigt, erfüllt.

---

[31] Statt Durchführungskosten ist in der Literatur zum Transaktionskostenansatz der Begriff „Produktionskosten" üblich. Diese Begriffsverwendung ist mit weiten Teilen der betriebswirtschaftlichen Literatur nicht konform und findet daher in dieser Forschungsarbeit keine Verwendung. Zur Differenzierung von Koordinations- bzw. Transaktions- und Organisationskosten einerseits und Durchführungs- bzw. Produktionskosten andererseits vgl. z.B. Michaelis 1985, S. 82-93.

[32] Da in der Regel keine vollständige Informationstransparenz erreichbar ist, bleibt das tatsächliche Verhalten des Kooperationspartners stets mit Unsicherheit behaftet. Gegebenenfalls ist mit Annahmen, eventuell mit Wahrscheinlichkeitsverteilungen für bedeutende Größen zu arbeiten. Die Berücksichtigung von Unsicherheit wird im Rahmen der Investitionsrechnung in Kap. 5 behandelt. Einige der dortigen Ausführungen sind auf die Kostenrechnung übertragbar, sollen hier jedoch nicht redundant erfolgen.

[33] Vgl. zu Quantifizierungsproblemen im Controlling auch Pohle 1990.

Teilsystem der Kostenrechnung	Anforderung
Kostenartenrechnung	1) Strukturgleichheit mit Kontenrahmen des Kooperationspartners überprüfen und gegebenenfalls Harmonisierungsmaßnahmen durchführen! 2) Nicht nur pauschal Erlöse aus Produktleistungen ermitteln, sondern im Rahmen der Kooperation erbrachte Teilleistungen detaillierter erfassen! 3) Für das Kooperationsmanagement relevante Einflußgrößen auf Kosten und Erlöse ermitteln!
Kostenstellenrechnung	4) Abrechnungsbereiche so abgrenzen, daß unternehmensübergreifende Beziehungen abbildbar sind! 5) Kosten, Erlöse und Einflußgrößen des Kooperationspartners einbeziehen!
Kostenträgerrechnung	6) Kosten und Erlöse nicht nur Produkten, sondern vor allem Teilleistungen bzw. den dazugehörigen Aktivitäten verursachungsgerecht, d.h. über geeignete Bezugsgrößen, zurechnen! 7) Strategische und operative Aktivitäten sowie die jeweiligen Kosten trennen! 8) Fixe und variable Kosten trennen! 9) Koordinations- und Durchführungskosten separat ermitteln!
teilsystemübergreifend	10) Kostenrechnung mit Kooperationspartner abstimmen oder (teilweise) gemeinsam durchführen! 11) Meßbarkeit bzw. Quantifizierbarkeit kooperationsbezogener Einflußgrößen gegebenenfalls über Indikatoren oder geeignete Meßverfahren sicherstellen!

Abb. 14: Anforderungen an die kooperationsbezogene Kostenrechnung

4.3 Kooperationsaktivitätskostenrechnung

4.3.1 Prozeßkostenrechnung als Grundlage der Kooperationsaktivitätskostenrechnung

Die Ausführungen in Kap. 4.2 haben gezeigt, daß die PKR als Grundlage für ein kooperationsbezogenes Kostenrechnungsverfahren in besonderem Maße geeignet ist.[34] Daher wird sie nun kurz in ihren Grundzügen dargestellt.

Die PKR stößt seit einigen Jahren in Theorie und Praxis auf großes Interesse.[35] Gemäß einer Befragung im Jahre 1996 ist die PKR bei 99% der deutschen Großunternehmen bekannt und

[34] Der Verfasser hat durchaus andere Kostenrechnungsverfahren erwogen und ist zu dem Ergebnis gelangt, daß unter den bekannten Verfahren die PKR als Basis die höchste Eignung aufweist.

[35] Obwohl einige grundlegende Gedanken zu einer prozeßorientierten Kostenrechnung schon in den 70er Jahren auch im deutschsprachigen Raum vorlagen, kam es erst Ende der 80er Jahre zum „Durchbruch", zunächst in den USA, kurz darauf auch im deutschsprachigen Raum. Vgl. zur Geschichte der Prozeßkostenrechnung Reckenfelderbäumer 1994, S. 18-20; Roolfs 1996, S. 177f.

bei 52% im Einsatz.[36] Ihre Entwicklung wurde und wird von einigen Autoren vorangetrieben[37], jedoch stellt die PKR noch kein in sich geschlossenes und konsistentes Verfahren dar.[38] Als wesentliches Ziel verfolgt sie die Schaffung von mehr Transparenz in indirekten Leistungsbereichen und damit ein besseres Gemeinkostenmanagement sowie eine verursachungsgerechtere Zurechnung von Kosten.[39] Ihre Relevanz resultiert vor allem aus der Tatsache, daß in vielen Unternehmen der größte Teil der Gesamtkosten Gemeinkosten sind.[40] Das zentrale Merkmal der PKR ist, daß einzelne Aktivitäten bzw. Prozesse in den Mittelpunkt der Betrachtung rücken. „Ein Prozeß ist eine auf die Erbringung eines Leistungsoutputs gerichtete Kette von Aktivitäten".[41] Für die Aktivitäten werden bestimmte quantitative Größen als Kostentreiber ausgewählt, welche gleichzeitig Einflußgröße für die Kosten einer Aktivität und Maßgröße für die im Rahmen der Aktivität erbrachte Leistung sind, also eine Doppelfunktion innehaben.[42] Die Zusammenfassung von Aktivitäten zu Prozessen erlaubt eine kostenstellenübergreifende Betrachtung.

Die PKR ist grundsätzlich eine Vollkostenrechnung und berücksichtigt folglich alle Kosten, die für die jeweilige Entscheidungssituation relevant sind.[43] Aufgrund ihrer Vollkostenorientierung, ihrer dem Wertkettendenken nahestehenden Prozeßorientierung sowie ihrer expliziten Einbeziehung von Kostentreibern wird der PKR häufig eine gute Eignung zur Unterstützung strategischer Entscheidungsprobleme attestiert.[44] Darin liegt ein wesentlicher Vorteil gegenüber herkömmlichen Kostenrechnungsverfahren, dem hohe Bedeutung zukommt, denn in vielen Unternehmen sind 50-75% der Kosten durch strategische Entscheidungen determi-

---

[36] Vgl. Franz/Kajüter 1997, S. 487.

[37] Für den anglo-amerikanischen Raum sind als Wegbereiter insbesondere Cooper, Johnson und Kaplan (vgl. z.B. Johnson/Kaplan 1987; Cooper/Kaplan 1991) zu nennen, für den deutschsprachigen Raum unter anderem Horváth mit verschiedenen Mitarbeitern (vgl. Horváth/Mayer 1989; Horváth/Renner 1990).

[38] Vgl. Reckenfelderbäumer 1994, S. 20. Anstelle des Begriffes „Prozeßkostenrechnung" finden sich für gleiche oder ähnliche Verfahren im deutschsprachigen Raum unter anderem „Vorgangskostenrechnung", „prozeßorientierte Kostenrechnung", „Aktivitätskostenrechnung" und „aktivitätsorientierte Kostenrechnung". Im anglo-amerikanischen Raum ist insbesondere der Begriff „Activity-Based Costing" (ABC) üblich. Eine Erläuterung von Unterschieden zwischen den Begriffen bzw. den damit gemeinten Verfahren ist für die vorliegende Arbeit nicht notwendig. Hier wird wie bei vielen Autoren ausschließlich „Prozeßkostenrechnung" als vereinfachender Oberbegriff verwendet (vgl. Küting/Lorson 1995, S. 87).

[39] Vgl. Angele/Roth 1994, S. 371; Roolfs 1996, S. 183-187; Horváth 1998, S. 538.

[40] Vgl. Coenenberg/Fischer 1991, S. 22f.; Schehl 1994, S. 234. Miller/Vollmann stellen für die amerikanische Industrie einen Gemeinkostenanteil von über 75% fest (vgl. Miller/Vollmann 1985, S. 143). Eine ausführlichere Begründung von Entstehung und Notwendigkeit der PKR bietet z.B. Baden (vgl. Baden 1997, S. 185f.).

[41] Horváth/Mayer 1995, S. 61 (im Original kursiv); vgl. auch Kajüter 1997, S. 211.

[42] Vgl. Horváth/Mayer 1995, S. 65; vgl. auch ähnlich Coenenberg/Fischer 1991, S. 26, Küting/Lorson 1995, S. 90; Schweitzer/Küpper 1995, S. 327-330. Die Verwendung des Begriffes „Kostentreiber" sowie verwandter Begriffe (z.B. „Bezugsgröße") geschieht in der Literatur nicht einheitlich. In der englischsprachigen Literatur wird der Begriff „cost driver" in der Regel nur für kostenverursachende Größen verwendet, während für die Messung des Leistungsoutputs vor allem der Begriff „output measures" üblich ist (vgl. Shank/Govindarajan 1995, S. 36-43; Cokins 1996, S. 78f.; Glad/Becker 1996, S. 119).

[43] Vgl. Reckenfelderbäumer 1994, S. 21 und die dort angegebene Literatur; Jehle/Wiesehahn/Willeke 1997, S. 280. Für eine rein teilkostenorientierte Prozeßkostenrechnung finden sich in der Literatur nur wenige Vorschläge (vgl. Reckenfelderbäumer 1994, S. 21f.; Reichmann 1997, S. 466).

[44] Vgl. z.B. Coenenberg 1997, S. 223-225.

niert.[45] Die PKR ist aber auch für die Wahrnehmung klassischer, operativer Kostenrechnungsaufgaben geeignet, und zwar insbesondere für Kalkulation und Gemeinkostenmanagement. Hier weist sie durch die verursachungsgerechtere Gemeinkostenzurechnung einen entscheidenden Vorteil gegenüber traditionellen Kostenrechnungsverfahren auf. Voraussetzung für einen nutzbringenden Einsatz der PKR für operative Aufgaben ist jedoch die Aufspaltung von – hinsichtlich bestimmter Einflußgrößen – fixen und variablen Kosten, d.h. die PKR ist nicht als reine Vollkostenrechnung, sondern als kombinierte Voll- und Teilkostenrechnung auszugestalten.[46] Den genannten Vorteilen der PKR, die weitgehend unumstritten sind, stehen keine bedeutsamen Nachteile gegenüber, die nicht überwunden werden können.[47] Die PKR hat zwar kaum wirklich neue Gedanken in die Kostenrechnungsdiskussion eingebracht[48], aber Schwächen vorhandener Verfahren und Anforderungen moderner Unternehmensstrukturen aufgegriffen und sich darauf aufbauend zu einem mächtigen Instrument geformt.

Nachdem ein grober Überblick über wesentliche Eigenschaften der PKR gegeben wurde[49], soll eine nähere Betrachtung – insbesondere von Vorgehensweise und Anwendungsgebieten – nicht an dieser Stelle allgemein, sondern im weiteren Verlauf von Kap. 4.3 spezifisch für die KAKR erfolgen.

4.3.2 Grundzüge der Kooperationsaktivitätskostenrechnung

Als KAKR wird das vom Verfasser dieser Arbeit entwickelte Verfahren bezeichnet, welches auf die bedarfsgerechte, wirtschaftliche Versorgung des Kooperationsmanagements mit Informationen über Kosten und Erlöse von Kooperationsaktivitäten sowie über deren Einflußgrößen zielt.[50] Zur Erreichung dieses Ziels erfaßt die KAKR solche Informationen systematisch und bereitet sie entscheidungsorientiert auf. In Verbindung mit dem in Kap. 4.3.6 vorzu-

---

45 Vgl. Mirani 1987, S. 228; Siegwart/Raas 1989, S. 10. Etwas überspitzt formuliert: „Der kurzfristige Entscheidungsspielraum für Kostenbeeinflussung tendiert in der Praxis gegen Null." (Horváth u.a. 1993, S. 622)

46 Vgl. Fröhling 1994, S. 247.

47 Der Hauptkritikpunkt bezüglich operativer Aufgaben ist die Fixkostenproportionalisierung, die allen reinen Vollkostenrechnungen vorgeworfen wird. Dieser Kritik kann durch die erwähnte Aufspaltung fixer und variabler Kosten begegnet werden. Hinsichtlich strategischer Aufgaben bemängeln einige Autoren, daß die PKR in ihrer Eigenschaft als Kostenrechnungsverfahren für langfristige Entscheidungen ungeeignet ist. Dieser Kritikpunkt ist – wie schon in Kap. 4.1 angedeutet – dadurch zu überwinden, daß die PKR in Verbindung mit Investitionsrechnungsverfahren eingesetzt wird, wie in Kap. 5 noch zu verdeutlichen ist. Eine ausführliche kritische Diskussion der PKR findet sich unter anderem bei Reckenfelderbäumer 1994, S. 119-136; Schweitzer/Küpper 1995, S. 351-357; Roolfs 1996, S. 214-222 u. 250-253.

48 Vgl. Vikas/Klein 1997, S. 466-468.

49 Die vorangegangenen Ausführungen konzentrieren sich auf die für diese Arbeit wichtigsten Grundlagen der Prozeßkostenrechnung. Eine umfangreiche Darstellung der Grundlagen geben z.B. Reckenfelderbäumer 1994, Glad/Becker 1996.

50 In der vorliegenden Arbeit wird der Bezeichnung „Kooperationsaktivitätskostenrechnung" aus zwei Gründen der Vorzug vor „Kooperationsprozeßkostenrechnung" gegeben: Erstens trifft die Betonung von Aktivitäten den Charakter des Verfahrens besser. Zweitens sollen begriffliche Unklarheiten vermieden werden, die aus der in der Literatur üblichen Verwendung des Terminus „Kooperationsprozeß" entstehen könnten: Das hier vorzustellende Instrument ist in erster Linie eine „Kooperations-Prozeßkostenrechnung", nicht aber eine „Kooperationsprozeß-Kostenrechnung".

stellenden Instrument „operative Kooperationsbudgetierung" unterstützt sie die koordinierende Verhaltenssteuerung im Kooperationssystem. Die KAKR kombiniert Elemente aus angloamerikanischen Beiträgen zum Activity-Based Costing (ABC) mit Elementen aus Beiträgen zur PKR aus dem deutschsprachigen Raum und paßt sie den Anforderungen des Kooperationsmanagements an.

Da vor allem repetitive Prozesse für die prozeßkostenrechnerische Abbildung geeignet sind[51], bezieht sich die KAKR in erster Linie auf operative Aktivitäten (z.B. Durchführung einer Bestellung im Rahmen einer Beschaffungskooperation). Um eine vollständige Informationsversorgung für das Kooperationsmanagement leisten zu können, ist die KAKR nicht – wie die PKR im Verständnis einiger deutschsprachiger Autoren[52] – auf indirekte Leistungsbereiche beschränkt, sondern berücksichtigt einigen anglo-amerikanischen ABC-Ansätzen[53] folgend auch die direkten Leistungsbereiche. Eine vollständige Informationsversorgung erfordert daneben die Einbeziehung strategischer Aktivitäten (z.B. Aktivitäten zur Reorganisation des Bestellprozesses gemeinsam mit dem Kooperationspartner).[54] Diese Forderung bringt einige Probleme mit sich, wie noch zu zeigen ist. Die KAKR beschränkt sich nicht auf Kalkulation und Gemeinkostenmanagement wie die PKR im Verständnis vieler – insbesondere deutschsprachiger – Autoren, sondern ermöglicht die weitgehende Bewältigung aller üblicherweise mit der Kostenrechnung wahrzunehmenden Aufgaben.

Die in Kap. 4.3.1 aufgezeigten Merkmale der PKR gelten uneingeschränkt auch für die KAKR. Weitere Charakteristika ergeben sich aus den Ausführungen in Kap. 4.2: Die KAKR erfüllt die in Abb. 14 (siehe S. 92) genannten Anforderungen an die kooperationsbezogene Kostenrechnung bzw. erlaubt ihre Erfüllung. Dies wird in Kap. 4.3.3 bis 4.3.7 anhand der einzelnen Vorgehensschritte ausführlich verdeutlicht. Zu beachten ist, daß die Ausführungen sich auf das Grundgerüst der KAKR beschränken müssen, denn die bei der Anwendung notwendige Klärung von Detailfragen kann nur situativ in Abhängigkeit von den Eigenschaften des Kooperationssystems sowie den verfolgten Rechnungszwecken erfolgen. Als Hilfestellung dafür sind im folgenden einige Hinweise zu grundlegenden Entscheidungsproblemen zu geben, welche situationsabhängig bei Gestaltung und Einsatz der KAKR zu lösen sind.[55]

Der erste Hinweis betrifft das Problem, inwieweit die KAKR ergänzend zu oder anstelle von bereits vorhandenen Kostenrechnungsverfahren eingesetzt werden soll. In Kap. 4.2 wurde im Zuge der Diskussion von Anforderungen an eine kooperationsbezogene Kostenstellenrechnung bereits die Vorteilhaftigkeit eines ergänzenden Einsatzes herausgestellt. Zu beachten ist,

---

51 Vgl. Roolfs 1996, S. 181; Coenenberg 1997, S. 225f.

52 Vgl. Roolfs 1996, S. 179-182.

53 Vgl. z.B. Glad/Becker 1996.

54 Die KAKR bezieht sich also auf Aktivitäten bzw. Teilprozesse, welche der Bildung der Kooperation und der Leistungserstellung im Rahmen der Kooperation dienen.

55 Vgl. zu solchen Hinweisen allgemein für die PKR Reckenfelderbäumer 1994, S. 44-46.

daß die KAKR gegenüber traditionellen Kostenrechnungsverfahren in zweierlei Hinsicht eine Erweiterung darstellt: Zum einen zeigt sich dies bezüglich der Teilsysteme der Kostenrechnung, denn die KAKR nimmt – aufbauend auf der vorhandenen Kostenarten- und Kostenstellenrechnung – zusätzliche Zurechnungen und Analysen wahr und erweitert damit insbesondere Kostenstellen- und Kostenträgerrechnung.[56] Zum anderen vergrößert die KAKR den Untersuchungsbereich der Kostenrechnung, denn das Kooperationssystem beinhaltet gegenüber dem Unternehmenssystem zusätzliche Elemente. Die Berücksichtigung dieser beiden Eigenschaften verdeutlicht, daß die KAKR den Charakter einer ergänzenden Rechnung aufweist. Folglich ist die KAKR grundsätzlich als ergänzendes Verfahren einzusetzen, denn nur so kann sie den mit ihr zu unterstützenden Aufgaben des Kooperationscontrollings flexibel angepaßt werden.[57] Eine entsprechende Ausgestaltung der KAKR kann jedoch erhebliche Kosten und Komplexität erzeugen, vor allem wenn für operative Aufgaben permanent zwei Verfahren parallel zur Anwendung kommen. Insbesondere für solche Aufgaben und bei langfristiger Ausrichtung der Kooperation erscheint eine Integration der KAKR in eine insgesamt stärker prozeßorientiert ausgerichtete Kostenrechnung ratsam.[58]

Eng verbunden mit der soeben diskutierten Problematik ist die Frage, wie komplex und genau die KAKR ausgestaltet werden soll. So ist es beispielsweise möglich, die KAKR nur für das Controlling einiger besonders kostenintensiver Kooperationsaktivitäten einzusetzen oder sie nur in größeren zeitlichen Abständen zur Unterstützung strategischer Aufgaben heranzuziehen. Letztlich kann der optimale Umfang der Durchführung der KAKR nur situativ unter Abwägung von Kosten und Nutzen bestimmt werden, wobei jedoch insbesondere der Nutzen nicht exakt quantifizierbar sein dürfte.[59]

Ein weiteres Entscheidungsproblem ist, inwieweit die KAKR Informationen vom Kooperationspartner mit einbezieht und inwieweit sie mit dem Partner abgestimmt oder sogar gemeinsam durchgeführt werden soll. Die Notwendigkeit, in der Kostenrechnung explizit Informationen über den Partner zu berücksichtigen, ergibt sich aus den bei Kooperationen freiwillig verstärkten Abhängigkeiten zwischen Aktivitäten der beteiligten Unternehmen. Folglich ist die unternehmensübergreifende Betrachtungsweise ein konstitutives Merkmal der KAKR. Nur situativ zu beantworten ist die Frage nach der Intensität der Zusammenarbeit bei der Durchführung der KAKR. Sie hängt unmittelbar mit der Intensität und Qualität der Kooperationsbe-

---

56 Dies trifft grundsätzlich auf prozeß- bzw. aktivitätsorientierte Kostenrechnungsverfahren zu (vgl. Schweitzer/ Küpper 1995, S. 325-332).

57 Auch in der Literatur zur PKR wird häufig deren Einsatz als ergänzendes Verfahren gefordert (vgl. z.B. Hardt 1995, S. 201; Weber 1995, S. 29f.; Volck 1997, S. 132f.). Shank/Govindarajan halten die Vorzüge der PKR als strategisches Instrument gerade dann für besonders ausgeprägt, wenn auf ihre Formalisierung als Teil eines allgemeinen Kostenrechnungssystems verzichtet wird (vgl. Shank/Govindarajan 1995, S. 238).

58 Vgl. Horváth /Mayer 1995, S. 84f.

59 Vgl. Weber 1991, S. 21-23; vgl. allgemein zur Beschaffung von Informationen als Entscheidungsproblem Laux 1998, S. 333-368.

ziehung insgesamt zusammen. Grundsätzlich läßt eine gemeinsame Durchführung der KAKR aufgrund der genannten unternehmensübergreifenden Abhängigkeiten eine bessere Informationsversorgung für Prozeßsteuerung und -optimierung erwarten als eine getrennte. Die gemeinsame Durchführung kann außerdem Kommunikation und Konsensbildung verbessern, vertrauensbildend wirken und dazu beitragen, eine symmetrische „Win-Win-Situation" zu schaffen. Gegen diese Vorteile sind mögliche Nachteile durch die Preisgabe vertraulicher Informationen abzuwägen. Dieses Risiko ist tendenziell besser beherrschbar, wenn die KAKR als zusätzliches Instrument separat vom vorhandenen Kostenrechnungssystem eingesetzt wird.

Nicht zuletzt um die in der vorliegenden Arbeit angestrebte Anwendungsorientierung zu leisten, wird in den folgenden Unterkapiteln die Vorgehensweise der KAKR detailliert erläutert. Sie besteht aus den in Abb. 15 dargestellten Schritten, die sich in weitere Teilschritte zerlegen lassen.[60]

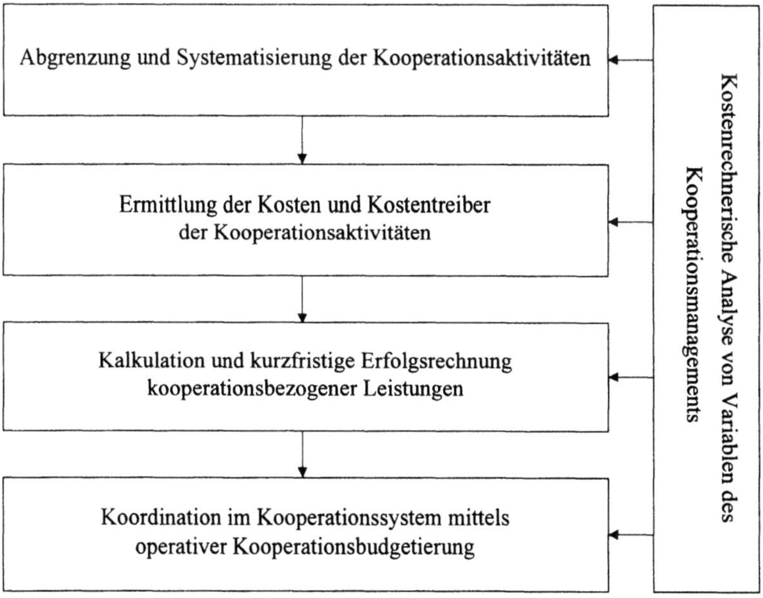

Abb. 15: Vorgehensschema der KAKR

[60] In der Literatur zur PKR finden sich zahlreiche Vorgehensschemata (vgl. z.B. Horváth/Renner 1990, S. 101-103; Reckenfelderbäumer 1994, S. 33-38; Glad/Becker 1996, 187-197; Baden 1997, S. 189-197). Sie unterscheiden sich zwar hinsichtlich des Detailliertheitsgrades (und damit auch hinsichtlich der Anzahl der Schritte), stehen aber nicht im Widerspruch zum hier aufgezeigten Vier-Schritte-Schema. Dieses ist bezüglich des dritten und vierten Schrittes sowie bezüglich der kostenrechnerischen Analyse umfassender als die meisten vorhandenen Schemata, die sich oft auf die Kalkulation beschränken.

Im ersten Schritt sind die (potentiellen) Kooperationsaktivitäten abzugrenzen und zu Prozessen zusammenzufassen. Im zweiten Schritt werden für diese Aktivitäten die Kosten ermittelt und geeignete Leistungsgrößen als Kostentreiber identifiziert. Der dritte Schritt beinhaltet die Kalkulation und kurzfristige Erfolgsrechnung kooperationsbezogener Leistungen. Im vierten Schritt werden die gewonnenen Informationen mit Hilfe der Budgetierung zur Koordination im Kooperationssystem eingesetzt. Die kostenrechnerische Analyse unterstützt die genannten vier Schritte.

Bei der Implementierung der KAKR bzw. bei ihrem erstmaligen Einsatz sind die ersten beiden Schritte sowie – in Abhängigkeit von den zu bewältigenden Aufgaben – Teile der weiteren Schritte zu durchlaufen. Danach sind der erste und Teile des zweiten Schrittes nur noch in größeren zeitlichen Abständen und insbesondere in Verbindung mit strategischen Analysen notwendig.

4.3.3 Abgrenzung und Systematisierung der Kooperationsaktivitäten

Als Ergebnis des ersten Schrittes soll das Kooperationsaktivitätssystem vorliegen. Dafür erfolgt auf der Grundlage des Wertkettenansatzes zunächst eine Grob- und dann eine Feinabgrenzung.[61] Die einzelnen im Verlauf dieses Unterkapitels darzustellenden Teilschritte sind nicht als strenges Top-down-Vorgehen zu verstehen. Vielmehr empfehlen sich mehrere Iterationen verbunden mit einem Wechselspiel von Top-down-Zerlegung und Bottom-up-Verdichtung, um zu einer korrekten und zweckgerechten Systematisierung der Aktivitäten zu gelangen.[62]

Der Wertkettenansatz wurde von Porter als Instrument zur Analyse von Wettbewerbsvorteilen entwickelt.[63] Eine Wertkette bildet eine strategische Geschäftseinheit (SGE) als System von Aktivitäten ab.[64] Sie dient als Rahmen für die Untersuchung des Kostenverhaltens sowie der Differenzierungsquellen von Aktivitäten, wobei Beziehungen zu anderen Aktivitäten – auch wertketten- und unternehmensübergreifend – explizit berücksichtigt werden. Zentraler Betrachtungsgegenstand in den bekannten graphischen Darstellungen der Wertkette sind nicht einzelne Aktivitäten, sondern Kategorien von Aktivitäten (z.B. Marketing und Vertrieb), so

---

61 Dieses Vorgehen orientiert sich an der Konzeption der erweiterten Wertkettenanalyse nach Volck (vgl. Volck 1997, S. 65-168).

62 Vgl. Reichling/Köberle 1992, S. 492; Roolfs 1996, S. 195.

63 Vgl. Porter 1985, S. 33-61. Der Wertkettenansatz baut auf dem Geschäftssystemansatz von McKinsey & Company auf (vgl. Porter 1985, S. 36; vgl. zum Geschäftssystemansatz Buaron 1981, S. 33-35).

64 Vgl. Porter 1985, S. 36.

daß eine übersichtliche, aggregierte Betrachtung möglich ist.[65] Aus den genannten Gründen eignet sich der Wertkettenansatz sehr gut als Hilfsmittel für die Grobabgrenzung von Aktivitäten im Rahmen der KAKR.[66]

Im Rahmen der Grobabgrenzung wird der Betrachtungsbereich festgelegt, d.h. diejenigen Wertketten bzw. diejenigen Kategorien von Aktivitäten sind aus dem Wertsystem auszuwählen, welche (potentiell) von der zu betrachtenden Unternehmenskooperation betroffen sind. Das Wertsystem beinhaltet als Subsysteme das betrachtete Unternehmen sowie – als (potentielle) Kooperationspartner – die dessen Wettbewerbsumfeld zuzurechnenden Unternehmen, insbesondere Konkurrenten, Lieferanten und Abnehmer. Diese Subsysteme bestehen jeweils aus einer oder mehreren Wertketten. Jede Wertkette ist branchen- und unternehmensspezifisch in Aktivitätskategorien (z.B. F&E, Vertrieb) zu unterteilen.[67] Durch die hoch aggregierte Darstellung ermöglicht der Wertkettenansatz eine ganzheitliche Betrachtung des Wertsystems. Ein weiterer Vorteil der hohen Aggregation liegt darin, daß die für die Systematisierung notwendigen Informationen leicht verfügbar sind. Ist das Wertsystem ermittelt, sind diejenigen Aktivitätskategorien in Wertketten des betrachteten Unternehmens zu bestimmen, welche eine kooperative Beziehung zu Aktivitätskategorien in einer Wertkette eines anderen Unternehmens im Wertsystem aufweisen bzw. aufweisen könnten. Aufgrund der globalen Betrachtungsebene dient der Wertkettenansatz hier als grober Analyserahmen, der zudem eine gute Visualisierung bietet. Dies demonstriert Abb. 16 (siehe folgende Seite) exemplarisch, wobei die beiden eingezeichneten Verbindungslinien kooperative Beziehungen symbolisieren.

In Abb. 16 wird deutlich, daß Schnittstellen des Unternehmens zu anderen Unternehmen Gegenstand der KAKR sind. Zu beachten ist, daß Unternehmensgrenzen oft nicht so deutlich abgrenzbar sind, wie die Abbildung suggeriert, insbesondere im Fall von Kapitalverflechtungen zwischen Unternehmen im Wertsystem. Als Hilfe zur Grenzziehung bzw. zur Bestimmung, inwiefern es sich um eine kooperative Beziehung handelt, sei hier auf die Ausführungen zur Definition von Unternehmenskooperationen in Kap. 3.1.1 verwiesen.

---

65 Porter grenzt neun Funktionsbereiche (Eingangslogistik, Operationen, Marketing und Vertrieb, Ausgangslogistik, Kundendienst, Unternehmensinfrastruktur, Personalwirtschaft, Technologieentwicklung und Beschaffung) ab, die er stets als „categories of activities" bezeichnet (vgl. Porter 1985, S. 39-43). Diese Aktivitätskategorien sind weiter zu zerlegen: „Broad functions such as manufacturing and marketing must be subdivided into activities." (Porter 1985, S. 45) Eine einzelne Aktivität ist ein Führungs- oder Ausführungsvorgang, der Produktionsfaktoren beansprucht und eine Leistung hervorbringt (vgl. S. 47 in Kap. 3.1.1).

66 Nähere, allgemeine Erläuterungen zum Wertkettenansatz sind hier nicht notwendig, da dieser für die KAKR nur in Grundzügen benötigt wird und einen hohen Bekanntheitsgrad besitzt. Vgl. zum Wertkettenansatz ausführlich Porter 1985; zum Einsatz des Wertkettenansatzes für das Kooperationsmanagement Schwab/Eisele 1992, S. 10-16.

67 Die von Porter vorgeschlagenen neun Aktivitätskategorien (vgl. Porter 1985, S. 39-43) können zur Orientierung dienen, sind aber keineswegs immer geeignet. Auch die von Porter vorgenommene Unterscheidung von primären und unterstützenden Aktivitäten ist nicht zwingend notwendig. Sie wird im folgenden nicht berücksichtigt, um hier neben der Unterscheidung von operativen und strategischen Aktivitäten (siehe weiter unten in diesem Unterkapitel) keine weitere, ähnliche Unterscheidungsdimension einzuführen..

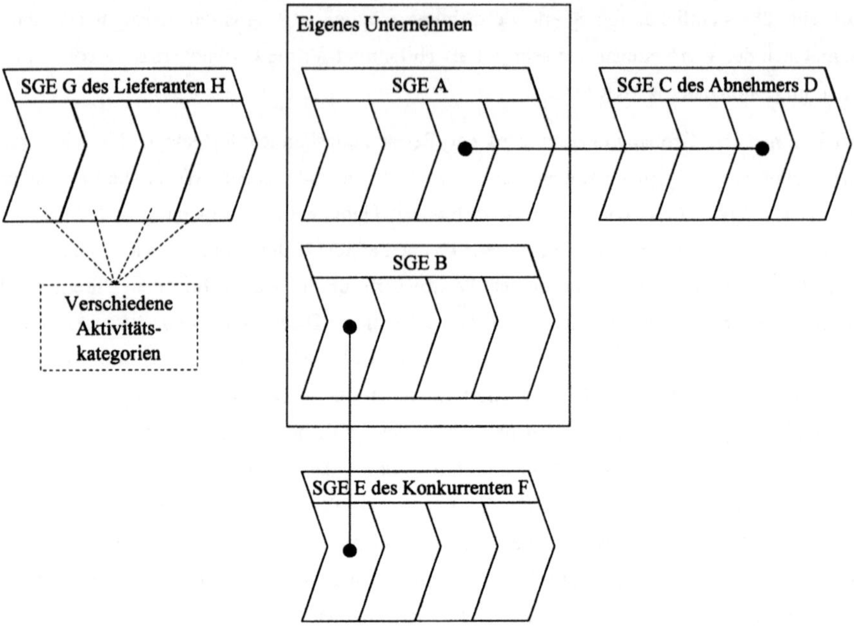

Abb. 16: Einfaches Beispiel eines Wertsystems als Analyserahmen für Kooperationsaktivitäten

Die aufgezeigte Grobabgrenzung der Kooperationsaktivitäten muß verfeinert werden, um die Aufgaben der KAKR wahrnehmen zu können. Auch der Wertkettenansatz sieht eine Verfeinerung vor, beinhaltet jedoch diesbezüglich keine genauen methodischen Angaben. Solche Angaben sind in der Literatur zur PKR vorhanden. Sie werden im folgenden – angepaßt an die Anforderungen der KAKR – kurz vorgestellt.

Die bei der Grobabgrenzung identifizierten kooperationsbezogenen Aktivitätskategorien sind nun einer genauen Aktivitätsanalyse zu unterziehen. Diese dient der Identifikation einzelner Aktivitäten sowie ihrer sachlichen bzw. zeitlichen Beziehungen zu anderen Aktivitäten. Aktivitäten lassen sich zwar noch weiter zerlegen, bilden jedoch die tiefste Betrachtungsebene bei der KAKR. Mit Hilfe der genannten Beziehungen können die Aktivitäten zu Prozessen zusammengefaßt werden, welche bereits als auf einen Leistungsoutput gerichtete Ketten von Aktivitäten definiert wurden.

Als Ausgangspunkt bei der Aktivitätsanalyse dienen vorhandene Organisationseinheiten bzw. Kostenstellen, die Kooperationsaktivitäten wahrnehmen. Vorhandene Kostenstellen sind als Ausgangspunkt vorteilhaft, weil Kosteninformationen meistens bereits kostenstellenbezogen vorliegen und Kostenstellen zumeist Verantwortungsbereichen entsprechen. Außerdem wird der Abgleich mit dem vorhandenen bzw. die Integration in das vorhandene Kostenrechnungssystem erleichtert. Es empfiehlt sich, die Aktivitäten zunächst zu kostenstelleninternen Prozessen zusammenzufassen, um diese dann zu übergeordneten Prozessen weiter zu aggregieren und somit das Kooperationsaktivitätssystem zu erschaffen.[68] Die übergeordneten Prozesse können kostenstellenübergreifend, wertkettenübergreifend und auch unternehmensübergreifend sein, während eine Aktivität immer einer Kostenstelle zuordenbar sein muß. Für die KAKR ist es wesentlich, die Kooperationsaktivitäten zu identifizieren und die Prozesse bis zur unternehmensübergreifenden Ebene zu bilden. Die Prozesse dienen so als abstrakte Konstrukte zur Gewährleistung einer Betrachtung über die Unternehmensgrenzen hinaus.[69]

Für die Ermittlung der einzelnen Aktivitäten stehen verschiedene Erhebungsmethoden zur Verfügung, vor allem Interviews mit den Kostenstellenleitern bzw. den einzelnen Mitarbeitern, Selbstaufschreibung durch die Träger der Aktivitäten, Auswertung vorhandener Dokumente und Beobachtung.[70] In der Praxis haben sich insbesondere die Interviews mit Kostenstellenleitern bewährt.[71]

Gemäß Kap. 4.2 sind strategische, eher strukturbildende von operativen, eher strukturnutzenden Aktivitäten zu trennen. Strategische Aktivitäten werden in der Regel nur einmal durchgeführt, und zwar in Form eines Projektes, d.h. das Projekt verkörpert die vorrangig interessierende Prozeßebene. Die einzelnen Projektaktivitäten sind mit Hilfe der KAKR abzugrenzen und kostenmäßig zu bewerten (Schritt 1 und 2). Ansonsten ist aber nicht die KAKR, sondern die in Kap. 5 vorzustellende Kooperationswertrechnung das geeignete Instrument zur Unterstützung des Managements strategischer Kooperationsaktivitäten. Dies bedeutet aber nicht, daß die operativen Aktivitäten völlig losgelöst von bestimmten strukturbildenden Aktivitäten zu betrachten sind. So sind für die Unterstützung operativer Aktivitäten meistens EDV- und Personalressourcen aufzubauen bzw. zu entwickeln. Auf welche Weise die strategischen Aktivitäten einbezogen werden, ist situativ in Abhängigkeit von den mit der KAKR wahrzunehmenden Aufgaben festzulegen. Für viele Aufgaben dürfte eine genaue Abgrenzung operativer Aktivitäten und eine gröbere Abgrenzung strategischer Aktivitäten angemessen sein.[72]

Grundsätzlich soll die KAKR alle Kooperationsaktivitäten ermitteln. Aus Gründen der Wirtschaftlichkeit und Komplexitätsreduktion ist es jedoch in der Regel empfehlenswert, nur we-

---

68 Kostenstelleninterne Prozesse werden in der Literatur oft als Teilprozesse bezeichnet, welche zu kostenstellenübergreifenden Hauptprozessen verdichtet werden können (vgl. z.B. Horváth/Mayer 1995, S. 62f.).

69 Die konkrete Zuordnung von Beziehungen (sowie von Ressourcen im nächsten Schritt der KAKR) geschieht stets auf der Ebene der Aktivitäten.

70 Vgl. z.B. Mayer/Liessmann/Mertens 1996, S. 267; Roolfs 1996, S. 194f.

71 Vgl. Reckenfelderbäumer 1994, S. 53.

72 Die Gründe dafür liegen in bestimmten Eigenschaften der strategischen Aktivitäten (Leistungsoutput kaum meßbar, Bezug auf die operativen Aktivitäten, Einmaligkeit), wie im weiteren Verlauf von Kap. 4.3 noch deutlicher wird.

sentliche Aktivitäten explizit abzugrenzen.[73] Eine gröbere Abgrenzung von Aktivitäten bringt natürlich Nachteile mit sich. Insbesondere kommt es zu nicht verursachungsgerechten Zurechnungen, sofern die Kosten aller Aktivitäten auf die explizit abgegrenzten wesentlichen Aktivitäten verteilt werden. Wenn dagegen die Kosten der nicht explizit abgegrenzten Aktivitäten gar nicht einbezogen werden, ist die Grundlage der KAKR unvollständig, so daß einige ihrer Aufgaben nur noch eingeschränkt erfüllbar sind.

Als Ergebnis der Aktivitätsanalyse ist das ermittelte Kooperationsaktivitätssystem übersichtlich, vollständig, korrekt und in für die weiteren Schritte der KAKR geeigneter Weise zu dokumentieren. Dafür stehen verschiedene Prozeßmodellierungsmethoden zur Verfügung, zu denen sowohl eher informale, verbale Beschreibungen als auch graphische und/oder formale Darstellungen gehören.[74] Die Auswahl einer Prozeßmodellierungsmethode für die KAKR hat situativ in Abhängigkeit vom Umfang der Kooperationsaktivitäten und zahlreichen anderen Einflußfaktoren zu erfolgen. Wird die KAKR gemeinsam mit dem Kooperationspartner bzw. in Abstimmung mit ihm durchgeführt, so ist die Auswahlentscheidung mit dem Partner abzustimmen, da die Benutzung der gleichen Methodik die Effizienz der Zusammenarbeit erhöht.

Abb. 17 (siehe folgende Seite) zeigt exemplarisch ein Kooperationsaktivitätssystem. Eine Aggregation der einzelnen Aktivitäten zu den auf Wertkettenebene abgegrenzten Aktivitätskategorien ist durch entsprechende Zuordnung problemlos möglich. Die Darstellung entspricht wesentlichen Anforderungen an die kooperationsbezogene Kostenrechnung, denn

- einzelne Kooperationsaktivitäten sowie sachliche bzw. zeitliche Beziehungen zwischen ihnen werden identifiziert und abgegrenzt;
- die Aktivitäten werden gemäß diesen Beziehungen zu Prozessen zusammengefaßt, und zwar bis zur unternehmensübergreifenden Ebene, so daß sich kooperative Beziehungen abbilden lassen;
- operative und strategische Aktivitäten werden gesondert aufgeführt.

Eine EDV-gestützte Umsetzung des ersten Schrittes der KAKR ermöglicht eine umfangreiche Zuordnung von Informationen zu den einzelnen Aktivitäten und Beziehungen. Bei rein graphischer Darstellung ist eine solche Zuordnung aus Übersichtlichkeitsgründen eingeschränkt.

---

73 Vgl. Fröhling 1992, S. 103. Welche Aktivität wesentlich ist, hängt vom jeweiligen Einsatzzweck der KAKR ab. Als Kriterium dient meist der (zu erwartende) Kostenumfang einer Aktivität bzw. ihr potentieller Beitrag zur Erreichung nachhaltiger Wettbewerbsvorteile.

74 Vgl. Volck 1997, S. 67f.; für eine ausführliche Erläuterung formaler Prozeßmodellierungsmethoden vgl. Volck 1997, S. 68-97.

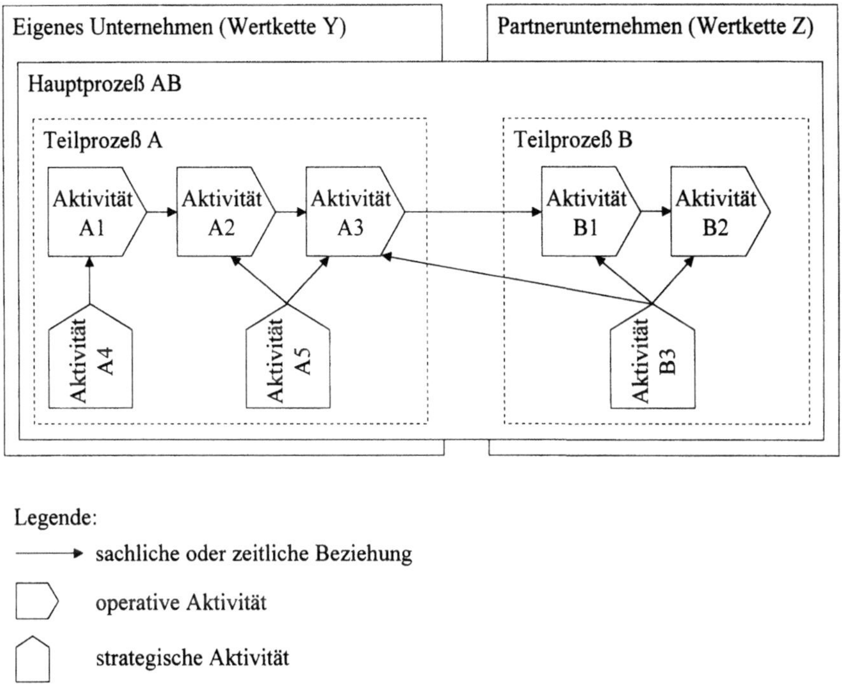

Abb. 17: Einfaches Beispiel für ein Kooperationsaktivitätssystem

4.3.4 Ermittlung der Kosten und Kostentreiber der Kooperationsaktivitäten

Als Ergebnis des zweiten Schrittes der KAKR sollen diejenigen Informationen bezüglich des Kooperationsaktivitätssystems vorliegen, die als Grundlage für Kalkulation, kurzfristige Erfolgsrechnung sowie Budgetierung benötigt werden. Dies sind in erster Linie Informationen über die Kosten und Kostentreiber der abgegrenzten Aktivitäten und Prozesse.

Zunächst sind die Kosten der einzelnen Aktivitäten möglichst verursachungsgerecht zu ermitteln. Als Grundlage dafür dienen Informationen über Art und Umfang der Kosten (Quelle: vorhandene Kostenarten- und Kostenstellenrechnung) sowie Informationen über die Anteile, welche die verschiedenen Aktivitäten an der Kapazität der jeweiligen Kostenstelle bezüglich bestimmter Ressourcen beanspruchen (Quelle: die auf S. 101 in Kap. 4.3.3 genannten Erhebungsmethoden).[75] Unter Verwendung dieser Anteile werden die einzelnen Kostenarten den Aktivitäten zugerechnet. Zur Vereinfachung ist es möglich, die Zurechnung nur für die in der

[75] Vgl. Horváth/Renner 1990, S. 103; Horváth/Mayer 1995, S. 73.

Kostenstelle dominierende Kostenart (z.B. Personalkosten) direkt und für die restlichen Kostenarten indirekt über Zuschlagssätze auf die dominierende Kostenart vorzunehmen.[76] Zu beachten ist jedoch, daß jegliche Vereinfachungen in den ersten beiden Schritten der KAKR gravierende Auswirkungen auf die Qualität der im Rahmen der weiteren Schritte zu bewältigenden Aufgaben haben. An diesen Aufgaben muß sich der Grad der Detailliertheit und der Vollständigkeit der erhobenen Informationen orientieren.

Bezüglich der Detailliertheit ist eine Aufteilung in Durchführungs- und Koordinationskosten erforderlich.[77] Die dafür notwendigen Informationen sind im Zuge der Erhebung der Ressourcenbeanspruchung zu gewinnen, d.h. für jede Aktivität ist zu ermitteln, welcher Ressourcenanteil für die tatsächliche Durchführung und welcher für deren Koordination beansprucht wird.[78] Bezüglich der Vollständigkeit ist zu beachten, daß grundsätzlich alle durch die Durchführung oder Koordination von Kooperationsaktivitäten verursachten Kosten berücksichtigt werden sollen, und zwar unabhängig davon, ob die traditionelle Kostenrechnung sie als Gemein- oder Einzelkosten behandelt.[79] In diesem Zusammenhang ist auf einen Forschungsbeitrag von Pfaff zu verweisen.[80] Dieser zeigt ausführlich Argumente dafür, daß die Vollkostenrechnung bei Unsicherheit sowie dezentraler Organisationsstruktur mit asymmetrischer Informationsverteilung und abweichenden Zielsetzungen – also in einer für Kooperationen typischen Situation – durchaus Vorteile gegenüber der Teilkostenrechnung aufweisen kann. Er leistet damit einen Beitrag zur Erklärung des Phänomens, daß Vollkostenrechnungen in der Theorie überwiegend abgelehnt werden, in der Praxis aber dominieren.

Nun sind für jede Aktivität mögliche Kostentreiber zu untersuchen.[81] Dabei ist ein[82] Kostentreiber zu bestimmen, der sowohl eine aussagekräftige Einflußgröße für die Kostenverursa-

---

76 Vgl. Baden 1997, S. 192.

77 Vgl. S. 85f. in Kap. 4.1 und S. 91 in Kap. 4.2. Zusätzlich kann eine Aufteilung in leistungsmengenfixe und -variable Kosten erforderlich sein. Diese Problematik wird später in diesem Kapitel aufgegriffen.

78 In der Regel dürfte eine pauschale Schätzung der Prozentwerte angemessen sein (vgl. dazu die Ausführungen zum Fixkostenanteil später in diesem Kapitel).

79 Damit orientiert sich die KAKR am anglo-amerikanischen ABC. Nach dem Verständnis der meisten deutschsprachigen Autoren bezieht die PKR nur indirekte Leistungsbereiche ein und beschränkt sich somit auf Gemeinkosten (vgl. Roolfs 1996, S. 177-182). Das ABC erlaubt durch seine Ausdehnung auf direkte Leistungsbereiche die Berücksichtigung direkt produktbezogener Fertigungsaktivitäten, bezieht also Fertigungseinzelkosten ein, wobei meistens die Produktmenge als Kostentreiber Verwendung findet (vgl. Glad/Becker 1996, S. 34f.). Materialeinzelkosten dagegen, in der traditionellen Kostenrechnung in der Regel die einzige andere Einzelkostenart, können nicht problemlos einer Aktivität zugeordnet werden. Sie lassen sich behelfsmäßig als Zusatzinformation bei derjenigen Kostenstelle aufführen, welche für die Höhe dieser Kosten verantwortlich ist. Eine andere Möglichkeit ist, Auswirkungen der Kooperation auf die Materialeinzelkosten als Erlös bzw. Nutzen zu behandeln. Die Berücksichtigung von Materialeinzelkosten im Rahmen der KAKR ist nur notwendig, wenn sie von der Kooperation beeinflußt werden (z.B. bei Beschaffungskooperationen).

80 Vgl. (auch zu den beiden folgenden Sätzen) Pfaff 1993, insbes. S. V, 1-12 u. 201-205.

81 Für Hinweise zur Analyse von Wirkungszusammenhängen zwischen Kosten und Kostentreibern vgl. Kap. 4.3.7.

82 Es können auch mehrere Kostentreiber pro Aktivität bestimmt werden. Die dadurch erreichbare höhere Genauigkeit geht allerdings zu Lasten der einfachen Handhabbarkeit (vgl. Reckenfelderbäumer 1994, S. 64-66; Horváth/Mayer 1995, S. 65).

chung, d.h. für die Inanspruchnahme von Ressourcen, als auch eine geeignete Maßgröße für die im Zuge der Aktivität erbrachte Leistung darstellt (z.B. Kostentreiber „Anzahl erfaßter Aufträge" für die Aktivität „Auftragserfassung").[83] Kostentreiber sollen demnach eine proportionale Beziehung zu den Kosten der Aktivität aufweisen und die Häufigkeit, mit der eine Aktivität in einer bestimmten Periode wiederholt wird, abbilden können.[84] Weitere Anforderungen sind niedrige Erfassungskosten (möglichst Verfügbarkeit in vorhandenen Informationsquellen) sowie hohe Verständlichkeit und Durchschaubarkeit.[85]

Für einige Aktivitäten, insbesondere für strategische Aktivitäten, lassen sich kaum aussagekräftige Kostentreiber finden.[86] Die Ursache dafür liegt in der Regel im Einmaligkeitscharakter bzw. in der schlechten Quantifizierbarkeit der Leistungen dieser Aktivitäten.[87] Trotz der genannten Einschränkung muß die KAKR solche Aktivitäten einbeziehen, um eine vollständige Abbildung der Kostenstruktur zu gewährleisten.

Für jeden Kostentreiber ist die Kostentreibermenge zu ermitteln, und zwar als Plan-, Ist- und Wirdgröße sowie gesondert als Kapazitätsgröße.[88] Die Notwendigkeit von Plan-, Ist- und Wirdgrößen wurde bereits aufgezeigt. Kapazitätsgrößen sind erforderlich, um Leerkosten bestimmen zu können. In Kongruenz zu den Mengengrößen sind auch die Kosten jeder Aktivität als Plan-, Ist- und Wirdgröße zu determinieren. Abweichungen zwischen tatsächlichen Mengen und dem Leistungsmengenpotential (Kapazität) kann die KAKR nur dann korrekt abbilden, wenn sie die Kosten in leistungsmengenfixe und -variable (bezogen auf die Betrachtungsperiode) Bestandteile zerlegt.[89] Auf diese Weise gelingt die Trennung der Kosten, die für die Bereitstellung des Leistungspotentials anfallen, von den Kosten, welche durch die tatsäch-

---

83 Vgl. Horváth/Mayer 1995, S. 65; vgl. auch Schweitzer/Küpper 1995, S. 329; Baden 1997, S. 191.

84 Vgl. Schweitzer/Küpper 1995, S. 329; Roolfs 1996, S. 198.

85 Vgl. Coenenberg 1997, S. 228. Eine hohe Verständlichkeit und Durchschaubarkeit sind unter anderem notwendig, um mit der KAKR die gewünschten Verhaltenseffekte zu erreichen (vgl. Cooper 1990, S. 277f.; siehe dazu Kap. 4.3.6). Für ausführliche Hinweise zur Bestimmung von Kostentreibern vgl. z.B. Coenenberg/Fischer 1991, S. 26-28.

86 Vgl. Reichmann 1997, S. 468. Solche Aktivitäten werden in der deutschsprachigen Literatur zur PKR häufig als „leistungsmengenneutral" bezeichnet. In Abgrenzung dazu ist für Aktivitäten, für die sich ein zur Kostenverursachung proportionaler Kostentreiber bestimmen läßt, die Bezeichnung „leistungsmengeninduziert" üblich (vgl. Horváth/Mayer 1995, S. 72f.). Dieser Terminologie folgt der Verfasser der vorliegenden Arbeit nicht, da langfristig alle Kosten leistungsmengeninduziert sind.

87 Die Schwierigkeiten bei der Bestimmung von Kostentreibern für solche Aktivitäten werden in der Arbeit von Klingshirn deutlich. Sie versucht Kostentreiber für organisationsgestaltende Aktivitäten zu bestimmen, kann jedoch für die meisten Aktivitäten nur die Größe „Dauer in Stunden" als Lösungsvorschlag anbieten (vgl. Klingshirn 1997, S. 182-191).

88 Die Hervorhebung von Kapazitätsgrößen ist notwendig, da tatsächliche Leistungsmengen vom Leistungsmengenpotential zu trennen sind. Kurzfristig ist die Kapazität fix und kann daher als eine Größe betrachtet werden. Bei langfristiger Betrachtung ist die Kapazität variabel und daher selbst als Plan-, Ist- und Wirdgröße darstellbar.

89 Obwohl einige Autoren die Trennung fixer und variabler Kosten im Rahmen der PKR für sinnvoll halten (vgl. z.B. Jehle/Wiesehahn/Willeke 1997, S. 291; Reichmann 1997, S. 466), wird sie nur selten explizit als Merkmal von PKR-Konzeptionen genannt.

lich erbrachten Leistungsmengen verursacht werden. Ohne diese Aufteilung wäre die KAKR als reine Vollkostenrechnung aufgrund der Fixkostenproportionalisierung für operative Aufgaben des Kooperationscontrollings nur sehr eingeschränkt nützlich. Eine genaue Trennung fixer und variabler Kosten erfordert eine entsprechende Zerlegung aller den Aktivitäten zugerechneten Kostenarten. Erscheint ein solches Vorgehen unangemessen[90], bietet sich als Vereinfachung eine pauschale, situationsspezifische Schätzung des prozentualen Anteils der leistungsmengenfixen Kosten an den Gesamtkosten einer Aktivität an.[91]

Die nunmehr vorliegenden Informationen über Kosten und Kostentreiber der Kooperationsaktivitäten lassen sich in Tabellenform systematisch und übersichtlich darstellen (siehe Abb. 18).[92]

Kostenstelle	**Aktivität**	**Kostenart 1**				**...**	**Kostentreiber**	
		Anteil an Kostenart 1 in jeweiliger Kostenstelle %	 Euro	Koordinationskostenanteil %	Fixkostenanteil %	...	Bezeichnung	Menge
Kostenstelle A im eigenen Unternehmen	Operative Aktivitäten ... Strategische Aktivitäten ... Summe							
Kostenstelle B im Partnerunternehmen	Operative Aktivitäten ... Strategische Aktivitäten ... Summe							

Abb. 18: Informationen zu den Kooperationsaktivitäten einer Organisationseinheit

Da die Aktivitäten bereits in das Kooperationsaktivitätssystem eingeordnet wurden, sind nun auch für alle abgegrenzten Prozesse die zugehörigen Kosteninformationen verfügbar. Für unternehmensübergreifende Prozesse ist die Information jedoch nur dann vorhanden, wenn die Partner die KAKR vertrauensvoll gemeinsam durchführen. Ansonsten sind Plausibilitäts-

90 Problematisch ist insbesondere, daß die Zerlegung vom jeweils für eine Entscheidungssituation relevanten Betrachtungszeitraum abhängig ist (vgl. Horváth/Mayer 1995, S. 69).

91 Für eine pauschale Schätzung bezogen auf die gesamten Kosten spricht, daß eine genaue Aufspaltung fixer und variabler Kosten nicht nur sehr aufwendig ist, sondern auch wegen des wachsenden Übergewichtes kurzfristig nicht veränderbarer Kosten an Bedeutung verliert (vgl. Horváth 1997, S. 239).

92 Bei EDV-Unterstützung (vgl. Kap. 6.4) ist auch die Zuordnung umfangreicher Informationen zu den Aktivitäten unproblematisch.

überlegungen und Schätzungen hinsichtlich der Kosten und Kostentreiber des (potentiellen) Partners notwendig.

Die Verdichtung der durch die Kostentreibermengen gemessenen kooperationsbezogenen Leistungen auf Prozeßebene kann mengen- und wertmäßig geschehen. Voraussetzung für eine mengenmäßige Verdichtung ist, daß für den jeweiligen Prozeß ein Kostentreiber (oder eine Kombination von Kostentreibern) bestimmbar ist, welcher (welche) die oben genannten Anforderungen an Kostentreiber erfüllt. Die Bestimmung bereitet insbesondere dann Schwierigkeiten, wenn die einzelnen Leistungen, welche durch die zu einem Prozeß zusammengefaßten Aktivitäten erbracht werden, wenig homogen sind.[93] Für eine wertmäßige Verdichtung der Aktivitäten ist eine Bewertung der einzelnen Leistungen erforderlich, um zu Erlösgrößen zu gelangen. Die Bewertung geschieht im Zuge der Kalkulation, welche Gegenstand des folgenden Kapitels ist.

Mit Abschluß des zweiten Schrittes der KAKR liegt nun das Kooperationsaktivitätssystem inklusive grundlegender Informationen als Basis für die weiteren Schritte vor.

4.3.5 Kalkulation und kurzfristige Erfolgsrechnung kooperationsbezogener Leistungen

Die Abbildung der Kosten und des kurzfristigen Erfolges von Leistungen, welche im Rahmen einer Kooperation erbracht werden, ist eine zentrale, die Kooperationslenkung unterstützende Aufgabe des Kooperationscontrollings. Das Kooperationsmanagement benötigt entsprechende Informationen vor allem

- zur Entscheidung, welcher Preis für eine bestimmte Leistung zu setzen ist bzw. wie diese zu bewerten ist;
- zur Beurteilung des Erfolges der Leistungen für einen kurzfristigen Zeitraum, um daraus dispositive Entscheidungen bezüglich der Leistungserstellung abzuleiten.

Die KAKR ermöglicht die Wahrnehmung der genannten Aufgabe durch Kalkulation und kurzfristige Erfolgsrechnung kooperationsbezogener Leistungen. Die Kalkulation ermittelt die Kosten, die für die Erbringung *einer* Leistungseinheit anfallen.[94] Da sie neben der Kostenstruktur auch den Stückerfolg transparent machen will, ist im Zuge der Kalkulation auch der Nutzen bzw. der Erlös pro Leistungseinheit zu determinieren. Die kurzfristige Erfolgsrech-

---

93 Vgl. Reckenfelderbäumer 1994, S. 68f. und die dort angegebene Literatur.

94 Vgl. Coenenberg 1997, S. 91; Weber 1997, S. 74. Die Kalkulation bringt auch Informationen für andere als die beiden soeben genannten Problemstellungen hervor, insbesondere für die Sortimentspolitik, für die Bestandsbewertung sowie für kurzfristige Entscheidungen bezüglich Eigenfertigung versus Fremdbezug (vgl. Wedell 1986, S. 373-379; Schweitzer/Küpper 1995, S. 62f.). In der vorliegenden Arbeit werden die einzelnen Zwecke der Kalkulation nur insoweit berücksichtigt, wie sie für das Kooperationsmanagement relevant sind.

nung ermittelt die Kosten und Erlöse, die während eines kurzfristigen Zeitraums (in der Regel Monat, Quartal oder Jahr) im Kooperationssystem anfallen.[95] Kalkulation und kurzfristige Erfolgsrechnung können und sollen – daran sei hier kurz erinnert – nicht zur Analyse und Bewertung einer Kooperationsstrategie insgesamt dienen, sondern nur die im Rahmen der Kooperation erbrachten Leistungen abbilden. Damit liefern sie jedoch Informationen, die als Input für die Betrachtung der Kooperationsstrategie von der in Kap. 5 vorzustellenden Investitionsrechnung benötigt werden.

Bei der Kalkulation sind zur Ermittlung der Kosten einer Leistungseinheit die einer Aktivität zugerechneten Kosten durch die jeweilige Leistungsmenge zu dividieren. Als Ergebnis liegt dann ein Plan-, Ist- oder Wirdkostensatz vor. Für die vollständige Bestimmung der durch die operativen Aktivitäten verursachten Kosten sind die Kosten der strategischen Aktivitäten auf diese zu verrechnen.[96] Eine separate Erfolgskontrolle der strategischen Aktivitäten wäre aufgrund des normalerweise kaum quantifizierbaren Leistungsoutputs ohnehin nicht möglich. Der Erfolg dieser Aktivitäten ist letztlich nur indirekt über den Erfolg der von ihnen beeinflußten operativen Aktivitäten meßbar. Die Verrechnung muß zumeist durch einen proportionalen Kostenaufschlag erfolgen, denn eine verursachungsgerechte Zuordnung würde ja Leistungsgrößen erfordern.

Der Erlös einer Leistungseinheit ist nur für solche Aktivitäten bereits im Rechnungswesen vorhanden, deren Leistung durch die empfangende Kostenstelle bzw. den empfangenden Kooperationspartner über einen Verrechnungspreis entgolten wird. Dies ist jedoch bei Kooperationen in der Regel nicht bzw. nicht für alle Aktivitäten der Fall. Daher kann eine Bewertung mit Marktpreisen erforderlich sein. Marktpreise sind jedoch für viele Teilleistungen kaum ermittelbar.[97] Ist eine Erlösermittlung auf Aktivitätsebene nicht möglich, muß eine Verdichtung von Aktivitäten bis auf die Ebene eines Prozesses erfolgen, für dessen Leistungsoutput ein Preis vorliegt. Eine Verdichtung zu prozeßbezogenen Informationen ist durch entsprechende Addition möglich, wenn der jeweilige Prozeß und die in ihm zusammengefaßten Aktivitäten alle den gleichen Kostentreiber aufweisen, d.h. die gleiche Leistungsart erbringen.[98] Ist

---

95 Vgl. Olfert 1996, S. 211; Coenenberg 1997, S. 102. In der traditionellen Kostenrechnung, wie sie z.B. an den angegebenen Stellen von Olfert oder Coenenberg dargestellt wird, bezieht sich die kurzfristige Erfolgsrechnung auf ein Unternehmenssystem bzw. Teile davon.

96 Dies ist nicht zuletzt deswegen erforderlich, weil die für operative Aktivitäten zu bestimmenden Marktpreise (siehe nächster Absatz) zumeist auch Kosten für strategische Aktivitäten abdecken. Marktpreise für strategische Aktivitäten (Merkmale: tendenziell hohe Spezifität, niedrige Häufigkeit, große Unsicherheit) lassen sich oft nicht hinreichend genau ermitteln.

97 Vgl. Hergert/Morris 1989, S. 183. Nur die Orientierung an Marktpreisen erlaubt eine Beurteilung, inwieweit eine Aktivität aus Kundensicht Wert schafft. Außerdem unterstützt die Verwendung von Marktpreisen das Zielkostenmanagement (Target Costing), welches seit einigen Jahren große Beachtung erfährt (vgl. Kucher/Simon 1997, S. 143f.).

98 Dabei ist darauf zu achten, daß bei der Betrachtung eines Prozesses nicht die gleichen Kosten zweimal (z.B. für Personaleinsatz beim eigenen Unternehmen und als Vorleistung beim Partnerunternehmen) einbezogen werden (konsolidierte Betrachtungsweise).

das nicht der Fall, kann die Verdichtung nur mit Hilfe von Prozeßkoeffizienten geschehen.[99] Auf diese Weise können Kosten und Erlöse auch den Endprodukten, zu deren Erstellung die Kooperationsaktivitäten beitragen, zugerechnet werden.[100] Zur Ermittlung von Informationen bezüglich des Kooperationsaktivitätssystems kann alternativ zum geschilderten Vorgehen ein retrogrades Vorgehen nützlich sein. Insbesondere lassen sich Marktpreise, die nicht für einzelne Aktivitäten, sondern nur für übergeordnete Prozesse bzw. Endprodukte bestimmbar sind, mit Hilfe von Schätzungen und Plausibilitätsüberlegungen retrograd in Erlösgrößen für die einzelnen Aktivitäten aufteilen. Ein solches Vorgehen ermöglicht eine marktorientierte Kalkulation im Sinne des Target Costing.

Die als Resultat der Kalkulation vorliegenden stückbezogenen Kosten- und Erlösinformationen stehen nun für die zu Beginn dieses Unterkapitels erwähnten Aufgaben des Kooperationscontrollings zur Verfügung. Beispielsweise wird transparent, welchen Wert ein Partner durch eine Einheit einer bestimmten kooperationsbezogenen Leistung in die Kooperation einbringt oder auch inwieweit der für die Leistung erzielbare Marktpreis die Kosten deckt. Die aufgezeigte Vorgehensweise ist für die Kalkulation kooperationsbezogener Leistungen geeignet, weil sie einzelne Leistungen (und nicht nur Endprodukte) als Kostenträger betrachtet und dabei eine unternehmensübergreifende Perspektive erlaubt.

Diese Eigenschaften sind auch bei der kurzfristigen Erfolgsrechnung zu realisieren, welche im Gegensatz zur Kalkulation die Kosten- und Erfolgssituation im Kooperationssystem nicht für eine Leistungseinheit ermittelt, sondern für die gesamte Leistungsmenge einer Aktivität bzw. eines Prozesses für einen bestimmten Zeitraum. Die kurzfristige Erfolgsrechnung stellt alle dem Kooperationsaktivitätssystem zurechenbaren Kosten und Erlöse gegenüber. Damit kann sie den im Rahmen der Kooperation erzielten Periodenerfolg abbilden. Ihre Aussagekraft erhält die kurzfristige Erfolgsrechnung erst durch Vergleiche wie z.B. einen Plan-Ist-Vergleich, durch den unter anderem überprüfbar wird, inwieweit die im Rahmen der Kooperation tatsächlich entstandenen Kosten den geplanten Kosten entsprechen. Verschiedene Arten von Vergleichen werden in Kap. 4.3.7 im Rahmen der kostenrechnerischen Analyse erläutert.

Zwecks Gewährleistung einer unternehmensübergreifenden Betrachtungsweise sind auch bei der kurzfristigen Erfolgsrechnung die Kooperationsaktivitäten des Partners einzubeziehen. So wird die Grundlage für eine unternehmensübergreifende Analyse und auch für die Beurteilung des Kooperationserfolges aus verschiedenen Perspektiven geschaffen (eigene Sicht, Sicht des Partners, Gesamtsicht). Entsprechende Informationen benötigt das Kooperationsmanagement beispielsweise für Entscheidungen hinsichtlich der Verteilung des Kooperationserfolges.

---

99 Ein Prozeßkoeffizient gibt an, wie viele Leistungsmengeneinheiten einer Aktivität (bzw. eines Prozesses) erforderlich sind, um eine Einheit des betrachteten (übergeordneten) Prozesses zu erstellen (vgl. Schweitzer/ Küpper 1995, S. 331).

100 Vgl. zur Durchführung einer solchen Zurechnung sowie zu dabei auftretenden Problemen Roolfs 1996, S. 204-213.

Abb. 19 zeigt exemplarisch ein Rechenschema, welches gleichzeitig zur Kalkulation und zur kurzfristigen Erfolgsrechnung kooperationsbezogener Leistungen dient. Die in einem derartigen Schema enthaltenen Informationen können für das Kooperationsmanagement auch dann nützlich sein, wenn sie nicht vollständig (z.B. fehlende Erlösgrößen auf Aktivitätsebene) bzw. teilweise nur geschätzt sind.

Planung für Geschäftsjahr 2000	**Eigenes Unternehmen**			**Partnerunternehmen**			**Kooperation gesamt**
	Aktivität K1	Aktivität K2	Teilprozeß K	Aktivität L1	Aktivität L2	Teilprozeß L	Hauptprozeß KL
<u>Kostentreiber</u>							
Bezeichnung							
Leistungsmenge							
<u>Erlös</u>							
pro Leistungseinheit							
gesamt							
<u>Kosten</u>							
Kostenart 1:							
pro Leistungseinheit							
gesamt							
Kostenart 2:							
pro Leistungseinheit							
gesamt							
Kostenart 3:							
...							
<u>Erfolg</u>							
pro Leistungseinheit							
gesamt							

Abb. 19: Exemplarisches Rechenschema für Kalkulation und kurzfristige Erfolgsrechnung kooperationsbezogener Leistungen

4.3.6 Koordination im Kooperationssystem mittels operativer Kooperationsbudgetierung

Zu den Aufgaben des Kooperationscontrollings zählt nicht nur die Abbildung des Kooperationssystems, der die bisher geschilderten Schritte der KAKR dienen, sondern auch der gezielte Einsatz der gewonnenen Informationen zur Beeinflussung des Systemverhaltens. Das im folgenden vorzustellende Instrument „Kooperationsbudgetierung", welches den gesamten Prozeß des Kooperationsmanagements (Planungs-, Durchsetzungs- und Kontrollaufgaben) unterstützend begleitet, ermöglicht diese Verhaltensbeeinflussung. Zu unterscheiden sind die operative und die strategische Ebene der Kooperationsbudgetierung: In Verbindung mit der KAKR unterstützt die Budgetierung in erster Linie operative Aufgaben und wird folglich als operative Kooperationsbudgetierung bezeichnet. In Verbindung mit der in Kap. 5 zu betrachtenden Investitionsrechnung dient die Kooperationsbudgetierung vor allem zur Wahrnehmung strategischer Aufgaben, so daß sie dort als strategische Kooperationsbudgetierung zu thematisieren ist. Die nun folgenden Ausführungen beziehen sich auf die operative Kooperationsbudgetierung als integralem Bestandteil der KAKR, sind jedoch weitgehend auch für die strategische Ebene zutreffend bzw. relevant.

Budgetierung wird hier verstanden als systematischer Prozeß der Erstellung, Vorgabe bzw. Vereinbarung und Kontrolle von Budgets.[101] Der Begriff „Budget" bezeichnet dabei einen in wert- und mengenmäßigen Größen formulierten Plan, der einem Verantwortungsträger für einen bestimmten Zeitraum mit einem bestimmten Verbindlichkeitsgrad vorgegeben wird.[102] Die Budgetierung ermöglicht die erfolgszielorientierte Koordination von Ressourcen durch Verhaltenssteuerung der Verantwortungsträger. Während im Mittelpunkt der operativen Budgetierung grundsätzlich Kosten und Erlöse des Ressourceneinsatzes in einer kurzfristigen Periode stehen, berücksichtigt die strategische Budgetierung insbesondere die langfristigen Kosten und Erlöse des Ressourcenpotentials.[103] Folglich dient die operative Kooperationsbudgetierung zur kurzfristigen Verhaltenssteuerung im gegebenen Kooperationssystem.[104]

Nun sollen die Charakteristika der Kooperationsbudgetierung erarbeitet werden. Dafür bieten vorhandene Forschungsbeiträge nur sehr begrenzt Hilfestellung, da die Problematik von Budgetierung im Zusammenhang mit Unternehmenskooperationen in der wirtschaftswissenschaftlichen Literatur bisher völlig vernachlässigt worden ist.[105] Es ergeben sich drei spezifische Anforderungen bzw. Merkmale, die im folgenden zu erläutern sind.

Erstens ist die Kooperationsbudgetierung unternehmensübergreifend auszurichten, um das gesamte Kooperationssystem einzubeziehen. Sie kann dann eine Koordinationsfunktion wahrnehmen, indem sie der Abstimmung der autonomen, aber interdependenten Entscheidungen der kooperierenden Unternehmen dient. Durch die Kooperationsbudgetierung wird eine systematische, formalisierte Koordination in Verbindung mit regelmäßiger Kommunikation – zwei wesentliche Erfolgsfaktoren von Kooperationen – gewährleistet.

---

101 Vgl. Dambrowski 1986, S. 20; Dilger 1991, S. 15; Gaiser 1993, S. 87. Die Budgetanpassung und die Abweichungsanalyse werden hier nicht als separate Phasen betrachtet, weil sie sich der Erstellung bzw. der Kontrolle zuordnen lassen.

102 Vgl. Dilger 1991, S. 11-16; Radke 1991, S. 126; Busse von Colbe 1996, S. 110; Horváth 1998, S. 225. In der Literatur herrscht keine Einigkeit darüber, ob ein Budget ausschließlich wertmäßige Größen enthält oder auch andere. In der vorliegenden Arbeit enthalten Budgets auch andere Größen, um die Schnittstelle zwischen Formal- und Sachzielplanung besser zu überwinden.

103 Vgl. Lehmann 1994a, S. 147.

104 Trotz dieser Ausrichtung muß die operative Budgetierung auch strukturbildende Aktivitäten einbeziehen, soweit es um deren kurzfristige Kosten, Erlöse und Leistungen geht.

105 In der Literatur finden sich lediglich kurze Erwähnungen dieser Problematik (vgl. z.B. Pampel 1993b, S. 265).

Zweitens ist die Kooperationsbudgetierung aus den gleichen Gründen wie die KAKR insgesamt an Aktivitäten und Prozessen auszurichten. Eine solche Ausrichtung liegt nahe, um die Budgetierung als integralen Bestandteil der KAKR durchführen zu können.[106] Außerdem weist sie zahlreiche Vorteile gegenüber einer konventionellen, an Abteilungen und nur an monetären Größen orientierten Budgetierung auf.[107] Insbesondere ist die Kooperationsbudgetierung aufgrund der Verwendung der Datenbasis der KAKR durch eine systematische Berücksichtigung nicht-monetärer Steuerungsgrößen (vor allem in Form der Leistungsmengen) gekennzeichnet. Diese Größen erlauben ein besseres Verständnis der zugrundeliegenden Aktivitäten und müssen vom Verantwortungsträger nicht erst in die eigene Steuerungsdimension übersetzt werden.[108] Die Ausrichtung der Kooperationsbudgetierung an Aktivitäten stellt eine gute Voraussetzung für eine Durchführung im Sinne des bereits 1968 entwickelten Ansatzes des Zero-Base Budgeting dar, da auch dieser eine starke Aktivitätsorientierung aufweist.[109]

Drittens ist die Kooperationsbudgetierung so durchzuführen, daß sie das Verhalten der Verantwortungsträger kooperationsstrategiekonform lenkt. Die Budgetierung soll Anreize zu Verhaltensweisen vermitteln, welche den Erfolg bzw. das Erfolgspotential der Kooperationsstrategie begünstigen. Entsprechende Anreize müssen sowohl Mitarbeitern des eigenen als auch des Partnerunternehmens vermittelt werden.[110] Neben Leistungsanreizen geht es dabei insbesondere um Anreize zur Förderung des Vertrauens und zur Begrenzung des Dominanzstrebens unter den Kooperationspartnern – beides zentrale Erfolgsfaktoren von Kooperationen. In enger Verbindung dazu stehen Anreize zur Offenlegung von Informationen, um Informationsdefizite zu verringern bzw. den erwünschten Grad an Informationssymmetrie zu erreichen. Geeignete Informationen sind eine entscheidende Voraussetzung für die kooperationszielgerechte Verhaltenssteuerung, d.h. für die Vermittlung zielkonformer Leistungsanreize durch die Kooperationsbudgetierung. Um die aufgezeigte Motivationsfunktion leisten zu können, sind Wirkungen auf das menschliche Verhalten antizipativ zu berücksichtigen.[111]

---

[106] Eine aktivitätsorientierte Budgetierung findet sich konsequenterweise bei einigen – insbesondere englischsprachigen – Autoren in Verbindung mit der PKR (vgl. z.B. Glad/Becker 1996, S. 157-171 und die dort auf S. 171 angegebene Literatur).

[107] Vgl. Hergert/Morris 1989, S. 185; Connolly/Ashworth 1994, S. 32. Glad/Becker arbeiten 13 solche Vorteile heraus (vgl. Glad/Becker 1996, S. 168f.).

[108] Vgl. Glad/Becker 1996, S. 169; Horváth 1997, S. 239.

[109] Vgl. für eine nähere Erläuterung einer solchen Durchführung (jedoch ohne Kooperationsbezug) Connolly/Ashworth 1994, S. 32-37; zum Zero-Base Budgeting vgl. Pyhrr 1973, S. 2-18; Dilger 1991, S. 56-75.

[110] Vgl. zu Anreizen gegenüber dem Kooperationspartner ausführlich Kruse 1998. Kruse zeigt nicht nur monetäre, sondern auch nicht-monetäre Anreize (unterteilt nach materiellen und immateriellen) auf (vgl. Kruse 1998, S. 47-55).

[111] Zusammenhänge zwischen Kostenrechnungs- bzw. Budgetierungssystemen und menschlichem Verhalten sind Gegenstand zahlreicher Forschungsarbeiten, die vor allem auf verhaltenswissenschaftlichen Ansätzen (Forschungsrichtung des Behavioral Accounting) und auf dem Principal-Agent-Ansatz aufbauen. Diese Arbeiten haben zwar kein fundiertes Aussagensystem hervorgebracht, können aber dabei helfen, den Blick auf spezifische Probleme und wichtige Einflußgrößen zu lenken, welche bei der Gestaltung verhaltenssteuerungsorientierter Systeme zu beachten sind (vgl. Schweitzer/Küpper 1995, S. 549-675, insbes. S. 578f. u. 619-621; die Autoren geben einen umfangreichen Überblick; vgl. auch Wielpütz 1996, 193-274).

Die weitere Charakterisierung der Kooperationsbudgetierung erfolgt im Rahmen der Darstellung ihrer Vorgehensweise. Gemäß der oben genannten Budgetierungsdefinition lassen sich drei Phasen unterscheiden: Erstellung, Vorgabe bzw. Vereinbarung und Kontrolle.

Die Budgeterstellung ist im Regelkreis des Kooperationsmanagements der Planung zuzuordnen. Ausgehend von den Kooperationszielen ist ein Budgetsystem, d.h. ein System aufeinander und mit anderen (nicht kooperationsbezogenen) Budgets abgestimmter Teilbudgets, zu formulieren. Die Grundstruktur des Budgetsystems wird im Rahmen der strategischen Kooperationsbudgetierung situationsspezifisch festgelegt[112] und sollte grundsätzlich die Struktur des Kooperationsaktivitätssystems widerspiegeln. Die Struktur der operativen Budgets entspricht dann in Grundzügen dem bereits im vorangegangenen Kapitel in Abb. 19 exemplarisch aufgezeigten Schema, kann aber situationsabhängig sehr viel komplexer sein und zusätzliche Teilbudgets umfassen. Möglich ist auch, die Kooperationsbudgetierung zwecks Senkung von Kosten und Komplexität auf wenige, besonders wesentliche Aktivitäten bzw. Prozesse zu beschränken. Der unternehmensübergreifende Charakter der Kooperationsbudgetierung erfordert, daß die Teilbudgets der an der Kooperation beteiligten Unternehmen über Unternehmensgrenzen hinweg abgestimmt werden.

Da das Budget das erfolgszielbezogene, quantitative Abbild des Kooperationsaktivitätssystems ist, kommt der Budgeterstellung eine Zielformulierungsfunktion zu. Im Rahmen der Budgeterstellung werden übergeordnete Ziele in konkrete Vorgaben übersetzt. Dabei sind bezüglich des Budgetaufbaus und des Budgetierungsprozesses zahlreiche Gestaltungsvariablen in Abstimmung mit dem Kooperationspartner festzulegen, insbesondere die Geltungsdauer, die Art der zu budgetierenden Größen, der Detaillierungsgrad, der Flexibilitätsgrad, die Richtung der vertikalen Koordination (Top-down- versus Bottom-up-Budgetierung), der Umfang und die Häufigkeit des Informationsaustausches, die zeitliche Koordination (Blockbudgetierung versus rollende Budgetierung; simultane versus sukzessive Budgetierung), die Verteilung einzelner bei der Budgeterstellung anfallender Aufgaben und die Bestimmung der Aufgabenträger.[113] Bei der Festlegung dieser Variablen ist – wie oben gefordert – die Wirkung auf die Kooperationsbeziehung zu berücksichtigen. Vor allem Umfang und Häufigkeit der mit der Budgetierung verbundenen Abstimmung mit dem Partner können kooperationsspezifische Erfolgsfaktoren wie Vertrauen und Kommunikation nachhaltig beeinflussen.

Die Vorgabe bzw. Vereinbarung des Budgets überbrückt im Prozeß des Kooperationsmanagements die Schnittstelle zwischen Planung und Durchsetzung. Die durch das Budget formulierten Ziele und Restriktionen werden mit einem bestimmten Verbindlichkeitsgrad[114] an

---

[112] Vgl. Kap. 5.3.6.

[113] Vgl. Dambrowski 1986, S. 35-78; Roolfs 1996, S. 51.

[114] Budgets können qualitativ (Verwendungszweck), quantitativ (Über-/Unterschreitung), zeitlich (Beanspruchungszeitpunkt/-zeitraum) und organisatorisch (befugte Stellen) verbindlich sein (vgl. Dambrowski 1986, S. 38f.).

Verantwortungsträger delegiert, welche entsprechende Maßnahmen zur Durchsetzung der Ziele ergreifen müssen. Um die Zerlegung der Kooperation in Aktivitäten und Prozesse zu berücksichtigen sowie um ihr eine adäquate Priorisierung zuteil werden zu lassen, sind Aktivitäts- bzw. Prozeßverantwortliche (process owner) als Verantwortungsträger zu bestimmen.[115] Diese sollen durch die Budgetvorgabe bzw. -vereinbarung sowohl entscheidungsunterstützende Informationen als auch motivierende Anreize erhalten. In diesem Zusammenhang ist die Frage zu beantworten, ob das Budget ohne Partizipation der Verantwortungsträger top-down vorgegeben oder partizipativ mit ihnen vereinbart wird. Mehrere Gründe sprechen für den Weg der Vereinbarung: Erstens ist eine Top-down-Vorgabe im Kooperationssystem nur für nicht unternehmensübergreifend abgestimmte Prozesse möglich.[116] Verbindliche Vorgaben sind ein konstitutives Merkmal von Hierarchien und gegenüber einem autonom entscheidenden Kooperationspartner nicht möglich. Zweitens führt der Weg der Vereinbarung in der Regel zu einer Informationsverbesserung aller Beteiligten und damit auch zum Abbau von Informationsasymmetrien sowie zum Aufbau von Vertrauen.[117] Drittens kann sich die Partizipation positiv auf die Leistungsbereitschaft der Betroffenen auswirken.[118] Als Nachteil ist bei der Vereinbarung insbesondere die Gefahr von Informationsmanipulation mit dem dadurch verursachten Aufbau von Ineffizienzen bzw. „stillen Reserven" (budgetary slack) zu nennen.[119]

Im Rahmen der Budgetkontrolle schließlich erfolgen die Messung von Istgrößen und die Prognose aktueller Wirdgrößen, um durch Plan-Ist- und Plan-Wird-Vergleiche eine Leistungsbeurteilung zu ermöglichen sowie frühzeitig potentielle Zielabweichungen zu erkennen und zu analysieren.[120] Darauf aufbauend lassen sich Budgetanpassungen vornehmen oder Vorschläge für gegensteuernde Maßnahmen ableiten. Dabei sind jedoch bezüglich unternehmensübergreifender Prozesse wiederum Einschränkungen zu beachten: Im Falle von Abweichungen beim Kooperationspartner drohen Konflikte, falls Uneinigkeit über zu ergreifende Maßnahmen bzw. vorzunehmende Budgetanpassungen besteht. Daher ist es empfehlenswert, die bei Abweichungen zur Wirkung kommenden Schlichtungsverfahren, Grundsätze, Maßnahmen etc. bereits bei der Budgeterstellung oder bei Beginn der Kooperation festzulegen. Diese Festlegung ist vertraglich zu fixieren, da ansonsten die Durchsetzungsmöglichkeiten gering wären. Eine vertragliche Regelung aller Eventualfälle ist jedoch kaum realisierbar und in Verbindung mit einer engen Kontrolle des Kooperationspartners zudem kostenintensiv. Deshalb besteht

---

115 Vgl. zu dieser Empfehlung Striening 1988, S. 164.

116 Creusen betont die Notwendigkeit der Vereinbarung bei unternehmensübergreifend abgestimmten Prozessen am Beispiel des Franchisingsystems OBI (vgl. Creusen 1993, S. 290-292).

117 Vgl. Schweitzer/Küpper 1995, S. 569.

118 Vgl. Creusen 1993, S. 294. Eine solche Auswirkung ist jedoch nicht undifferenziert bei allen Individuen und in allen Entscheidungssituationen zu beobachten (vgl. Schweitzer/Küpper 1995, S. 570).

119 Vgl. Dilger 1991, S. 29; Busse von Colbe 1996, S. 112.

120 Zur Analyse mittels Vergleichen siehe ausführlich Kap. 4.3.7.

bei Unternehmenskooperationen die Notwendigkeit, den Kontrollmechanismus teilweise durch Vertrauen und anreizkompatible Vertragsgestaltung zu substituieren.[121] Als Mechanismen, welche zur Verringerung von Informationsasymmetrien bzw. den damit verbundenen Interessenkonflikten zur Verfügung stehen, sind Kontrolle, Vertrauen und Anreize bei der Kooperationsbudgetierung sorgfältig abzuwägen.[122]

4.3.7 Kostenrechnerische Analyse von Variablen des Kooperationsmanagements

Analyse wird hier verstanden als „systematische Untersuchung eines Gegenstandes oder Sachverhalts hinsichtlich aller einzelnen Komponenten oder Faktoren, die ihn bestimmen".[123] Die kostenrechnerische Analyse bezweckt die Aufbereitung von Informationen über Kosten, Erlöse sowie deren Einflußgrößen. Sie wirkt unterstützend auf die bereits aufgezeigten Schritte der KAKR und ist daher nicht trennscharf von diesen abgrenzbar. Die separate Hervorhebung erfolgt hier aufgrund der hohen Bedeutung analytischer Aufgaben im Kooperationscontrolling.

Die Untersuchungsbereiche der kostenrechnerischen Analyse im Rahmen der KAKR ergeben sich aus der jeweiligen Entscheidungssituation und dem abgegrenzten Kooperationsaktivitätssystem. Für die Strukturierung des Untersuchungsbereiches sowie für die Identifikation relevanter Variablen gibt der Regelkreis des Kooperationsmanagements Hilfestellung. Es lassen sich zwei zentrale, miteinander zusammenhängende Fragestellungen der Analyse unterscheiden:[124] Erstens sollen Wirkungszusammenhänge zwischen Variablen untersucht werden. Zweitens sind Unterschiede zu erklären, die sich bei diversen Vergleichen (z.B. Plan-Ist-Vergleich, Konkurrenzvergleich) ergeben. Diese Fragestellungen, für deren Bearbeitung sich aufgrund der Verschiedenartigkeit möglicher Untersuchungsziele keine genaue, allgemeingültige Vorgehensweise angeben läßt, werden im folgenden näher erläutert.

Die Kosten und Erlöse kooperationsbezogener Leistungen lassen sich nur dann gezielt beeinflussen, wenn Informationen über ihre Einflußgrößen vorliegen.[125] Um die Wirkungen vergangener Entscheidungen erklären und die Wirkungen zukünftiger Entscheidungen prognostizieren zu können, müssen die Beziehungen zwischen solchen Variablen des Kooperationsma-

---

121 Vgl. zu Kontrolle und Vertrauen bei Kooperationen Helm/Mehlhorn/Strohmayer 1996.

122 Diese Mechanismen werden in ähnlicher Form durch verschiedene, dem Prinzipal-Agenten-Ansatz zuzurechnende Ansätze aufgezeigt, welche „Screening" und „Monitoring" (als Kontrollmaßnahmen), „Signaling" (als vertrauensschaffende Maßnahme), „Incentives" sowie „Self Selection" (Kombination aus Kontrolle, Vertrauen und Anreizen) unterscheiden (vgl. Husmann 1996, S. 50-70).

123 O.V. 1990, S. 58; vgl. auch Altman 1980, S. 45f.; Venker 1993, S. 57-64. Obwohl „Analyse" ein zentraler Begriff für das Controlling ist, wird er in der Controllingliteratur fast nie näher erläutert oder definiert.

124 In der betriebswirtschaftlichen Literatur liegt keine anerkannte Charakterisierung der mit dem Begriff „Analyse" gemeinten Fragestellungen vor, jedoch werden die Untersuchung von Wirkungszusammenhängen und/oder die Durchführung von Vergleichen in diesem Zusammenhang fast immer genannt.

125 Vgl. Angele/Roth 1994, S. 373.

nagements bestimmt werden. Dies ist für die KAKR unter anderem wichtig, um geeignete Kostentreiber zu identifizieren oder Abweichungen zu erklären. Die im Regelkreis des Kooperationsmanagements enthaltenen Arten von Variablen müssen situationsspezifisch und unternehmensübergreifend konkretisiert sowie hinsichtlich ihrer Ursache- und Wirkungszusammenhänge charakterisiert werden.

Zur Unterstützung der Kooperationsgestaltung sind insbesondere die Zusammenhänge zwischen entsprechenden Gestaltungsvariablen und Erfolgspotentialen zu untersuchen. Unter anderem ist zu analysieren, auf welche Weise koordinationsformbestimmende Variablen wie die rechtliche Beziehung oder die Art der Ressourcenverknüpfung – und damit die Kooperationsbeziehung selbst – auf die Kosten und Erlöse bestimmter Aktivitäten wirken (z.B. Zusammenhang zwischen Beziehung zu einem Lieferanten und erzielbaren Einkaufspreisen).[126] Bei der Unterstützung der Kooperationslenkung stehen die kurzfristigen Erfolgswirkungen des Verhaltens der Ressourcen im Kooperationssystem im Mittelpunkt. Beispielsweise interessiert die Kostenwirkung der Kapazitätsausnutzung bezüglich eines Prozesses oder der Zusammenhang zwischen Koordinationskosten und dem Kooperationsverhalten des Partnerunternehmens.

Für die Bestimmung der Ursache- und Wirkungszusammenhänge der Variablen bieten sich Methoden wie Regressionsanalyse und kausalanalytische Modelle, aber auch einfache Schätzungen und Plausibilitätsüberlegungen an.[127]

Bezüglich vieler Sachverhalte bzw. Untersuchungsgegenstände lassen sich aussagekräftigere Informationen gewinnen, wenn bei der Analyse ein Vergleichsmaßstab einbezogen wird. Deshalb muß die kostenrechnerische Analyse Unterschiede untersuchen, und zwar im Rahmen der folgenden vier Arten von Vergleichen:[128]

1) Wertkettenvergleich (Vergleich ausgewählter Elemente des Kooperationssystems mit entsprechenden Elementen in anderen – insbesondere konkurrierenden – Wertketten bzw. Kooperationssystemen): Die Kosten und Erlöse ausgewählter Elemente – vor allem bestimmter Aktivitäten und Prozesse – sind regelmäßig bezüglich ihrer Stärken und Schwächen gegenüber Konkurrenten, anderen Kooperationen des eigenen Unternehmens oder sonstigen geeigneten Organisationen zu untersuchen. Auf diese Weise wird die strategische Vorteilssituation transparent und hinsichtlich ihrer Ursachen durchleuchtet. Eine solche Stärken-Schwächen-Analyse ist besonders zur Ermittlung von Zielvorgaben und zur

---

126 Porter hebt diesbezüglich Verflechtungen (linkages) und die Leistungstiefe (level of vertical integration) als strategische Kostentreiber hervor (vgl. Porter 1985, S. 75-79).

127 Vgl. insbesondere zu statistischen Verfahren Glad/Becker 1996, S. 130-133; Davidson u.a. 1988, S. 252-268; ausführlich in Lehrbüchern zur Statistik, z.B. Bleymüller 1996, S. 139-180.

128 Der folgende Überblick möglicher Vergleichsarten geht weiter als die in der Literatur vorwiegend anzutreffende Benennung von Zeit-, Plan-Ist-, Verfahrens- und Betriebsvergleichen (vgl. z.B. Scharf 1993, S. 73; Schweitzer/Küpper 1995, S. 47).

Aufdeckung von Verbesserungspotentialen geeignet, wenn im Sinne eines Benchmarkings Vergleichsorganisationen gewählt werden, die bezüglich des Untersuchungsobjektes als führend gelten.[129]

2) Alternativenvergleich: Das Kooperationscontrolling muß zur Entscheidungsunterstützung Informationen über die Kosten- und Erlöswirkungen alternativer Wege der Zielerreichung zur Verfügung stellen und dabei mögliche unterschiedliche Entwicklungsrichtungen wichtiger Einflußgrößen berücksichtigen (Simulation und Sensitivitätsanalyse). Derartige Informationen werden als Input für die Investitionsrechnung benötigt.[130] Eine besondere Bedeutung kommt auf der strategischen Ebene der Analyse alternativer Koordinationsformen zu.

3) Plan-Ist-Wird-Vergleich: Die hohe Bedeutung von Vergleichen zwischen Plan-, Ist- und Wirdgrößen wurde bereits an mehreren Stellen dieser Arbeit deutlich. Im einzelnen sind dabei sechs Arten von Vergleichen zu unterscheiden, die bereits im Aufgabenkatalog des Controllings (siehe Abb. 5 auf S. 37) Erwähnung fanden:[131] Plan-Plan-Vergleich (Zielkonsistenzkontrolle, auch Planfestlegungskontrolle genannt), Wird-Wird-Vergleich (Prognosekonsistenzkontrolle) und Ist-Ist-Vergleich (Ex-Post-Kontrolle, auch Meßkontrolle genannt) betrachten die gleichen Größen zu verschiedenen Zeitpunkten (z.B. Kostenplan für 2001: Vergleich Status Oktober 2000 versus Status April 2000). Plan-Ist-Vergleich (Realisationskontrolle, auch Ergebniskontrolle genannt), Plan-Wird-Vergleich (Planfortschrittskontrolle) und Wird-Ist-Vergleich (Prämissenkontrolle) betrachten unterschiedliche Arten von Größen zum gleichen Zeitpunkt. Alle genannten Vergleichsarten sind auf operativer und strategischer Ebene relevant.[132] Die kostenrechnerische Analyse will die Ursachen für Abweichungen aufdecken (Abweichungsanalyse) und damit führungsunterstützende Informationen generieren.

4) Zeitvergleich (Vergleich gleichartiger Größen für verschiedene Zeitpunkte bzw. Zeiträume, z.B. Istkosten 1999 versus Istkosten 1998): Die kostenrechnerische Analyse von Veränderungen ausgewählter Elemente des Kooperationssystems im Zeitablauf kann helfen, Entwicklungsverläufe zu erkennen und zu verstehen.

---

129 Vgl. zum Benchmarking z.B. Horváth/Herter 1992.

130 Alternativenvergleich bzw. Sensitivitätsanalyse werden umfassend im Zuge der Investitionsrechnung in Kap. 5 thematisiert.

131 Vgl. Amshoff 1993, S. 264-266; vgl. auch Zettelmeyer 1984, S. 127-136; Coenenberg/Baum 1987, S. 119f.; Schweitzer/Küpper 1995, S. 281f.

132 Die genannten Vergleiche, insbesondere der Plan-Ist-Vergleich, werden in der betriebswirtschaftlichen Literatur vorwiegend im Zusammenhang mit operativer Kontrolle diskutiert. Seit Mitte der 80er Jahre sind zahlreiche Beiträge zur strategischen Kontrolle erschienen, welche in erster Linie die Prämissen-, Prognose- und Planfortschrittskontrolle hervorheben (vgl. insbes. Schreyögg/Steinmann 1985; Lorange/Morton 1986; Hasselberg 1989, S. 95-194).

Abb. 20 zeigt exemplarisch ein Analyseergebnis, welches sowohl den Wirkungszusammenhang zweier Variablen (Koordinationskosten und Leistungsmenge des Prozesses A) als auch eine vergleichende Betrachtung (eigene Abwicklung versus Kooperation mit Konkurrent Z) umfaßt.

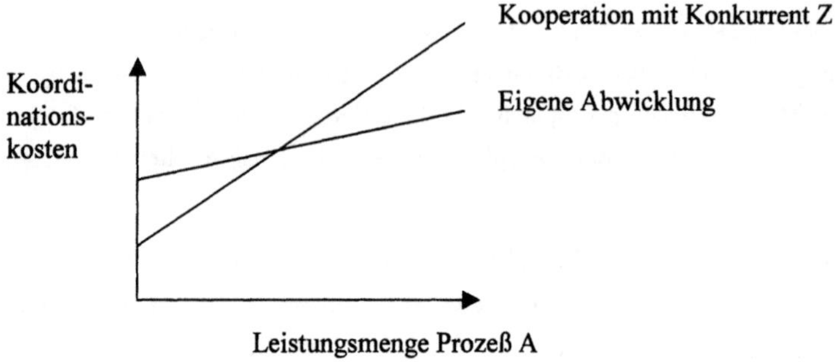

Abb. 20: Beispiel für ein Analyseergebnis

4.3.8 Kritische Würdigung der Kooperationsaktivitätskostenrechnung

Abschließend ist das Nutzenpotential der in Form der KAKR vorliegenden Gestaltungsempfehlungen zu überprüfen. Dies geschieht hier zunächst auf theoretischer Basis und in Kap. 7 dann praxisbezogen im Rahmen der Fallstudie.

Die KAKR erfüllt in hohem Maße die in Kap. 4.2 erarbeiteten Anforderungen an eine kooperationsbezogene Kostenrechnung. Dies spricht dafür, daß mit der KAKR die angestrebte Erhöhung des Nutzenpotentials der Kostenrechnung für das Kooperationscontrolling erreicht wurde. Als Vorteile der KAKR hervorzuheben sind insbesondere

- ihre wertketten- und unternehmensübergreifende Ausrichtung, welche die explizite Berücksichtigung des Kooperationspartners sicherstellt und eine gemeinsame Abstimmung bzw. Durchführung der KAKR ermöglicht;
- ihre Orientierung an Aktivitäten und Prozessen, welche eine genaue Berücksichtigung einzelner kooperationsbezogener Leistungen gewährleistet, eine Differenzierung von strategischen und operativen Aktivitäten ermöglicht sowie Voraussetzung für die unternehmensübergreifende Betrachtung ist;
- ihre Eignung für ein breites Aufgabenspektrum, die durch die Schaffung einer umfassenden Datenbasis in bezug auf die Kooperationsaktivitäten sowie durch die Einbeziehung

von Kalkulation, kurzfristiger Erfolgsrechnung, operativer Budgetierung und kostenrechnerischer Analyse sichergestellt wird;

- ihr möglicher Einsatz als zusätzliches Instrument, wodurch die Strukturgleichheit kostenrechnerischer Informationen der kooperierenden Unternehmen leichter erreichbar ist. Die KAKR läßt sich auf diese Weise ohne Angleichung vorhandener Kostenrechnungssysteme gemeinsam abstimmen oder durchführen und trägt somit der möglichen zeitlichen und sachlichen Begrenzung der Kooperation Rechnung;
- ihre Übereinstimmung mit relevanten Entwicklungstrends der Kostenrechnung: So entspricht die KAKR dem international beobachtbaren Trend zur stärkeren Prozeßorientierung in der Kostenrechnung.[133] Auch leistet sie die seit einigen Jahren verstärkt geforderte explizite Betrachtung von Koordinationskosten, welche für das Kooperationscontrolling bedeutsam ist. Außerdem kommt die KAKR der in jüngeren Literaturbeiträgen häufig geforderten Integration nicht-monetärer Steuerungsgrößen nach.[134]

Die genannten Vorteile wurden hier wegen ihrer spezifischen Relevanz für das Kooperationscontrolling hervorgehoben. Zusätzlich lassen sich der KAKR einige allgemeine Vorteile zuschreiben, welche die PKR gegenüber anderen Kostenrechnungsverfahren besitzt, vor allem die mit ihr erreichbare hohe Verursachungsgerechtigkeit.[135]

Hinweise auf mögliche Schwächen der KAKR ergeben sich in erster Linie aus der üblichen Kritik an der PKR, welche allerdings bereits bei der Entwicklung der KAKR soweit wie möglich berücksichtigt wurde.

Ein potentielles Problem ist die Logik der Kostenschlüsselung bei aktivitäts- bzw. prozeßorientierten Verfahren.[136] Bei der KAKR ist – insbesondere bei der Ermittlung der Kosten eines aus vielen Aktivitäten und Teilprozessen bestehenden Prozesses – eine mehrfache Schlüsselung (Umlegung, Verteilung) von Kosten notwendig. Wie allgemein bei der PKR, hängt die Genauigkeit jedoch „nicht von der Zahl der Schlüsselungen ab, sondern von deren Güte. Bei entsprechender Sorgfalt kann auch eine Methode mit relativ vielen Schlüsselungen ... durchaus genaue Ergebnisse liefern.“[137]

Ein in der Literatur zur PKR häufig genanntes Problem ist die angeblich fehlende Trennung fixer und variabler Kosten mit der Folge der für viele operative Aufgaben unzulässigen Fixkostenproportionalisierung.[138] Diese Kritik trifft auf die KAKR jedoch nur sehr eingeschränkt

---

133 Vgl. Horváth 1997, S. 236f. u. 239f.; Männel 1997, S. 1.

134 Vgl. z.B. Horváth 1997, S. 239; Weber 1998a, S. 4.

135 Vgl. z.B. Lorson 1993, S. 315-351; Reckenfelderbäumer 1994, S. 119-122 u. 133; vgl. auch die Aussagen zu Vorteilen der PKR in Kap. 4.2 und 4.3.1.

136 Vgl. dazu z.B. Glaser 1991a, S. 238; Glaser 1991b, S. 301; Glaser 1992, S. 287; Fröhling 1994, S. 245f.

137 Reckenfelderbäumer 1994, S. 124; vgl. auch die dort angegebene Literatur.

138 Vgl. z.B. Roolfs 1996, S. 218-222.

zu, da sie eine entsprechende Kostenaufspaltung vorsieht und auf diese Weise sowohl Voll- als auch Teilkostenbetrachtungen erlaubt. Damit folgt der Verfasser der vorliegenden Arbeit dem Vorschlag einiger Autoren wie z.B. Fröhling, der „das scheinbare Dogma von der Vollkostenorientierung der Prozeßkostenrechnung" für wenig sinnvoll hält.[139]

Ein Kritikpunkt, unter den sich mehrere potentielle Probleme subsumieren lassen, ist der Vorwurf an die PKR, sie sei eine unscharfe Methode bzw. Heuristik.[140] Bei den einzelnen Schritten der KAKR sind einige Abschätzungen, subjektive Entscheidungen und Vereinfachungen vorzunehmen, welche die Qualität der gewonnenen Informationen beeinträchtigen können. Dazu kommt es beispielsweise bei der Abgrenzung der Kooperationsaktivitäten, bei der Festlegung von Kostentreibern oder auch bei den genannten Kostenschlüsselungen. Dieser Kritik ist zu entgegnen, daß die vorliegende Arbeit praktikable Instrumente als Beitrag zu einer anwendungsorientierten Forschung hervorbringen will und daher an einigen Stellen Kompromisse zwischen wissenschaftlicher Exaktheit und praktischer Anwendbarkeit eingehen muß.[141] Etwas provokativer formulieren Cooper/Kaplan: „It is better to be basically correct with activity-based costing ... than to be precisely wrong ... using outdated allocation techniques."[142]

Aufgrund seiner Fokussierung auf Kosten- und Erlösgrößen ist das Nutzenpotential kostenrechnerischer Verfahren für die Planung und Kontrolle von Kooperationen generell eingeschränkt, denn auch andere Größen können für das Kooperationsmanagement von hoher Bedeutung sein. Die KAKR versucht, diese Einschränkung durch explizite Einbeziehung nichtmonetärer Einflußgrößen zu mildern. Dieser Problembereich ist im weiteren Verlauf der Arbeit wieder aufzugreifen.

Abschließend läßt sich auf der Grundlage der vorangegangenen theoretischen Betrachtung feststellen: Vieles spricht dafür, daß die KAKR das Nutzenpotential der Kostenrechnung für das Kooperationscontrolling erhöht und nur wenige Schwächen aufweist.

---

139 Vgl. Fröhling 1994, S. 247.

140 Vgl. Fröhling 1994, S. 245.

141 Die Notwendigkeit solcher Kompromisse beim Einsatz der PKR betonen auch Mayer/Liessmann/Mertens 1996, S. 288f. und Horváth u.a. 1993, S. 612-614.

142 Cooper/Kaplan 1988, S. 100.

„Ohne Wertzuwachs keine Allianz."

(Michael Mirow)

5 Investitionsrechnung als Instrument des Kooperationscontrollings

Im Rahmen des fünften Kapitels ist zu untersuchen, wie die Investitionsrechnung zwecks Wahrnehmung von Aufgaben des Kooperationscontrollings zu gestalten ist. Das Vorgehen zur Erreichung dieses Ziels ist analog zum Vorgehen bei der Kostenrechnung: Im ersten Schritt sind eine kurze Darstellung der hier notwendigen Grundzüge der Investitionsrechnung, eine Erläuterung ihres Nutzenpotentials für das Kooperationscontrolling sowie eine Analyse bereits vorhandener Forschungsbeiträge zu leisten (Kap. 5.1). Der zweite Schritt umfaßt die Untersuchung der Anforderungen, welche sich für die kooperationsbezogene Investitionsrechnung ergeben (Kap. 5.2). Im dritten Schritt stellt Kap. 5.3 unter der Bezeichnung „Kooperationswertrechnung" (KWR) ausführlich das Verfahren vor, welches der Verfasser zur Erfüllung der identifizierten Anforderungen entwickelt hat. Analog zur operativen Budgetierung bei der KAKR wird die strategische Budgetierung als integraler Bestandteil der KWR präsentiert, um eine geschlossene Darstellung von Informationserzeugung mittels Investitionsrechnung und Informationsverwendung für Koordination bzw. Planung und Kontrolle mittels Budgetierung zu erreichen. Am Ende von Kap. 5.3 ist eine kritische Würdigung des Nutzenpotentials der KWR vorzunehmen.

5.1 Grundlegendes zur Investitionsrechnung im Kooperationscontrolling

Investitionsrechnung wird hier verstanden als Konstruktion und Auswertung von Entscheidungsmodellen, welche zur Beurteilung von Investitionen bezüglich quantifizierbarer Ziele dienen.[1] Sie ermöglicht – wie auch die Kostenrechnung – dem Controlling die Versorgung des Managements mit quantitativen, insbesondere monetären Informationen in allen Phasen des Führungsprozesses. „Eine Investitionsrechnung ist stets eine Vorteilsberechnung (Bewertung, Vorteilsprognose) für eine oder mehrere Investitionen bei meistens zwei oder mehr Teilperioden der Planung."[2] Ihr Wesen wird verdeutlicht durch die Betrachtung des Investitionsbegriffes: „Eine Investition ist eine für eine längere Frist beabsichtigte Bindung finanzieller Mittel in materiellen oder immateriellen Objekten, mit der Absicht, diese Objekte in Verfolgung

---

1 Vgl. Götze/Bloech 1995, S. 1; Kruschwitz 1995, S. 1; Perridon/Steiner 1997, S. 37. Investitionsrechnung ist also gemäß dem Verständnis des Verfassers der vorliegenden Arbeit nicht auf monetäre Aspekte beschränkt (vgl. auch Rückle 1989, S. 52). Zur Kennzeichnung der Investitionsrechnung als Entscheidungsmodell vgl. Krause 1973, S. 13-17.

2 Schweitzer/Küpper 1995, S. 52 (im Original teilweise fett).

einer individuellen Zielsetzung zu nutzen."[3] Die Investitionsrechnung bildet also immer eine Entscheidungssituation mit längerfristigen Wirkungen ab, d.h. sie unterstützt vor allem strukturbezogene Entscheidungen. Sie unterscheidet sich damit von der eher kurzfristig orientierten Kostenrechnung. Ein weiterer Unterschied liegt im expliziten Bezug der Investitionsrechnung auf Entscheidungsalternativen bzw. -kalküle.[4] Investitionsrechnung und Kostenrechnung dienen unterschiedlichen Aufgabenstellungen, ergänzen sich aber dabei. Sie weisen eine enge Beziehung zueinander auf, insbesondere weil die Kostenrechnung für die Ermittlung und Analyse von Rechengrößen der Investitionsrechnung hilfreich sein kann.[5]

Entscheidungsmodelle, und damit auch Verfahren der Investitionsrechnung, lassen sich in folgende Teilsysteme untergliedern:[6]

- Das Alternativensystem enthält alle Handlungsalternativen. Diese lassen sich durch die Ausprägung einer oder mehrerer Entscheidungsvariablen beschreiben.[7]
- Das Umweltsystem umfaßt die vom Entscheider nicht bzw. kaum beeinflußbaren Umweltvariablen, welche auf die Ergebnisse einwirken.[8] Eine bestimmte Konstellation von Ausprägungen der für eine Entscheidungssituation relevanten Umweltvariablen wird als Umweltzustand bezeichnet.[9]
- Das Ziel- und Ergebnissystem besteht aus Zielfunktion und Ergebnisfunktion. Die Zielfunktion gibt an, welche Zielgrößen verfolgt werden und welche Präferenzen bezüglich dieser Zielgrößen gelten.[10] Die Ergebnisfunktion ordnet jeder Kombination aus Handlungsalternative und Umweltzustand eine Ausprägung bezüglich der Zielgröße(n) zu.

Diese kurzen Ausführungen zu den Teilsystemen zeigen bereits, daß Entscheidungsmodelle alle im Regelkreismodell enthaltenen Arten von Variablen berücksichtigen[11] und deuten damit die Eignung der Investitionsrechnung zur Unterstützung von Planungs- und Kontrollaufgaben an. Durch genauere Festlegungen bezüglich der abgegrenzten drei Teilsysteme lassen sich

---

3 Kern 1974, S. 8; ähnlich z.B. Pflaumer 1995, S. 1. Neben dieser recht weiten, in der vorliegenden Arbeit vertretenen Begriffsauffassung sind in der Literatur zahlreiche andere Auffassungen zu finden (vgl. zur Diskussion verschiedener Begriffsauffassungen z.B. Rückle 1983, S. 459-462; Sierke 1990, S. 72-75).

4 Vgl. zur Abgrenzung von Investitionsrechnung und Kostenrechnung z.B. Schweitzer/Küpper 1995, S. 52-55.

5 Dies wird für KAKR und KWR insbesondere in Kap. 5.3.3 deutlich. Zur Beziehung bzw. Verknüpfung von Kostenrechnung und Investitionsrechnung vgl. z.B. Baden 1997, S. 227-242; Ossadnik 1998, S. 42-45; Hoitsch/Lingnau 1999, S. 352-354.

6 Vgl. z.B. Bamberg/Coenenberg 1996, S. 12-30; Laux 1998, S. 19f. Diese Autoren differenzieren vier Teilsysteme, da sie Ziel- und Ergebnissystem trennen. In der vorliegenden Arbeit werden diese beiden Teilsysteme aufgrund ihrer sehr engen Verflechtung (Ergebnisse sind letztlich Ausprägungen von Zielgrößen) zusammengefaßt (vgl. Laux 1998, S. 21 u. 26f.).

7 Vgl. Laux 1998, S. 20f.

8 In der Literatur sind auch die Bezeichnungen „Umweltbedingungen", „Umweltfaktoren", „Umweltsituationen" u.ä. anzutreffen (vgl. z.B. Schneider 1992a, S. 24; Rieper 1992, S. 47; Laux 1998, S. 21f.).

9 Vgl. Bamberg/Coenenberg 1996, S. 16.

10 Vgl. Schneider 1992a, S. 22f.; Götze/Bloech 1995, S. 38; Bamberg/Coenenberg 1996, S. 26f.

11 Vgl. Kap. 3.2, insbes. S. 63f. u. 68; vgl. auch Anderson/Sweeney/Williams 1979, S. 6-10.

einzelne Investitionsrechnungsverfahren charakterisieren (z.B. Kapitalwertverfahren, Nutzwertanalyse).

Das beträchtliche Nutzenpotential der Investitionsrechnung für das Kooperationscontrolling geht bereits aus den Ausführungen im ersten Teil der Arbeit hervor. Es ist im Verlauf des fünften Kapitels weiter zu verdeutlichen und nun kurz allgemein zu erläutern. Aus den oben dargelegten Eigenschaften der Investitionsrechnung folgt, daß sie in erster Linie kooperationsgestaltungsbezogene Entscheidungen unterstützt. Sie bildet Entscheidungs-, Umwelt- und Zielvariablen des Kooperationsmanagements sowie die Beziehungen zwischen diesen quantitativ modelliert ab. Auf diese Weise erlaubt die Investitionsrechnung eine erfolgszielorientierte Bewertung und Analyse von Entscheidungsalternativen. Sie kann eine umfassende Informationsversorgung für entscheidungsvorbereitende und -überwachende Aufgaben sicherstellen, wenn sie analog zur Kostenrechnung bezüglich der Variablen jeweils Plan-, Wird- und Istgrößen berücksichtigt. Die Investitionsrechnung kann sowohl zur Beurteilung der absoluten als auch der relativen Vorteilhaftigkeit von Entscheidungsalternativen dienen.[12]

Das Nutzenpotential der Investitionsrechnung ist – wie bei der Kostenrechnung – situativ verschieden und hängt von zahlreichen Eigenschaften des Kooperationssystems ab, so daß eine entsprechende situative Anpassung der Investitionsrechnung notwendig ist.[13]

Bevor nun die Anforderungen an die kooperationsbezogene Investitionsrechnung untersucht und Empfehlungen zur Erfüllung dieser Anforderungen erarbeitet werden, ist zu überprüfen, inwieweit in der wirtschaftswissenschaftlichen Literatur vorliegende Beiträge dabei nützen können. Eine ausführliche Literaturanalyse ergab, daß einige Beiträge existieren, welche Investitionsrechnung im Zusammenhang mit Kooperationen behandeln. Hervorzuheben sind in diesem Zusammenhang die Arbeiten von Lützig[14] und Michel[15].

Lützig gibt zunächst einen kritischen Überblick vorhandener Ansätze[16] und entwickelt dann einen eigenen Lösungsansatz zur Beurteilung von Kooperationen basierend auf der Nutzwertanalyse. Dabei zeigt er detailliert die einzelnen Vorgehensschritte und Anwendungsmöglichkeiten auf, liefert jedoch keine empirische Überprüfung. Lützig versucht nicht, die Anforderungen des Kooperationsmanagements an die Investitionsrechnung im allgemeinen oder an die Nutzwertanalyse im speziellen systematisch herauszuarbeiten, so daß sein Ansatz kaum kooperationsspezifische Merkmale aufweist.

---

12 Vgl. z.B. Blohm/Lüder 1995, S. 49.
13 Vgl. die Ausführungen dazu in Kap. 5.3.2.
14 Vgl. Lützig 1982.
15 Vgl. Michel 1996.
16 Vgl. Lützig 1982, S. 36-63. Dabei erläutert Lützig sowohl primär monetäre Ansätze (z.B. Rühle von Lilienstern 1963, S. 151-155; Plaßmann 1974, S. 53-56 u. 61-66) als auch nutzwertanalytisch ausgerichtete Ansätze (z.B. Gerth 1971, S. 46-52 u. 78-80; Herz 1973).

Michel entwickelt ein Konzept für wertorientiertes Management strategischer Allianzen. Dabei wendet er unter der Bezeichnung „Wertsteigerungsanalyse“ kapitalwertorientierte Verfahren auf strategische Allianzen an. Als methodische Besonderheit zeigt Michel kurz das Problem verschiedener Betrachtungsebenen einer Allianz (gemeinsame versus individuelle Bewertung) auf.[17] Seiner Auffassung nach unterscheidet sich die Vorgehensweise bei strategischen Allianzen „prinzipiell nicht von der konventionellen Vorgehensweise der Wertsteigerungsanalyse“[18], so daß lediglich „eine Überprüfung einzelner Positionen bei der Cash-flow Ermittlung und der Kapitalkostenbestimmung“[19] erforderlich ist.

Neben den Ansätzen von Lützig und Michel beinhalten auch andere Arbeiten zum Kooperationsmanagement bzw. -controlling Hinweise für die instrumentelle Unterstützung von Kooperationsgestaltungsentscheidungen.[20] Außerdem besitzen viele Arbeiten, die sich konkret mit Verfahren zur Bestimmung der optimalen Koordinationsform beschäftigen, für die hier verfolgte Thematik Relevanz.[21] In diesem Zusammenhang sind auch einige der bereits in Kap. 4.1 angesprochenen Ansätze zur Koordinationskostenrechnung zu nennen, da sie teilweise Merkmale der Investitionsrechnung aufweisen.[22] In Monographien zur Investitionsrechnung findet sich nur sehr selten eine Verbindung zum Kooperationsmanagement. Eine Ausnahme bildet das Werk von Jaspersen, der Investitionen im überbetrieblichen Kontext thematisiert, dabei allerdings nur wenige methodische Erkenntnisse aufzeigt.[23] Einige der angesprochenen Arbeiten enthalten Erkenntnisse, die im weiteren Verlauf des fünften Kapitels hilfreich sein können und Berücksichtigung finden werden.

Zusammenfassend läßt sich feststellen, daß die im Zuge der umfassenden Literaturanalyse identifizierten Beiträge die hier beabsichtigte, systematische, allgemeine (d.h. nicht kooperationsformspezifische) Anpassung der Investitionsrechnung an die Anforderungen des Kooperationsmanagements zwar nicht leisten, aber wesentliche Bausteine dafür liefern.

---

17 Vgl. Michel 1996, S. 100f. Außerdem berücksichtigt Michel Probleme, die sich aus der internationalen Ausrichtung ergeben, welche er als Merkmal strategischer Allianzen ansieht. Da die internationale Ausrichtung aber nicht allgemein als konstitutives Merkmal von Kooperationen betrachtet wird, erfolgt in der vorliegenden Arbeit keine Untersuchung der damit verbundenen Probleme.

18 Michel 1996, S. 104.

19 Michel 1996, S. 104.

20 Vgl. z.B. die laut Fußnote 16 bei Lützig genannten Ansätze; Bronder 1993a, S. 40-49 u. 72-74; Hippe 1997, S. 231-240. Auf bestimmte Kooperationsformen richten sich die Arbeiten von Meckl und Fröhls: Meckl zeigt ein umfangreiches Entscheidungsmodell zur Gestaltung internationaler Unternehmenskooperationen auf (vgl. Meckl 1993). Fröhls thematisiert umfassend das Kapitalwertverfahren in Verbindung mit der Vorteilhaftigkeit von Joint-Venture-Strategien (vgl. Fröhls 1995).

21 Vgl. z.B. Rugman/Lecraw/Booth 1985, S. 122-128; Casson 1987, S. 121ff.; Contractor/Lorange 1988; Grote 1990; Henkel 1992, S. 76-147; Berlien 1993, S. 113-152 u. 176-193; Sell 1994, S. 30-71; Trumpp 1995, S. 164-245. Die entsprechende Literatur orientiert sich vor allem an der Transaktionskostentheorie und bekannten Investitionsrechnungsverfahren, enthält aber durchaus auch andersartige Ansätze (z.B. die Heranziehung des Kernkompetenzansatzes für die Koordinationsformentscheidung (vgl. Hinterhuber 1996, S. 121-136)).

22 Vgl. Albach 1988, insbes. S. 1161; Fröhling 1994, insbes. S. 289f.

23 Vgl. Jaspersen 1997, S. 210-241 u. 395-400.

5.2 Anforderungen an die kooperationsbezogene Investitionsrechnung

Im folgenden sind die Anforderungen an die kooperationsbezogene Investitionsrechnung zu spezifizieren. Dabei interessieren in erster Linie die aus den Besonderheiten des Kooperationscontrollings resultierenden Anforderungen, denn aus diesen ergibt sich der Adaptionsbedarf für die Investitionsrechnung. Es sei daran erinnert, daß wesentliche Besonderheiten in der unternehmensübergreifenden Ausrichtung sowie in spezifischen Inhalten (bestimmte Arten bzw. Kombinationen von Variablen im Regelkreismodell) bestehen. Analog zum Vorgehen bei der Kostenrechnung erfolgt die Spezifikation sequentiell für die in Kap. 5.1 genannten Teilsysteme der Investitionsrechnung.

Die Handlungsalternativen als Elemente des Alternativensystems kooperationsbezogener Entscheidungen sind auf verschiedene Ausprägungen einer oder mehrerer Entscheidungsvariablen des Kooperationsmanagements beschränkt. Es bestehen jedoch Ursache- und Wirkungszusammenhänge zwischen den Entscheidungsvariablen des Kooperationsmanagements und Entscheidungsvariablen außerhalb des Kooperationssystems. Daher muß die Investitionsrechnung Interdependenzen mit Elementen außerhalb des Kooperationssystems berücksichtigen.[24] Aufgrund des breiten Spektrums möglicher kooperationsbezogener Entscheidungen lassen sich bezüglich des Alternativensystems kaum spezifische Anforderungen ableiten. Die Investitionsrechnung muß im Rahmen des Kooperationscontrollings sowohl Einzel- als auch Programmentscheidungen unterstützen.[25] Sie muß sowohl die absolute und relative Vorteilhaftigkeit als auch die optimale Nutzungsdauer beurteilen können.[26] Um die Dynamik des Kooperationssystems zu berücksichtigen, sollte die Investitionsrechnung Handlungsalternativen zu verschiedenen Zeitpunkten berücksichtigen können, d.h. mehrstufig ausgestaltbar sein.[27]

Hinsichtlich des Umweltsystems ergeben sich spezifische Anforderungen insbesondere aus dem mit einzelnen Umweltvariablen verbundenen Informationsstand, der bei Kooperationsgestaltungsentscheidungen stets durch Unsicherheit[28] gekennzeichnet ist. Dabei treten die Umweltzustände teilweise zufällig ein, teilweise werden sie von anderen zielorientiert handelnden Wirtschaftssubjekten bewirkt. In diesem Zusammenhang kommt den Entscheidungsvariablen

---

24 Interdependenzen mit den Entscheidungsvariablen des Partnerunternehmens, d.h. Aspekte der unternehmensübergreifenden Ausrichtung des Kooperationscontrollings in bezug auf das Alternativensystem, werden nicht hier, sondern im Kontext des Umweltsystems betrachtet.

25 Vgl. zur Charakterisierung von Einzel- und Programmentscheidungen Götze/Bloech 1995, S. 48; Kruschwitz 1995, S. 6f.

26 Vgl. zu Nutzungsdauerentscheidungen Götze/Bloech 1995, S. 201-230.

27 Vgl. Götze/Bloech 1995, S. 49.

28 Unsicherheit wird in der vorliegenden Arbeit in Anlehnung an Laux als Oberbegriff für Unsicherheit im eigentlichen Sinne (Entscheider kann keine Wahrscheinlichkeitsurteile bilden) und Risiko (Entscheider kann Wahrscheinlichkeitsurteile bilden) verstanden (vgl. Laux 1998, S. 22f.). Unsicherheit besteht nicht nur in bezug auf das Umweltsystem, sondern in bezug auf alle Teilsysteme der Investitionsrechnung.

des Kooperationspartners eine besondere Bedeutung zu: Sie stellen wesentliche Umweltvariablen aus der Sicht des eigenen Unternehmens dar[29], denn die Kooperationsbeziehung schafft definitionsgemäß eine freiwillige, wechselseitige Verflechtung zwischen den Variablen der kooperierenden Unternehmen. Das Kooperationsmanagement ist also mit Entscheidungssituationen konfrontiert, deren Ergebnis von den Handlungen mehrerer autonomer Entscheidungsträger abhängt, sogenannten Spielsituationen.[30] Folglich muß die Investitionsrechnung im Rahmen des Kooperationscontrollings Unsicherheit bezüglich der Umweltzustände berücksichtigen und Spielsituationen abbilden können.

Bezüglich des Ziel- und Ergebnissystems sind Zielgrößen, Präferenzen und die Ergebnisfunktion zu untersuchen. In Kap. 3.1.3 wurden als mögliche unmittelbare Zielgrößen von Kooperationsstrategien Ressourcenzugang, Kostenreduktion, Risiko-/Lastenteilung und Marktbeeinflussung abgegrenzt. Die Verfolgung solcher Zielgrößen dient der Erreichung bestimmter Ausprägungen übergeordneter Zielgrößen, welche insbesondere in Wettbewerbsvorteilen und im Unternehmenswert zu sehen sind. Als Instrument des Kooperationscontrollings muß die Investitionsrechnung erfolgszielorientierte Informationen liefern, d.h. den Beitrag der Kooperation zum Unternehmenswert abbilden. Zur Beurteilung dieses Beitrags ist ein monetäres Investitionsrechnungsverfahren wie das Kapitalwertverfahren notwendig. Dabei ergeben sich jedoch Prognose-, Zurechnungs- und Quantifizierungsprobleme.[31] Die Transformation aller Variablen in monetäre Größen zwecks Ableitung einer Aussage hinsichtlich des Unternehmenswertes birgt ein großes Fehlerpotential sowie durch die starke Informationsverdichtung einen Informationsverlust in sich. Daher ist ein rein monetäres Verfahren für die Beurteilung von Kooperationsgestaltungsentscheidungen in vielen Fällen nicht hinreichend, sondern bedarf der Ergänzung um ein nicht-monetäres Verfahren, welches die unmittelbaren Ziele der Kooperation abzubilden vermag. Ein solches Verfahren kann zwar die Zurechnungs- und Quantifizierungsprobleme mildern, sie aber nicht beseitigen.[32] Der Informationsgehalt des Verfahrens läßt sich erhöhen, wenn die den unmittelbaren Zielen im Sinne einer Zieldefinition[33] zugehörigen Variablen explizit in das Zielsystem aufgenommen werden. In diesem Zusammenhang ist bei der Verfolgung von Kostenzielen die Notwendigkeit zu beachten, Koordinations- und Durchführungskosten zu unterscheiden, wie im Rahmen der KAKR bereits aufgezeigt wurde.

---

29 Dies ist im Regelkreismodell (siehe Abb. 12 auf S. 68) deutlich ersichtlich.

30 Vgl. Bamberg/Coenenberg 1996, S. 154f.; Güth 1997, S. 3512.

31 Vgl. Meckl 1993, S. 224.

32 Dies erklärt sich daraus, daß die Investitionsrechnung – also auch das hier angesprochene nicht-monetäre Verfahren – definitionsgemäß quantitativ ausgerichtet ist. Wie bei der Kostenrechnung ist es auch bei der Investitionsrechnung notwendig, die Meßbarkeit bzw. Quantifizierbarkeit relevanter Variablen des Kooperationsmanagements durch geeignete Maßnahmen sicherzustellen.

33 Vgl. Schneider 1992a, S. 23.

Das Zielsystem muß Angaben zu Präferenzen enthalten, und zwar in bezug auf den Endzustand jeder Zielgröße (Höhenpräferenz), die Gewichtung einzelner Zielgrößen (Artenpräferenz), verschiedene Zeitpunkte des Ergebnisanfalls (Zeitpräferenz) und verschiedene Unsicherheitsgrade des Ergebnisanfalls (Unsicherheitspräferenz).[34] Die Angabe von Höhenpräferenzen ist selbstverständlich, denn für eine Entscheidung wird eine Anweisung benötigt, was mit jeder Zielgröße getan werden soll (z.B. Maximierung des Unternehmenswertes). Da Kooperationsstrategien in der Regel mehr als eins der genannten unmittelbaren Kooperationsziele verfolgen, muß die Investitionsrechnung auch die Gewichtung einzelner Zielgrößen ermöglichen. Außerdem muß sie Zeitpräferenzen berücksichtigen (dynamische Verfahren), da Kooperationsgestaltungsentscheidungen grundsätzlich längerfristige Wirkungen besitzen. Schließlich hat die Investitionsrechnung auch Unsicherheitspräferenzen einzubeziehen, denn die Ergebnisse von Kooperationsgestaltungsentscheidungen sind stets mit Unsicherheit verbunden.

Bezüglich der Ergebnisfunktion als letztem zu untersuchenden Bestandteil des Ziel- und Ergebnissystems ergeben sich kaum zusätzliche, besondere Anforderungen. Hier ist lediglich das Heranziehen der KAKR zur Ermittlung von Ergebnissen zu nennen. Die KAKR kann einen wesentlichen Beitrag zur Überwindung der oben erwähnten Zurechnungs- und Quantifizierungsprobleme leisten.

Bereits im Rahmen des Umweltsystems wurde die Notwendigkeit gezeigt, Variablen des Partnerunternehmens zu berücksichtigen. Die unternehmensübergreifende Ausrichtung des Kooperationscontrollings erfordert, alle Teilsysteme der Investitionsrechnung des Kooperationspartners explizit einzubeziehen. Die Handlungen und Ergebnisse des eigenen Unternehmens hängen von den Handlungen und Ergebnissen des Partners ab. Um die damit vorliegende Spielsituation vollständig abbilden zu können, sind nicht nur – wie oben bereits angesprochen – die Handlungsalternativen des Partners, sondern auch die Umweltzustände aus dessen Sicht zu betrachten, denn auch sie determinieren über die Ergebnisfunktion seine Ergebnisse. Außerdem erfordert eine vollständige Abbildung der Spielsituation die Berücksichtigung der Zielfunktion des Partners, denn diese ermöglicht die Bewertung der Ergebnisse und stellt eine wichtige Nebenbedingung für die eigene Zielfunktion dar.

Die explizite Einbeziehung der einzelnen Teilsysteme des Partners kann durch die Bildung von Annahmen, durch Austausch entsprechender Informationen und Abstimmung der Teilsysteme oder durch gemeinsame Durchführung der Investitionsrechnung geschehen. Die hiermit angesprochene Frage nach Art und Intensität der Zusammenarbeit bei der Investitionsrech-

34 Vgl. Bamberg/Coenenberg 1996, S. 26f. Diese sprechen von „Risiko- bzw. Unsicherheitspräferenzrelation", da sie bezüglich der Unsicherheitsthematik eine andere Begriffsverwendung vornehmen als die vorliegende Arbeit.

nung ist ein situativ zu lösendes Entscheidungsproblem.[35] In jedem Fall aber dürfte es sinnvoll bzw. erforderlich sein, die Zusammenarbeit nicht auf die Lenkung des Kooperationssystems zu beschränken, sondern auch auf die für seine Gestaltung notwendigen Investitionen zu beziehen.[36]

Teilsystem der Investitionsrechnung	**Anforderung**
Alternativensystem	1) Die Entscheidungsvariablen des Kooperationsmanagements zur Bildung von Handlungsalternativen heranziehen! 2) Interdependenzen der jeweiligen Entscheidungsvariablen mit anderen Variablen im Unternehmenssystem berücksichtigen! 3) Verfahren einsetzen, welche sowohl Einzelentscheidungen als auch Programmentscheidungen unterstützen, absolute und relative Vorteilhaftigkeit sowie optimale Nutzungsdauer beurteilen können und mehrstufig ausgestaltbar sind!
Umweltsystem	4) Handlungsalternativen des Kooperationspartners als unsichere Umweltzustände einbeziehen! 5) Verfahren einsetzen, die Berücksichtigung von Unsicherheit erlauben!
Ziel- und Ergebnissystem	6) Unternehmenswert als Zielgröße durch monetäres Verfahren berücksichtigen! 7) Ergänzend nicht-monetäres Verfahren zur Milderung von Zurechnungs- und Quantifizierungsproblemen einsetzen! 8) Unmittelbare Kooperationsziele als Zielgrößen explizit einbeziehen! 9) Koordinations- und Durchführungskosten unterscheiden! 10) Verfahren verwenden, welche Höhen-, Arten-, Zeit- und Unsicherheitspräferenzen abbilden können! 11) KAKR als Hilfe zur Ermittlung von Ergebnissen heranziehen! 12) Zielfunktion des Partners als Nebenbedingung einbeziehen!
teilsystemübergreifend	13) Spielsituation in der Investitionsrechnung abbilden! 14) Investitionsrechnung mit Kooperationspartner abstimmen oder (teilweise) gemeinsam durchführen!

Abb. 21: Anforderungen an die kooperationsbezogene Investitionsrechnung

In Kap. 5.3 ist nun ein Investitionsrechnungsverfahren aufzuzeigen, das die hergeleiteten Anforderungen, welche Abb. 21 im Überblick zeigt, erfüllt. Dies geschieht, indem zunächst ein geeignetes allgemeines Verfahren (gegebenenfalls auch mehrere) ausgewählt und dann durch Festlegung einiger Modellelemente zu einem spezifischen Verfahren weiterentwickelt wird.[37]

---

[35] Vgl. die Ausführungen dazu in Kap. 5.3.2.

[36] Vgl. ähnlich Jaspersen 1997, S. 238.

[37] Vgl. Laux 1998, S. 15 u. 317.

5.3 Kooperationswertrechnung

5.3.1 Kapitalwertverfahren und Nutzwertanalyse als Grundlage der Kooperationswertrechnung

Das Kapitalwertverfahren wurde aus folgenden Gründen als eine Grundlage der KWR ausgewählt: Einerseits ist es in der Praxis weit verbreitet[38] und in der Theorie als überlegenes unter den monetären Investitionsrechnungsverfahren weitgehend anerkannt[39]. Andererseits erfüllt es viele der in Kap. 5.2 hergeleiteten Anforderungen und erlaubt in Verbindung mit weiteren Verfahren die weitgehende Erfüllung aller dieser Anforderungen. Das wird im weiteren Verlauf von Kap. 5.3 deutlich und daher hier nicht näher erläutert.[40]

Vorab sei angemerkt, daß das Kapitalwertverfahren im folgenden pagatorisch, also an Zahlungsgrößen ausgerichtet ist. Investitionsrechnungen können auch kalkulatorisch, d.h. an Kosten und Erlösen orientiert sein.[41] Es lassen sich jedoch „erhebliche Vorteile der zahlungsorientierten Rechnung feststellen."[42]

Das Kapitalwertverfahren beurteilt Handlungsalternativen bzw. Investitionsobjekte bezüglich der Zielgröße „Kapitalwert". Der Kapitalwert ist die Summe der mit einem Kalkulationszinsfuß auf einen Betrachtungszeitpunkt diskontierten Zahlungsüberschüsse.[43] Er „drückt die zu erwartende Erhöhung oder Verminderung des Geldvermögens bei gegebenem Verzinsungsanspruch"[44] aus. Die wichtigsten Prämissen für die Anwendung des Kapitalwertverfahrens sind die Existenz eines vollkommenen Kapitalmarktes sowie die Bestimmbarkeit von Höhe und zeitlicher Verteilung der relevanten Zahlungen.[45]

Während das Kapitalwertverfahren in der klassischen Investitionstheorie in erster Linie zur Bewertung von Anlageinvestitionen diente, wird es heute für nahezu alle längerfristigen Entscheidungen mit monetärer Zielsetzung herangezogen.[46] Seit einigen Jahren findet es unter der

---

38 Eine Übersicht zu entsprechenden empirischen Studien geben Blohm/Lüder 1995, S. 50-54. Beispielsweise zeigt die Untersuchung von Wehrle-Streif einen Verbreitungsgrad von 56% für den deutschsprachigen Raum (vgl. Wehrle-Streif 1989, S. 20).

39 Vgl. z.B. Perridon/Steiner 1997, S. 86.

40 Schon eine grobe Überprüfung der existierenden Investitionsrechnungsverfahren hinsichtlich der Anforderungen offenbart die Überlegenheit des Kapitalwertverfahrens für die hier vorliegende Problemstellung.

41 Vgl. zu dieser Problematik auch Rückle 1970, S. 44-47.

42 Rieper 1992, S. 114; vgl. dazu umfassend Hardtmann 1996, S. 137-148.

43 Vgl. z.B. o.V. 1991b, S. 218f.

44 Blohm/Lüder 1995, S. 58.

45 Vgl. z.B. Blohm/Lüder 1995, S. 74f. Trotz einiger Kritikpunkte wird die Notwendigkeit und Sinnhaftigkeit der Unterstellung eines vollkommenen Kapitalmarktes mittels vereinfachender Pauschalannahmen für den Kalkulationszinsfuß in der Literatur weitgehend akzeptiert (vgl. z.B. Perridon/Steiner 1997, S. 89). Den Problemen, welche sich aus der Prämisse der Bestimmbarkeit der relevanten Zahlungen ergeben, begegnet die KWR durch die Integration der Nutzwertanalyse.

46 Vgl. Peschke 1997, S. 80.

Bezeichnung „Wertsteigerungsanalyse“ (auch „Shareholder Value-Analyse“) als zentrales Instrument des unternehmenswertorientierten Managements (Shareholder Value-Ansatz) in Theorie und Praxis große Beachtung.[47] In diesem Zusammenhang soll das Kapitalwertverfahren die Auswirkungen strategischer Entscheidungen bzw. Maßnahmen auf den Unternehmenswert transparent machen und damit die Ausrichtung von Entscheidungen des Managements an den Interessen der Anteilseigner gewährleisten.[48] Um diese Aufgabenstellung zu bewältigen, muß das Kapitalwertverfahren Entscheidungsalternativen des Managements auf die gleiche Weise beurteilen, wie Anteilseigner das Unternehmen bzw. Teile davon als Investitionsalternative bewerten. Die Wertsteigerungsanalyse bildet damit die Entscheidungslogik ab, die Kapitalgebern in der Kapitalmarkttheorie zugesprochen wird.[49] Dies erreicht sie durch Berücksichtigung der Verzinsungserwartungen der Kapitalgeber im Kalkulationszinsfuß und der aus Sicht der Kapitalgeber freien Cash Flows als Zahlungsgrößen.[50] Ein weiteres spezifisches Merkmal der Wertsteigerungsanalyse ist der explizite Bezug auf das gesamte Unternehmen bzw. auf komplette Geschäftsbereiche. Da Kooperationen sich meistens nur auf einzelne Aktivitäten beziehen, ist die Betrachtung der Zahlungsgrößen des gesamten Unternehmens bzw. eines kompletten Geschäftsbereiches in vielen kooperationsbezogenen Entscheidungssituationen nicht sinnvoll. Oft kann es hinreichend und angemessen sein, die Betrachtung auf die unmittelbar durch die Entscheidung verursachten Änderungen von Zahlungsströmen zu beschränken. Auch so wird die Auswirkung auf den Unternehmenswert transparent, sofern die Bestimmung des Kalkulationszinsfußes und der Zahlungsgrößen kapitalgeberorientiert erfolgt. Die KWR benutzt Kapitalwerte sowohl in einer Absolutbetrachtung (Wert des gesamten Unternehmens, eines kompletten Geschäftsbereiches bzw. des zum eigenen Unternehmen gehörigen Teils des Kooperationssystems) als auch in einer Relativbetrachtung (Veränderung des Wertes durch eine Handlungsalternative).

Um der in Kap. 5.2 hergeleiteten Anforderung nachzukommen, ergänzend ein nichtmonetäres Verfahren einzusetzen, soll die Nutzwertanalyse als zweiter Grundpfeiler der KWR dienen. Zu diesem Zweck kommen auch andere multikriterielle Entscheidungsunterstützungsverfahren in Frage, z.B. der Analytische Hierarchie-Prozeß.[51] Die Nutzwertanalyse erhält hier

---

47 Die Beachtung zeigt sich in zahlreichen Publikationen sowie in empirischen Studien (vgl. z.B. Englert/Scholich 1998, S. 684). Nicht alle in der Literatur unter der Bezeichnung „Wertsteigerungsanalyse“ aufgezeigten Ansätze sind kapitalwertorientiert. Kapitalwertorientiert sind die für alle weiteren Ansätze zur Wertsteigerungsanalyse grundlegende Arbeit von Rappaport (vgl. Rappaport 1986) und der Großteil der mittlerweile vorliegenden Arbeiten (vgl. z.B. Bühner 1990; Copeland/Koller/Murrin 1990; Herter 1994; Klien 1995); für nicht (rein) kapitalwertorientierte Ansätze vgl. z.B. Stewart 1991; Lehmann 1994b; Lewis 1994. Unternehmenswertorientiertes Management stößt zwar seit einigen Jahren auf gesteigertes Interesse, doch entsprechende Ansätze finden sich auch in älteren Werken (vgl. z.B. Fruhan 1979).

48 Vgl. Michel 1996, S. 60.

49 Vgl. Michel 1996, S. 60. Die Ansätze zur Wertsteigerungsanalyse vereinigen Gedankengut aus Kapitalmarkttheorie, Investitionsrechnung und strategischem Management.

50 Detailliertere Ausführungen zu Kalkulationszinsfuß und Zahlungsgrößen folgen in Kap. 5.3.3.

51 Vgl. für eine Übersicht entsprechender Verfahren Götze/Bloech 1995, S. 135-143.

aufgrund ihrer Einfachheit[52] und ihrer Beliebtheit in der Praxis[53] den Vorzug. Sie ordnet die in einer Entscheidungssituation vorhandenen Handlungsalternativen entsprechend den Präferenzen des Entscheidungsträgers bezüglich mehrerer Zielgrößen, indem sie für jede Alternative einen Nutzwert ermittelt.[54] Der Nutzwert ist dimensionslos und in hohem Maße von subjektiven Werturteilen abhängig.[55] Der Vorteil der Nutzwertanalyse liegt darin, daß sie eine strukturierte, rechnerisch einfache und gut nachvollziehbare Bearbeitung jeder Art von Entscheidungsproblemen sicherstellen kann.[56] Im Rahmen des Controllings ist die Nutzwertanalyse insbesondere für Entscheidungssituationen geeignet, in denen explizit mehrere Zielgrößen zu berücksichtigen sind und/oder eine monetäre Bewertung der Ergebnisse nicht möglich, mit Schwierigkeiten behaftet bzw. gemäß Zielfunktion des Entscheidungsträgers nicht erforderlich ist.[57] Während die Wertsteigerungsanalyse eine bestimmte Zielgröße zugrunde legt, sind bei der Nutzwertanalyse die Zielgrößen situationsspezifisch auszuwählen. In der Literatur zur Investitionsrechnung wird oft darauf hingewiesen, daß monetäre Verfahren (z.B. das Kapitalwertverfahren) und die Nutzwertanalyse sich gegenseitig ergänzen können.[58] Dies macht sich die KWR zunutze.

5.3.2 Grundzüge der Kooperationswertrechnung

Die vom Verfasser der vorliegenden Arbeit entwickelte KWR dient der entscheidungsvorbereitenden und -überwachenden Beurteilung kooperationsbezogener Handlungsalternativen bezüglich quantifizierbarer Ziele, wobei der Steigerung des Unternehmenswertes als Ziel eine besondere Bedeutung zukommt. Die KWR kombiniert Kapitalwertverfahren und Nutzwertanalyse und paßt sie den Anforderungen des Kooperationsmanagements an. Die Bezeichnung „Kooperationswertrechnung" wurde gewählt, um den Kooperationsbezug, den Charakter der zentralen Zielgrößen (Kapitalwert bzw. Nutzwert) und die quantitative Ausrichtung des Instrumentes in einem Wort zusammenzufassen. Analog zur KAKR ermöglicht die Integration des Instrumentes „strategische Kooperationsbudgetierung" die Nutzung der durch die KWR gewonnenen Informationen zur koordinierenden Verhaltenssteuerung des Kooperationssystems. Außerdem werden Sensitivitätsanalyse und Spieltheorie als unterstützende Verfahren zur Berücksichtigung von Unsicherheit bzw. zur Einbeziehung der Entscheidungsmodellkomponenten des Kooperationspartners in die KWR integriert. Die weiteren Charakteristika der KWR ergeben sich aus den Merkmalen der in ihr kombinierten Verfahren sowie aus

---

52 Vgl. Götze/Bloech 1995, S. 150.
53 Vgl. Schneeweiß 1991, S. 120.
54 Vgl. Zangemeister 1976, S. 45.
55 Vgl. Zangemeister 1976, S. 45f.
56 Vgl. Götze/Bloech 1995, S. 150.
57 Vgl. Blohm/Lüder 1995, S. 177; Horváth 1998, S. 507.
58 Vgl. z.B. Blohm/Lüder 1995, S. 177; Reichmann 1997, S. 248.

den in Kap. 5.2 hergeleiteten Anforderungen. Sie werden im Verlauf von Kap. 5.3 deutlich und hier nicht aufgelistet, um Wiederholungen zu vermeiden.

Wie bei der KAKR ergeben sich auch bei der Ausgestaltung der KWR einige Fragen, welche situativ in Abhängigkeit von den Eigenschaften des Kooperationssystems bzw. der jeweiligen Entscheidungssituation zu beantworten sind. Solche Fragen betreffen insbesondere die Art der mit der KWR abzubildenden Entscheidungsprobleme, die Art und Intensität der Zusammenarbeit mit dem Kooperationspartner bei der KWR sowie die Komplexität (Umfang, Genauigkeit) der KWR. Diese drei Problembereiche hängen eng miteinander zusammen.

Mit der KWR lassen sich alle Entscheidungsprobleme abbilden, die sich aus den Entscheidungsvariablen des Kooperationsmanagements ergeben. Als wesentliche Kooperationsgestaltungsentscheidungen wurden in Kap. 3.2.2 die Koordinationsformwahl (Soll überhaupt eine Kooperationsstrategie verfolgt werden?), die Partnerwahl (Mit welchem Unternehmen soll kooperiert werden?) sowie Konfigurationsentscheidungen (Sammelbegriff für sonstige Gestaltungsentscheidungen bezüglich des Kooperationssystems) genannt.

Die Intensität der Zusammenarbeit mit dem Partnerunternehmen bei der KWR sollte in bezug auf diese Aufzählung von oben nach unten zunehmen. So ist die Entscheidung für oder gegen eine Kooperationsstrategie zwar unter Berücksichtigung der Situation potentieller Partner, aber ohne deren Involvierung in den Entscheidungsprozeß zu fällen. Bei der Partnerentscheidung sind genauere Informationen über potentielle Partner notwendig, und eine gewisse unternehmensübergreifende Verzahnung der jeweiligen Entscheidungsprozesse der beteiligten Unternehmen liegt im Wesen dieser Entscheidung. Bei vielen Arten von Konfigurationsentscheidungen (z.B. Gestaltung der rechtlichen Beziehung, Umfang der beteiligten Ressourcen) sind Entscheidungen gemeinsam zu fällen bzw. genau abzustimmen. Jaspersen weist darauf hin, daß der Aufbau von Kooperationen mit Investitionen verbunden ist und daß gemeinsame Informationsstrukturen gefunden werden müssen.[59] „Gemeinsame Investitionen sind vor allem davon abhängig, daß jeder Beteiligte den anderen Einblick in die eigene Handlungssphäre erlaubt.“[60] Die jeweilige Intensität der Zusammenarbeit bezüglich einer Entscheidung muß sich beim Einsatz der KWR widerspiegeln. Neben der Art der zu unterstützenden Entscheidung wirken sich verschiedene, bereits festgelegte Gestaltungsvariablen (z.B. Formalisierungs- und Institutionalisierungsgrad, Fristigkeit, Art der Ressourcenverknüpfung) auf die Intensität aus.[61] Eine genauere Bestimmung der optimalen Intensität der Zusammenarbeit bei der KWR wie auch der optimalen Komplexität der KWR ist – wie bereits bei der KAKR erläutert – situativ mittels informationsökonomischer Überlegungen vorzunehmen.

---

59 Vgl. Jaspersen 1997, S. 399.

60 Jaspersen 1997, S. 400.

61 Vgl. Michel 1996, S. 100f.

Um die KWR in der optimalen Komplexität durchführen zu können, sind Vereinfachungsmaßnahmen hinsichtlich ihres Alternativen-, Umwelt- sowie Ziel- und Ergebnissystems möglich, z.B. eine Beschränkung der Anzahl einbezogener Umweltzustände.[62] Außerdem ist zu erwägen, die KWR nur für Entscheidungen einzusetzen, welche signifikante Auswirkungen auf den Unternehmens- bzw. Kooperationserfolg erwarten lassen (Koordinationsformwahl, Partnerwahl und wesentliche Konfigurationsentscheidungen wie z.B. umfangreiche Investitionen in Ressourcen). Einige Vereinfachungsmöglichkeiten werden im Rahmen der einzelnen Vorgehensschritte der KWR diskutiert.

Um die angestrebte anwendungsorientierte Adaption der Investitionsrechnung zu leisten, ist im folgenden die Vorgehensweise der KWR zu erläutern. Abb. 22 zeigt das Vorgehensschema der KWR, welches der Verfasser zur Erfüllung der in 5.2 aufgeführten Anforderungen erarbeitet hat.

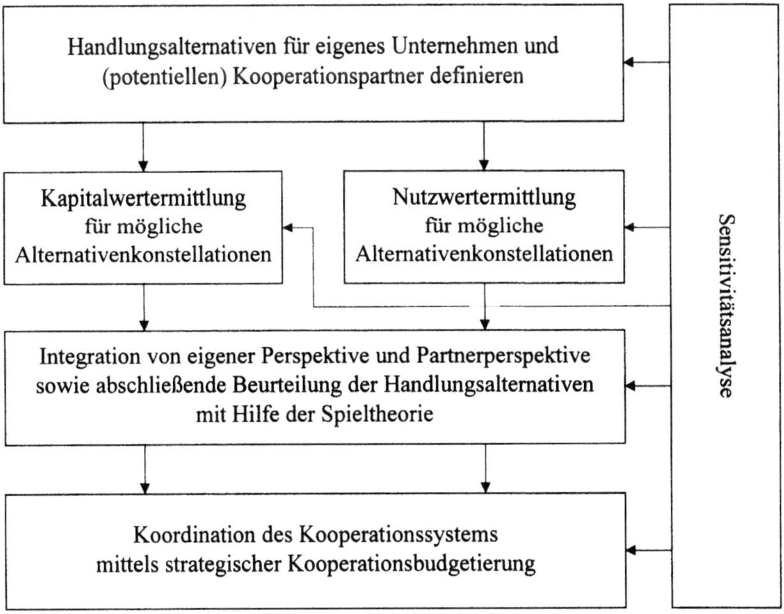

Abb. 22: Vorgehensschema der KWR

62 Vgl. ausführlich zur Vereinfachung von Entscheidungsmodellen Laux 1998, S. 369-400 sowie die dort angegebene Literatur.

Obwohl die KWR den gesamten Prozeß der Kooperationsgestaltung unterstützt, unterstellen die nachfolgenden Ausführungen zwecks besserer Verständlichkeit und Übersichtlichkeit zumeist den Einsatz der KWR im Rahmen der Planung. Während bei der Planung in der Regel eine von mehreren Handlungsalternativen anhand erwarteter Ergebnisse ausgewählt wird, erfolgt bei der Kontrolle die Überwachung der ausgewählten Alternative anhand der zum Kontrollzeitpunkt bereits eingetretenen bzw. dann erwarteten Ergebnisse.

Im ersten Schritt der KWR sind die Handlungsalternativen des eigenen Unternehmens und des Kooperationspartners in Form bestimmter Ausprägungen einer oder mehrerer Entscheidungsvariablen des Kooperationsmanagements zu definieren. Gemäß dem Prinzip der vollkommenen Alternativenstellung ist dabei das gesamte Alternativenspektrum abzubilden, so daß der Entscheidungsträger gezwungen ist, eine der betrachteten Alternativen zu ergreifen.[63] Er darf aber nur eine der Alternativen realisieren können, d.h. die Alternativen müssen sich gegenseitig ausschließen.[64] Zwecks Vereinfachung kann eine Fokussierung auf wenige Alternativen erfolgen, z.B. durch Verdichtung ähnlicher Alternativen zu einer Alternative oder durch Vernachlässigung derjenigen Alternativen, welche offensichtlich von einer anderen Alternative dominiert werden bzw. welche keine Realisierungschancen besitzen.[65] Zur Einengung des Alternativenraums und zur Konkretisierung einzelner Handlungsalternativen kann es nützlich sein, die vier Vorgehensschritte der KWR mehrfach zu durchlaufen. Für die Definition von Handlungsalternativen können Kreativitäts- und Problemstrukturierungstechniken (z.B. Brainstorming, morphologischer Kasten, Mind Mapping) hilfreich sein.

Im zweiten Schritt verläuft die KWR zweigleisig, indem zum einen die Kapital- und zum anderen die Nutzwertermittlung erfolgt. Kapital- und/oder Nutzwerte für das eigene Unternehmen sind für Kooperationsentscheidungen nicht hinreichend. Da die Zielfunktion des Kooperationspartners eine Nebenbedingung für die eigene Zielfunktion darstellt, ist die Kapital- bzw. Nutzwertermittlung auch aus Sicht des Partners oder abgestimmt oder gemeinsam mit ihm durchzuführen. Werden in Verbindung mit Handlungsalternativen des eigenen Unternehmens verschiedene Handlungsalternativen des Partners für möglich gehalten, sind Kapital- bzw. Nutzwerte für jede mögliche Alternativenkonstellation zu berechnen, und zwar nicht nur für das eigene Unternehmen, sondern auch für das Partnerunternehmen.

Aus den Ausführungen in Kap. 5.2 geht hervor, daß zumindest bei wesentlichen Entscheidungen sowohl Kapital- als auch Nutzwerte zu bestimmen sind. Durch die Kapitalwerte werden

---

63 Vgl. Bamberg/Coenenberg 1996, S. 14f.

64 Vgl. Bamberg/Coenenberg 1996, S. 14f. Eine Alternative kann auch ein Bündel von möglichen Handlungen bzw. von Konstellationen bestimmter Entscheidungsvariablen sein. Die damit angesprochene Problematik von Programmentscheidungen wird in der vorliegenden Arbeit nicht näher betrachtet, und zwar aufgrund des Mangels an in der Praxis verbreiteten und bewährten Verfahren für Programmentscheidungen sowie zwecks Vermeidung einer weiteren Erhöhung der Komplexität der Ausführungen zur KWR. Vgl. zu Programmentscheidungen z.B. Götze/Bloech 1995, S. 241-309 u. 377-400; Kruschwitz 1995, S. 176-246.

65 Vgl. Laux 1998, S. 375.

die Auswirkungen auf die übergeordnete Erfolgszielgröße (Unternehmenswert) transparent, während die Nutzwerte der Ergänzung und Absicherung der Kapitalwerte dienen. Kapital- und Nutzwertermittlung können zu unterschiedlichen Aussagen hinsichtlich der Vorteilhaftigkeit von Handlungsalternativen gelangen. In diesem Fall existieren drei Möglichkeiten, um eine eindeutige Aussage zu erhalten:

- Auswahl einer der beiden Größen als Entscheidungskriterium;
- Umwandlung der beiden Größen in eine Größe über eine entsprechende Zielfunktion;
- Ursachenanalyse der unterschiedlichen Ergebnisse und Wiederholung von Kapital- bzw. Nutzwertermittlung, bis kompatible Ergebnisse vorliegen.

Die Auswahl einer dieser Möglichkeiten ist situativ unter Abwägung der jeweiligen Vor- und Nachteile vorzunehmen. Der zweite Schritt der KWR wird in Kap. 5.3.3 (Kapitalwertermittlung) und in Kap. 5.3.4 (Nutzwertermittlung) näher erläutert, denn hier liegt ihr methodischer bzw. investitionsrechnerischer Kern.

Gegenstand des dritten Schrittes der KWR sind die zusammenführende Darstellung der gesamten Entscheidungssituation und die abschließende Beurteilung der Handlungsalternativen mit Hilfe der Spieltheorie. Hier werden die Kapital- bzw. Nutzwerte aus der eigenen Perspektive einerseits und aus der Perspektive des Partnerunternehmens andererseits integriert betrachtet mit dem Ziel, Handlungsempfehlungen für das eigene Unternehmen abzuleiten. Da die explizite Berücksichtigung der Perspektive des Kooperationspartners, d.h. seines Alternativen-, Umwelt- sowie Ziel- und Ergebnissystems, ein wichtiges und spezifisches Merkmal der KWR ist, erläutert Kap. 5.3.5 den dritten Schritt der KWR detailliert.

Der vierte Schritt schließlich beinhaltet den Einsatz der gewonnenen Informationen zur Koordination des Kooperationssystems mit Hilfe der strategischen Kooperationsbudgetierung, welche als Schnittstelle zur Durchsetzung der abgeleiteten Handlungsempfehlungen fungiert. Wird die KWR entscheidungsvorbereitend eingesetzt, ist in diesem Schritt die Erstellung und Vereinbarung entsprechender Budgets vorzunehmen. Bei entscheidungsüberwachendem Einsatz der KWR dagegen steht an dieser Stelle eine Kontrolle bestehender Budgets und damit eine Beurteilung von Entscheidungen und Handlungen, die zu einem früheren Zeitpunkt erfolgt sind. Die strategische Kooperationsbudgetierung ist Gegenstand von Kap. 5.3.6.

Um Kooperationsgestaltungsentscheidungen unterstützen zu können, muß die KWR eine geeignete Methodik zur Berücksichtigung von Unsicherheit beinhalten. Eine solche Methodik bietet die KWR nicht nur durch die spieltheoretische Analyse (für die gesonderte Einbeziehung der aus dem Verhalten des Kooperationspartners resultierenden Unsicherheit), sondern auch durch die Sensitivitätsanalyse, welche die genannten vier Schritte der KWR begleitet und unterstützt. Außerdem findet die Unsicherheit bei der Kapitalwertberechnung im Kalkulationszinsfuß und gegebenenfalls über die Einbeziehung von Optionen Berücksichtigung, wie in Kap. 5.3.3 zu erläutern ist. Es wird darauf zu achten sein, die Unsicherheit nicht doppelt einfließen zu lassen.

Die Sensitivitätsanalyse überprüft, wie empfindlich die Outputgrößen der KWR (Kapital- bzw. Nutzwerte) auf Veränderungen von Inputgrößen (Entscheidungsvariablen, Umweltvariablen) reagieren.[66] Dabei können nützliche Informationen für das Management durch die Beantwortung von zwei Arten von Fragestellungen gewonnen werden:[67]

- Wie ändert sich der Kapital- bzw. Nutzwert bei vorgegebener Variation einer oder mehrerer Inputgrößen der KWR?
- Welchen Wert darf eine bzw. welche Wertekombinationen dürfen mehrere Inputgrößen der KWR annehmen, ohne daß der Kapital- bzw. Nutzwert einen vorgegebenen Wert über- oder unterschreitet?

Die Sensitivitätsanalyse ermöglicht zu beurteilen, wie sich bestimmte Veränderungen auf die absolute oder relative Vorteilhaftigkeit einer Handlungsalternative auswirken. Außerdem hilft sie einzuschätzen, welche Inputgrößen den größten Effekt auf die Outputgröße haben, d.h. am stärksten erfolgskritisch sind. Bezüglich der Nutzwerte können und sollen nicht nur wesentliche Entscheidungs- und Umweltgrößen variiert werden, sondern auch die einbezogenen Zielgrößen (Gewichtung), da diese möglicherweise ebenso einer dynamischen Entwicklung unterliegen. Die Sensitivitätsanalyse ist im Zuge der einzelnen Schritte der KWR anzusprechen, doch umfangreiche Ausführungen sind nicht notwendig.

5.3.3 Kapitalwertermittlung im Rahmen der Kooperationswertrechnung

Das Kapitalwertverfahren verkörpert im Rahmen der KWR die monetäre Komponente, indem es die Auswirkungen kooperationsbezogener Entscheidungen auf den Unternehmenswert abbildet. Voraussetzung dafür ist die kapitalgeberorientierte Bestimmung von Kalkulationszinsfuß und Zahlungsgrößen. Zunächst ist der Betrachtungszeitraum festzulegen, dann sind die freien Cash Flows und die Kapitalkosten zu ermitteln, um abschließend den Kapitalwert (Absolutbetrachtung) bzw. seine Veränderungen (Relativbetrachtung) berechnen zu können.[68]

Festlegung des Betrachtungszeitraums

Die Festlegung des Betrachtungszeitraums ist grundsätzlich an der geplanten Wirkungsdauer der zu beurteilenden Entscheidung zu orientieren. Beispielsweise kann bei der Entscheidung,

---

66 Vgl. z.B. Kruschwitz 1995, S. 273.

67 Vgl. Blohm/Lüder 1995, S. 251; Götze/Bloech 1995, S. 320.

68 Grundsätzliche Berechnungselemente der Kapitalwertberechnung sind stets Zahlungen, Kalkulationszinsfuß und Nutzungsdauer bzw. Betrachtungszeitraum (vgl. z.B. o.V. 1991c, S. 224f. für das Kapitalwertverfahren allgemein; Herter 1994, S. 40f. für die kapitalwertorientierte Wertsteigerungsanalyse).

ob überhaupt eine Kooperationsstrategie verfolgt werden soll, der Betrachtungszeitraum dem Zeitraum bis zur Erreichung der Kooperationsziele entsprechen.[69] Problematisch ist, daß der Wirkungszeitraum von Kooperationsgestaltungsentscheidungen unbegrenzt oder aber nicht genau abschätzbar sein kann. Außerdem muß bedacht werden, daß die Prognosesicherheit bezüglich der freien Cash Flows mit zunehmendem Betrachtungszeitraum abnimmt. Aus diesen Gründen ist eine detaillierte Planung der freien Cash Flows nur für einen begrenzten Zeitraum sinnvoll.[70] In der Literatur zur Wertsteigerungsanalyse werden als Richtgröße für strategische Entscheidungen Detailplanungszeiträume zwischen drei und zehn Jahren genannt.[71] Die Berücksichtigung von Entscheidungsauswirkungen nach dem Detailplanungszeitraum erfolgt vereinfacht, indem entweder eine kontinuierliche Entwicklung des freien Cash Flows mit einer bestimmten Wachstumsrate oder – falls eine Desinvestition vorgesehen ist – die Liquidation bzw. Veräußerung der betroffenen Ressourcen unterstellt wird.[72] Um bei der KWR vergleichbare Ergebnisse zu erhalten, ist der gleiche Detail- und Gesamtbetrachtungszeitraum einerseits für alle Handlungsalternativen und andererseits – sofern eine Abstimmung oder gemeinsame Durchführung der KWR mit dem Partnerunternehmen stattfindet – von beiden an der Kooperation beteiligten Unternehmen zugrunde zu legen.

Ermittlung der freien Cash Flows

Ein freier Cash Flow wird definiert als Zahlungsüberschuß, der zur Ausschüttung an die Eigen- und Fremdkapitalgeber zur Verfügung steht, d.h. nicht für Steuern oder sonstige zur Durchführung der Handlungsalternative notwendigen Auszahlungen benötigt wird.[73] Die für die KWR relevanten freien Cash Flows resultieren aus der Betriebs- und Investitionstätigkeit bezüglich der (potentiellen) Kooperationsaktivitäten. Sie spiegeln folglich das Aktivamanagement wider und sind zu maximieren, während die unten zu betrachtenden Kapitalkosten das Passivamanagement ausdrücken und zu minimieren sind.[74] Für jede Konstellation von Handlungsalternativen sind für das eigene Unternehmen und für den Kooperationspartner die relevanten freien Cash Flows für alle Perioden des Detailbetrachtungszeitraums zu prognostizieren (bei entscheidungsvorbereitendem Einsatz der KWR) bzw. zu messen (bei ent-

69 Vgl. Michel 1996, S. 177.

70 Vgl. z.B. Glesti 1995, S. 79.

71 Vgl. z.B. Rappaport 1981, S. 141; Gomez/Weber 1989, S. 31; Bühner/Weinberger 1991, S. 192f.; Spremann 1992, S. 373; Copeland/Koller/Murrin 1993, S. 236f.; Brune 1995, S. 72f.

72 Vgl. Herter 1994, S. 52f.; Hardtmann 1996, S. 77f. Günther schlägt anstelle der hier vorgenommenen Zweiteilung eine Dreiteilung des Betrachtungszeitraums vor, und zwar in Planungszeitraum (detaillierte Planung), Anpassungszeitraum (Planung auf Basis von Trenderwartungen) und Restzeitraum (Zukunftserfolg auf konstantem Niveau) (vgl. Günther 1997, S. 109f.).

73 Vgl. Hahn 1995, S. 332; Horváth 1998, S. 497. Die KWR folgt also dem in der Literatur oft als Gesamtkapitalmethode oder auch Bruttomethode bezeichneten Vorgehen, ließe sich prinzipiell aber auch als Eigenkapitalmethode ausgestalten (siehe zu einem Vergleich dieser alternativen Vorgehensweisen ausführlich Hardtmann 1996, S. 107-132).

74 Vgl. Bühner 1994, S. 54.

scheidungsüberwachendem Einsatz).[75] Folglich ist die Anzahl zu errechnender Kapitalwerte doppelt so groß wie die Anzahl möglicher Alternativenkonstellationen.[76] Die damit verbundene, gegebenenfalls recht hohe Komplexität dürfte in der Regel mit EDV-Unterstützung gut zu bewältigen sein. Es bietet sich an, die freien Cash Flows lediglich für eine Alternativenkonstellation detailliert zu ermitteln, um dann die Ermittlung für die anderen Konstellationen durch entsprechende Veränderung der betroffenen Variablen vorzunehmen. Ein gewisser Berechnungsaufwand dürfte für die zu unterstützenden Kooperationsgestaltungsentscheidungen gerechtfertigt sein. Zu beachten ist, daß die Handlungsalternativen Interdependenzen mit Aktivitäten außerhalb des Kooperationsaktivitätssystems und damit Auswirkungen auf deren freie Cash Flows aufweisen können. Die Berücksichtigung solcher Interdependenzen ist sicherzustellen, um die Auswirkungen auf den Unternehmenswert vollständig zu erfassen.

Cash Flows können direkt unter ausschließlicher Verwendung von Zahlungsgrößen oder indirekt ausgehend vom Periodenerfolg (Jahresüberschuß/-fehlbetrag) durch Korrektur um diverse Positionen ermittelt werden.[77] Wie allgemein für die Wertsteigerungsanalyse, so ist auch im Rahmen der KWR die indirekte Methode empfehlenswert.[78] Auf diese Weise können Informationen, die aus dem Rechnungswesen vertraut und verfügbar sind, verwendet werden. Konkret bedeutet das hier, daß für jede Handlungsalternative zunächst Erlöse und Kosten (ohne Zinsen und Steuern) bzw. bei Relativbetrachtung deren Veränderungen für jede Periode des Detailbetrachtungszeitraums mit Hilfe der KAKR zu ermitteln sind. Die KAKR ermöglicht, (potentielle) Kooperationsaktivitäten abzugrenzen und ihnen Erlöse und Kosten zuzurechnen.[79] Außerdem läßt sich durch ihren Einsatz sicherstellen, daß auch bei der KWR Koordinations- und Durchführungskosten separat und explizit Berücksichtigung finden. Für die Kapitalwertberechnung können sowohl operative als auch strategische Aktivitäten relevant sein, wobei sich letztere vor allem auch in Form außerordentlicher Positionen zeigen.[80] Die freien Cash Flows sind für operative und strategische Aktivitäten getrennt zu betrachten, insbesondere um ungerechtfertigte Fortschreibungen außerordentlicher Werte zu verhindern.[81] Dies

---

75 Relevant können gemäß den Ausführungen in Kap. 5.3.1 die freien Cash Flows (bei Relativbetrachtung nur deren Veränderung) des gesamten Unternehmens, eines kompletten Geschäftsbereiches bzw. des zum eigenen Unternehmen gehörigen Teils des Kooperationssystems sein.

76 Es kann auch sinnvoll sein, die freien Cash Flows zunächst für das Kooperationssystem insgesamt zu ermitteln und dann über eine Verteilungsregel auf die kooperierenden Unternehmen aufzuteilen.

77 Vgl. Wöhe 1997, S. 835-840.

78 Vgl. die Übersicht bei Günther, welche Definitionen des freien Cash Flows für 14 Autoren bzw. Autorengruppen zeigt (vgl. Günther 1997, S. 113-116). Der wesentlichste Vorteil der direkten Methode liegt darin, daß Zahlungsgrößen ohne durch Bewertungen entstandene Verzerrungen aus der Buchhaltung extrahiert werden können. Dieser Vorteil erscheint jedoch hier kaum realisierbar, da eine vollständige Ermittlung der Zahlungen, welche aus einer kooperationsbezogenen Entscheidung resultieren, meistens nur durch Zurechnungen möglich sein dürfte. Zur Vorteilhaftigkeit der indirekten Methode vgl. auch Herter 1994, S. 56f.

79 Vgl. ausführlich Kap. 4.3.

80 Vgl. Copeland/Koller/Murrin 1993, S. 137; Hardtmann 1996, S. 69.

81 Vgl. Refäuter 1990, S. 139-147.

wird durch die KAKR erleichtert, da sie die Kooperationsaktivitäten bzw. die dazugehörigen Kosten und Erlöse entsprechend aufteilt.

Im Falle einer Absolutbetrachtung von Erlösen und Kosten liegen mit deren Differenz nun Periodenerfolge vor. Diese sind um Abschreibungen und andere nicht zahlungswirksame Kosten zu erhöhen sowie um relevante Steuerzahlungen und Investitionen in Anlage- und Umlaufvermögen zu vermindern, um freie Cash Flows zu erhalten.[82] Bei Relativbetrachtung sind für alle diese Berechnungselemente die durch die jeweilige Handlungsalternative verursachten Veränderungen zu bestimmen.

Für die oben bereits angekündigte vereinfachte Berücksichtigung des Zeitraums nach dem Detailbetrachtungszeitraum geschieht die Ermittlung des freien Cash Flows in Form des Residualwertes. Dieser kann bei geplanter Beendigung der Handlungsalternative ein Liquidations- bzw. Veräußerungserlös sein. Ist keine Beendigung geplant, wird der Residualwert üblicherweise als konstante bzw. konstant wachsende oder schrumpfende ewige Rente berechnet, d.h. er ergibt sich mittels Division des nachhaltig erzielbaren freien Cash Flows durch den Kalkulationszinsfuß bzw. durch die Differenz aus Kalkulationszinsfuß und Wachstumsrate.[83] Der Residualwert stellt oft einen großen oder sogar den größten Anteil des Unternehmenswertes dar, so daß die Ermittlung (der Veränderung) seiner Höhe mit besonders großer Sorgfalt und Genauigkeit erfolgen muß.[84]

Zukünftige freie Cash Flows sind durch Unsicherheit gekennzeichnet, da sie für mehrere Jahre zu prognostizieren sind und den Wirkungen vieler Einflußgrößen unterliegen. Die Berücksichtigung der Unsicherheit im Rahmen der KWR soll, wie in der Literatur zur Wertsteigerungsanalyse überwiegend vorgeschlagen, durch einen Risikozuschlag im Kalkulationszinsfuß erfolgen, was unten noch genauer zu erläutern ist.[85] Dies setzt voraus, daß die freien Cash Flows als Erwartungswerte berechnet werden.[86] Eine besondere Form der Sensitivitätsanalyse, nämlich die in der Praxis weit verbreitete Dreifachrechnung, ermöglicht eine solche Berechnung.[87] Die Dreifachrechnung nimmt eine vereinfachte Beurteilung der Wahrscheinlichkeits-

---

82 Vgl. Rappaport 1995, S. 25f. Die zahlreichen Ansätze zur Ermittlung freier Cash Flows unterscheiden sich jeweils bezüglich einiger Berechnungspositionen (vgl. für US-amerikanische Ansätze z.B. Copeland/Koller/ Murrin 1993, S. 131; Lewis 1994, S. 41; für eine Übertragung auf deutsche Verhältnisse z.B. Herter 1994, S. 57; Hachmeister 1995, S. 65). Diese Quellen erläutern Details der Berechnung von freien Cash Flows.

83 Vgl. Herter 1994, S. 68-72; Michel 1996, S. 111f.

84 Vgl. Hardtmann 1996, S. 80f.

85 Zur Berücksichtigung von Unsicherheit werden auch andere Verfahren vorgeschlagen (vgl. z.B. Blohm/ Lüder 1995, S. 247-286 u. 321-337; Kruschwitz 1995, S. 268-325; Günther 1997, S. 323-330).

86 Vgl. Ballwieser 1994, S. 1397; Hachmeister 1995, S. 141.

87 Zur Dreifachrechnung als besonderer Form der Sensitivitätsanalyse vgl. Däumler 1996, S. 185-188. Die Dreifachrechnung wird von einigen Autoren empfohlen (vgl. z.B. Breid 1994, S. 167-183; Günther 1997, S. 327-329 und die dort angegebenen Autoren). Zu ihrer Verbreitung in der Praxis vgl. Wehrle-Streif 1989, S. 50-58; Däumler 1996, S. 173f.; Kraege 1997, S. 240. Die Dreifachrechnung erscheint vorteilhaft, da eine explizite Zuordnung von Wahrscheinlichkeiten zu einzelnen, für möglich gehaltenen freien Cash Flows mit einigen Problemen verbunden ist (vgl. Breid 1994, S. 168).

verteilung im Sinne einer Bandbreitenplanung vor, indem sie für jeden freien Cash Flow jeweils einen optimistischen, den wahrscheinlichsten und einen pessimistischen Wert einbezieht.[88] Es stellt sich also im Sinne der Sensitivitätsanalyse die Frage, welchen Wert der freie Cash Flow einer bestimmten Periode annimmt, wenn seine Einflußgrößen optimistisch (bzw. mit ihrem wahrscheinlichsten Wert oder pessimistisch) eingeschätzt werden.[89] Aus den drei Werten läßt sich der Erwartungswert näherungsweise berechnen.[90] In die Kapitalwertberechnung fließt nur der jeweilige Erwartungswert ein, denn eine Diskontierung der drei Werte mit einem risikoangepaßten Kalkulationszinsfuß würde eine doppelte Berücksichtigung der Unsicherheit bedeuten.[91] Da die Kapitalwertermittlung separat für jede Alternativenkonstellation und somit bei gegebenem Verhalten des Partners erfolgt, fließt die aus dem Verhalten des Partners resultierende Unsicherheit nicht in die drei Werte ein. Diese wird mittels spieltheoretischer Analyse im dritten Schritt der KWR berücksichtigt.

Eine Ausnahme von der aufgezeigten Methodik zur Berücksichtigung von Unsicherheit liegt in bezug auf Optionen vor, welche bei der Kapitalwertermittlung ein zusätzliches Berechnungselement darstellen können. Optionen lassen sich im vorliegenden Kontext als zukünftige Handlungsalternativen verstehen, welche bei der jetzigen Entscheidung für eine bestimmte Alternative offen bleiben und deren Realisierung von einer weiteren Entscheidung in der Zukunft abhängt.[92] Kooperationsgestaltungsentscheidungen können mit Optionen verbunden sein, so daß eine vollständige Beurteilung die Einbeziehung der Werte dieser Optionen erfordert.[93] Für die Kapitalwertberechnung bedeutet dies, daß sie mehrstufig auszugestalten ist. In der jüngeren Literatur wird als Lösungsansatz die Quantifizierung der Optionswerte mit Berechnungsverfahren nach Black/Scholes diskutiert.[94] Dies ist jedoch eine sehr komplexe und in den meisten Fällen nicht lösbare Aufgabe, da die notwendigen Informationen nicht bzw. nicht mit hinreichender Genauigkeit beschafft werden können.[95] Als Alternative bietet sich das bereits seit langem in der Investitionstheorie bekannte Entscheidungsbaumverfahren an. Dieses ermöglicht die Berücksichtigung von Folgeentscheidungen unter Unsicherheit im Ka-

---

88 Vgl. z.B. Breid 1994, S. 167-170; Däumler 1996, S. 185-188; zum Bandbreitenprinzip als Grundsatz der Unternehmensbewertung vgl. Moxter 1990, S. 110-113.

89 Zusätzlich zu dieser systematischen Berücksichtigung der Unsicherheit aller freien Cash Flows kann die Sensitivitätsanalyse im Rahmen der KWR durch vereinzelte Untersuchungen ausgewählter Variablen Nutzen stiften, wie auf S. 135f. in Kap. 5.3.2 erläutert wurde.

90 Sei der optimistische Wert als O, der wahrscheinlichste Wert als W und der pessimistische Wert als P bezeichnet, dann gilt unter den vereinfachenden Annahmen, daß das Intervall O-P sechs Standardabweichungen umfaßt und das Gewicht von W doppelt so hoch ist wie das der beiden Extrempunkte: Erwartungswert = (O+P+4W)/6 und Varianz = $((O-P)/6)^2$ (vgl. Breid 1994, S. 169 bzw. die dort angegebenen Quellen).

91 Vgl. Hachmeister 1995, S. 141f.

92 Vgl. Kester 1984, S. 154; Herter 1994, S. 83; Michel 1996, S. 85.

93 Fröhls und Michel fordern beide die Berücksichtigung von Optionen, die sich aus dem Eingehen von Kooperationen ergeben (vgl. Fröhls 1995, insbes. S. 104f.; Michel 1996, S. 85-87 u. 112). Michel gibt anschauliche Hinweise zur Identifikation von Optionen (vgl. Michel 1996, S. 154f.).

94 Vgl. Fröhls 1995, S. 105-124; Michel 1996, S. 157-159.

95 Vgl. Herter 1994, S. 84f.

pitalwert und ist daher im Rahmen der KWR für entsprechende Entscheidungssituationen zu benutzen.[96]

Bestimmung des Kalkulationszinsfußes

Der Kalkulationszinsfuß verkörpert Pauschalannahmen über Finanzierungs- und Wiederanlagemöglichkeiten des Investors.[97] Er wird zur Diskontierung der zu unterschiedlichen Zeitpunkten anfallenden freien Cash Flows verwendet, so daß diese gleichnamig und damit addierbar werden. Außerdem kann der Kalkulationszinsfuß zur Berücksichtigung von Unsicherheit, Steuerwirkungen und Inflation dienen.[98] Die Steuerwirkungen werden hier aus Vereinfachungsgründen nicht näher erläutert.[99] In bezug auf Inflation und Unsicherheit gilt das Äquivalenzprinzip: Erstens müssen sich die freien Cash Flows und der Kalkulationszinsfuß hinsichtlich der Inflation entsprechen, d.h. beide sind entweder auf der Basis von Real- oder Nominalwerten zu bestimmen.[100] Zweitens müssen sie sich hinsichtlich der Unsicherheit entsprechen, d.h. sie müssen den gleichen Grad von Unsicherheit aufweisen bzw. berücksichtigen.[101] Wie oben bereits angekündigt, wird die Unsicherheit im Rahmen der KWR über Erwartungswerte der freien Cash Flows und dementsprechend über einen risikoangepaßten Kalkulationszinsfuß berücksichtigt.[102]

Als Grundlage zur Bestimmung der Höhe von Kalkulationszinsfüßen bei Unsicherheit sind die Kapitalkosten geeignet.[103] Diese spiegeln die Verzinsungserwartungen der Kapitalgeber wider und enthalten damit auch deren Unsicherheitspräferenzen. Der Kalkulationszinsfuß ergibt sich demnach aus den gewichteten Kapitalkosten der Eigen- und Fremdkapitalgeber (gewichtete Kapitalkosten = Eigenkapitalkosten * Eigenkapitalquote + Fremdkapitalkosten * Fremdkapitalquote).

Die Fremdkapitalkosten lassen sich anhand der tatsächlichen bzw. erwarteten Zinsbelastung der entsprechenden Fremdfinanzierungsformen bestimmen.[104] Da hinsichtlich des Eigenkapitals in der Regel keine explizit vereinbarten Verzinsungen vorliegen, werden in der Literatur kapitalmarktorientierte Verfahren zur Ermittlung der Eigenkapitalkosten empfohlen, insbe-

---

96 Vgl. zum Entscheidungsbaumverfahren Götze/Bloech 1995, S. 349-367.

97 Vgl. Schneider 1992a, S. 102.

98 Vgl. zu den Funktionen des Kalkulationszinsfußes Krause 1973, S. 154-172; Blohm/Lüder 1995, S. 149; Perridon/Steiner 1997, S. 86-89.

99 Unter bestimmten Bedingungen wirken sich die Steuern nicht auf den Kalkulationszinsfuß aus, sofern sie bereits bei der Ermittlung der freien Cash Flows berücksichtigt wurden (vgl. Herter 1994, S. 50f.). Zur Berücksichtigung von Steuern im Kalkulationszinsfuß vgl. Herter 1994, S. 45-52; Kruschwitz 1995, S. 346-353; Günther 1997, 191-198.

100 Vgl. Herter 1994, S. 52.

101 Vgl. Moxter 1990, S. 155f.

102 Damit erhält hier die Risikozuschlagsmethode den Vorzug gegenüber der Sicherheitsäquivalenzmethode (vgl. dazu Herter 1994, S. 42f.; Günther 1997, S. 323-330).

103 Vgl. Kruschwitz 1995, S. 341-346.

104 Vgl. Unzeitig/Köthner 1995, S. 82-84; Hardtmann 1996, S. 71f.

sondere das Capital Asset Pricing Model (CAPM) und die Arbitrage Pricing Theory (APT).[105] Diese Verfahren postulieren, daß nur Marktrisiken (systematisches Risiko), z.B. die Konjunkturentwicklung, für die Verzinsungserwartung der Eigenkapitalgeber relevant sind. Unternehmensspezifische Risiken (unsystematisches Risiko) können durch Diversifikation vermieden werden und sind daher irrelevant. Folglich sind auch unternehmensspezifische Risiken, welche sich aus einer Kooperation bzw. aus Kooperationsgestaltungsentscheidungen für ein Unternehmen ergeben, für die Verzinsungserwartungen der Eigenkapitalgeber irrelevant. Insofern ist folgendes Ergebnis, welches Kraege im Rahmen einer Expertenbefragung ermittelt hat, positiv zu werten: „Risiken, die mit einer Kooperation als spezifische Organisationsform und mit der Wahl eines bestimmten Kooperationspartners verbunden sind, werden in der Regel nicht berücksichtigt".[106] Nimmt ein Unternehmen trotzdem Aufschläge für unternehmensspezifische Risiken vor, ist dies nur durch ein nicht unternehmenswertgerechtes Anreizsystem für die Entscheidungsträger oder durch Unvollkommenheiten der Kapitalmärkte zu rechtfertigen.

Das systematische Risiko eines Investitionsobjektes wird mittels eines oder mehrerer Beta-Faktoren gemessen.[107] Die Kapitalkosten, die ein Investitionsobjekt tragen muß, entsprechen der Rendite, die am Kapitalmarkt für eine hinsichtlich des systematischen Risikos äquivalente Kapitalanlage erzielbar ist.[108] Wird bei der KWR der Wert des Unternehmens insgesamt betrachtet, sind unternehmensbezogene Beta-Faktoren zu verwenden. Werden dagegen nur die mit einem Teilbereich des Unternehmens zusammenhängenden freien Cash Flows betrachtet, sind entsprechend speziellere Beta-Faktoren notwendig. Beta-Faktoren für börsennotierte Unternehmen lassen sich recht problemlos ermitteln. Für andere Unternehmen sowie für einzelne Teilbereiche – also auch für einzelne kooperationsbezogene Handlungsalternativen – ist eine genaue Bestimmung in vielen Fällen kaum möglich[109], so daß Behelfsmethoden bzw. Schätzungen benötigt werden.[110]

Zusammenführung der ermittelten Größen zum Kapitalwert

Nach der Bestimmung von Betrachtungszeitraum, freien Cash Flows und Kapitalkosten sind nun die mit den gewichteten Kapitalkosten diskontierten freien Cash Flows zu addieren. Bei Absolutbetrachtung ergibt sich dadurch der Gesamtkapitalwert und nach Subtraktion des Marktwertes des dazugehörigen Fremdkapitals schließlich der Eigenkapitalwert, d.h. der Un-

---

105 Vgl. Michel 1996, S. 113. Die APT ist eine Verallgemeinerung bzw. Weiterentwicklung des CAPM. Trotz der massiven Kritik am CAPM „ist festzuhalten, daß es derzeit keinen besseren und auch in der Praxis akzeptierten Erklärungsansatz gibt, der in der Lage ist, Risiken in Form von Risikoprämien quantitativ und intersubjektiv nachvollziehbar zu erfassen." (Günther 1997, S. 169) Vgl. auch die dort angegebene Literatur.

106 Kraege 1997, S. 240.

107 Vgl. Hachmeister 1995, S. 164f. u. 171; Günther 1997, S. 166f.

108 Vgl. Kruschwitz 1995, S. 345.

109 Vgl. o.V. 1991a, S. 40.

110 Vgl. dazu Michel 1996, S. 117-121; Günther 1997, S. 178-187.

ternehmenswert.[111] Bei Relativbetrachtung ergibt sich die Veränderung des Gesamtkapitalwertes und durch Einrechnung etwaiger durch die Handlungsalternative ausgelöster Veränderungen des Marktwertes des Fremdkapitals schließlich die Veränderung des Eigenkapitalwertes.

Abb. 23 zeigt die einzelnen Berechnungselemente der Kapitalwertermittlung im Überblick, und zwar für die Absolutbetrachtung. Bei Relativbetrachtung müßte die Veränderung der entsprechenden Größe im jeweiligen Feld stehen. Analog zu den bei der KAKR im Mittelpunkt stehenden Kostentreibern lassen sich die Einflußgrößen, welche über die freien Cash Flows bzw. die Kapitalkosten auf den Unternehmenswert wirken, als Werttreiber bezeichnen.

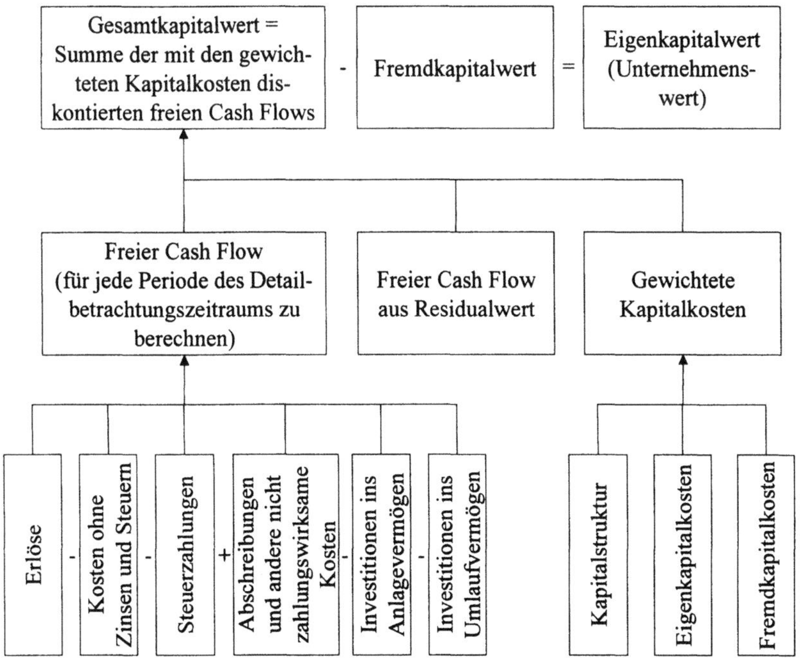

Abb. 23: Überblick der Berechnungselemente des Unternehmenswertes[112]

Aus den errechneten Kapitalwerten können nun Aussagen zur Vorteilhaftigkeit der einzelnen Handlungsalternativen aus der isolierten Sicht eines Unternehmens abgeleitet werden. Für

---

[111] Der Marktwert des Fremdkapitals ergibt sich durch Diskontierung der Nettozahlungsströme gegenüber den Fremdkapitalgebern mit einem risikoadäquaten Kalkulationszinsfuß (vgl. Copeland/Koller/Murrin 1993, S. 125; Unzeitig/Köthner 1995, S. 72; zur Berechnung allgemein auch Günther 1997, S. 198-200). Vgl. zu Gesamt-, Fremd- und Eigenkapitalwert Hardtmann 1996, S. 107f.

[112] Vgl. zu ähnlichen Darstellungen Günther 1997, S. 264-278.

jede Alternativenkonstellation liegt ein Kapitalwert für das eigene Unternehmen und einer für das Partnerunternehmen vor. Bei gegebener Handlungsalternative des Partners gilt: Eine Handlungsalternative ist absolut vorteilhaft, wenn sie den Unternehmenswert erhöht. Sie ist relativ vorteilhaft, wenn sie den Unternehmenswert positiver als jede andere Handlungsalternative beeinflußt. Die Einbeziehung der Interdependenzen zwischen Ergebniswerten des eigenen Unternehmens und des Kooperationspartners (und damit eine abschließende Beurteilung) geschieht im dritten Schritt der KWR.

Vereinfachungen sind bei der Kapitalwertermittlung in vielerlei Hinsicht möglich. Beispielsweise können kleinere Positionen bei der Ermittlung der freien Cash Flows vernachlässigt werden. Bei Vereinfachungen ist jedoch Vorsicht geboten, denn die Genauigkeit der resultierenden Kapitalwerte wird bereits durch Prognose-, Zurechnungs- und Quantifizierungsprobleme beeinträchtigt. Kleine Vereinfachungen können große Wirkungen auf die Kapitalwerte haben, wie sich durch Sensitivitätsanalysen leicht zeigen läßt.

5.3.4 Nutzwertermittlung im Rahmen der Kooperationswertrechnung

Während mit der Kapitalwertermittlung die Auswirkungen kooperationsbezogener Entscheidungen auf den Unternehmenswert als übergeordnete Zielgröße direkt abgebildet werden, erlaubt die Nutzwertermittlung die nicht-monetäre Berücksichtigung der Auswirkungen anhand mehrerer Zielgrößen, verkörpert also im Rahmen der KWR die nicht-monetäre Komponente. Der Unternehmenswert ist zwar auch für die Nutzwertermittlung die übergeordnete Zielgröße, wird jedoch nur indirekt in Form von Unterzielen abgebildet.[113] Um Nutzwerte zu bestimmen[114], sind zunächst die für die jeweilige Entscheidung relevanten Zielgrößen auszuwählen und zu gewichten. Dann wird – analog zur Ermittlung der freien Cash Flows – jeder Konstellation von Handlungsalternativen für das eigene Unternehmen und für den Kooperationspartner ein Zielerfüllungsgrad bezüglich jeder Zielgröße zugeordnet. Die Zielerfüllungsgrade sind in Teilnutzwerte zu transformieren, so daß abschließend durch Addition Nutzwerte für beide Unternehmen für jede mögliche Alternativenkonstellation vorliegen.

Bestimmung und Gewichtung relevanter Zielgrößen

Anhaltspunkte für die Bestimmung relevanter Zielgrößen gibt die in Kap. 3.1.3 vorgenommene Klassifizierung möglicher Kooperationsziele (Ressourcenzugang, Kostenreduktion, Risiko-

---

[113] Nutzwerte können auch andere übergeordnete Zielgrößen abbilden, z.B. die Mitarbeiterzufriedenheit oder das Preis-Leistungs-Verhältnis aus Kundensicht. Aufgrund der in Kap. 2.1.2 dargelegten Erfolgszielorientierung des Controllings wird bei der KWR vor allem der Unternehmenswert als übergeordnete Zielgröße betrachtet. Zielgrößen wie Mitarbeiterzufriedenheit, Preis-Leistungs-Verhältnis etc. können aber als Bewertungskriterium in die Nutzwertermittlung einfließen, sofern sie Interdependenzen mit dem Unternehmenswert bzw. den Charakter einer Nebenbedingung aufweisen.

[114] Vgl. zur Vorgehensweise bei der Nutzwertermittlung z.B. Zangemeister 1976, S. 73; Bechmann 1978, S. 26-30; Lützig 1982, S. 4; Blohm/Lüder 1995, S. 177.

und Lastenteilung, Marktbeeinflussung), die ja Unterziele der Zielgröße Unternehmenswert sind. Für Kooperationsgestaltungsentscheidungen ist grundsätzlich eins oder eine Kombination mehrerer dieser Kooperationsziele relevant. Für die jeweils zu bewältigende Entscheidungssituation muß zunächst geprüft werden, welche der vier Klassen von Kooperationszielen zu berücksichtigen sind. Dann sind die ausgewählten Zielklassen weiter zu spezifizieren, so daß eine Menge von meßbaren, möglichst voneinander nutzenunabhängigen[115] Zielgrößen vorliegt, welche die relevanten Ziele vollständig widerspiegelt. Vollkommene Nutzenunabhängigkeit ist zumeist nicht erreichbar, jedoch ist ein hoher Grad an Nutzenunabhängigkeit anzustreben.[116] Die Meßbarkeit ist gewährleistet, wenn für jede Zielgröße mittels einer Maßskala Zielerreichungsgrade angegeben werden können.[117]

Eine wichtige Grundlage für die Bestimmung der einzelnen Zielgrößen bilden Kenntnisse über die bereits bei der Kapitalwertermittlung angesprochenen Werttreiber bzw. über Erfolgsfaktoren. Werttreiber können monetäre (z.B. Koordinationskosten bzw. deren Veränderung) oder nicht-monetäre (z.B. Geschwindigkeit des Marktzugangs) Einflußgrößen des Unternehmenswertes sein. Erfolgsfaktoren sind Einflußgrößen, die den Erfolg – hier also den Unternehmenswert – maßgeblich determinieren, d.h. wesentliche Werttreiber.[118] Geeignete Quellen für Kenntnisse über die für kooperationsbezogene Entscheidungen relevanten Werttreiber sind Analysen (insbesondere Analysen von Ursache- und Wirkungszusammenhängen, wie in Kap. 4.3.7 aufgezeigt), im Zuge der KAKR identifizierte Kostentreiber oder auch Interviews mit Führungskräften. Des weiteren empfehlen sich Literaturrecherchen, vor allem in der Literatur zur Wertsteigerungsanalyse (allgemeine Hinweise zu Werttreibern) und zum Kooperationsmanagement (Hinweise zu kooperationsspezifischen Erfolgsfaktoren).

Die aus den genannten Quellen gewonnenen Kenntnisse über die Bedeutung der einzelnen Zielgrößen ist für die nun durchzuführende Gewichtung der Zielgrößen sehr hilfreich. „Zur Ermittlung der Zielgewichte ... kann der Entscheidungsträger prinzipiell sämtliche zu kardinalen Gewichten führende Methoden der messenden Bewertung anwenden.“[119] In der Literatur werden mehrere derartige Verfahren aufgezeigt[120], von denen situativ eins unter Abwä-

---

115 Nutzenunabhängigkeit liegt vor, wenn die Zuordnung eines Teilnutzwertes aufgrund eines Zielerfüllungsgrades unabhängig von den übrigen Zielerfüllungsgraden einer Handlungsalternative vorgenommen werden kann (vgl. Zangemeister 1976, S. 77).

116 Zur Nutzenunabhängigkeit vgl. Zangemeister 1976, S. 77-85. Dort finden sich auch Hinweise zur Erreichung eines tolerierbaren Grades an Nutzenabhängigkeit. Lützig zeigt ein Verfahren auf, welches Abhängigkeiten zwischen Zielgrößen aufdeckt, quantifiziert und zu bereinigen versucht (vgl. Lützig 1982, S. 102-111).

117 Vgl. Blohm/Lüder 1995, S. 178.

118 In der Literatur findet sich oft der Begriff „kritische Erfolgsfaktoren“ (vgl. Rockart 1979), so daß hier anstelle von wesentlichen auch von kritischen Werttreibern gesprochen werden kann.

119 Dreyer 1975, S. 98.

120 Beispielsweise stellt Zangemeister als kardinale Skalierungsverfahren die direkte und die indirekte Intervallskalierung sowie die Verhältnisskalierung vor (vgl. Zangemeister 1976, S. 162-226). Rürup nennt die Methode der singulären Vergleiche, die Methode der sukzessiven Vergleiche, das Matrixverfahren sowie das Deltaverfahren (vgl. Rürup 1982, S. 110). Lützig zeigt ein zweistufiges Verfahren paarweiser Vergleiche (vgl. Lützig 1982, S. 90-101).

gung von Kosten und Nutzen auszuwählen ist. Empirische Untersuchungen haben für die Nutzwertermittlung eine gewisse Robustheit gegenüber geringen Veränderungen der Zielgewichtung ergeben, so daß nähere Details zu den Verfahren hier nicht erläutert werden.[121] Grundsätzlich empfiehlt sich zwecks besserer Anschaulichkeit eine Normierung der Summe der Zielgewichte auf 1 oder 100.

Ermittlung von Zielerfüllungsgraden und Transformation in Teilnutzwerte

Nach Bestimmung und Gewichtung der Zielgrößen sind diesen im nächsten Schritt Zielerfüllungsgrade zuzuordnen. Hier findet also die eigentliche Bewertung statt, indem bezüglich jeder Zielgröße eine konkrete Ausprägung auf einer Maßskala geschätzt bzw. gemessen wird. Die Maßskala kann nominal (bloße Klassifizierung von Objekten; Rangordnung und Höhe von Unterschieden nicht bestimmbar; Beispiel: Nationalität des Kooperationspartners), ordinal (Rangordnung bestimmbar, nicht aber die Höhe von Unterschieden; Beispiel: strategischer Fit) oder kardinal (Rangordnung und Höhe von Unterschieden bestimmbar; Beispiel: Kosten) sein.[122] Zukünftige Zielerfüllungsgrade sind durch Unsicherheit gekennzeichnet.[123] Diese findet durch die Sensitivitätsanalyse Berücksichtigung.[124] Wenn bei der Nutzwertermittlung nicht nur Höhen-, Arten- und Unsicherheitspräferenzen, sondern wie bei der Kapitalwertermittlung auch Zeitpräferenzen abgebildet werden sollen, dann sind die Zielerfüllungsgrade für jede relevante Periode separat zu bestimmen und anschließend zu einem Wert zu verdichten.[125] Ein solches Vorgehen ist jedoch nur sehr eingeschränkt empfehlenswert, weil es die Komplexität der Nutzwertermittlung stark erhöht und weil die Verdichtung zu einem Wert in der Regel stark von subjektiven Einschätzungen abhängt.

Die Zielerfüllungsgrade, welche als nominale, ordinale und/oder kardinale Meßwerte unterschiedlichster Dimensionierung vorliegen, sind nun durch Transformation in dimensionslose, kardinale Teilnutzwerte vergleichbar und aggregierbar zu machen.[126] Für nominal oder ordi-

---

[121] Vgl. Dreyer 1975, S. 105f. u. 120f.

[122] Vgl. Clauß/Ebner 1975, S. 25-29; Schneider/Kornrumpf/Mohr 1993, S. 9f.; Blohm/Lüder 1995, S. 184. Kardinalskalen lassen sich weiter in Intervall-, Verhältnis- und Absolutskalen unterteilen.

[123] Nicht nur die Zielerfüllungsgrade, sondern auch andere Elemente der Nutzwertermittlung können mit Unsicherheit behaftet sein. Bei der praktischen Anwendung wären jedoch Informationskosten und Bewertungsschwierigkeiten bei einer weiteren Aufspaltung des Unsicherheitsproblems zu groß (vgl. Zangemeister 1976, S. 301). Deswegen bleibt die Berücksichtigung von Unsicherheit hier auf die Zielerfüllungsgrade beschränkt.

[124] Vgl. zur Sensitivitätsanalyse in Verbindung mit der Nutzwertanalyse Dreyer 1975, S. 163-165; Zangemeister 1976, S. 303-305; Lützig 1982, S. 141-147. Diese Autoren schlagen in diesem Zusammenhang auch die bereits bei der Kapitalwertermittlung erwähnte Dreifachrechnung vor. Die Dreifachrechnung kann zwar auch bei der Nutzwertermittlung zur Bestimmung von Erwartungswerten einzelner Zielerfüllungsgrade dienen. Eine Berechnung von optimistischem, wahrscheinlichstem und pessimistischem Nutzwert erscheint aber nicht empfehlenswert, um die in bezug auf die Anzahl von Nutzwerten ohnehin bestehende Komplexität (jeweils ein Nutzwert für jede Alternativenkonstellation für beide kooperierenden Unternehmen) nicht noch weiter zu erhöhen. Aus ähnlichen Gründen wird die Sensitivitätsanalyse hier gegenüber den anderen bei Dreyer (vgl. Dreyer 1975, S. 166-170) und Zangemeister (vgl. Zangemeister 1976, S. 305-317) genannten Methoden zur Unsicherheitsberücksichtigung präferiert.

[125] Vgl. zu entsprechenden Verfahren und allgemein zur Berücksichtigung mehrerer Perioden bei mehreren Zielkriterien Moog 1993, S. 79-106.

[126] Vgl. Dreyer 1975, S. 57.

nal vorliegende Größen – im Rahmen des Kooperationscontrollings also für Größen wie z.B. Marktbeeinflussung, Fit und Vertrauen – wird durch diese Transformation eine Quantifizierung erreicht. Zwecks systematischer und nachvollziehbarer Durchführung der Transformation empfiehlt es sich, für jede Zielgröße eine Transformationsfunktion zu formulieren, welche jedem Zielerfüllungsgrad einen Teilnutzwert eindeutig zuordnet.[127] Es ist für alle Zielgrößen die gleiche Teilnutzenskala zu verwenden.[128] Die Unterteilung dieser Skala in möglichst viele Intervalle (im Extremfall stetige Skala) ist nicht notwendig, denn Untersuchungen verschiedener Autoren haben gezeigt, „daß in einer konkreten Entscheidungssituation mit einer Vergrößerung der Intervallanzahl über zehn hinaus keine wesentliche Verbesserung der Entscheidungsgrundlagen erreicht werden kann."[129]

Zusammenführung der ermittelten Größen zum Nutzwert

Im letzten Schritt ergibt sich nun der Nutzwert als Summe der mit den Zielgewichten multiplizierten Teilnutzwerte.[130] Analog zu den Kapitalwerten liegt für jede Alternativenkonstellation ein Nutzwert für das eigene Unternehmen und einer für das Partnerunternehmen vor. Bei gegebener Handlungsalternative des Partners gilt: Eine Handlungsalternative ist relativ vorteilhaft, wenn ihr Nutzwert größer ist als der Nutzwert jeder anderen Handlungsalternative. Sie ist absolut vorteilhaft, wenn ihr Nutzwert das Anspruchsniveau des Entscheidungsträgers erfüllt bzw. übersteigt. Das Anspruchsniveau läßt sich bestimmen, indem Mindestzielerfüllungsgrade festgelegt und zu einem Mindestnutzwert aggregiert werden.[131]

Abb. 24 (siehe folgende Seite) zeigt zur Veranschaulichung eine Nutzwertmatrix, die alle Berechnungselemente der Nutzwertermittlung als Spaltenüberschriften beinhaltet. Ein Beispiel für eine Kooperationsgestaltungsentscheidung, bei der die Nutzwertermittlung sehr hilfreich sein kann, ist die Partnerwahl. Alternativen sind dann in verschiedenen Partnerkandidaten zu sehen. Als Zielgrößen kommen insbesondere solche Größen in Frage, welche Aussagen über den strategischen, strukturellen und kulturellen Fit gegenüber einem Partner erlauben.[132] Die Ermittlung freier Cash Flows für die verschiedenen Alternativen dürfte bei der Partnerwahl recht problematisch sein.

---

127 Vgl. zu Transformationsfunktionen (auch unter der Bezeichnung „Zuordnungsfunktionen" oder „Nutzenfunktionen") z.B. Dreyer 1975, S. 57-95.

128 Vgl. Blohm/Lüder 1995, S. 184.

129 Dreyer 1975, S. 76.

130 Für die vorliegenden, kardinal skalierten Teilnutzwerte werden anstelle der hier angenommenen additiven Aggregation in der Literatur auch multiplikative bzw. kombinierte additiv-multiplikative Aggregationsvorschriften diskutiert (vgl. Dreyer 1975, S. 131-134; Zangemeister 1976, S. 272-284). Die additive Verknüpfung ist jedoch aus theoretischer Sicht grundsätzlich überlegen und in der Praxis dominant (vgl. Dreyer 1975, S. 129-132 u. 140-142).

131 Vgl. Lützig 1982, S. 153-156. Bereits die Mindestzielerfüllungsgrade können als „K.o.-Kriterien" dienen, so daß schon auf der Ebene der einzelnen Zielgrößen eine Aussage zur absoluten Vorteilhaftigkeit erfolgt. Zur Beurteilung der Vorteilhaftigkeit mit der Nutzwertanalyse vgl. auch Blohm/Lüder 1995, S. 189f.

132 Vgl. zu solchen Größen Bronder/Pritzl 1991, S. 49-51; Eisele 1995, S. 230-276.

Zielgrößen	Gewichtung	Alternative 1			Alternative 2		
		Zielerfüllungsgrad	Teilnutzwert	Gew. Teilnutzwert	Zielerfüllungsgrad	Teilnutzwert	Gew. Teilnutzwert
Zielgröße A Zielgröße B ...							
Summe/Nutzwert	100%						

Abb. 24: Nutzwertmatrix

Vereinfachungen, welche die Nachvollziehbarkeit und Qualität der Ergebnisse allerdings negativ beeinflussen, sind sowohl bei der Zielgrößenbestimmung und -gewichtung als auch bei der Zuordnung von Zielerfüllungsgraden und Teilnutzwerten möglich. Bei der Zielgrößenbestimmung ist eine Beschränkung auf wesentliche, für die Entscheidungssituation erfolgskritische Größen denkbar. Bei der Gewichtung der Zielgrößen können komplizierte, umfangreiche Verfahren durch Intuition bzw. einfachere Verfahren substituiert werden. Bezüglich der Zielerfüllungsgrade ist durch Senkung des Umfangs der Fundierung einzelner Bewertungen eine Vereinfachung erreichbar. Die Zuordnung von Teilnutzwerten kann vereinfacht werden, indem sie intuitiv und nicht über Transformationsfunktionen erfolgt.

5.3.5 Integration von eigener Perspektive und Partnerperspektive sowie abschließende Beurteilung der Handlungsalternativen mit Hilfe der Spieltheorie

Durch die Bestimmung von Kapital- bzw. Nutzwerten für das eigene Unternehmen und den Partner für alle möglichen Alternativenkonstellationen ist die Grundlage für die in Kap. 5.2 geforderte Abbildung von Spielsituationen geschaffen worden. Die eigene Perspektive, d.h. die Kapital- bzw. Nutzwerte für das eigene Unternehmen, muß nun im Zusammenhang mit der Partnerperspektive, d.h. mit den Kapital- bzw. Nutzwerten für das Partnerunternehmen, betrachtet werden. Auf diese Weise ermöglicht die KWR eine abschließende, gegebenenfalls gemeinsam mit dem Partner vorzunehmende Beurteilung der verschiedenen Handlungsalternativen bzw. Alternativenkonstellationen. Als Hilfsmittel für diesen Schritt der KWR bietet sich die Spieltheorie an, denn sie ist die „allgemeine mathematische Theorie des rationalen Verhaltens in einer Entscheidungssituation, deren Ausgang von den Aktionen mehrerer autonomer Entscheidungsträger bestimmt wird."[133] Die Spieltheorie versucht zum einen, Spielsituationen zu modellieren, und zum anderen, dazugehörige Lösungskonzepte zu entwickeln.[134]

In der Literatur liegen zahlreiche Beiträge vor, welche die Spieltheorie in Verbindung mit Unternehmenskooperationen betrachten, darunter auch einige, welche sie explizit als Managementinstrument für kooperationsbezogene Entscheidungen heranziehen.[135] In diesen Beiträgen zeigt sich, daß das Nutzenpotential der Spieltheorie als Erklärungsansatz für Kooperationen und als entscheidungsunterstützendes Instrument recht eingeschränkt ist.[136] Wesentliche Ursachen dafür sind vor allem die rigiden Prämissen, welche eine streng formale Modellierung erfordert, sowie die beschränkten Möglichkeiten bezüglich der Modellierung komplexer Spielsituationen und der Bestimmung optimaler Handlungsalternativen.[137] Problematisch ist außerdem, daß eine streng spieltheoretische Modellierung von Entscheidungssituationen eine gute Kenntnis der Spieltheorie voraussetzt. Da die KWR ein in der Praxis anwendbares Instrument sein soll, und da eine gute Kenntnis der Spieltheorie (bzw. die Bereitschaft, sich diese anzueignen) bei Trägern des Kooperationscontrollings nicht pauschal vorausgesetzt werden kann, ist eine Vereinfachung erforderlich.

Aufgrund der genannten Kritikpunkte soll im Rahmen der KWR keine formal-mathematische Anwendung der Spieltheorie erfolgen. Trotzdem kann die Spieltheorie die Entscheidungsunterstützung verbessern, und zwar als Analyserahmen.[138] Eine spieltheoretisch ausgerichtete Analyse ermöglicht die systematische Durchdringung und strukturierte Abbildung der Entscheidungssituation sowie die Herleitung von Hinweisen zu optimalen Handlungsalternativen. Sie kann allgemein das Verständnis der Entscheidungssituation und konkret den Informationsstand hinsichtlich der Ergebnisse bestimmter Handlungsalternativen verbessern. Handlungen des Partners werden besser antizipierbar, und die Unsicherheit im Entscheidungsprozeß sinkt.[139] Die folgenden Ausführungen erläutern detailliert, wie die explizite Einbeziehung des Kooperationspartners mit Hilfe einer spieltheoretischen Analyse im Rahmen der KWR geschehen kann.

---

133 O.V. 1992b, S. 3057. Als Begründer der Spieltheorie gelten Neumann/Morgenstern (vgl. Neumann/Morgenstern 1944). Mittlerweile ist ein umfangreiches Theoriegebäude mit vielen Methoden und Erkenntnissen entstanden, welche in vielen wissenschaftlichen Bereichen Anwendung finden (vgl. Aumann 1987, S. 460-479; Güth 1992, S. 1f.). Eine umfangreiche Einführung in die Spieltheorie ist nicht Aufgabe der vorliegenden Arbeit (vgl. dafür z.B. Holler/Illing 1996).

134 Vgl. Illing 1995, S. 509.

135 Vgl. z.B. Harms 1973; Heide/Miner 1992; Kay 1993, S. 33-49; Parkhe 1993; Gulati/Khanna/Nohria 1994; Scherer 1995, S. 97-198; Bruck 1996, S. 135-167; Höfer 1997.

136 Vgl. dazu auch Hammes 1994, S. 127-134; Wurche 1994, S. 42.

137 Vgl. allgemein zur Kritik an der Spieltheorie Heß 1991, S. 88-95; Bamberg/Coenenberg 1996, S. 196f.

138 Nalebuff/Brandenburger zeigen, wie spieltheoretische Überlegungen nicht auf formal-mathematische Weise, sondern in Form eines nach spieltheoretischen Überlegungen entwickelten konzeptionellen Rahmens auf strategische Entscheidungen angewendet werden können (vgl. Brandenburger/Nalebuff 1996, S. 82-93; Nalebuff/Brandenburger 1996; für eine wenig formale Einführung in die Spieltheorie vgl. z.B. Davis 1993).

139 Vgl. Berninghaus/Völker/Ehrhart 1996, S. 519.

Zunächst sind die Elemente des Spiels zu bestimmen. Dies ist größtenteils schon in den bisher aufgezeigten Schritten der KWR geschehen. Elemente des Spiels sind die beteiligten Spieler, ihre Handlungsalternativen, die Ergebnisse dieser Handlungsalternativen und die Spielregeln.[140] Die Spieler sind die an der Spielsituation beteiligten autonomen Entscheidungseinheiten, hier also das eigene Unternehmen und der (potentielle) Kooperationspartner. Die Handlungsalternativen wurden bereits – wie auf S. 133f. in Kap. 5.3.2 erläutert – im ersten Schritt der KWR definiert. Sie lassen sich meistens in mehrere, sequentiell durchzuführende Züge unterteilen.[141] Die Ergebnisse liegen in Form der ermittelten Kapital- bzw. Nutzwerte vor. Den Spielregeln kommt eine umfassende Bedeutung für die logische Struktur des Spiels zu. „Regeln geben dem Spiel eine Ordnung. Im Geschäftsleben gibt es aber kein allgemein gültiges Regelwerk; zumeist rühren Regeln aus Gesetzen her, aus geschäftlichen Gepflogenheiten, praktischen Erwägungen oder Verträgen."[142] Bei Kooperationen nehmen Verträge zwischen den beteiligten Unternehmen in diesem Zusammenhang eine besondere Stellung ein. Zu regeln ist nicht nur, wer die Spieler sind, welche Handlungsalternativen Relevanz besitzen und welche Ergebnisse Berücksichtigung finden sollen, sondern auch, inwieweit Ausgleichszahlungen zwischen den Spielern vorgesehen sind (Problem der Nutzenverteilung)[143], inwieweit Informationen ausgetauscht werden sollen, inwieweit das Spiel befristet ist, inwieweit der Rahmen des Spiels veränderbar ist (z.B. Problem der Aufnahme zusätzlicher Partner), inwieweit die Regeln verbindlich sind und inwieweit Konflikt- bzw. Sanktionsmechanismen bei Regelverletzungen greifen.[144]

Die durch die aufgezeigten Elemente festgelegte Struktur der Spielsituation ist nun zwecks besserer Veranschaulichung graphisch darzustellen. Dies geschieht hier auf der Grundlage der sogenannten Normalform, welche jeder möglichen Kombination von Handlungsalternativen ein Ergebnis für jeden Spieler zuordnet.[145] Da die vorliegende Arbeit sich auf bilaterale Un-

---

140 Vgl. Szyperski/Winand 1975, S. 425.

141 Streng genommen handelt es sich dann um eine Abfolge von Handlungsalternativen. Die Handlungsalternativen bzw. eine bestimmte Abfolge von Zügen werden in der Spieltheorie als Strategie bezeichnet (vgl. Bamberg/Coenenberg 1996, S. 154; Höfer 1997, S. 118f.). Die vorliegende Arbeit verwendet den Strategiebegriff nicht in diesem Kontext, da er in der Betriebswirtschaftslehre eine andere Bedeutung hat (vgl. Wurche 1994, S. 87f.).

142 Brandenburger/Nalebuff 1996, S. 85 (im Original teilweise kursiv).

143 Da bei Kooperationen grundsätzlich Ausgleichszahlungen möglich sind, handelt es sich in der Sprache der Spieltheorie um Spiele mit transferierbarem Nutzen.

144 Vgl. zu Spielregeln allgemein Höfer 1997, S. 120f.; zu Inhalten von Kooperationsverhandlungen bzw. -verträgen z.B. Klanke 1995, S. 105-117. Als Rahmenbedingungen sind insbesondere Wettbewerbs- und Vertragsrecht zu beachten.

145 Vgl. zur Normalform z.B. Höfer 1997, S. 129-135. Neben der Normalform wird in der Spieltheorie häufig die sogenannte extensive Form für die graphische Darstellung herangezogen. Dabei erfolgt die Abbildung der Entscheidungssituation mittels eines Spielbaums, welcher Ähnlichkeiten mit den in Kap. 5.3.4 kurz angesprochenen Entscheidungsbäumen aufweist (vgl. zur extensiven Form z.B. Holler/Illing 1996, S. 13-18). Um die Komplexität der Ausführungen nicht weiter zu erhöhen sowie aufgrund ihrer Mängel hinsichtlich der Eignung für die Ermittlung optimaler Handlungsalternativen (vgl. Höfer 1997, S. 128f.) wird die extensive Form hier nicht näher dargestellt.

ternehmenskooperationen konzentriert, kann die Darstellung als Matrix erfolgen.[146] Abb. 25 zeigt eine entsprechende Ergebnismatrix, in der beiden Unternehmen zwei Handlungsalternativen zur Verfügung stehen und unterstellt wird, daß nur der Kapitalwert als Ergebnisgröße relevant ist.[147]

		Partnerunternehmen (P)	
		Alternative P1	Alternative P2
Eigenes Unternehmen (U)	Alternative U1	$KW_{U\,(U1,\,P1)}$ $KW_{P\,(U1,\,P1)}$ $KW_{Gesamt\,(U1,\,P1)}$	$KW_{U\,(U1,\,P2)}$ $KW_{P\,(U1,\,P2)}$ $KW_{Gesamt\,(U1,\,P2)}$
	Alternative U2	$KW_{U\,(U2,\,P1)}$ $KW_{P\,(U2,\,P1)}$ $KW_{Gesamt\,(U2,\,P1)}$	$KW_{U\,(U2,\,P2)}$ $KW_{P\,(U2,\,P2)}$ $KW_{Gesamt\,(U2,\,P2)}$

Legende: $KW_{X\,(Ui,\,Pj)}$ = Kapitalwert für Unternehmen X, wenn U die Alternative Ui und P die Alternative Pj durchführt

Abb. 25: Ergebnismatrix für kooperationsbezogene Entscheidungen[148]

Nachdem die Struktur der Spielsituation transparent gemacht worden ist, sollen nun Handlungsempfehlungen hergeleitet werden. Die Spieltheorie ist nicht in der Lage, allgemeine Anweisungen zur eindeutigen Bestimmung der optimalen Handlungsalternative für kooperationsbezogene Entscheidungen bereitzustellen.[149] Trotzdem kann sie bei der Herleitung von Handlungsempfehlungen Nutzen stiften, insbesondere als Rahmen zur systematischen Reduktion des Alternativenspektrums. Für diese Reduktion geben Dixit/Nalebuff einige Vorgehenshinweise:[150] Zunächst ist für alle Spieler zu prüfen, ob sich unter den betrachteten Handlungsalternativen dominante oder dominierte Alternativen befinden. Eine Alternative wird

---

146 Sind mehr als zwei Spieler beteiligt, ist eine übersichtliche graphische Darstellung nur mit weiteren Vereinfachungen möglich, insbesondere durch die Zerlegung in mehrere bilaterale Spiele bzw. durch Unterstellung von Koalitionen.

147 Wie Kapital- und Nutzwerte zusammen bei der Entscheidungsfindung berücksichtigt werden können, wurde bereits auf S. 134f. in Kap. 5.3.2 erläutert.

148 Mit der Darstellung in Normalform sind nicht automatisch die von manchen Autoren unterstellten Prämissen verbunden, daß die Handlungen simultan ausgeführt werden und daß die beteiligten Unternehmen den gleichen Informationsstand besitzen. Die Normalform zeigt entsprechende Informationen nicht, obwohl diese Teil der Spielregeln sind (vgl. Höfer 1997, S. 134f.).

149 Vgl. Berninghaus/Völker/Ehrhart 1996, S. 519.

150 Vgl. zu den folgenden Ausführungen zu dominanten bzw. dominierten Alternativen Dixit/Nalebuff 1995, S. 84f.

dominant genannt, wenn sie für den jeweiligen Spieler besser als alle seine anderen Alternativen ist, unabhängig von der Alternativenwahl der anderen Spieler. Eine dominierte Alternative dagegen ist durchgehend schlechter als eine andere Alternative des Spielers. Unter bestimmten Prämissen bietet die Spieltheorie nun einfache Regeln. Dominierte Alternativen sind aus den weiteren Überlegungen zu streichen. Eine dominante, d.h. optimale, Alternative, ist zu ergreifen. Liegen weder dominante noch dominierte Alternativen vor, ist nach einem Gleichgewicht des Spiels zu suchen, d.h. nach einer Alternativenkonstellation, bei der die Alternative jedes Spielers die beste Antwort auf die Alternative des anderen ist. Existiert auch kein solches Gleichgewicht, dann ist eine Reduktion des Alternativenspektrums grundsätzlich nur durch Veränderung der Strukturen des Spiels möglich. Dies würde innerhalb der KWR einen Rücksprung zum ersten Schritt und im Resultat eine veränderte Ergebnismatrix implizieren.

Die genannten Vorgehenshinweise sind hilfreich, jedoch im Rahmen von Kooperationen nur eingeschränkt gültig, da die Spieler erstens die Alternativen miteinander besprechen und in der Regel auch verändern können, zweitens bindende und durchsetzbare Verträge abschließen können (jedenfalls in gewissen Grenzen) und drittens normalerweise nicht in der Lage sind, in den zugrunde gelegten Kapital- bzw. Nutzwerten tatsächlich alle Auswirkungen der Alternativen abzubilden.[151] Die Möglichkeit zu Kommunikation und Vertragsabschluß legt eine Orientierung am KW_{Gesamt} (siehe Abb. 25) nahe. Aus Sicht der Kooperation insgesamt ist diejenige Alternativenkonstellation optimal, welche den höchsten KW_{Gesamt} aufweist. Die Wahl der entsprechenden Alternativen durch die beteiligten Unternehmen ist jedoch nur dann gewährleistet, wenn eine Verteilung des KW_{Gesamt} über Ausgleichszahlungen vereinbart ist, die Spieler den gleichen Informationsstand haben sowie davon ausgehen, daß der KW_{Gesamt} korrekt bestimmt werden kann und die Verteilung vereinbarungsgemäß erfolgt. Diese Annahmen dürften jedoch nur sehr selten erfüllt sein. Daher sind die einzelnen KW_U und KW_P, welche eventuelle Ausgleichszahlungen bereits enthalten müssen, für die Entscheidungsfindung heranzuziehen. Der KW_{Gesamt} sollte trotzdem in der Ergebnismatrix enthalten sein, um sichtbar zu machen, welche Alternativenkonstellation für die Kooperation insgesamt optimal ist. Führt die Analyse zur Empfehlung einer anderen Alternative, ist gegebenenfalls zu prüfen, ob sich das Spiel so verändern läßt, daß das Potential der Kooperation besser ausgeschöpft wird.

---

[151] Die Möglichkeit der Kommunikation und des Abschlusses verbindlicher Verträge ist das zentrale Kriterium zur Unterscheidung von nicht-kooperativer und kooperativer Spieltheorie (vgl. z.B. Nash 1951, S. 295; Holler/Illing 1996, S. 23; Höfer 1997, S. 149). Zu beachten ist, daß das spieltheoretische Verständnis des Begriffes „Kooperation" nicht mit dem der vorliegenden Arbeit identisch ist. Mit Hilfe der wichtigsten Unterscheidungskriterien von Spielen (vgl. z.B. Szyperski/Winand 1975, S. 426f.) lassen sich kooperationsbezogene Entscheidungssituationen folgendermaßen charakterisieren, wie aus den bisherigen Ausführungen hervorgeht: a) meistens zwei, eventuell mehr Spieler; b) Nichtkonstantsummenspiel mit der Möglichkeit, Nutzen zu transferieren; c) Möglichkeit zu kommunizieren und verbindliche Verträge abzuschließen; d) in der Regel nur eingeschränkt bzw. in veränderter Form wiederholbar; e) unvollständige Information (vgl. auch Bruck 1996, S. 139-145).

Die aus Sicht des eigenen Unternehmens optimale Handlungsalternative ist also anhand der KW_U, KW_P und KW_{Gesamt} unter vorsichtiger Verwendung der genannten Vorgehenshinweise zu bestimmen. Ein allgemeingültiges Vorgehen läßt sich nicht angeben, gegebenenfalls müssen Elemente des Spiels verändert werden, um zu klaren Handlungsempfehlungen zu gelangen. Damit bieten die Elemente des Spiels Anknüpfungspunkte für die Sensitivitätsanalyse: Zu fragen ist, wie sich Veränderungen der Spieler, der Handlungsalternativen oder der Spielregeln auf die Ergebnisse bzw. die resultierenden Handlungsempfehlungen auswirken.[152]

Es ist von großer Bedeutung für die spieltheoretische Analyse, inwieweit die betrachtete Entscheidung von den kooperierenden Unternehmen gemeinsam getroffen bzw. inwieweit die KWR von ihnen gemeinsam durchgeführt wird. Setzt ein Unternehmen die KWR alleine und ohne Abstimmung mit dem Partner ein, dann ist die Unsicherheit in bezug auf Informationen über den Partner (Ziele, erwartete Ergebnisse, Alternativen) deutlich größer als bei gemeinsamer Durchführung. Folglich sind die aus der spieltheoretischen Analyse resultierenden Ergebnisse vorsichtig zu interpretieren und mit Sensitivitätsanalysen intensiv hinsichtlich ihrer Robustheit zu überprüfen. Auch bei gemeinsamer Durchführung kann jedoch – vor allem bei strategischen Entscheidungen – nicht von einer vollständigen Informationsoffenlegung durch den Partner ausgegangen werden, bzw. es ist auch die Möglichkeit der bewußten Informationsmanipulation zu berücksichtigen.

Ein wichtiger Konflikt liegt unter anderem darin, daß die in der Ergebnismatrix enthaltenen Informationen bei gemeinsamer Durchführung sowohl für die Alternativenauswahl als auch für die Ergebnisverteilung relevant sind. Daher ist die gemeinsame Ermittlung der Ergebnismatrix für beide Zwecke nur empfehlenswert, wenn ein sehr gutes Vertrauensverhältnis zwischen den kooperierenden Unternehmen besteht. Ist das Vertrauen dafür nicht groß genug, können die Spieler die Ergebnismatrix autonom zur Alternativenauswahl und gemeinsam für die Verhandlung der Verteilung des Kooperationserfolges heranziehen. Ist auch das nicht gewünscht, wird die Ergebnismatrix also völlig autonom benutzt, so reduziert sich ihre Funktion auf die Sicherstellung der expliziten Einbeziehung der Partnerperspektive. Diese Funktion sowie eine Verbesserung der Informationsbasis für die Entscheidungsfindung können von der spieltheoretischen Analyse im Rahmen der KWR in jedem Fall geleistet werden.

5.3.6 Koordination des Kooperationssystems mittels strategischer Kooperationsbudgetierung

Analog zur Integration der operativen Kooperationsbudgetierung in die KAKR erfolgt hier die Integration der strategischen Kooperationsbudgetierung in die KWR, um den Einsatz der in den bisherigen Schritten gewonnenen Informationen für die Koordination des Kooperations-

152 Vgl. dazu Brandenburger/Nalebuff 1996, S. 85-93.

systems sicherzustellen. Die strategische Kooperationsbudgetierung ist in Einklang mit den Ausführungen in Kap. 4.3.6 als systematischer Prozeß der Erstellung, Vorgabe bzw. Vereinbarung und Kontrolle strategischer, kooperationsbezogener Budgets zu verstehen.[153] Sie stellt sicher, daß die KWR nicht nur für die Entscheidungsfindung im Rahmen der strategischen Planung herangezogen wird, sondern auch für die Entscheidungsdurchsetzung und -kontrolle. Somit dient die strategische Kooperationsbudgetierung dem Kooperationscontrolling als Instrument zur Unterstützung des gesamten Prozesses des Kooperationsmanagements, und zwar insbesondere auf der Gestaltungsebene.[154]

Die spezifischen Merkmale der Kooperationsbudgetierung sowie ihre Charakterisierung anhand der Darstellung ihrer Vorgehensweise wurden bereits in Kap. 4.3.6 herausgearbeitet. Die Vorgehensweise innerhalb der einzelnen Budgetierungsphasen weist zwar Besonderheiten für die strategische Ebene auf, wird hier aber nicht noch einmal vollständig dargestellt. Statt dessen konzentrieren sich die folgenden Ausführungen auf einzelne, wesentliche Besonderheiten der strategischen Kooperationsbudgetierung.[155]

Ein strategisches Budget ist – wie ein operatives – ein in wert- und mengenmäßigen Größen formulierter Plan, der einem Verantwortungsträger für einen bestimmten Zeitraum mit einem bestimmten Verbindlichkeitsgrad vorgegeben wird.[156] Während operative Budgets sich auf Kosten und Erlöse des Ressourceneinsatzes in einer kurzfristigen Periode beziehen, richten sich strategische Budgets auf langfristig orientierte Größen, welche insbesondere auch den Ressourcenaufbau widerspiegeln. Strategische Budgets verkörpern also eine bestimmte Art bzw. bestimmte Teile von strategischen Plänen. Sie sollen das Verhalten von Verantwortungsträgern erfolgspotentialorientiert steuern.[157]

Gegenstand der strategischen Kooperationsbudgetierung ist das Kooperationssystem.[158] Als Erfolgsgrößen bieten sich die im zweiten Schritt der KWR ermittelten Kapital- und/oder Nutzwerte an, da diese die langfristigen Erfolgswirkungen bzw. Erfolgspotentiale kooperati-

---

[153] Das Begriffsverständnis in bezug auf strategische Budgetierung und strategische Budgets ist in der Literatur nicht einheitlich (vgl. die Übersicht bei Lehmann 1993, S. 51). Das in der vorliegenden Arbeit zugrunde gelegte Begriffsverständnis steht in Einklang mit dem Grundtenor vieler Definitionen.

[154] Die Bedeutung der systematischen Verwendung der Investitionsrechnung für den gesamten Managementprozeß wird insbesondere in Beiträgen zum Investitionscontrolling betont (vgl. z.B. Sierke 1990, S. 93-199).

[155] Die Unterschiede zwischen operativer und strategischer Budgetierung spiegeln die Unterschiede zwischen operativem und strategischem Management wider, welche für das Kooperationsmanagement bereits an vielen Stellen dieser Forschungsarbeit deutlich wurden. Vgl. allgemein zur wertorientierten, strategischen Planung, Steuerung und Kontrolle von Kooperationen Michel 1996, insbes. S. 123-232; speziell zur Vorgehensweise der strategischen Budgetierung Lehmann 1993, S. 139-182.

[156] Vgl. S. 111 in Kap. 4.3.6.

[157] In der jüngeren Literatur zur strategischen Budgetierung wird oft auf die enge Verknüpfung von Erfolgspotentialen und strategischen Budgets hingewiesen (vgl. z.B. Dambrowski 1986, S. 28 u. 150; Barzen 1990, S. 32; Kersten 1990, S. 53f.; insbesondere Lehmann 1993, S. 56-74). Vgl. zu Potentialgrößen im Kooperationscontrolling S. 73 in Kap. 3.2.2.

[158] Im Gegensatz zur operativen Kooperationsbudgetierung (Budgetierung *im* Kooperationssystem) ist die strategische Kooperationsbudgetierung als Budgetierung *des* Kooperationssystems zu begreifen.

onsgestaltungsbezogener Entscheidungen und Handlungen abbilden. Mit den für die Kooperationsgestaltung verantwortlichen Führungskräften werden also bestimmte Zielkapitalwerte und/oder -nutzwerte vereinbart. Diese Werte sind jedoch als Handlungsvorgaben zu abstrakt und daher zu konkretisieren. Dies geschieht, indem die jeweils relevanten Einflußgrößen (Werttreiber) und ihre Zusammenhänge mit Kapital- bzw. Nutzwert für das Kooperationssystem insgesamt identifiziert und strukturiert abgebildet werden. Es wird also quasi das Kooperationssystem als Handlungsalternative, dessen Kapital- bzw. Nutzwert zu steuern ist, betrachtet. Als Ergebnis liegt dann die Grundstruktur eines strategischen Budgetsystems vor, welches in Abhängigkeit von situationsspezifischen Merkmalen des Kooperationssystems in Teilbudgets zu untergliedern ist.

Die zu erstellenden Teilbudgets können sowohl monetäre als auch nicht-monetäre Werttreiber enthalten. Die monetären Werttreiber wurden im Zuge der Kapitalwertermittlung transparent. Insbesondere sind in diesem Zusammenhang Umsatzwachstum, Rentabilität, Investitionen und Kapitalkosten zu nennen. Auch die nicht-monetären Werttreiber sollten im Zuge der bisherigen Schritte der KWR (vor allem bei der Nutzwertermittlung) zumindest teilweise identifiziert worden sein. Nicht-monetäre Werttreiber sind vornehmlich in Human- und Sachressourcen bzw. den auf ihnen beruhenden Fähigkeiten (vor allem Kooperationsfähigkeit) zu sehen. Für die Kontrolle und Anpassung strategischer Budgets ist es unerläßlich, die mit den einzelnen Größen verbundene Unsicherheit sowie die Prämissen in bezug auf Umweltvariablen explizit im Budget aufzuzeigen. Gegebenenfalls ist die Höhe zugewiesener Ressourcen in Abhängigkeit bestimmter Variablen flexibel zu budgetieren.

Durch die Zerlegung in Werttreiber macht die strategische Kooperationsbudgetierung die abstrakten Formalzielgrößen Kapital- bzw. Nutzwert einer Beeinflussung zugänglich und überbrückt die Schnittstelle zwischen Formal- und Sachzielplanung. Damit geht sie – ähnlich wie die operative Kooperationsbudgetierung – über eine reine Formalzielplanung hinaus, da sie den Verantwortungsträgern nicht nur finanzielle, sondern auch andere Ressourcen für die Implementierung der Gestaltungsmaßnahmen zuweist.[159] Außerdem trägt sie auf diese Weise der Forderung Rechnung, im Rahmen der strategischen Planung bzw. Budgetierung nicht nur quantitativ-monetäre Informationen zu benutzen.

Strategische Budgets unterscheiden sich von operativen hinsichtlich des Betrachtungszeitraums. Dieser orientiert sich an der Reichweite der zu budgetierenden strategischen Maßnahmen und ist in der Regel langfristig im Sinne von mehrjährig.[160] Das strategische Budgetsystem ist Rahmen und Ausgangspunkt für die operativen Budgets.[161] Aus den bisherigen Aus-

---

159 Die operative Kooperationsbudgetierung erreicht die Überbrückung der Schnittstelle zwischen Formal- und Sachzielplanung durch die Einbeziehung von Kostentreibern bzw. den durch diese gemessenen Leistungsmengen.

160 Vgl. Barzen 1990, S. 27-29.

161 Vgl. Dambrowski 1986, S. 26-29.

führungen folgt, daß als wesentliches Teilbudget eines strategischen Kooperationsbudgetsystems zunächst ein Investitionsbudget in Verbindung mit entsprechenden, mehrjährig auszurichtenden Erlös- und Kostenbudgets zu erwägen ist, um das Erfolgspotential der Kooperation zu steuern.[162] Zwecks Gewährleistung der Verknüpfung mit der Sachzielplanung sollten Ressourcen- bzw. Fähigkeitspotentiale – insbesondere hinsichtlich der Kooperationsfähigkeit – explizit in das Budgetsystem aufgenommen werden, da sie die Voraussetzungen für die Realisierung der Erfolgspotentiale darstellen.[163]

Die strategische Kooperationsbudgetierung ist ein wichtiges Instrument zur Implementierung einer Kooperationsstrategie sowie zur Sicherung der Entwicklung und Anpassung des Kooperationssystems. Sie kann als systematische Form organisatorischen Lernens in bzw. durch Kooperationen wirken, sofern sie von geeigneten personalwirtschaftlichen Maßnahmen begleitet wird.[164]

5.3.7 Kritische Würdigung der Kooperationswertrechnung

Abschließend sind die in Form der KWR vorliegenden Gestaltungsempfehlungen hinsichtlich ihres Nutzenpotentials zu überprüfen, und zwar hier zunächst auf theoretischer Basis und in Kap. 7 dann praxisbezogen im Rahmen der Fallstudie.

Die KWR erfüllt weitgehend die in Kap. 5.2 herausgearbeiteten Anforderungen an eine kooperationsbezogene Investitionsrechnung. Dies spricht dafür, daß mit der KWR die angestrebte Erhöhung des Nutzenpotentials der Investitionsrechnung für das Kooperationscontrolling erreicht wurde. Die als Vorteile hervorzuhebenden Eigenschaften der KWR sind

- ihre Fähigkeit, die im Regelkreis des Kooperationsmanagements enthaltenen Variablen umfassend abzubilden bzw. die in ihm aufgezeigten Aufgaben umfassend zu unterstützen;[165]
- ihre unternehmensübergreifende Ausrichtung, welche die explizite Berücksichtigung des Alternativen-, Umwelt-, Ziel- und Ergebnissystems des Kooperationspartners sicherstellt sowie die gemeinsame Koordination bezüglich kooperationsbezogener Entscheidungen bzw. Handlungen ermöglicht;
- die Integration bekannter Verfahren, durch welche eine weitreichende, anwendungsorientierte Erfüllung der Anforderungen des Kooperationsmanagements erreicht wird. In die-

---

[162] Zum engen Zusammenhang von Investitionsbudgets und strategischen Budgets vgl. Kersten 1990, S. 48-55.

[163] Zu einem Beispiel für eine solche Integration von Fähigkeitspotentialen in das strategische Budgetsystem vgl. Lehmann 1993, insbes. S. 144f.

[164] Vgl. zu personalwirtschaftlichen Voraussetzungen für das organisatorische Lernen in Kooperationen Pucik 1988; zum Zusammenhang von organisatorischem Lernen und strategischer Budgetierung Lehmann 1993, S. 182-191.

[165] Einschränkungen ergeben sich lediglich bezüglich nicht erfolgszielorientierter Variablen, nicht quantifizierbarer Variablen sowie der Managementaufgabe „Durchsetzung“.

sem Zusammenhang sind zu nennen: die Kombination der Vorteile eines monetären, am Unternehmenswert orientierten Verfahrens (Kapitalwertverfahren bzw. Wertsteigerungsanalyse) und eines nicht-monetären, mehrzielorientierten Verfahrens (Nutzwertanalyse) als Grundpfeiler der KWR; die Realisierung einer die Perspektiven der kooperierenden Unternehmen zusammenführenden Betrachtung und Beurteilung der Entscheidungssituation mittels spieltheoretischer Analyse; die Einbindung der strategischen Budgetierung, um den Einsatz der gewonnenen Informationen zur Koordination des Kooperationssystems zu gewährleisten; die Sensitivitätsanalyse, welche einen wesentlichen Beitrag zur Berücksichtigung von Unsicherheit im Rahmen der KWR leistet;

- ihre Anpassungsfähigkeit an situationsspezifische Anforderungen in bezug auf Art und Intensität der Zusammenarbeit mit dem Partner beim Einsatz der KWR sowie in bezug auf Umfang und Genauigkeit der Ausgestaltung der KWR.

Die KWR kann außerdem von den Vorteilen der KAKR profitieren, sofern sie diese als Inputgenerator – wie in Kap. 5.3.3 für die Ermittlung freier Cash Flows vorgeschlagen – benutzt. Auch die KWR kann auf diese Weise an Aktivitäten und Prozessen orientiert sein sowie Durchführungs- und Koordinationskosten separat betrachten.

Zusätzlich zu den genannten, spezifisch für das Kooperationscontrolling relevanten Vorteilen lassen sich allgemeine Vorteile der in die KWR eingeflossenen Verfahren anführen. Derartige Vorteile wurden im Verlauf der vorangegangenen Unterkapitel deutlich und werden nun nicht weiter erläutert, da hier primär die Eignung speziell für das Kooperationscontrolling interessiert.[166]

Nachteile der eingeflossenen Verfahren sind – soweit notwendig und möglich – bei der Entwicklung der KWR berücksichtigt und überwunden bzw. verringert worden. Beispielsweise mildert der ergänzende Einsatz der Nutzwertanalyse die Probleme, welche sich bei der Kapitalwertermittlung aus der Notwendigkeit ergeben, alle Auswirkungen von Handlungsalternativen in Zahlungsströme zu übersetzen. Außerdem wurde grundsätzlich versucht, Hindernisse für eine gute Anwendbarkeit der KWR zu umgehen, z.B. durch die Vermeidung einer stark formal-mathematischen Methodik bei der Benutzung der Spieltheorie im dritten Schritt der KWR. Ein für alle Verfahren, welche für die quantitativ ausgerichtete Unterstützung von Gestaltungsentscheidungen konzipiert sind, bestehendes Problem ist die beschränkte Quantifizier- bzw. Abbildbarkeit entsprechender Entscheidungssituationen. Dieses Problem will die KWR mildern, kann es aber selbstverständlich nicht beseitigen. Hier werden nicht nur die Grenzen der KWR, sondern des Controllings allgemein berührt. Ähnliches gilt für die bei Ka-

166 Vgl. zu allgemeinen Vor- und Nachteilen der eingeflossenen Verfahren Brune 1995, S. 172-211; Peschke 1997, S. 80-82 (zum Kapitalwertverfahren bzw. zur Wertsteigerungsanalyse); Götze/Bloech 1995, S. 150f. (zur Nutzwertanalyse); Heß 1991, S. 88-95 (zur Spieltheorie); Lehmann 1993, S. 203-209 (zur strategischen Budgetierung); Kruschwitz 1995, S. 276f. (zur Sensitivitätsanalyse).

pital- und Nutzwertermittlung grundsätzlich einfließende Subjektivität, welche sich durch Einbeziehung mehrerer Personen bei den einzelnen Beurteilungsschritten allerdings etwas verringern läßt.

Als mögliches Problem ist noch die potentiell hohe Komplexität der KWR zu erwähnen. Durch die Integration mehrerer Verfahren, durch die Anzahl der für eine bestimmte Entscheidungssituation relevanten Variablen sowie gegebenenfalls durch die Abstimmung mit dem Partner kann die KWR hohe Kosten verursachen. Für die Unterstützung wichtiger Kooperationsgestaltungsentscheidungen dürften jedoch recht hohe Kosten in der Regel durchaus gerechtfertigt sein. Hinweise zur Erreichung eines angemessenen Komplexitätsgrades wurden in Form verschiedener Vereinfachungsmaßnahmen im Zusammenhang mit den einzelnen Schritten der KWR aufgezeigt.

Auf der Grundlage der vorangegangenen theoretischen Betrachtung läßt sich zusammenfassend feststellen: Es liegen umfassende Argumente dafür vor, daß die KWR das Nutzenpotential der Investitionsrechnung für das Kooperationscontrolling erhöht und für die Unterstützung von Kooperationsgestaltungsentscheidungen eine gute Eignung aufweist. Die KWR ist in der Lage, solche Entscheidungen erfolgszielorientiert abzubilden, zu beurteilen und einer Steuerung zugänglich zu machen.

„What most managers need is a filter to eliminate irrelevant data.“
(Russel L. Ackoff)

6 Sonstige Instrumente des Kooperationscontrollings

Das sechste Kapitel soll zeigen, wie die neben Kostenrechnung, Investitionsrechnung und Budgetierung im theoretischen Bezugsrahmen aufgeführten Instrumente zwecks Wahrnehmung von Aufgaben des Kooperationscontrollings zu gestalten sind. Zunächst werden für Kennzahlensysteme (Kap. 6.1) und Berichtssysteme (Kap. 6.2) die in Kap. 1.3 für alle zu untersuchenden Instrumente angekündigten drei Schritte durchlaufen. Da diese beiden Instrumente in enger Verbindung zu den bereits untersuchten Instrumenten stehen, reicht eine komprimierte Betrachtung aus, wie in den entsprechenden Unterkapiteln näher begründet wird. In Kap. 6.3 ist zu überprüfen, inwiefern weitere Instrumente für die Wahrnehmung der Aufgaben des Kooperationscontrollings notwendig sind und wie sie gegebenenfalls ausgestaltet werden sollen. Kap. 6.4 beinhaltet einen Exkurs zu EDV-Hilfsmitteln als technischen Instrumenten des Kooperationscontrollings. Abschließend präsentiert Kap. 6.5 das im Rahmen dieser Arbeit entstandene Instrumentarium des Kooperationscontrollings im Überblick.

6.1 Kennzahlensysteme

6.1.1 Grundlegendes zu Kennzahlensystemen im Kooperationscontrolling

Kennzahlen werden hier verstanden als „absolute Zahlen, wie Summen, Differenzen und Mittelwerte, oder Verhältniszahlen, wie Gliederungs-, Beziehungs- und Indexzahlen, die in konzentrierter Form über einen zahlenmäßig erfaßbaren Tatbestand informieren.“[1] Das Spezifische an Kennzahlen ist, daß sie in quantitativer Form Tatbestände mit einer bestimmten Mindestbedeutung komprimiert darstellen.[2] Da der Aussagewert einzelner Kennzahlen begrenzt ist, sollten sie in ein Kennzahlensystem eingebunden werden, um die für betriebswirtschaftliche Problemstellungen zumeist erforderliche integrative Betrachtung mehrerer Variablen zu gewährleisten.[3] Daher erfolgt die Betrachtung der Kennzahlenthematik in der vorliegenden Arbeit im Rahmen von Kennzahlensystemen. „Ein Kennzahlensystem ist eine geordnete Gesamtheit von Zahlen mit besonderem Aussagewert (Kennzahlen), die in sachlogischer

---

1 Reichmann/Lachnit 1976, S. 706; vgl. zum Kennzahlenbegriff auch Wissenbach 1967, S. 19-39; Staehle 1969, S. 49-52; Reichmann 1997, S. 19f. Von einigen Autoren werden nur Verhältniszahlen als Kennzahlen angesehen (vgl. z.B. Liebig 1977, S. 71), jedoch hat sich diese Auffassung in der Praxis nicht durchsetzen können (vgl. Merkle 1982, S. 325f.).

2 Vgl. Nowak 1966, S. 704; Lachnit 1976, S. 216.

3 Vgl. Reichmann 1997, S. 22.

und/oder rechentechnischer Beziehung zueinander stehen."[4] Dementsprechend werden Rechensysteme, in welchen sich jede Kennzahl durch rechentechnische Verknüpfung bzw. Zerlegung von anderen Kennzahlen herleiten läßt, und Ordnungssysteme, welche sich auf die Zuordnung der einzelnen Kennzahlen zu bestimmten Sachverhalten beschränken, unterschieden.[5]

Jede der mit Hilfe des Regelkreises aufgezeigten Variablen des Kooperationsmanagements läßt sich, sofern sie quantifizierbar ist und eine bestimmte Mindestbedeutung besitzt, mittels einer Kennzahl abbilden. Die im fünften Kapitel dargestellte KWR bezieht alle in einer bestimmten Entscheidungssituation relevanten, quantifizierbaren Variablen des Kooperationsmanagements ein, also implizit auch Kennzahlen. Dabei berücksichtigt sie auch Beziehungen zwischen einzelnen Variablen, so daß die KWR die Grundlage für ein Kennzahlensystem bietet. Folglich läßt sich die auf S. 143 in Abb. 23 veranschaulichte Verknüpfung von Berechnungselementen des Unternehmenswertes als Kennzahlensystem interpretieren. Letztlich ist ein Kennzahlensystem eine komprimierte Abbildung eines (hier: betriebswirtschaftlichen) Modells, z.B. eines Entscheidungsmodells wie der KWR.[6] Folglich hätte das Controllinginstrument „Kennzahlensystem" als integrativer Bestandteil der KWR vorgestellt werden können. Davon wurde abgesehen, um die Komplexität der Darstellung der KWR nicht noch weiter zu erhöhen. Außerdem dient – wie noch zu zeigen ist – ein Kennzahlensystem auch zur Ergänzung der KAKR, so daß zusätzlich eine entsprechende Integration im vierten Kapitel notwendig gewesen wäre. Die vorangegangene Argumentation zeigt, daß die Betrachtung von Kennzahlensystemen hier separat und kurz erfolgen kann.

Kennzahlensysteme versprechen ein hohes Nutzenpotential bezüglich der Aufgaben des Kooperationscontrollings, da sie die Versorgung des Kooperationsmanagements mit verdichteten, verknüpften, relevanten Informationen ermöglichen.[7] Auf diese Weise können Kennzahlensysteme die Konzentration auf kritische Erfolgsfaktoren des Kooperationsmanagements sicherstellen.[8] Das Nutzenpotential läßt sich zusätzlich anhand der engen Verbindungen zu

---

4 Staudt u.a. 1985, S. 32; vgl. auch Lachnit 1976, S. 216 sowie die dort angegebene Literatur. Die Beziehungen zwischen Kennzahlen lassen sich auch anders bzw. tiefer differenzieren (vgl. z.B. Küpper 1997, S. 319f.).

5 Vgl. Lachnit 1976, S. 222; Groll 1991, S. 20-32; Meyer 1994, S. 10-12. Gemäß Meyer ist ein Rechensystem durch quantifizierte Elemente und quantifizierte Beziehungen zwischen diesen gekennzeichnet, während beim Ordnungssystem die Beziehungen nicht quantifiziert sind. Meyer zeigt auch andere Klassifikationsmöglichkeiten für Kennzahlensysteme.

6 Vgl. zum Zusammenhang von betriebswirtschaftlichen Modellen und Kennzahlensystemen Reinschmidt 1989, S. 191-195; Reichmann 1997, S. 45f. u. 52f.

7 Vgl. Horváth 1983, S. 349. Dieser schreibt Führungsinformationen drei Merkmale zu: Zusammenfassung von Einzelinformationen (verdichtete Informationen), Ausdruck von Beziehungen zwischen verschiedenen Sachverhalten (verknüpfte Informationen), tatsächliche Verwendung durch Führungskräfte (Anerkennung der Relevanz der Informationen).

8 Kennzahlen und kritische Erfolgsfaktoren sind konzeptionell ähnlich, da beide eine Konzentration auf Wesentliches vornehmen. Folglich wird in der Literatur häufig vorgeschlagen, Kennzahlen an kritischen Erfolgsfaktoren auszurichten (vgl. z.B. Brown 1997, S. 171-182).

den bisher aufgezeigten Instrumenten begründen. So können Kennzahlensysteme in Verbindung mit der Budgetierung die Koordination im Kooperationssystem bzw. des Kooperationssystems unterstützen, denn Kennzahlen sind für die im Rahmen der Planung vorzunehmende Festlegung von Vorgaben und ihre Übermittlung an Verantwortungsträger sowie für die Kontrolle geeignet.[9] Im Zusammenhang mit Kosten- und Investitionsrechnung ist vor allem die Analysefunktion von Kennzahlensystemen hervorzuheben, welche die Qualität der Informationsversorgung steigert.[10] Kennzahlensysteme können einen Sachverhalt auf übersichtliche Weise in Komponenten bzw. Einflußfaktoren aufgliedern und so Ursache- und Wirkungszusammenhänge offenlegen.[11] Zusammenfassend läßt sich feststellen: Kennzahlensysteme weisen ein hohes Nutzenpotential für viele der in Kap. 2.2.1 identifizierten Planungs-, Kontroll- und Informationsversorgungsaufgaben des Controllings auf und können grundsätzlich jede quantifizierbare, im Regelkreis des Kooperationsmanagements enthaltene Variable einbeziehen.[12]

In der Literatur werden Kennzahlen bzw. Kennzahlensysteme von mehreren Autoren zwar im Zusammenhang mit Unternehmenskooperationen betrachtet, doch bleiben die Ausführungen stets auf eine bloße Erwähnung oder eine knappe Erläuterung beschränkt.[13] Einige dieser Autoren empfehlen die Verwendung dieses Instrumentes für die Unterstützung des Kooperationsmanagements, aber das „Wie?“ bleibt weitgehend unklar.[14] Im Zuge einer umfassenden Literaturanalyse stieß der Verfasser auf keine Arbeit, welche die hier angestrebte Anpassung von Kennzahlensystemen an die Anforderungen des Kooperationsmanagements vornimmt bzw. einen wesentlichen, dafür verwertbaren Beitrag leistet. Eine Ausnahme liefert Hippe, der Grundzüge eines Kennzahlensystems für Unternehmensnetzwerke skizziert, bezüglich der Umsetzung allerdings wenig konkret wird.[15] Sein Vorschlag fließt in die Entwicklung eines Kooperationskennzahlensystems in Kap. 6.1.2 mit ein.

---

9 Vgl. zur Koordinationsfunktion (auch Steuerungsfunktion genannt) von Kennzahlensystemen Horváth 1983, S. 350; Küpper 1991, S. 188f.

10 Vgl. zum Zusammenhang von Kennzahlensystemen und Kostenrechnung z.B. Menrad/Niethammer 1982; Botta 1997; zum Zusammenhang von Kennzahlensystemen und Investitionsrechnung z.B. Hauer 1994, S. 227-229.

11 Vgl. Lachnit 1976, S. 219f.

12 Diese umfassende Eignung im Rahmen eines kybernetischen Regelkreises zeigt Heinen allgemein für Kennzahlen (vgl. Heinen 1970); zum Zusammenhang von Kybernetik und Kennzahlensystemen vgl. auch Oeller 1979.

13 Vgl. insbesondere Rühle von Lilienstern 1972, S. 24-28; Pampel 1993b, S. 276f.; Kaplan/Norton 1997, S. 167-169; Kraege 1997, S. 168-170, 191, 193f., 196f. u. 208f.

14 Beispielsweise empfiehlt Rühle von Lilienstern Kennzahlen als wichtiges Planungsinstrument für Kooperationen, beschränkt sich dann aber auf das Auflisten bekannter Kennzahlen, ohne dabei explizit auf beim Kooperationsmanagement vorkommende Besonderheiten einzugehen (vgl. Rühle von Lilienstern 1972, S. 24-28).

15 Vgl. Hippe 1997, S. 223-229. Obwohl Hippe sich auf Netzwerke bezieht, kann sein Beitrag für die in der vorliegenden Arbeit betrachteten bilateralen Kooperationen Nutzen bringen, da er ausdrücklich kooperative Beziehungen behandelt.

6.1.2 Anpassung an die Anforderungen des Kooperationsmanagements: Kooperationskennzahlensystem

Aufgrund der in Kap. 6.1.1 skizzierten engen Verbindung zu den bereits untersuchten Instrumenten geschieht die Erläuterung von Anforderungen an ein kooperationsbezogenes Kennzahlensystem sowie die Erfüllung dieser Anforderungen mittels der Entwicklung eines entsprechenden Kennzahlensystems im folgenden in komprimierter Form.

Eine wesentliche Anforderung besteht darin, daß ein kooperationsbezogenes Kennzahlensystem die Fähigkeit besitzen muß, die Variablen des Kooperationsmanagements und ihre Beziehungen zueinander abzubilden. Die in diesem System enthaltenen Kennzahlen müssen also über verschiedenartige, monetäre und nicht-monetäre Variablen informieren, beispielsweise über kooperationsgestaltende Entscheidungsvariablen (z.B. Eigenschaften von Ressourcen). Hinsichtlich der Beziehungen zwischen den Kennzahlen ist grundsätzlich eine rechentechnische Darstellung wünschenswert, um die Ursache- und Wirkungszusammenhänge zu verdeutlichen. Eine solche Darstellung setzt jedoch deterministische bzw. definitorische Beziehungen voraus, welche zwischen vielen Kennzahlen nicht vorliegen. Daher kann das kooperationsbezogene Kennzahlensystem kein reines Rechensystem sein, sondern muß zumindest partiell auf ein Ordnungssystem beschränkt bleiben. Analog zu den bisher untersuchten Instrumenten ist das kooperationsbezogene Kennzahlensystem unternehmensübergreifend auszurichten, da es insbesondere auch Variablen des Kooperationspartners bzw. die Beziehungen zu diesen berücksichtigen soll. Außerdem ist es zwecks größtmöglicher Ausschöpfung des Nutzenpotentials von Kennzahlensystemen so auszugestalten, daß es als Koordinations- und auch als Analyseinstrument für Kooperationsgestaltung und -lenkung dienen kann.

Im folgenden wird unter der Bezeichnung „Kooperationskennzahlensystem" ein Verfahren entwickelt, welches die genannten Anforderungen erfüllen soll. Als Grundlage dafür hat der Verfasser aus noch darzulegenden Gründen die Balanced Scorecard ausgewählt.[16]

Die Balanced Scorecard wurde 1992 von Kaplan/Norton in die betriebswirtschaftliche Diskussion eingeführt.[17] Obwohl Kaplan/Norton sie mittlerweile als umfassendes Managementsystem präsentieren, ist sie im Kern ein Kennzahlensystem und vor allem als solches hier von Interesse.[18] Die Balanced Scorecard läßt sich durch folgende wesentliche Charakteristika beschreiben:

---

16 Hippe schlägt unter der Bezeichnung „Cooperative Scoreboard" ein „interorganisationales" Kennzahlensystem vor, für das er die Balanced Scorecard als mögliche Grundlage nennt. Er geht jedoch nicht näher auf die Ausgestaltung ein (vgl. Hippe 1997, S. 227-229).

17 Vgl. Kaplan/Norton 1992.

18 Vgl. Chow/Haddad/Williamson 1997, S. 21f.; Kaplan/Norton 1997, S. 7-39.

- Wie der Name bereits andeutet, strebt die Balanced Scorecard eine Ausgewogenheit (Balance) zwischen kurz- und langfristigen, monetären und nicht-monetären, extern und intern ausgerichteten sowie vergangenheits- und zukunftsorientierten Kennzahlen an.[19]
- Die Balanced Scorecard verkörpert eine situativ anzupassende und zu konkretisierende Grundstruktur, indem sie vier Perspektiven für die Kennzahlenermittlung unterscheidet: finanzielle Perspektive, Kundenperspektive, interne Geschäftsprozeßperspektive sowie Lern- und Entwicklungsperspektive.[20] Die Betrachtung aus verschiedenen Perspektiven verstärkt die Grundidee der Ausgewogenheit.
- Die Balanced Scorecard will auf der Grundlage weniger Kennzahlen die Unternehmensziele und -strategien formulieren, kommunizieren sowie der Implementierung und Steuerung zugänglich machen.[21] Außerdem ist die Balanced Scorecard für die Analyse hilfreich, indem sie versucht, Ursache- und Wirkungszusammenhänge offenzulegen.[22] Sie bietet damit umfassende Unterstützung für Gestaltungs- und Lenkungsaufgaben des Managements.

Die ausgewogene und umfassende Ausrichtung der Balanced Scorecard sowie ihre hohe Popularität in Theorie und Praxis begründen ihre Eignung für das Kooperationscontrolling.[23] Die Wahl der Balanced Scorecard als Grundlage des Kooperationskennzahlensystems fällt aus Sicht des Verfassers recht eindeutig aus, da ansonsten kein Ansatz zu Kennzahlensystemen vorliegt, der einen gewissen Bekanntheitsgrad mit einer hohen Eignung zur Erfüllung der Anforderungen des Kooperationsmanagements vereint.[24] Die Eignung wird im Zuge der weiteren Ausführungen deutlich.[25]

Um zu einem Kooperationskennzahlensystem zu gelangen, soll nun die Struktur der Balanced Scorecard, d.h. die vier genannten Perspektiven, den Anforderungen des Kooperationsmanagements angepaßt werden. Sowohl die finanzielle Perspektive als auch die Kundenperspek-

19 Vgl. Kaplan/Norton 1997, S. VII u. 10.

20 Vgl. Kaplan/Norton 1992, S. 72-79.

21 Vgl. Kaplan/Norton 1996a, S. 85; Epstein/Manzoni 1997, S. 31; Kaplan/Norton 1997, S. 18f. u. 23f.

22 Vgl. Kaplan/Norton 1996b, S. 64-66.

23 Zur Popularität der Balanced Scorecard in der Praxis vgl. Kaplan/Norton 1996c, S. 32; Butler/Letza/Neale 1997, S. 242f.; Gaiser/Kaufmann 1997, S. 3. Die Popularität in der Theorie manifestiert sich in zahlreichen Beiträgen zur Balanced Scorecard in der jüngeren wirtschaftswissenschaftlichen Literatur (vgl. für den deutschsprachigen Raum z.B. Maschmeyer 1998; Pastor 1998).

24 Weitere bekannte Ansätze sind vor allem das DuPont-Kennzahlensystem (USA), die Pyramid Structure of Ratios (Großbritannien), das Tableau de Bord (Frankreich), das ZVEI-Kennzahlensystem (Zentralverband der Elektrotechnischen Industrie, Deutschland) und das R/L-Kennzahlensystem (Deutschland), welches nach seinen Entwicklern Reichmann und Lachnit benannt wurde (vgl. zu dieser Auflistung z.B. Staehle 1969, S. 69-86; Staudt u.a. 1985, S. 34-65; Baumbusch 1988, S. 124-135; Horváth 1998, S. 550-560). Die genannten Ansätze sind mit Ausnahme des Tableau de Bord aus Sicht des Kooperationscontrollings jedoch zu einseitig auf monetäre Kennzahlen ausgerichtet. Das Tableau de Bord wurde in der vorliegenden Arbeit aufgrund verschiedener Nachteile gegenüber der Balanced Scorecard (vgl. Epstein/Manzoni 1997, S. 34-36) nicht als Grundlage gewählt.

25 Eine detailliertere Darstellung der Balanced Scorecard ist hier nicht notwendig (vgl. dafür die Monographie Kaplan/Norton 1997).

tive beinhalten im Sinne des Regelkreises des Kooperationsmanagements in erster Linie Zielvariablen, so daß sie eine Abbildung des Kooperationserfolges aus der Sicht der gemäß Balanced Scorecard wesentlichsten Anspruchsgruppen (Anteilseigner und Kunden) erlauben. Daher und zwecks Vereinfachung faßt das Kooperationskennzahlensystem die finanzielle und die Kundenperspektive zur Kooperationserfolgsperspektive zusammen. Diese repräsentiert die externe Ausrichtung. Die interne Geschäftsprozeßperspektive sowie die Lern- und Entwicklungsperspektive beziehen sich – wiederum durch das Raster des Regelkreises des Kooperationsmanagements betrachtet – vor allem auf Ressourcen und Aktivitäten, d.h. auf Entscheidungsvariablen für die Gestaltung und Lenkung des Kooperationssystems. Aktivitäten sind die Elemente von Prozessen und wurden bereits in Kap. 3 und 4 als zentrales Konstrukt für das Kooperationsmanagement aufgezeigt. Gegenstand des Lernens und Entwickelns sind stets Ressourcen. Diese lassen sich den Aktivitäten zuordnen. Folglich werden Geschäftsprozeßperspektive sowie Lern- und Entwicklungsperspektive zur Kooperationsaktivitätsperspektive zusammengefaßt, welche die interne Ausrichtung repräsentiert. Durch die vorgenommene Abgrenzung von Kooperationserfolgs- und Kooperationsaktivitätsperspektive ist sichergestellt, daß sowohl outputbezogene Größen (Zielvariablen) als auch input- und prozeßbezogene Größen (Entscheidungsvariablen) Berücksichtigung finden.[26] Beide Perspektiven sollen kurz- und langfristige sowie vergangenheits- und zukunftsbezogene Kennzahlen enthalten, damit ein ausgewogenes System vorliegt. Auch Variablen des Kooperationspartners werden in der Regel einbezogen, wie noch zu erläutern ist. Andere erfolgskritische Umweltvariablen sind im Sinne von Prämissen als Anhang oder Fußnote zu dokumentieren.

Der genaue Aufbau und die Vorgehensweise bei der Anwendung des Kooperationskennzahlensystems sind situativ verschieden. Wie bei KAKR und KWR ist hier eine gewisse Flexibilität notwendig, weil Detailaspekte (insbesondere: Intensität der Zusammenarbeit mit dem Partner hinsichtlich des Kooperationskennzahlensystems; Art und Umfang einzubeziehender Sachverhalte; Abstimmung mit bereits vorhandenen, unternehmensbezogenen Kennzahlensystemen) situationsabhängig festzulegen sind. Die Intensität der Zusammenarbeit – und damit die unternehmensübergreifende Ausrichtung des Kooperationskennzahlensystems – kann von der Beschränkung auf Kennzahlen bezüglich des eigenen Teils des Kooperationssystems bis hin zu einer umfangreichen, gemeinsamen Benutzung des Kennzahlensystems reichen.[27] Die letztgenannte Alternative kommt beispielsweise für zwei Unternehmen, welche zusammen ein Gemeinschaftsunternehmen führen, in Frage. Die erstgenannte Alternative dürfte nur für sehr lose Kooperationen angebracht sein. Zwischen diesen beiden Extremausprägungen eröffnen

---

[26] Die Berücksichtigung all dieser Größen fordern Büchel u.a. für die Erfolgsbeurteilung von Joint Ventures (vgl. Büchel u.a. 1997, S. 191-197).

[27] Grundsätzlich erstreckt sich der Gegenstandsbereich des Kooperationskennzahlensystems nicht – wie von der Balanced Scorecard vorgesehen – auf das gesamte Unternehmen bzw. einzelne SGEs, sondern auf das Kooperationssystem bzw. Teile davon.

sich einige Möglichkeiten zur expliziten Berücksichtigung der Kennzahlen des Partners, z.B. die Erarbeitung und Nutzung eines den Partner darstellenden Kooperationskennzahlensystems, welches auf der Basis sorgfältig recherchierter Informationen zu erstellen und strukturell mit dem eigenen System abzustimmen ist.[28] Für weitere Hinweise zur Festlegung der genannten Detailaspekte sei hier auf die entsprechenden Ausführungen zu KAKR und KWR verwiesen.[29]

In jedem Fall sind zur Konkretisierung der Kooperationserfolgs- und der Kooperationsaktivitätsperspektive die wichtigsten Ziel- bzw. Entscheidungsvariablen zu identifizieren sowie Kennzahlen zu deren Messung zu bestimmen. Bereits im dritten Kapitel wurden die Unternehmenswertsteigerung als übergeordnetes Ziel und vier Arten von Kooperationszielen als mögliche untergeordnete, unmittelbare Ziele aufgezeigt. Sie sind der Kooperationserfolgsperspektive zuzuordnen und gemäß Balanced Scorecard um ein kundenbezogenes Ziel zu ergänzen.[30] Als oberstes kundenbezogenes Ziel bietet sich die Verbesserung des Preis-Leistungs-Verhältnisses der im Rahmen der Kooperation erbrachten Leistungen an. „Die dauerhafte Sicherung des Unternehmenserfolgs ist nur möglich, wenn die Kunden durch das im Vergleich zur Konkurrenz bessere Preis-Leistungs-Verhältnis der angebotenen Waren gebunden werden können."[31]

Die Konkretisierung der Kooperationsaktivitätsperspektive orientiert sich – wie oben angedeutet – an den im Regelkreis des Kooperationsmanagements aufgeführten Entscheidungsvariablen. Diese stellen Einflußgrößen für die in der Kooperationserfolgsperspektive aufgeführten Ziele dar und lassen sich daher als Unterziele interpretieren. Aus den Entscheidungsvariablen, welche der Gestaltung kooperationsbezogener Aktivitäten und Ressourcen dienen, leitet sich das Ziel „Kooperationsaktivitäten bzw. -ressourcen optimieren" ab. Aus den Entscheidungsvariablen für die Gestaltung der Beziehungen zwischen den Aktivitäten bzw. Ressourcen entspringt das Ziel „Kooperationsbeziehung optimieren". Lenkungsbezogene Entscheidungsvariablen werden als untergeordnete Variablen den anderen Zielen der Kooperationsaktivitätsperspektive zugeordnet. Um die Notwendigkeit der Entwicklung des Kooperationssystems hervorzuheben, findet – der Balanced Scorecard folgend – das Ziel „im Rahmen der Kooperation lernen" im Kooperationskennzahlensystem separat Berücksichtigung.

---

28 Ansätze dafür sind z.B. in lieferantenbezogenen Kennzahlen im Rahmen vertikaler Kooperationen zu sehen (vgl. Pampel 1993b, S. 276f.).

29 Vgl. S. 95-97 in Kap. 4.3.2 und S. 132f. in Kap. 5.3.2.

30 Kaplan/Norton betonen, daß die vier von ihnen aufgezeigten Perspektiven nicht für jedes Unternehmen notwendig bzw. hinreichend sind und daß nicht alle Stakeholder automatisch Anspruch auf Berücksichtigung in der Balanced Scorecard haben (vgl. Kaplan/Norton 1997, S. 33). Daher kann es je nach Kooperation sinnvoll sein, das kundenbezogene Ziel durch ein anderes (z.B. lieferanten- oder ökologiebezogenes) zu ersetzen.

31 Hauer 1994, S. 224; vgl. auch Porter 1985, S. 130-138. Porter benutzt in diesem Zusammenhang den Begriff „buyer value" (in der deutschen Übersetzung: „Abnehmerwert" (vgl. Porter 1992, S. 177)).

Für jedes der sechs hergeleiteten Ziele (siehe Abb. 26) sind einige[32] Kennzahlen als Maßgrößen zu bestimmen. Da diese Bestimmung weitgehend von situationsspezifischen Gegebenheiten abhängt, können hier keine allgemeingültigen Auflistungen, sondern nur grundlegende Hinweise gegeben werden. Das zentrale Kriterium bei der Kennzahlenbestimmung stellen – analog zu den bereits aufgezeigten Controllinginstrumenten – Kosten-Nutzen-Überlegungen dar, wobei sich der Nutzen insbesondere anhand der Zweckeignung der Kennzahl (Aussagekraft und Relevanz bezüglich des jeweiligen Ziels) bemißt.[33]

Kooperationserfolgsperspektive	
Ziel	Kennzahlen
Unternehmenswert steigern	...
Unmittelbare Kooperationsziele erreichen	...
Preis-Leistungs-Verhältnis für Kunden verbessern	...

Kooperationsaktivitätsperspektive	
Ziel	Kennzahlen
Kooperations-aktivitäten bzw. -ressourcen optimieren	...
Kooperations-beziehung optimieren	...
Im Rahmen der Kooperation lernen	...

Abb. 26: Aufbau des Kooperationskennzahlensystems

Für das Ziel „Unternehmenswert steigern" ergeben sich neben dem Unternehmenswert als Spitzenkennzahl weitere Kennzahlen aus den in Abb. 23 (siehe S. 143) aufgeführten Werttreibern (z.B. rentabilitäts- oder investitionsbezogene Kennzahlen). Die unmittelbaren Kooperationsziele können beispielsweise mittels des Marktanteils, falls die Kooperation auf den Zugang zu einem Markt zielt, oder durch ausgewählte Kostengrößen, falls die Kooperation zur Kostenreduktion dient, abgebildet werden. Für das Ziel „Preis-Leistungs-Verhältnis für Kunden verbessern" bieten sich verschiedenste Kaufkriterien der Kunden (z.B. durchschnittliche Lieferzeit, Reklamationsquote) als Kennzahlen an, da eine direkte Ermittlung des Preis-Leistungs-Verhältnisses der im Rahmen der Kooperation erbrachten Leistungen in der Regel

32 In Anlehnung an die Literatur zur Balanced Scorecard (vgl. z.B. Gaiser/Kaufmann 1997, S. 3; Kaplan/ Norton 1997, S. 156-158) wird empfohlen, insgesamt maximal 20-25 Kennzahlen zu bilden, also ca. vier pro Ziel. Wird das Kooperationskennzahlensystem in mehrere Teilsysteme untergliedert (siehe weiter unten in diesem Kapitel), erhöht sich die Anzahl.

33 Vgl. zu Kriterien der Kennzahlenbestimmung z.B. Baumbusch 1988, S. 59-65; Meyer 1994, S. 24-29. Küting nennt zehn allgemeine Gestaltungsgrundsätze für Kennzahlensysteme (vgl. Küting 1983, S. 239-241).

recht problematisch ist.[34] Mögliche Kennzahlen zur Messung der Kooperationsaktivitäten und -ressourcen sind verschiedenste prozeßbezogene Größen (z.B. Produktivität einer bestimmten Aktivität) sowie ressourcenbezogene Größen (z.B. Kooperationserfahrung pro Mitarbeiter).[35] Zur Abbildung der Kooperationsbeziehung lassen sich Kennzahlen wie der Umfang des gemeinsamen Geschäfts oder ein durch Mitarbeiterbefragung ermittelbarer Indexwert zur Beurteilung der Beziehungsqualität heranziehen. Die Beurteilung des Lernens im Rahmen der Kooperation kann beispielsweise anhand der Entwicklungs- bzw. Implementierungszeiten für Innovationen oder anhand der Höhe von Erfahrungskurveneffekten erfolgen.[36]

Die in Abb. 26 gezeigte, aus Zielen und Kennzahlen bestehende Struktur des Kooperationskennzahlensystems steht nun für die Koordination und/oder Analyse des Kooperationssystems zur Verfügung. Wird sie für die Koordination benutzt, dann ist für jede Kennzahl ein Planwert festzulegen. Das entstehende System von Planwerten stellt ein Budget dar, so daß hier die Schnittstelle zur Kooperationsbudgetierung vorliegt und das weitere Vorgehen entsprechend vorzunehmen ist. Analog zur Differenzierung strategischer und operativer Budgets im Rahmen der Kooperationsbudgetierung ist es grundsätzlich möglich, im Kooperationskennzahlensystem strategische und operative Aspekte zu unterscheiden. Dies kann sich darin ausdrücken, daß für jedes Ziel eine strategisch ausgerichtete Kennzahl bestimmt und in mehrere operativ ausgerichtete Kennzahlen zerlegt wird. Außerdem ist es bei hoher Komplexität des Kooperationssystems ratsam, das Kooperationskennzahlensystem ähnlich wie das Budgetsystem in mehrere, hierarchisch strukturierte Teilsysteme (z.B. für jede wesentliche Kooperationsaktivität) aufzuteilen.[37]

Der Einsatz des Kooperationskennzahlensystems für die Analyse offenbart die Schnittstelle zu KAKR und KWR. Er beinhaltet, wie vor allem bei der kostenrechnerischen Analyse explizit gezeigt, die Offenlegung von Ursache- und Wirkungszusammenhängen sowie die Gewinnung von Informationen durch verschiedene Arten von Vergleichen. Das Kooperationskennzahlensystem soll die Beziehungen unter den verschiedenen Zielen und Kennzahlen identifizieren und beschreiben. Ein gutes Verständnis dieser Beziehungen ist eine grundlegende Notwendigkeit für das Kooperationsmanagement. Es beeinflußt die Auswahl der für die Koordination zu benutzenden Kennzahlen und damit die daraus abgeleiteten Entscheidungen und Handlungen.

---

34 Vgl. Porter 1985, S. 138-150. Denkbar ist zudem die Verwendung von Kennzahlen wie Kundenzufriedenheitsindex und Kundenloyalitätsindex (vgl. ausführlich Homburg/Werner 1998, S. 56-97). Vgl. zu kundenbezogenen Kennzahlen auch Kaplan/Norton 1997, S. 62-88.

35 Vgl. zu solchen Kennzahlen Schott 1991, S. 56-122 u. 163-185; Clinton/Hsu 1997, S. 20-23; Kaplan/Norton 1997, S. 89-120; für einen Überblick der zahlreichen Literaturbeiträge zu funktionsbereichsspezifischen, d.h. für bestimmte Arten von Aktivitäten gedachten Kennzahlen vgl. Staudt u.a. 1985, S. 96-103.

36 Vgl. zu lernbezogenen Kennzahlen Kaplan/Norton 1997, S. 126-134. Die lernbezogenen Kennzahlen sind nicht genau von den anderen Kennzahlen der Kooperationsaktivitätsperspektive abgrenzbar, da sich das Lernen stets auf bestimmte Aktivitäten, Ressourcen oder Beziehungen richtet.

37 Auf diese Weise wird das Kennzahlensystem an das Führungssystem angepaßt (vgl. dazu Kern 1971, S. 703-711; Maschmeyer 1998, S. 78-80).

Für die in Kap. 4.3.7 erläuterten Vergleiche (Wertkettenvergleich, Alternativenvergleich, Plan-Ist-Wird-Vergleich, Zeitvergleich) stellen Kennzahlen die Grundlage dar. Das Verständnis der Beziehungen ermöglicht die Interpretation der Vergleichsresultate.

Die Beschreibung der Ursache- und Wirkungszusammenhänge kann für viele Ziele und Kennzahlen nur in Form eines Ordnungssystems ohne rechentechnische Beziehungen geschehen. Die Zusammenhänge lassen sich dann durch qualitative Aussagen (z.B. „Kennzahl A weist eine hohe, positive Korrelation mit Kennzahl B auf") ausdrücken. Solche Aussagen können in Verbindung mit einer übersichtlichen graphischen Darstellung durchaus nützlich sein.[38] Teile des Kooperationskennzahlensystems lassen sich in Form eines Rechensystems darstellen. Dafür bietet sich zum einen die Verwendung der im Zuge der KWR modellierten Beziehungen an, zum anderen die Integration eines bestehenden, rechentechnisch ausgerichteten Kennzahlensystems, z.B. des DuPont-Systems.[39]

Das hier vorgestellte Kooperationskennzahlensystem erfüllt weitgehend die zu Beginn dieses Unterkapitels genannten Anforderungen. Dies spricht dafür, daß die angestrebte Erhöhung des Nutzenpotentials von Kennzahlensystemen für das Kooperationscontrolling erreicht wurde. Eine Einschränkung ist lediglich darin zu sehen, daß die Möglichkeiten der durch Kennzahlensysteme grundsätzlich angestrebten Quantifizierung insbesondere bezüglich der Kooperationsaktivitätsperspektive begrenzt sind.[40] Dies rechtfertigt jedoch kein Ignorieren entsprechender Sachverhalte in Kennzahlensystemen. Das Kooperationskennzahlensystem ermöglicht als Koordinations- und Analyseinstrument die Unterstützung vieler Planungs-, Kontroll- und Informationsversorgungsaufgaben, und zwar orientiert an den kritischen Erfolgsfaktoren eines Kooperationssystems. Der Grundidee der Balanced Scorecard folgend stellt es eine situativ zu konkretisierende Grundstruktur zur Verfügung, welche mit einer übersichtlichen und ausgewogenen Auswahl von Kennzahlen sowohl für die Kooperationsgestaltung als auch für die Kooperationslenkung ein hohes Nutzenpotential bietet.

---

38 Ein Beispiel dafür liefern auf Grundlage der Balanced Scorecard Dusch/Möller 1997, S. 118f.

39 Vgl. zum DuPont-Kennzahlensystem z.B. Siegwart 1992, S. 42-45. Hlinski/Weigand/Zeuzem zeigen, daß sich das operativ ausgerichtete DuPont-Kennzahlensystem (Spitzenkennzahl: ROI) zu einem strategischen System (Spitzenkennzahl: Unternehmenswert) weiterentwickeln läßt (vgl. Hlinski/Weigand/Zeuzem 1995, S. 202; zu unternehmenswertorientierten Kennzahlensystemen vgl. auch Günther 1997, S. 264-278).

40 Vgl. zum Nutzen verschiedener Arten von Kennzahlen Lingle/Schiemann 1996, S. 56-59; vgl. allgemein zur Kritik an Kennzahlen bzw. Kennzahlensystemen Staehle 1969, S. 66-68; Gaitanides 1979; Staudt u.a. 1985, S. 106-113; Siegwart 1992, S. 145-150.

6.2 Berichtssysteme

6.2.1 Grundlegendes zu Berichtssystemen im Kooperationscontrolling

Berichte lassen sich verstehen als Zusammenstellungen von Informationen, welche zur Erfüllung eines bestimmten Unterrichtungszwecks übermittelt oder dokumentiert werden.[41] Sie sind notwendig, weil Informationsentstehung und Informationsverwendung organisatorisch und zeitlich oft auseinanderfallen.[42] Mit Berichtswesen ist die Erstellung und Weiterleitung bzw. Aufbewahrung von Berichten gemeint.[43] Wie in der betriebswirtschaftlichen Literatur weitgehend üblich, beziehen sich die Begriffe „Bericht" bzw. „Berichtswesen" in dieser Forschungsarbeit nicht auf alle, sondern vorrangig auf formale Arten von Informationsübermittlung (Kommunikation) und Dokumentation.[44] Um die Anforderungen in bezug auf Kommunikation und Dokumentation in angemessener Komplexität erfüllen zu können, ist in der Regel eine dem Informationsbedarf des Unternehmens angepaßte, geordnete Struktur mehrerer Berichte erforderlich.[45] Diese wird als Berichtssystem bezeichnet.[46]

Für die Gestaltung von Berichten bzw. Berichtssystemen bieten sich folgende Dimensionen und dazugehörige Gestaltungsvariablen an:[47]

- inhaltliche Dimension (Art und Umfang der Informationen, Berichtsobjekt): Was wird berichtet?
- personelle/institutionelle Dimension (Sender und Empfänger des Berichts): Wer berichtet an wen?
- formale Dimension (Darstellungsform, Methode der Erstellung, Übermittlungsmedium etc.): Wie wird berichtet?
- zeitliche Dimension (insbesondere Berichtstermin, gegebenenfalls auch Berichtszeitraum und Bearbeitungszeit): Wann wird berichtet?

---

41 Vgl. Blohm 1974, S. 15; Blohm 1982, S. 866f.

42 Vgl. o.V. 1993, S. 56; Horváth 1998, S. 589.

43 Vgl. o.V. 1996b, S. 67. Berichtswesen wird hier also nicht mit Informationswesen bzw. Informationssystem gleichgesetzt, sondern als Teil davon gesehen (vgl. dazu auch Koch 1994, S. 153-156).

44 Formale Kommunikation geschieht bedeutungsgemäß in bestimmten Formen. Sie kann schriftlich oder mündlich sowie mit oder ohne EDV-Unterstützung stattfinden. Eine exakte Abgrenzung zu nicht formaler Kommunikation (z.B. formlose, ungeplante, persönliche Gespräche) ist nicht möglich. Die meisten Autoren behandeln unter der Bezeichnung „Berichtswesen" schwerpunktmäßig schriftliche, nach bestimmten Regeln gestaltete Berichte.

45 „Je größer und komplexer das Unternehmensgebilde ist, über das man berichten soll, desto komplexer wird auch das Berichtswesen selbst." (Steinbichler 1990, S. 144)

46 Vgl. Horváth 1998, S. 592. Berichtssysteme werden in der Literatur auch im Zusammenhang mit Führungs-, Management- oder Controllinginformationssystemen thematisiert. Die meisten Autoren stellen mit diesen drei Begriffen vorrangig auf EDV-technische Aspekte ab, so daß sie hier nicht als Synonyme für Berichtssysteme dienen.

47 Vgl. Blohm 1982, S. 868f.; Koch 1994, S. 56-62.

Zwischen diesen Dimensionen bestehen enge Beziehungen, so daß eine präzise Abgrenzung nicht möglich ist. Alle Dimensionen sind an den Berichtszielen auszurichten, d.h. am Informationsbedarf der Berichtsempfänger (Wozu wird berichtet?).[48]

Die den Dimensionen zuordenbaren Variablen ermöglichen nicht nur die Gestaltung, sondern auch die Abgrenzung und Charakterisierung verschiedener Arten von Berichten bzw. Berichtssystemen. Beispielsweise können Standard-, Abweichungs- und Bedarfsberichte sowie internes und externes Berichtssystem unterschieden werden.

Für das Controlling ist in erster Linie das interne Berichtssystem relevant, da das Controlling der Unterstützung des Managements dient.[49] Das interne Berichtssystem steht in enger Verbindung zu den in den vorangegangenen Kapiteln betrachteten Instrumenten: Ergebnisse aus der Kosten- und Investitionsrechnung werden durch Berichte übermittelt. Vorhandene Berichte können als Input dienen. Für den verhaltenssteuernden Einsatz von Informationen im Rahmen der Budgetierung spielen Berichte eine wesentliche Rolle. Die enge Verbindung zu Kennzahlensystemen schließlich ergibt sich, weil Berichte in der Regel fokussiert und komprimiert informieren sollen, so daß Berichtsinhalte oft in Form von Kennzahlen dargestellt werden.[50] Da Berichtssysteme also mit jedem der bereits betrachteten Instrumente in enger Verbindung stehen, sind sie hier Gegenstand eines separaten Kapitels, um Wiederholungen zu vermeiden und die Komplexität der Darstellung der anderen Instrumente nicht zu erhöhen.

Das beträchtliche Nutzenpotential von Berichtssystemen für das Kooperationscontrolling geht bereits aus den Ausführungen im ersten Teil der Arbeit hervor und ist im weiteren Verlauf von Kap. 6.2 zu verdeutlichen. Ein kooperationsbezogenes Berichtssystem kann sicherstellen, daß der Informationsbedarf des Kooperationsmanagements auf koordinierte, wirtschaftliche Weise befriedigt wird, so daß die Träger des Kooperationsmanagements diejenigen Informationen, die sie erhalten sollen, in angemessener Form und Geschwindigkeit bekommen. Ein Berichtssystem dient der Durchführung und Koordination der Informationsversorgung, d.h. zentralen Controllingaufgaben, und zwar auf operativer wie auf strategischer Ebene.[51] Damit ist es ein nahezu unverzichtbares Hilfsmittel für das Kooperationsmanagement. Hervorzuheben ist außerdem die Möglichkeit, mit dem Berichtssystem die Kommunikation unter den kooperierenden Unternehmen systematisch und ihrer Bedeutung als Erfolgsfaktor des Kooperationsmanagements entsprechend zu steuern.

Im Rahmen einer ausführlichen Literaturanalyse konnte der Verfasser keinen Beitrag identifizieren, welcher die hier angestrebte systematische Anpassung von Berichtssystemen an die

---

48 Blohm und Koch grenzen die Berichtsziele als fünfte Dimension ab (vgl. Blohm 1982, S. 868; Koch 1994, S. 59f.).

49 Vgl. Weber 1993a, S. 54.

50 Vgl. z.B. Horváth 1983, S. 355f.; o.V. 1996a, S. 66.

51 Vgl. zu operativen Berichtssystemen z.B. Birk 1991; zu strategischen Berichtssystemen z.B. Bloech 1994.

Anforderungen des Kooperationsmanagements vornimmt. Berichte, Berichtssysteme oder Berichtswesen werden zwar von einigen Autoren im Zusammenhang mit Unternehmenskooperationen betrachtet, jedoch bleiben die entsprechenden Ausführungen stets auf eine bloße Erwähnung, eine knappe Erläuterung oder die Darstellung eines bestimmten Teilaspektes beschränkt.[52] Als Ausnahme kann lediglich Kraege genannt werden, der in einem vierseitigen Unterkapitel seiner Arbeit zumindest einige Aspekte eines kooperationsbezogenen Berichtssystems aufzeigt.[53] Im folgenden finden die vorhandenen Literaturbeiträge lediglich vereinzelt Berücksichtigung.

6.2.2 Anpassung an die Anforderungen des Kooperationsmanagements: Kooperationsberichtssystem

Nun sind die Anforderungen an ein kooperationsbezogenes Berichtssystem zu erarbeiten sowie durch Entwicklung eines entsprechenden Systems – im folgenden als „Kooperationsberichtssystem" bezeichnet – zu erfüllen.

Bezüglich der inhaltlichen Dimension ergibt sich die Anforderung, daß das Berichtssystem über diejenigen erfolgszielrelevanten[54] Variablen des Kooperationsmanagements berichten muß, für die ein Informationsbedarf besteht. Die Befriedigung eines Bedarfes soll nur erfolgen, wenn sie einen positiven Nettonutzen erwarten läßt und damit ein (informationsökonomisch) begründetes Berichtsziel vorliegt. Das Berichtssystem hat also über verschiedenste kooperationsbezogene Sachverhalte (z.B. Kosten bestimmter Kooperationsaktivitäten) zu berichten, wobei das gesamte Kooperationssystem abzudecken ist, d.h. auch partnerbezogene Informationen einfließen. Da sich die Funktion des Berichtssystems auf die Übermittlung und Dokumentation von Informationen beschränkt, müssen die Inhalte mit anderen Instrumenten erschlossen werden, wofür sich insbesondere die in dieser Arbeit bereits betrachteten Instrumente anbieten.

An die personelle/institutionelle Dimension stellt das Kooperationsmanagement die Anforderung, das interne, der Managementunterstützung dienende Berichtswesen auf Personen im Partnerunternehmen auszuweiten. Die Kommunikation mit dem Kooperationspartner ist Vor-

---

52 Vgl. z.B. für eine knappe Erwähnung bzw. Erläuterung Harrigan 1986, S. 80f.; Michel 1996, S. 236. Auch die Arbeit von Klanke bietet einige knappe Erläuterungen (vgl. Klanke 1995, S. 148f.), ist aber zusätzlich auch ein Beispiel für einen Beitrag, der einen Teilaspekt, nämlich Gestaltungsmaßnahmen zur Vermeidung eines unkontrollierten Informationstransfers zwischen den kooperierenden Unternehmen, darstellt (vgl. Klanke 1995, S. 159-168). Pampel widmet einem kooperationsbezogenen Berichtssystem zwar fast vier Seiten, doch sind seine Ausführungen spezifisch für Kooperationen mit Lieferanten gehalten (vgl. Pampel 1993b, S. 277-280). Auch die Ausführungen von Hippe sind für die vorliegende Arbeit wenig hilfreich, da sie sich speziell auf kooperative Unternehmensnetzwerke beziehen und da Hippe eine unübliche, mit dem hier vertretenen Verständnis inkompatible Begriffsauffassung von Berichtswesen vertritt (vgl. Hippe 1997, S. 240-246).

53 Vgl. Kraege 1997, S. 195-198.

54 Nicht jede Art von Berichten ist Gegenstand des Controllings, denn definitionsgemäß ist das Controlling auf erfolgszielorientierte Informationen beschränkt.

aussetzung für gegenseitiges Vertrauen und Verständnis sowie für die gemeinsame Koordination von Aktivitäten.[55] Sie unterliegt jedoch Wirtschaftlichkeitszwängen und birgt die Gefahr, daß geheimhaltungsbedürftige Informationen unkontrolliert übermittelt werden. Daher ist eine sorgfältige, den Berichtszielen gemäße Bestimmung von Sendern und Empfängern im gesamten Kooperationssystem notwendig. Das Berichtssystem soll das formale Kommunikationsnetz für die Kooperation repräsentieren.

Hinsichtlich einzelner Gestaltungsvariablen der formalen und der zeitlichen Dimension eines Berichtssystems stellt das Kooperationsmanagement kaum besondere Anforderungen. Bewährte Gestaltungsgrundsätze zu Erstellungsmethodik, Darstellungsform, Übertragungsmedium etc. einerseits sowie zu Berichtszeitpunkten, Berichtshäufigkeiten etc. andererseits sind auch hier zu berücksichtigen. Eine Besonderheit ergibt sich für die formale und die zeitliche – und auch für die inhaltliche und die personelle/institutionelle – Dimension daraus, daß in jedem Unternehmen in der Regel über Jahre hinweg bestimmte Festlegungen einzelner Gestaltungsvariablen von Berichtssystemen getroffen wurden und damit unternehmensspezifische Grundsätze für das Berichtswesen entstanden sind. Zwischen den kooperierenden Unternehmen bestehende Unterschiede bezüglich dieser Grundsätze (z.B. unterschiedliche Berichtszeiträume und Begriffsdefinitionen) können in der Praxis ein erhebliches Problem darstellen.[56] Ein kooperationsbezogenes Berichtssystem muß Maßnahmen zur Milderung dieses Problems vorsehen.

Im folgenden ist das Kooperationsberichtssystem als Verfahren, welches die genannten Anforderungen erfüllt, zu entwickeln. Anders als bei den bisher in dieser Arbeit betrachteten Instrumenten liegen für das Berichtswesen keine alternativen, in Theorie und Praxis bekannten Verfahren vor, die als Grundlage für das Kooperationsberichtssystem erwogen werden könnten.[57] Dies ist ein deutlicher Hinweis darauf, daß eine für verschiedenartige Unternehmenssysteme geeignete Festlegung der einzelnen Gestaltungsvariablen von Berichtssystemen sehr problematisch bzw. im Vergleich zu den bereits betrachteten Instrumenten nur in geringerem Ausmaß möglich ist.[58] Folglich können auch für Kooperationssysteme Berichtsinhalte, -sender und -empfänger, -formen sowie -zeitpunkte (und damit das Kooperationsberichtssy-

---

55 Vgl. Bronder 1992, S. 128.

56 Vgl. Harrigan 1986, S. 80f.; Kraege 1997, S. 196.

57 In der Literatur existieren zwar Ansätze (z.B. ein Phasenmodell zur Gestaltung internationaler Berichtssysteme von Kieninger (vgl. Kieninger 1993, S. 67-212)), jedoch sind diese wenig bekannt und/oder sehr problemspezifisch. Das gilt weitgehend auch für Ansätze, welche einzelnen Berichtssystemsoftwareprodukten zugrunde liegen. Die in der Literatur oft anzutreffende Trennung von Standard-, Abweichungs- und Bedarfsberichten stellt hier ebenfalls keine Hilfe dar, weil sie keine umfassenden Gestaltungsalternativen bietet, sondern nur drei Arten von Berichten aufzeigt, die durchaus nebeneinander in einem Berichtssystem vorkommen können.

58 Empirische Unterstützung für diese Aussage läßt sich aus einer Studie von Kieninger ableiten. Dieser zeigt für einige Gestaltungsvariablen, daß generelle Festlegungen (z.B. die Empfehlung, Graphiken gegenüber anderen Darstellungsformen zu priorisieren) nicht haltbar sind (vgl. Kieninger 1993, S. 78-95 u. 190-200; darin S. 89f. zu Graphiken).

stem) nicht allgemein, sondern nur situativ festgelegt werden. Diese Festlegung läßt sich jedoch durch grobe Gestaltungshilfen unterstützen. Als solche Gestaltungshilfe für das Kooperationsberichtssystem hat der Verfasser die Kooperationsberichtsmatrix konzipiert, welche durch Grundsätze für die Kooperationsberichtsgestaltung ergänzt wird.

Die Kooperationsberichtsmatrix (siehe Abb. 27) bildet die vier oben genannten Gestaltungsdimensionen eines Berichtssystems für das gesamte Kooperationssystem ab, so daß die formalen Kommunikationsbeziehungen unternehmensübergreifend transparent werden.

Empfänger / **Sender**		**Eigenes Unternehmen**			**Partnerunternehmen**		
		Träger des Kooperationscontrollings	Träger des Kooperationsmanagements	Träger des Top Managements	Träger des Kooperationscontrollings	Träger des Kooperationsmanagements	Träger des Top Managements
Eigenes Unternehmen	Träger des Kooperationscontrollings	Bericht A: - Zeitpunkt - Inhalt - Form	Bericht B: - Zeitpunkt - Inhalt - Form	...	...	...	...
	Träger des Kooperationsmanagements	...	...	...	...	...	...
	Träger des Top Managements	...	...	...	...	...	...
Partnerunternehmen	Träger des Kooperationscontrollings	...	...	...	...	...	...
	Träger des Kooperationsmanagements	...	...	...	...	...	...
	Träger des Top Managements	...	...	...	...	...	...

Abb. 27: Kooperationsberichtsmatrix

Die personelle/institutionelle Dimension findet in Gestalt der Sender in den Zeilenüberschriften und der Empfänger in den Spaltenüberschriften Berücksichtigung. Für gegebenenfalls jede Kombination enthält das jeweilige Feld eine grobe Charakterisierung von Berichtsinhalt, -form und -zeitpunkt. Details dazu sind durch separate Berichtsbeschreibungen, Beispielberichte oder Berichtsformulare festzuhalten. Sind Sender und Empfänger identisch, handelt es sich um einen Bericht zu Dokumentationszwecken. Abb. 27 zeigt exemplarisch jeweils drei

Sender und Empfänger pro Unternehmen. Insbesondere bei sehr komplexen Kooperationsberichtssystemen empfehlen sich besondere Maßnahmen zur Gewährleistung einer übersichtlichen Darstellung, z.B. die Anfertigung der Matrix in Postergröße oder die EDV-technisch realisierte Verknüpfung der einzelnen Felder mit detaillierten Berichtsbeschreibungen.[59]

Vor der Spezifizierung der Berichte ist der Informationsbedarf bezüglich des Kooperationssystems zu ermitteln.[60] Diese Aufgabe ist nicht nur Voraussetzung für die Gestaltung des Berichtssystems, sondern für alle bisher betrachteten Instrumente. Dies gilt ebenso für die Aufgabe, den Nettonutzen bzw. Wert von Informationen zu bestimmen, um entscheiden zu können, welcher Teil des Informationsbedarfes tatsächlich befriedigt werden soll.[61] Als Ergebnis dieser Aufgaben sind die situationsspezifischen Ziele bzw. Anforderungen an das Kooperationsberichtssystem definiert. Dabei ist nicht nur der unmittelbare Nutzen einer berichteten Information für eine bestimmte Entscheidung zu beachten, sondern auch der schwieriger zu bestimmende, durch regelmäßige, standardisierte Kommunikation entstehende Nutzen (Vertrauensaufbau, Demonstration von Engagement etc.).

Die Kooperationsberichtsmatrix kann bereits für die Erfassung des Ergebnisses der Informationsbedarfserfassung und -bewertung, also für die Darstellung der Anforderungen, eingesetzt werden. In erster Linie dient sie jedoch zur darauf aufbauenden Gestaltung des Kooperationsberichtssystems. Die Kooperationsberichtsmatrix sorgt für eine strukturierte und komprimierte Übersicht, so daß eine von den kooperierenden Unternehmen gemeinsam nutzbare Gestaltungsgrundlage vorliegt. Mit ihrer Hilfe sind die Gestaltungsdimensionen des Kooperationsberichtssystems zu spezifizieren. Dabei sollen acht Grundsätze der Kooperationsberichtsgestaltung, welche die wichtigsten Empfehlungen für die Dimensionen beinhalten, die Effizienz und Effektivität des Kooperationsberichtssystems erhöhen. Die Grundsätze hat der Verfasser basierend auf den zu Beginn dieses Unterkapitels erläuterten Anforderungen des Kooperationsmanagements an das Berichtssystem sowie auf in der Literatur vorhandenen Katalogen von Grundsätzen zur Berichtsgestaltung hergeleitet. Zwischen den acht Grundsätzen – wie auch zwischen den einzelnen Gestaltungsvariablen des Kooperationsberichtssystems – bestehen zum Teil enge Beziehungen, so daß die Grundsätze nicht frei von Überschneidungen sind.[62]

---

59 Als ergänzendes Hilfsmittel zur Visualisierung der Beziehungen zwischen einzelnen Berichten sowie ihrer Einbettung in die Organisationsstruktur kommen z.B. Berichtspyramiden in Frage (vgl. Kieninger 1993, S. 79-84).

60 Vgl. zu Methoden der Informationsbedarfsermittlung z.B. Horváth 1998, S. 350-360 und die dort angegebenen Quellen.

61 Für diese Entscheidung sind informationsökonomische Überlegungen notwendig, wie bereits bei der Diskussion der Einsatzintensität von KAKR und KWR erwähnt.

62 Situativ mögliche Konkurrenzbeziehungen zwischen verschiedenen Grundsätzen (z.B. Ausrichtung am Kooperationssystem (Grundsatz 3) versus schlankes Berichtssystem (Grundsatz 2) bei einem komplexen Kooperationssystem) bedürfen besonderer Aufmerksamkeit bei der konkreten Gestaltung eines Kooperationsberichtssystems. Vgl. zu solchen Beziehungen zwischen Gestaltungsvariablen Küpper 1997, S. 156.

Im folgenden werden die Grundsätze der Kooperationsberichtsgestaltung genannt und kurz erläutert:[63]

1) Das Kooperationsberichtssystem ist von den kooperierenden Unternehmen gemeinsam zu gestalten bzw. gemeinsam abzustimmen![64] So kann die Versorgung mit Informationen im gesamten (bzw. über das gesamte) Kooperationssystem ganzheitlich koordiniert und ein den Kooperationszielen gemäßer, in der Regel gleichgewichtiger Informationstransfer sichergestellt werden.[65]

2) Das Kooperationsberichtssystem ist grundsätzlich schlank zu halten, d.h. es soll sich auf Wesentliches konzentrieren! Die Vermeidung großer und damit meistens wenig zweckmäßiger Informationsmengen zählt zu den häufigsten in Theorie und Praxis anzutreffenden Forderungen an Berichtssysteme.[66] Dies läßt sich auf verschiedene Weise erreichen, z.B. durch restriktive Festlegung von Anzahl und Umfang (Verdichtungsgrad) der Kooperationsberichte sowie durch hauptsächliche Verwendung von Abweichungs- und Bedarfsberichten zu Lasten von Standardberichten.[67]

3) Das Kooperationsberichtssystem ist konsequent am Kooperationssystem auszurichten, d.h. es muß dessen Ziele, Elemente sowie die Beziehungen zwischen diesen Elementen widerspiegeln! Nur wenn sich das Kooperationsberichtssystem an den tatsächlichen Organisations- und Entscheidungsstrukturen orientiert, kann es Relevanz und Akzeptanz für Entscheidungsträger erlangen.[68]

4) Das Kooperationsberichtssystem soll sowohl monatliche und/oder vierteljährliche operative Berichte als auch jährliche bzw. ereignisinduzierte strategische Berichte umfassen![69] Damit ist ein hohes Maß an Aktualität, Kontinuität und Zukunftsorientierung realisierbar.[70] Kraege empfiehlt einen jährlichen Bericht im Sinne eines Strategie-Audits, der die Kooperationsentwicklung wert- und potentialorientiert abbildet, Abweichungen kritischer Planungsprämissen und unvorhergesehen auftretende Chancen und Risiken offenlegt sowie einen Kommentar in Form eines Lageberichts beinhaltet.[71]

---

63 Eine ausführliche Erläuterung allgemeingültiger Grundsätze ist hinsichtlich der Zielsetzung der vorliegenden Arbeit nicht notwendig (vgl. dazu z.B. Birk 1991, S. 57-59; Spatzier 1997, S. 32-35).

64 Vgl. Kraege 1997, S. 195.

65 Klanke hält – wie auch andere Autoren – grundsätzlich einen gleichgewichtigen Informationstransfer für angemessen (vgl. Klanke 1995, S. 161).

66 Vgl. z.B. Landsberg 1988, S. 101-105; Gerlach 1995, S. 418-421; o.V. 1996a, S. 66.

67 Vgl. zu diesen drei Berichtsarten Küpper 1997, S. 149f.

68 Vgl. Steinbichler 1990, S. 145.

69 Vgl. Kraege 1997, S. 195-198.

70 Zu diesen drei allgemeinen Grundsätzen des Berichtswesens vgl. z.B. o.V. 1996a, S. 67.

71 Vgl. Kraege 1997, S. 197f.

5) Das Kooperationsberichtssystem soll einheitliche Formate und Begriffsdefinitionen verwenden.[72] Dies erleichtert die Verständlichkeit sowie die Konsolidierbarkeit der Berichte.

6) Bestehen Unterschiede in den partnerspezifischen Anforderungen an das Berichtssystem, sind Harmonisierungsmaßnahmen anstelle eines doppelten Berichtswesens zu erwägen! Harmonisierungsmaßnahmen können das Verständnis zwischen den Partnern verbessern und kostengünstiger als ein doppeltes Berichtswesen sein. In jedem Fall trägt eine Verschlankung des Berichtssystems zur Milderung der mit den Unterschieden verbundenen Probleme bei.[73]

7) Die Gestaltung des Kooperationsberichtssystems bzw. einzelner Kooperationsberichte hat empfängerorientiert zu erfolgen, d.h. Akzeptanz, Wahrnehmung und Verstehen der Berichte sowie der in ihnen enthaltenen Informationen durch die Empfänger sind bei der Berichtsgestaltung zu berücksichtigen![74] Eine hohe Akzeptanz läßt sich insbesondere durch geeignete Informationsauswahl (Relevanz für den Empfänger) sowie durch Einflußnahme auf die Beziehung zwischen Sender und Empfänger (Glaubwürdigkeit, Sympathie, Vertrautheit und Machtposition) erreichen.[75] Die Akzeptanz von Berichten eines Unternehmens an das Partnerunternehmen ist folglich stark von der Kooperationsbeziehung insgesamt abhängig. Da es keinen Alleinverantwortlichen für das gesamte Kooperationssystem und auch keine unabhängigen Träger des Kooperationscontrollings gibt[76], kann es keinen „neutralen" Bericht bezüglich des gesamten Kooperationssystems geben. Für Wahrnehmung und Verstehen ist in erster Linie eine empfängerorientierte Gestaltung der formalen Dimension förderlich, und zwar vor allem durch Hervorhebung wichtiger und außergewöhnlicher Sachverhalte, durch Trennung von Übersichts- und Detailinformationen, durch geeignete Darstellungsformen (Text, Tabellen, Graphiken etc.) und Übermittlungsmedien sowie durch Verwendung einheitlicher Formate (siehe Grundsatz 5).[77] Zur Unterstützung des Verstehens ist außerdem zu empfehlen, Informationen nicht isoliert, sondern durch Vergleichsgrößen relativiert und mit Kommentaren erläutert darzustellen, um Fehlinterpretationen vorzubeugen.[78]

---

72 Vgl. Scheffler 1993, S. 317.

73 Vgl. Kraege 1997, S. 196.

74 Koch gelangt zu diesen Kriterien, indem er Problempotentiale im Berichtswesen getrennt nach syntaktischer, semantischer und pragmatischer Ebene untersucht (vgl. Koch 1994, S. 71-99). Neben Akzeptanz, Wahrnehmung und Verstehen grenzt er noch die Beurteilung der Zweckorientierung ab, die jedoch der Akzeptanzproblematik zugeordnet werden kann.

75 Vgl. zu Maßnahmen zur Akzeptanzerhöhung von Berichten Koch 1994, S. 151-174.

76 Dies folgt daraus, daß ein Kooperationssystem definitionsgemäß Teile zweier (oder mehrerer) weitgehend autonomer Unternehmenssysteme umfaßt, und gilt auch, wenn ein Gemeinschaftsunternehmen besteht.

77 Vgl. Küpper 1997, S. 161-164; Horváth 1998, S. 602.

78 Vgl. Horváth 1998, S. 597 u. 600-602.

8) Das Kooperationsberichtssystem muß flexibel sein und regelmäßig veränderten Anforderungen angepaßt werden![79] Nur so kann es über die gesamte Lebensdauer der Kooperation sein Nutzenpotential voll entfalten. Mit der Anpassung muß eine regelmäßige Kosten-Nutzen-Bewertung des Kooperationsberichtssystems einhergehen. Das Berichtswesen ist ein permanentes Durchlaufen folgender Phasen: Ermittlung des zu erfüllenden Informationsbedarfes, Gestaltung des Berichtssystems bzw. einzelner Berichte, Einsatz des Systems bzw. Erstellen und Übermitteln einzelner Berichte sowie Effizienz- und Effektivitätskontrolle.[80]

Die acht Grundsätze der Kooperationsberichtsgestaltung erlauben in Verbindung mit der Kooperationsberichtsmatrix die im Detail nur situativ festlegbare Ausgestaltung eines Kooperationsberichtssystems gemäß den Anforderungen des Kooperationsmanagements. Die Grundsätze und die Matrix unterstützen als Gestaltungshilfen ein konsequent auf das gesamte Kooperationssystem ausgerichtetes, unternehmensübergreifend koordiniertes und harmonisiertes, bewährte Berichtsgrundsätze berücksichtigendes Berichtssystem. Dieses kann einen wesentlichen Beitrag dazu leisten, den gewünschten Grad an Informationsaustausch und -symmetrie innerhalb des Kooperationssystems zu realisieren[81] sowie allgemein die Informationsversorgungsaufgaben des Kooperationscontrollings zu bewältigen. Damit liegen starke Argumente dafür vor, daß die mit den beiden Gestaltungshilfen angestrebte Erhöhung des Nutzenpotentials von Berichtssystemen für das Kooperationscontrolling erreicht wurde.

6.3 Weitere Instrumente

6.3.1 Notwendigkeit und Nutzenpotential weiterer Instrumente

In Kap. 4 bis 6.2 erfolgte die Anpassung aller explizit im theoretischen Bezugsrahmen genannten Controllinginstrumente an die Anforderungen des Kooperationsmanagements, um das Nutzenpotential dieser Instrumente für die Wahrnehmung kooperationsbezogener Aufgaben zu erhöhen. Nun stellt sich die Frage, inwiefern weitere Instrumente notwendig sind, damit das im Zuge der vorliegenden Arbeit entstehende Instrumentarium insgesamt ein hohes Nutzenpotential besitzt. Die Antwort auf diese Frage geht weitgehend schon aus den Ausführungen in Kap. 3.4 hervor. Kostenrechnung, Investitionsrechnung, Budgetierung, Kennzahlensysteme und Berichte ermöglichen – entsprechend angepaßt – in ihrer Gesamtheit eine gute Un-

---

79 Vgl. zu diesem Grundsatz Blohm 1982, S. 870f.; Steinbichler 1990, S. 147.

80 Vgl. zur Kontrolle eines Berichtssystems Asser 1971, S. 670-677. Kieninger liefert ein Beispiel für ein an Berichtsgrundsätzen orientiertes Bewertungsraster für die Kontrolle des Berichtssystems (vgl. Kieninger 1993, S. 74f.).

81 Zu diesem Zweck bedarf das Kooperationsberichtssystem jedoch der Ergänzung um weitere – vor allem personelle und strukturelle – Maßnahmen (vgl. Klanke 1995, S. 162-168).

terstützung nahezu aller Aufgaben des Kooperationscontrollings.[82] Eine Ergänzung durch weitere Instrumente kann jedoch durchaus sinnvoll sein, d.h. das Nutzenpotential des Instrumentariums insgesamt erhöhen. Dies wurde im Verlauf der Ausführungen in Kap. 4 bis 6.2 verdeutlicht, indem z.B. die Sensitivitätsanalyse in die KWR integriert wurde und Instrumente wie Regressionsanalyse und Benchmarking im Rahmen der KAKR Erwähnung fanden. Es gibt zahlreiche weitere Controllinginstrumente, die in bestimmten Situationen für das Kooperationscontrolling hilfreich sein können, generell jedoch ein deutlich geringeres Nutzenpotential als die fünf intensiv untersuchten Instrumente besitzen.[83]

Zusätzlich läßt sich zur Beantwortung der Frage nach der Notwendigkeit weiterer Instrumente das der kybernetischen Systemtheorie zuzurechnende Gesetz der erforderlichen Varietät von Ashby heranziehen, demzufolge Varietät nur durch Varietät bewältigt werden kann.[84] Daraus folgt, daß das Instrumentarium des Kooperationscontrollings genauso viel Varietät enthalten muß, wie die zu unterstützenden Aufgaben in verschiedenen Situationen aufweisen können. Dies ist einerseits durch die Einbeziehung vieler verschiedener Instrumente erreichbar, d.h. durch die erwähnte Integration weiterer Instrumente in bestimmten Situationen. Andererseits ist es erforderlich, die einzelnen Instrumente so flexibel zu konzipieren, daß eine Anpassung an ein bestimmtes Kooperationssystem bzw. an eine bestimmte Entscheidungssituation möglich ist. Diese Forderung fand bei der Entwicklung von KAKR, KWR, Kooperationsbudgetierung, Kooperationskennzahlensystem und Kooperationsberichtssystem Berücksichtigung.

Die festgestellte gute und breite Unterstützung von Aufgaben des Kooperationscontrollings durch die fünf erarbeiteten Instrumente gilt für Planungs-, Kontroll- und Informationsversorgungsaufgaben. Sie gilt sowohl für kooperationsgestaltungsbezogene, also eher strategische Aufgaben als auch für kooperationslenkungsbezogene, also eher operative Aufgaben. Als Einschränkung ist jedoch festzustellen, daß die fünf Instrumente zwar controllingsystemnutzenden, kaum aber controllingsystemgestaltenden Aufgaben dienen. Eine solche Aufgabe ist beispielsweise die genaue, situationsspezifische Ausgestaltung des Instrumentariums, die aus der oben erwähnten Forderung nach flexibler Anpassung hervorgeht. Die Gestaltung des Kooperationscontrollingsystems beschränkt sich jedoch nicht auf Instrumente, sondern betrifft auch seine Aufgaben und Organisation. Als Hilfsmittel für die controllingsystemgestaltenden Aufgaben wird in Kap. 6.3.2 ein Richtlinienkatalog für das Kooperationscontrolling skizziert.[85]

---

82 Dies wurde im Verlauf der Kap. 4 bis 6.2 detaillierter verdeutlicht, allerdings nur aus theoretischer Sicht. Eine Beurteilung aus Sicht der Praxis ist Gegenstand der Fallstudie in Kap. 7.

83 Vgl. zu möglichen weiteren Instrumenten Abb. 6 auf S. 39 in Kap. 2.2.2.

84 Vgl. Ashby 1971, S. 206-213. Die Varietät, verstanden als die Anzahl verschiedener Zustände eines Systems, ist ein Maßstab für Komplexität (vgl. Probst 1981, S. 158-166; Malik 1984, S. 184-198; Malik 1991, S. 198f.).

85 Es sind auch weitere Instrumente für die Controllingsystemgestaltung denkbar, z.B. Organigramme oder Entwicklungsmethoden für Controllingsoftware. Solche Instrumente werden jedoch in der Literatur kaum als Controllinginstrumente im engeren Sinne angesehen und daher hier nicht näher betrachtet.

Hilfreich für die Beurteilung des Nutzenpotentials verschiedener Instrumente ist die von Kraege durchgeführte, bisher einzige empirische Studie zum Kooperationscontrolling.[86] Mittels 24 Expertengesprächen hat Kraege einige Erkenntnisse zum Kooperationscontrolling gewonnen, unter anderem zu Aufgaben und Instrumenten. In seiner Arbeit erläutert er die wesentlichsten dieser Erkenntnisse, wobei aufgrund der Anzahl und Auswahl der Gesprächspartner keine statistische Auswertung erfolgt.[87] Als Ergebnis stellt sich heraus, daß viele der zahlreichen Instrumente, welche Kraege im Hauptteil seiner Arbeit vor der Studie aufzeigt, in der Praxis wenig oder keine Verwendung finden (z.B. Szenariotechnik, Wertkettenanalyse, Kompetenzen-Portfolio). Dagegen liefert die Studie für Kostenrechnung, Investitionsrechnung, Budgetierung, Kennzahlen und Berichte viele Hinweise auf eine recht hohe Bedeutung.[88] Dieses Resultat spiegelt sich auch in Aussagen zu den Aufgaben des Kooperationscontrollings wider, welche die Praxis gemäß Kraeges Studie vor allem in der Aufbereitung und Auswertung von Zahlen sowie im Herbeiführen von Transparenz durch Wirtschaftlichkeitsrechnungen und Berichtssysteme sieht.[89] Insgesamt ergibt sich aus der Studie viel Bestätigung für die in der vorliegenden Arbeit vorgenommene Auswahl von Instrumenten.

Als Ergebnis dieses Unterkapitels bleibt festzuhalten, daß weitere Instrumente in bestimmten Situationen zwar durchaus das Nutzenpotential des Instrumentariums erhöhen können, hier aber keine dringende Notwendigkeit besteht, solche Instrumente näher zu untersuchen. Die vorliegende Arbeit konzentriert sich auf die Anpassung bedeutender Instrumente, so daß sich die Ausführungen zu weiteren Instrumenten auf eine kurze Betrachtung des oben erwähnten Richtlinienkataloges beschränken.

6.3.2 Richtlinienkatalog für das Kooperationscontrolling

Die Bezeichnung „Richtlinienkatalog“ meint hier ein Verzeichnis bzw. eine Aufzählung von Vorschriften, welche für bestimmte Personen als Regeln oder Prinzipien gelten sollen. Ein Richtlinienkatalog für das Controlling will Effektivität und Effizienz des Controllings steigern, indem er das Zusammenwirken der einzelnen Controllingteilsysteme formalisiert und Vorgehensweisen standardisiert.[90] Er bezieht sich also auf das gesamte Controllingsystem und muß folglich Festlegungen in bezug auf Controllingaufgaben, -instrumente und -organisation beinhalten. Der Richtlinienkatalog ist den bisher betrachteten Instrumenten übergeordnet, da

---

86 Vgl. Kraege 1997, S. 231-248, insbes. 239-243.

87 Die Datenbasis, die Darstellungsform und die der Untersuchung zugrundeliegende Art der Auswahl der einzelnen Instrumente sind ursächlich dafür, daß die Studie von Kraege nicht detailliert als Ausgangsbasis für die vorliegende Arbeit herangezogen wurde, sondern nur indirekt in die Problemstellung eingeflossen ist (vgl. S. 5f. in Kap. 1.1.3) und nun erst am Ende der Erarbeitung des Instrumentariums explizit in der Argumentation Berücksichtigung findet.

88 Dies gilt bezüglich der Budgetierung jedoch nur für die operative Ebene.

89 Vgl. Kraege 1997, S. 239.

90 Vgl. in ähnlichem Kontext Wienhold 1993, S. 324; Horváth 1998, S. 828f.

er unter anderem zur Unterstützung der Gestaltung und Nutzung des Controllinginstrumentariums dient. Anders als die bisher betrachteten Controllinginstrumente richtet er sich nicht auf das gesamte Unternehmens- bzw. Kooperationssystem, sondern nur auf das Controlling- bzw. Kooperationscontrollingsystem. Ein Richtlinienkatalog für das Controlling ist in großen Unternehmen häufig in Form eines Handbuches anzutreffen, kann aber auch in kürzerer Form vorliegen (z.B. Darstellung von Leitsätzen auf einer Seite). In der Literatur finden Controllingrichtlinien, -handbücher, -leitsätze etc. nur wenig Beachtung.

Für das Kooperationscontrolling – wie allgemein für das Controlling – besitzt ein Richtlinienkatalog durch die angesprochene Formalisierungs- und Standardisierungsfunktion ein hohes Nutzenpotential. Er schafft Regeln, welche den Trägern des Kooperationscontrollings Orientierung geben und die Unabhängigkeit der Aufgabenwahrnehmung von persönlichen Einschätzungen einzelner Controllingträger erhöhen. Mit der Erstellung des Richtlinienkataloges geht der Zwang einher, sich explizit mit der Gestaltung des Kooperationscontrollingsystems zu beschäftigen. Als Ergebnis ist dieses System schriftlich dokumentiert, so daß es in einheitlicher Form kommuniziert und umgesetzt werden kann.

Das spezifische Nutzenpotential des Richtlinienkataloges für das Kooperationscontrolling liegt in seinem Einsatz als Instrument zur Koordination der im Rahmen der Kooperation aufeinandertreffenden Controllingsysteme. Die kooperierenden Unternehmen weisen bezüglich ihrer vorhandenen Controllingsysteme sowie ihrer Anforderungen an das Kooperationscontrollingsystem in der Regel Unterschiede auf. Der Richtlinienkatalog kann helfen, einen guten Fit mit dem Kooperationscontrollingsystem des Partnerunternehmens zu erreichen, indem er zunächst als Verhandlungsgrundlage dient und dann tatsächlich durch- und eingesetzt wird. Mittels des Kataloges lassen sich unter den kooperierenden Unternehmen Akzeptanz und Verständnis für die Controllingsysteme verbessern.

Bei der Literaturanalyse stieß der Verfasser auf keinen Beitrag, der einen Richtlinienkatalog für das Kooperationscontrolling explizit thematisiert. In einigen Quellen zum Kooperationsmanagement wird erwähnt, daß im Rahmen von Kooperationsverträgen bzw. -vereinbarungen auch die Gestaltung von Controlling- bzw. Managementsystemen zu fixieren ist.[91] Für den Richtlinienkatalog ergibt sich die zentrale Anforderung, daß die kooperierenden Unternehmen ihn gemeinsam erarbeiten und gegebenenfalls mit Verträgen oder Vereinbarungen für seine Durchsetzung bzw. Einhaltung sorgen. Weitere Anforderungen sowie darauf basierende Gestaltungsempfehlungen lassen sich für den Richtlinienkatalog nur in sehr vager Form erarbeiten, da sie in hohem Maße situationsabhängig sind. Ähnlich wie es aufgrund der Verschiedenheit möglicher Kooperationssysteme keine allgemeingültige Checkliste von Vertragsinhalten geben kann[92], sind auch die Möglichkeiten einer allgemeingültigen Eingrenzung eines Richt-

---

91 Vgl. z.B. Harrigan 1986, S. 77; Bronder 1992, S. 187.

92 Vgl. z.B. Bronder 1992, S. 185; Eisele 1995, S. 142; Klanke 1995, S. 105.

linienkataloges für das Kooperationscontrolling stark eingeschränkt. Es ist ja gerade der Zweck des Richtlinienkataloges, die situationsspezifische Ausgestaltung des Controllings zu unterstützen. Daher geschieht die folgende Darlegung der weiteren Anforderungen an den Richtlinienkatalog und dazugehöriger Gestaltungsempfehlungen grob und simultan. Zunächst werden inhaltliche Grundzüge des Kataloges und dann sein formaler Aufbau betrachtet.

Hinsichtlich des Inhaltes soll der Richtlinienkatalog sich – wie oben ausgeführt – auf die Aufgaben, Instrumente und Organisation des Kooperationscontrollings beziehen. Die Aufgaben des Kooperationscontrollings wurden bereits in Kap. 3.3.2 in allgemeiner Form dargestellt. Sie sind nun unter Berücksichtigung der Ziele sowie weiterer Eigenschaften des betroffenen Kooperationssystems zu konkretisieren. Sehr allgemeine Formulierungen (z.B. „das Kooperationsmanagement bei der Planung unterstützen“) sind wenig hilfreich. Der Richtlinienkatalog muß genauere Festlegungen vorgeben, beispielsweise durch Spezifizierung von Planungsinhalten und -zeiträumen. Allgemein gehaltene Richtlinien können allerdings durchaus einen Beitrag zur grundsätzlichen Ausrichtung des Kooperationscontrollingsystems leisten, z.B.: „Alle Planungen und Bewertungen sind möglichst einfach zu gestalten, an Mengen- und Wertgrößen auszurichten und müssen für die Kooperationspartner nachvollziehbar sein.“[93]

Bezüglich des Instrumentariums muß der Richtlinienkatalog für das Kooperationscontrolling Vorschriften beinhalten, welche Instrumente wie und wofür eingesetzt werden sollen. Er sorgt also für eine Spezifizierung des Instrumentariums und für dessen Abstimmung mit den Aufgaben des jeweiligen Kooperationscontrollingsystems. Zur Ausgestaltung einzelner Instrumente wurden in Kap. 4 bis 6.2 umfangreiche, allgemeine Empfehlungen für das Kooperationscontrolling erarbeitet. Im Zuge der Betrachtung der einzelnen Instrumente wurde stets auf verschiedene Gestaltungsvariablen hingewiesen, welche eine flexible, situationsabhängige Anpassung – und damit eine Spezifizierung – ermöglichen. Die Anpassung betrifft insbesondere die Komplexität (Umfang, Genauigkeit) der einzelnen Instrumente sowie die Art und Intensität ihrer Abstimmung mit dem Partner. Zusätzlich wäre beispielsweise für die KAKR zu klären, ob sie die in den beteiligten Unternehmen bereits eingesetzten Kostenrechnungsverfahren ergänzen oder ersetzen soll. Bezüglich der KWR würde sich unter anderem die Frage nach der Art der abzubildenden Entscheidungsprobleme stellen. Derartige Gestaltungsvariablen lassen sich durch den Richtlinienkatalog situativ konkretisieren.

Schließlich kann der Richtlinienkatalog auch Vorschriften zur Organisation des Kooperationscontrollings beinhalten. Solche Organisationsaspekte sind nicht Gegenstand der vorliegenden Arbeit und werden daher auch im Zusammenhang mit dem Richtlinienkatalog nur kurz angesprochen. Die zum Kooperationscontrollingsystem gehörenden Ressourcen und ihre Be-

93 Diese Richtlinie spiegelt Erkenntnisse wider, welche Kraege durch Expertengespräche für das Kooperationscontrolling gewonnen hat (vgl. Kraege 1997, S. 242). Für ein nicht kooperationsspezifisches Beispiel allgemein gehaltener Controllingrichtlinien vgl. Horváth/Seidenschwarz/Sommerfeldt 1993, S. 81.

ziehungen zueinander sind durch strukturbildende Gestaltungsvariablen festzulegen. Durch Richtlinien zu Aufgabengliederung, Stellen- und Abteilungsbildung, Kompetenzzuteilung, Leitungsbeziehungen, Anforderungsprofilen, Führungsstil etc. trägt der Richtlinienkatalog zur Institutionalisierung des Kooperationscontrollings bei.[94] Der Richtlinienkatalog soll sich auf Aufbau- und Ablauforganisation erstrecken, wobei die Prozesse des Kooperationscontrollings durch die Instrumente bereits weitgehend determiniert sind.

In formaler Hinsicht ist vor allem zu klären, inwieweit der Richtlinienkatalog als schriftlicher Vertrag, als eher informelle Vereinbarung und/oder als Handbuch festgehalten wird. In engem Zusammenhang damit stehen Detaillierungsgrad, Flexibilität und Verbindlichkeit der Richtlinien. Die Form eines schriftlichen Vertrages birgt eine hohe Verbindlichkeit und Durchsetzbarkeit der Richtlinien für das Kooperationscontrolling und stellt ihre Dokumentation sicher.[95] Eine detaillierte schriftliche Fixierung ist jedoch für einige Inhalte nur eingeschränkt möglich und sinnvoll, insbesondere weil die Flexibilität vertraglicher Regelungen oft erfolgskritischer ist als ihre Vollständigkeit.[96] Je enger die Abstimmung der Controllingaktivitäten mit dem Partner erfolgen soll, um so detaillierter sind die Richtlinien festzulegen. Werden beispielsweise Instrumente gemeinsam eingesetzt, sind präzise Festlegungen in bezug auf Vorgehensweise, Begriffe und viele andere Gestaltungsvariablen erforderlich. Sowohl ungenaue Festlegungen als auch häufige Änderungen können die Effizienz des Kooperationscontrollings erheblich einschränken. Aus den genannten Gründen sind rein informelle Vereinbarungen für das Kooperationscontrolling in der Regel nicht empfehlenswert, während andererseits sehr detaillierte Regelungen besonders für enge, langfristig ausgerichtete Kooperationen geeignet erscheinen.[97] Bei einem hohen Detaillierungsgrad und damit verbundenem großen Umfang des Richtlinienkataloges kann eine strukturierte Zusammenfassung in Form eines Handbuches, welches den Trägern des Kooperationscontrollings pragmatische Anleitung und Orientierung bietet, sinnvoll sein.

Die Einbeziehung des Richtlinienkataloges in die allgemeinen Kooperationsverhandlungen ermöglicht eine frühzeitige Identifikation signifikanter Unterschiede zwischen den kooperierenden Unternehmen bezüglich ihrer Anforderungen an das Kooperationscontrolling. Ein schlechter Fit muß Konsequenzen haben, welche von einem Abbruch der Kooperationsverhandlungen über vereinzelte Harmonisierungsmaßnahmen bis zur vollständigen Angleichung der Kooperationscontrollingsysteme reichen können.

---

94 Vgl. zu solchen Gestaltungsvariablen allgemein z.B. Schertler 1998, S. 32-46; zu Gestaltungsvariablen der Controllingorganisation z.B. Horváth 1998, S. 807-838; speziell zur Organisation des Kooperationscontrollings Kraege 1997, S. 211-219.

95 Vgl. Klanke 1995, S. 115-117.

96 Vgl. Zielke 1992, S. 200f.; Strohmayer 1996, S. 172.

97 Recht offensichtlich ist z.B. die Eignung für Joint Ventures, wenn das im Gemeinschaftsunternehmen einzusetzende Controllingsystem vollständig zu entwerfen ist.

Die vorangegangenen Ausführungen sollen helfen, das Nutzenpotential eines Richtlinienkataloges für das Kooperationscontrolling zu erschließen. Ein solcher Katalog kann und soll keine starre Formalisierung und Standardisierung des Kooperationscontrollingsystems bis ins letzte Detail leisten. Er kann aber durchaus dazu beitragen, dieses System in Abstimmung mit dem Partnerunternehmen effektiv und effizient zu gestalten. Insbesondere dürfte der Richtlinienkatalog eine Erhöhung des Nutzenpotentials der in Kap. 4 bis 6.2 aufgezeigten Instrumente ermöglichen, indem er ihre situationsspezifische Anpassung und Einbettung in das gesamte Kooperationscontrollingsystem unterstützt.

6.4 Exkurs: EDV-Hilfsmittel als technische Instrumente des Kooperationscontrollings

Als besonders bedeutende, technische Controllinginstrumente wurden am Ende von Kap. 2.2.2 im Rahmen eines Exkurses EDV-Hilfsmittel vorgestellt.[98] Diese unterstützen die technische Realisierung der ideellen, auf konzeptioneller Ebene festgelegten Instrumente.[99] EDV-Hilfsmittel können die Effektivität und Effizienz eines Controllingsystems maßgeblich verbessern.[100] Gleichzeitig begrenzt der technologische Entwicklungsstand die Möglichkeiten der Gestaltung der ideellen Instrumente. Andererseits können von technologischen Entwicklungen Impulse für neue Möglichkeiten ausgehen. Aufgrund der engen Beziehung zwischen ideellen Instrumenten und EDV-Hilfsmitteln müssen sich die in Kap. 4 bis 6.3 für ideelle Instrumente erarbeiteten Gestaltungsempfehlungen in den EDV-Hilfsmitteln widerspiegeln. Da Wiederholungen vermieden werden sollen und die vorliegende Arbeit sich auf ideelle Instrumente konzentriert, erfolgt hier keine umfassende Erarbeitung von Empfehlungen für EDV-Hilfsmittel analog zum Vorgehen bei den ideellen Instrumenten. Statt dessen beschränkt sich dieser Exkurs auf kurze Erläuterungen, welche die EDV-technische Realisierung der ideellen Instrumente des Kooperationscontrollings erleichtern sollen.[101]

Besondere Anforderungen an EDV-Hilfsmittel können vor allem aus der unternehmensübergreifenden Ausrichtung und den spezifischen Inhalten des Kooperationscontrollings resultieren.[102] Die EDV-Hilfsmittel müssen die für das Kooperationsmanagement relevanten Inhalte, welche sich in bestimmten Arten bzw. Kombinationen von Variablen manifestieren, abbilden können.[103] Kooperationsbezogene Daten sind als solche zu kennzeichnen bzw. von anderen

98 Vgl. insbesondere Abb. 8 (S. 43 in Kap. 2.2.2).

99 Vgl. zur Unterscheidung technischer und ideeller Instrumente S. 27 in Kap. 2.1.3 sowie S. 38 u. 42 in Kap. 2.2.2.

100 Vgl. Fröhling/Fritz 1997, S. 394f.; Hippe 1997, S. 251; ausführlich Landsberg/Springer/Richarz 1997.

101 Für über diesen Exkurs hinausgehende, allgemeine Ausführungen zu EDV-Hilfsmitteln für das Controlling sei auf die entsprechende Literatur verwiesen (vgl. z.B. Biethahn/Huch 1994; Reichmann 1997, S. 529-563).

102 Vgl. S. 70f. in Kap. 3.3.1.

103 Vgl. Kronen 1994, S. 145.

Daten zu separieren, um eine geeignete Aufbereitung für Entscheidungen des Kooperationsmanagements zu ermöglichen.[104] Die unternehmensübergreifende Ausrichtung kann sich in den Beziehungen zwischen den EDV-Systemen der kooperierenden Unternehmen auf verschiedene Weise ausdrücken. Abb. 28 (siehe folgende Seite) zeigt exemplarisch drei entsprechende Gestaltungsalternativen, wobei die EDV-Hilfsmittel nach den Phasen des Informationsprozesses[105] in Datenbanken (Informationserfassung und -speicherung) sowie informationsaufbereitende und informationsübermittelnde Applikationen gruppiert sind. Zwecks Übersichtlichkeit stellt Abb. 28 vereinfachend EDV-Systeme dar, die aus wenigen Elementen bestehen. In Modell 1 sind Datenverwaltung und informationsaufbereitende Applikationen der beteiligten Unternehmen getrennt. Eine Verbindung besteht nur bei informationsübermittelnden Applikationen (z.B. E-Mail). Über diese Verbindung hinaus gewähren sich die Unternehmen in Modell 2 gegenseitig Zugriffsmöglichkeiten auf ihre Datenbestände. In Modell 3 schließlich betreiben die kooperierenden Unternehmen Datenverwaltung und Applikationsnutzung gemeinsam. Neben diesen drei Modellen sind zahlreiche andere Gestaltungsalternativen denkbar.

Der unternehmensübergreifende Einsatz von EDV-Hilfsmitteln im Rahmen des Kooperationscontrollings weist in technischer Hinsicht keine wesentlichen Unterschiede gegenüber der verteilten (dezentralen) Datenverarbeitung innerhalb eines Unternehmens auf.[106] Die auf der konzeptionellen Ebene wichtigen Unternehmensgrenzen besitzen auf der technischen Ebene nur eine untergeordnete Bedeutung. Folglich führt der unternehmensübergreifende Einsatz von EDV-Systemen zu einer geringeren Bedeutung von Unternehmensgrenzen und begünstigt die mit Kooperationen einhergehende Öffnung der beteiligten Unternehmenssysteme.[107] Zu beachten ist allerdings, daß beim unternehmensübergreifenden Einsatz in besonderem Maße Datenschutz- und Zugriffslenkungsprobleme sowie Anpassungs- und Harmonisierungsprobleme (bei mangelnder Kompatibilität der jeweiligen EDV-Systeme) zu lösen sind.[108]

---

[104] Vgl. Kronen 1994, S. 146.

[105] Der Informationsprozeß diente auch in Kap. 2.2.2 (siehe insbesondere Abb. 8 auf S. 43) zur Klassifizierung der EDV-Hilfsmittel.

[106] Pampel weist im Zusammenhang mit einem Informationssystem für das Kooperationscontrolling darauf hin, daß „sich EDV-technisch kaum Besonderheiten ergeben." (Pampel 1993b, S. 278) Kraege empfiehlt, zur EDV-Integration des Kooperationscontrollings die Erkenntnisse der EDV-Integration dezentraler Tochtergesellschaften heranzuziehen (vgl. Kraege 1997, S. 196). Zur verteilten Datenverarbeitung vgl. z.B. Heinrich/ Roithmayr 1992, S. 162 u. 547; Stahlknecht/Hasenkamp 1999, S. 145-150.

[107] Vgl. Hippe 1997, S. 248 u. 250.

[108] Vgl. zu solchen Anpassungsproblemen Klanke 1995, S. 148f.

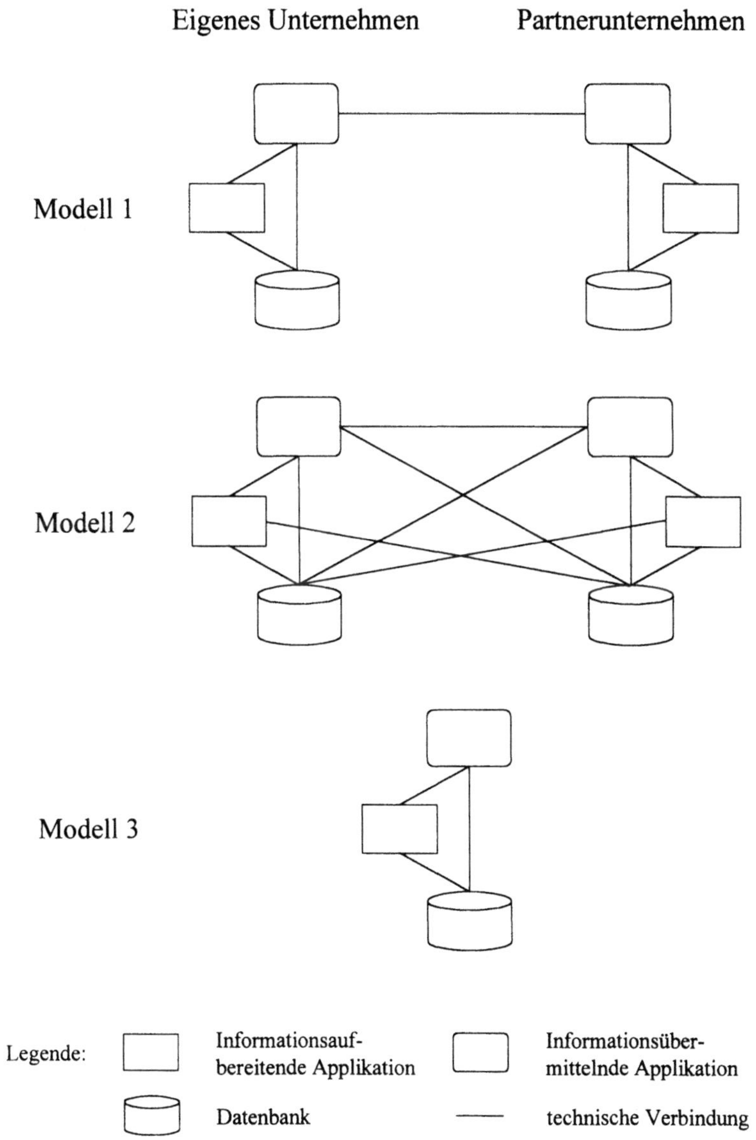

Abb. 28: Gestaltungsalternativen beim unternehmensübergreifenden Einsatz von EDV-Hilfsmitteln für das Kooperationscontrolling[109]

[109] Vgl. ähnlich Kronen 1994, S. 164f.; Kalenborn 1998, S. 231-234.

Welchen Beitrag können die einzelnen EDV-Hilfsmittel[110] zur technischen Umsetzung der im Zuge der vorangegangenen Kapitel aufgezeigten ideellen Instrumente des Kooperationscontrollings leisten? Eine genaue Zuordnung ist nicht möglich, da einerseits jeweils mehrere EDV-Hilfsmittel zur Realisierung eines ideellen Instrumentes dienen können und andererseits die meisten EDV-Hilfsmittel nicht nur ein ideelles Instrument unterstützen. Aufgrund der engen Beziehungen zwischen den einzelnen ideellen Instrumenten ist eine entsprechende Verknüpfung der sie unterstützenden EDV-Hilfsmittel notwendig. Die EDV-Hilfsmittel, welche ein Unternehmen für ein bestimmtes Kooperationssystem heranzieht, sind in ihrer Gesamtheit zu betrachten und zu einem integrierten Kooperationscontrolling-EDV-System zu formen.

Für die KAKR bietet sich zunächst Kostenrechnungs-Standardsoftware an, die eine Realisierung der PKR erlaubt (z.B. SAP R/3-Modul CO-ABC oder Prozessmanager).[111] Ein Tabellenkalkulationsprogramm (z.B. Excel) kann entweder alternativ zur Kostenrechnungssoftware als Grundlage für eine umfassende Umsetzung der KAKR oder als ergänzendes Hilfsmittel für einzelne Analysen herangezogen werden.[112] Außerdem ist speziell für den ersten Schritt der KAKR (Abgrenzung und Systematisierung der Kooperationsaktivitäten) der Einsatz von Geschäftsprozeßanalyse-Standardsoftware zu erwägen (z.B. ARIS Toolset).[113]

Für die KWR sind die Möglichkeiten begrenzter, denn eine EDV-Unterstützung ist für Gestaltungsentscheidungen grundsätzlich problematisch, da entsprechende Entscheidungssituationen in der Regel schlechter strukturier- und formalisierbar sind. In den meisten Fällen dürfte ein Tabellenkalkulationsprogramm das geeignete Hilfsmittel für die KWR sein, da es eine freie Strukturierung und Abbildung von Entscheidungssituationen zuläßt. Gegebenenfalls kann ergänzend Standardsoftware Verwendung finden, die für Wertsteigerungsanalyse und Sensitivitätsanalyse konzipiert ist (z.B. der Value Planner der Alcar Group).[114]

Das Kooperationskennzahlensystem baut auf KAKR und KWR auf, so daß die gleiche oder kompatible Software empfehlenswert ist. Beispielsweise ermöglicht das SAP R/3-Modul EC-EIS eine entsprechende Verdichtung von Informationen aus anderen SAP R/3-Modulen und SAP-fremden Datenquellen.[115]

Das Kooperationsberichtssystem dient der Übermittlung von Informationen, welche mit Hilfe der informationsaufbereitenden Applikationen erzeugt wurden. Dementsprechend bieten sich hier als EDV-Hilfsmittel Abfragesysteme, Workflowmanagement- und Groupwaresysteme (z.B. Lotus Notes) sowie herkömmliche Textverarbeitungs- und Präsentations-Standardsoft-

---

110 Siehe Abb. 8 auf S. 43 in Kap. 2.2.2.

111 Vgl. zum angegebenen SAP-Modul z.B. Vikas/Klein 1997, S. 477-479; zum Prozessmanager Kieninger/Gehrke 1995.

112 Vgl. zur Benutzung von Tabellenkalkulationsprogrammen für die PKR Juras/Dierks/Barona 1996.

113 Vgl. zum Einsatz von ARIS Toolset für die PKR Scheer 1997, insbes. S. 421.

114 Vgl. ausführlicher Günther 1997, S. 330 und die dort angegebene Literatur.

115 Vgl. SAP 1997, S. 20.

ware (z.B. Word, Powerpoint) an. Generell besitzen informationsübermittelnde Applikationen für Kooperationen eine hohe Bedeutung, um die unternehmensübergreifende Verknüpfung der jeweiligen EDV-Hilfsmittel zu unterstützen. In diesem Zusammenhang läßt sich als Beispiel für neue Möglichkeiten, die durch technologische Entwicklungen entstehen, die Einrichtung eines Extranets erwägen. Ein Extranet ist ein mit Hilfe von Internettechnologien modular aufgebautes EDV-System, welches für einen selektiven Benutzerkreis (hier: Träger des Kooperationsmanagements bzw. -controllings) unternehmensübergreifend Zugangsmöglichkeiten zu bestimmten Applikationen oder Daten schafft.[116]

Für die Umsetzung der Kooperationsbudgetierung, die als vierter Schritt in die KAKR und die KWR integriert wurde, ist neben Kostenrechnungssoftware bzw. Tabellenkalkulationsprogramm auch eine informationsübermittelnde Applikation erforderlich, so daß eine Verknüpfung mit dem Berichtssystem erfolgt.[117]

Um eine saubere Trennung von Daten und Applikationen zu gewährleisten, dürfte der Einsatz eines Datenbanksystems sinnvoll sein, insbesondere wenn für das Kooperationsmanagement umfangreiche Datenmengen notwendig sind. Durch Verwendung eines mit vielen Applikationen kompatiblen, relationalen Datenbanksystems (z.B. DB2) ist es möglich, daß die kooperierenden Unternehmen mit verschiedenen Applikationen auf den gleichen, konsistent aufgebauten Datenbestand zugreifen. Wenn die kooperationsbezogenen Daten aus verschiedenen, nicht spezifisch für die Kooperation angelegten Datenquellen extrahiert werden müssen, bietet sich als Hilfsmittel das Data Warehousing an.[118]

Es ist deutlich geworden, daß grundsätzlich alle in Abb. 8 aufgelisteten EDV-Hilfsmittel für das Kooperationscontrolling geeignet sein können.[119] Die für die EDV-Unterstützung eines bestimmten Kooperationscontrollingsystems ausgewählte Standardsoftware ist gemäß dem konzeptionellen Aufbau der einzelnen ideellen Instrumente des Kooperationscontrollings anzupassen. Alternativen zu den genannten Standardsoftwareprodukten liegen in der Entwicklung von Individualsoftware oder – sofern verfügbar – in der Benutzung von Software, die für

---

116 Vgl. Wagner 1999, S. 204f.

117 Ein eigenständiges EDV-System für die Kooperationsbudgetierung (z.B. das für die Budgetierung in dezentralen Organisationen entwickelte kooperative EDV-System INZPLA (vgl. Zwicker/Rottenbacher 1996)) erscheint bei einer ganzheitlichen Umsetzung der KAKR bzw. der KWR weniger geeignet.

118 „Data Warehousing ist der Prozeß der Extraktion und Konsolidierung von Daten aus zahlreichen Datenquellen in eine Entscheidungsunterstützungs-Datenbank, welche den Endbenutzern leicht zugänglich ist und eine komfortable Suche ermöglicht." (Eckerson zitiert nach Kaiser 1998, S. 2); vgl. auch Schrade 1996, S. 50.

119 Von den in Abb. 8 enthaltenen EDV-Hilfsmitteln wurden hier lediglich Expertensysteme nicht für die Unterstützung des Kooperationscontrollings vorgeschlagen, da diese sich in der Controllingpraxis bisher nicht durchsetzen konnten. Vorschläge für die Nutzung von Expertensystemen im Controlling sind aber durchaus vorhanden, z.B. für die Integration interner und externer Informationen (vgl. Mertens/Cas/Meier 1997).

eine bestimmte Kooperationsform entwickelt wurde (z.B. MISICAL für deutsch-chinesische Joint Ventures).[120]

Bei der Auswahl und Gestaltung von EDV-Hilfsmitteln für das Kooperationscontrolling sind zahlreiche Kriterien zu berücksichtigen, z.B. die Kompatibilität mit bereits im Unternehmen vorhandenen EDV-Hilfsmitteln und der Umfang der Kooperationsaktivitäten. Die meisten solcher Kriterien wurden bereits bei den ideellen Instrumenten angesprochen. Die EDV-Hilfsmittel sind gemeinsam mit den ideellen Instrumenten, zu deren Umsetzung sie dienen, unter Abwägung von Kosten und Nutzen auszuwählen und zu gestalten.

Abschließend läßt sich feststellen, daß der aktuelle technologische Entwicklungsstand umfangreiche Möglichkeiten für die EDV-Unterstützung des Kooperationscontrollings bietet und daß diese Möglichkeiten in Anbetracht der hohen Entwicklungsdynamik der Informationstechnologie weiter wachsen werden.

6.5 Zwischenergebnis: Das Instrumentarium des Kooperationscontrollings im Überblick

Als Ergebnis des zweiten Teils dieser Forschungsarbeit liegt nunmehr das auf der folgenden Seite in Abb. 29 im Überblick gezeigte Instrumentarium des Kooperationscontrollings vor. Für die im theoretischen Bezugsrahmen enthaltenen, bedeutendsten Controllinginstrumente wurden Empfehlungen zur Anpassung an die ebenfalls aus dem Bezugsrahmen hervorgehenden Anforderungen des Kooperationsmanagements hergeleitet, und zwar in Form der KAKR, der KWR, des Kooperationskennzahlensystems und des Kooperationsberichtssystems. Das Instrumentarium kann in bestimmten Situationen gegebenenfalls weitere Instrumente einbeziehen.[121] Die Pfeile in Abb. 29 symbolisieren die engen, an vielen Stellen in der vorliegenden Arbeit erläuterten Beziehungen zwischen den einzelnen Instrumenten, die sich gegenseitig ergänzen und daher in ihrer Gesamtheit als Instrumentarium auszugestalten sind. So wird der Systemcharakter des entstandenen Instrumentariums deutlich, denn dieses ist mehr als die Summe der einzelnen Instrumente.

In allen entwickelten Instrumenten manifestieren sich die Besonderheiten des Kooperationscontrollings. KAKR, KWR, Kooperationskennzahlensystem und Kooperationsberichtssystem sind unternehmensübergreifend ausgerichtet und berücksichtigen die besonderen Inhalte des Kooperationsmanagements. Kap. 4 bis 6.2 sowie zusammenfassend Kap. 6.3.1 enthalten zahlreiche Argumente dafür, daß durch die Anpassungsempfehlungen das Nutzenpotential von Kostenrechnung, Investitionsrechnung, Budgetierung, Kennzahlensystemen und Berichten für

---

120 Vgl. zu MISICAL o.V. 1996c. Zur Entscheidung Standard- versus Individualsoftware, zur Entwicklung von Individualsoftware sowie zur Anschaffung von Standardsoftware vgl. z.B. Stahlknecht/Hasenkamp 1999, S. 226-343.

121 Vgl. Kap. 6.3.1.

das Kooperationscontrolling erhöht wurde und insgesamt ein Instrumentarium mit einem hohen Nutzenpotential entstanden ist. Die bisher theoriegeleitete Argumentation ist im siebten Kapitel durch Argumente aus der Praxis zu untermauern.

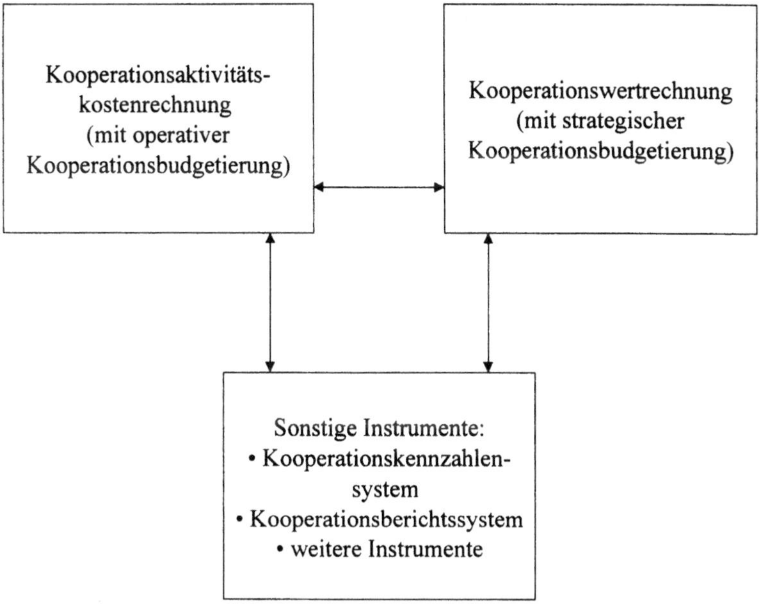

Abb. 29: Das Instrumentarium des Kooperationscontrollings

Dritter Teil

Überprüfung der Gestaltungsempfehlungen

„Praxis ohne Theorie ist blind, Theorie ohne Praxis unfruchtbar."
(John D. Bernal)

7 Fallstudie: Das Instrumentarium des Kooperationscontrollings im Rahmen der Kooperationsform ECR bei Procter & Gamble

Das siebte Kapitel soll das Nutzenpotential der in den vorangegangenen Kapiteln theoretisch hergeleiteten Gestaltungsempfehlungen zum Instrumentarium des Kooperationscontrollings mittels einer Fallstudie empirisch überprüfen, d.h. mit Erfahrungswissen fundieren.[1] Zunächst wird in Kap. 7.1 das für die Erreichung dieser Zielsetzung gewählte Design der Fallstudie erläutert. Im Anschluß daran gibt Kap. 7.2 Hintergrundinformationen zum betrachteten Fall. Die Darstellung des Befundes bezüglich der einzelnen Instrumente erfolgt dann in einer zu den Ausführungen in Kap. 4 bis 6 analogen Struktur: für die Kostenrechnung in Kap. 7.3, für die Investitionsrechnung in Kap. 7.4 und für sonstige Instrumente in Kap. 7.5. Schließlich faßt Kap. 7.6 die Ergebnisse der Fallstudie zusammen und unterzieht sie einer kritischen Würdigung.

7.1 Design der Fallstudie

Das Design der Fallstudie umfaßt die Festlegung der Vorgehensweise (inklusive Erhebungs- und Bewertungsmethodik) sowie die Konkretisierung des Gegenstandsbereiches (inklusive Fallauswahl).[2]

Bezüglich der oben als Zielsetzung genannten Überprüfung der Gestaltungsempfehlungen kann und soll die Fallstudie hier in zweierlei Hinsicht Hilfestellung bieten:

- Im ersten Schritt soll sie durch eine Untersuchung der Ist-Situation im Fallunternehmen, d.h. des in der Praxis vorhandenen Erfahrungswissens, Hinweise auf das Nutzenpotential der vom Verfasser entwickelten Instrumente gewinnen. Es ist also zu erheben, welche Instrumente im Rahmen des Kooperationscontrollings beim Fallunternehmen tatsächlich zum Einsatz kommen und wie diese Instrumente ausgestaltet sind. Dieser Befund wird mit den theoretisch hergeleiteten Anforderungen an das jeweilige Instrument verglichen. Aus dem Vergleich lassen sich dann Hinweise auf das Nutzenpotential ableiten, da die vom Verfasser entwickelten Instrumente die Anforderungen nahezu vollständig erfüllen.

---

1 Zur Begründung der Benutzung einer Fallstudie als Methode der empirischen Fundierung vgl. S. 11f. in Kap. 1.3.

2 Vgl. zu Gestaltungsfragen, die beim empirischen Arbeiten Festlegungen erfordern, Stier 1996, S. 17-19; zum Design von Fallstudien Yin 1994, S. 18-27.

- Im zweiten Schritt soll die Fallstudie das Nutzenpotential der vom Verfasser entwickelten Instrumente, d.h. die vorgeschlagene Soll-Situation, anhand einer in der Praxis zu bewältigenden Aufgabe des Kooperationscontrollings überprüfen. Dies geschieht mittels simulierter Anwendung der Instrumente auf eine Problemstellung des Fallunternehmens und einer darauf basierenden Beurteilung der Instrumente durch Träger des Kooperationscontrollings im Fallunternehmen.[3] So wird nicht nur vorhandenes Erfahrungswissen einbezogen, sondern auch zusätzliches Erfahrungswissen bezüglich des entwickelten Instrumentariums erzeugt.

Da eine präzise Messung des Nutzenpotentials nicht möglich ist, erfolgt eine grobe Bewertung, indem das Nutzenpotential des jeweiligen Instrumentes als niedrig, mittel oder hoch eingestuft wird. Im ersten Schritt ergibt sich die Bewertung aus dem Grad der Übereinstimmung von Anforderungen und Ist-Situation, im zweiten Schritt aus der Beurteilung durch die Gesprächspartner im Fallunternehmen.

Den zwei genannten Schritten entsprechend geschieht die Darstellung des Befundes für Kosten- und Investitionsrechnung jeweils in zwei Unterkapiteln, für die sonstigen Instrumente dagegen jeweils komprimiert in einem Unterkapitel. Dabei kann und soll die Fallstudie neben der Überprüfung der Gestaltungsempfehlungen auch der Illustration und besseren Veranschaulichung dienen. Durch die Darstellung der Anwendung des entwickelten Instrumentariums auf eine praktische Problemstellung steht ein Beispiel zur Verfügung, welches von Trägern des Kooperationscontrollings als Leitfaden für eigene Anwendungen nutzbar ist.

Der Gegenstandsbereich der Fallstudie muß gemäß der Ausrichtung der vorliegenden Arbeit das auf eine oder mehrere Kooperationen bezogene Controllinginstrumentarium bei einem Unternehmen sein. Als Fallunternehmen wurde der Konsumgüterhersteller Procter & Gamble (P&G) ausgewählt, wobei die Betrachtung auf die in Kap. 7.2 näher zu erläuternde Kooperationsform „Efficient Consumer Response“ (ECR) konzentriert ist. Als Gegenstandsbereich der Fallstudie ergibt sich also das Instrumentarium des Kooperationscontrollings im Rahmen von ECR bei P&G. Ausschlaggebende Kriterien für die Auswahl von P&G als Fallunternehmen sind:

- Hohes Ausmaß an Erfahrungen mit Kooperationsmanagement und -controlling: Ein großes Erfahrungswissen begünstigt Umfang und Qualität der zu erwartenden Forschungsergebnisse, da eine umfangreiche Abdeckung sowie eine gewisse Kompetenz bezüglich des zentralen Untersuchungsgegenstandes, d.h. des Instrumentariums des Kooperationscontrollings, gegeben sind. P&G erfüllt dieses Kriterium im Zusammenhang mit ECR sehr gut, wie in Kap. 7.2 deutlich gemacht wird.

3 Die vom Verfasser entwickelten Instrumente werden also nicht tatsächlich bei P&G implementiert, sondern in Zusammenarbeit mit P&G getestet.

- Gute Informationsverfügbarkeit und Vermeidung von Vertraulichkeitsproblemen: Diese Kriterien erfüllt der hier gewählte Gegenstandsbereich der Fallstudie in hohem Maße, und zwar aus zwei Gründen: Erstens propagiert P&G aktiv einige Instrumente unternehmensextern, insbesondere gegenüber seinen Kooperationspartnern, wie in den folgenden Unterkapiteln erkennbar wird. Zweitens war der Verfasser der vorliegenden Arbeit mehrere Jahre im Controllingbereich von P&G tätig und verfügt somit über ein tiefes Verständnis des Fallunternehmens. P&G wurde trotz der Gefahr einer eventuellen Voreingenommenheit des Verfassers ausgewählt, um die zuvor genannten Vorteile nutzen zu können.[4]

Beziehen sich im Rahmen der Fallstudie Aussagen nicht auf Kooperationen allgemein, sondern speziell auf die Kooperationsform ECR, wird dies begrifflich berücksichtigt. Folglich finden Termini wie ECR-Controlling, ECR-System, ECR-Aktivitäten etc. Verwendung. Die Begriffsbedeutung ergibt sich jeweils aus den allgemein für Kooperationen in Kap. 3 vorgenommenen Definitionen, so daß hier keine erneute Erläuterung notwendig ist.

Als Erhebungsmethoden dienen insbesondere umfassende Gespräche, die der Verfasser im Oktober 1998 und Mai 1999 mit Managern geführt hat, welche bei P&G für das ECR-Controlling in Europa zuständig sind.[5] Die Gesprächspartner verfügen über langjährige Controllingerfahrung, davon jeweils mehrere Jahre im Zusammenhang mit der Gestaltung und Ausübung des ECR-Controllings. Im Zuge der Gespräche wurde systematisch erhoben, wie P&G Controllinginstrumente im Rahmen von ECR tatsächlich einsetzt und einsetzen will. Außerdem wurde die vom Verfasser präsentierte simulative Anwendung der Instrumente des Kooperationscontrollings auf eine ECR-bezogene Problemstellung kritisch diskutiert. Ergänzend zu den Gesprächen dienen zur Datenerhebung verschiedene Veröffentlichungen, vor allem zwei Veröffentlichungen von ECR Europe, welche Controllinginstrumente so präsentieren, wie sie bei P&G eingesetzt werden.[6] Das siebte Kapitel beruht hauptsächlich auf den genannten Gesprächen, so daß eine Quellenangabe für fallbezogene Aussagen nur dann erfolgt, wenn eine andere Quelle zugrunde liegt.

---

4 Der Einfluß einer eventuellen Voreingenommenheit auf die Forschungsergebnisse dürfte dadurch gemildert sein, daß der Verfasser einer strikt logisch-deduktiven Forschungsmethodik gefolgt ist. Die theoretische Herleitung der Instrumente ist unabhängig von der Kooperationsform ECR bzw. dem Unternehmen P&G durchgeführt worden. Auch ist darauf hinzuweisen, daß der Verfasser während seiner Tätigkeit bei P&G (als Financial Analysis Manager von 1993 bis 1996) nicht mit Kooperationscontrolling befaßt war.

5 Als wichtigster Gesprächspartner ist hier Herr Mark Möbius, CBD (Customer Business Development) Finance Manager Europe, zu nennen.

6 Vgl. ECR Europe 1997a; ECR Europe 1998. ECR Europe ist eine 1994 gegründete Branchenorganisation, in der zahlreiche Unternehmen aus Konsumgüterindustrie und -handel vertreten sind. Sie koordiniert und forciert die Entwicklung von ECR in Europa und arbeitet dabei eng mit nationalen Branchenorganisationen zusammen (zu Aufbau und Aktivitäten von ECR Europe vgl. Heydt 1998, S. 61-68). Die entsprechende nationale Branchenorganisation in Deutschland ist die Centrale für Coorganisation (CCG).

7.2 Hintergrundinformationen zum betrachteten Fall

7.2.1 Die Kooperationsform ECR

ECR ist eine vertikale Kooperationsstrategie zwischen Hersteller- und Handelsunternehmen, welche in der US-amerikanischen Konsumgüterwirtschaft entstanden ist und in den letzten Jahren auch in Europa eine sehr hohe Bedeutung erlangt hat.[7] Sie beinhaltet die „Zusammenarbeit mit dem Ziel, die Wünsche der Verbraucher besser, schneller und kostengünstiger zu erfüllen.“[8] Mit ECR soll die in vielen Fällen konfliktäre Beziehung zwischen Hersteller und Handel mitsamt den damit verbundenen Ineffizienzen überwunden werden. Verschiedenste Entwicklungen (neue Technologien, zunehmende Konzentration im Handel, zunehmende Marktanteile von Discountern, unzufriedene Konsumenten, Umsatzstagnation u.v.a.) haben die Notwendigkeit und Attraktivität von ECR in den letzten Jahren für viele Unternehmen erhöht. Die konsequente Implementierung von ECR verspricht große Verbesserungspotentiale in bezug auf Kosten, Qualität und Geschwindigkeit bestimmter Prozesse sowie auf Lagerbestände und Umsatz.[9] Mit enger Orientierung am Konsumenten integriert ECR mehrere Konzepte zur unternehmensübergreifenden, die gesamte Logistikkette einbeziehenden Effizienzsteigerung.[10] Diese Konzepte werden üblicherweise nach Demand Side und Supply Side unterteilt.

Gegenstand der Supply Side sind Logistikaktivitäten. Hersteller und Händler optimieren gemeinsam die physische Distribution sowie die sie begleitenden Prozesse (Bestellwesen, Zahlungsverkehr, Stammdatenpflege). Ein wesentliches Konzept dabei ist das Continuous Replenishment, welches den durch die Nachfrage gesteuerten Warennachschub vorsieht (Pull-Prinzip). In engem Zusammenhang damit stehen weitere Konzepte, insbesondere die synchronisierte Produktion und das Cross Docking.[11]

Die Demand Side bezieht sich auf Marketingaktivitäten. Hier wollen Hersteller und Handel durch drei Konzepte Effizienzpotentiale erschließen: gemeinsame Sortimentsgestaltung (Efficient Store Assortment), gemeinsame Planung von Verkaufsförderungsmaßnahmen (Efficient

---

7 Vgl. Bund 1998, S. 1287; Ritter 1999, S. 27f.; ausführlich zu Begriff und Entwicklung von ECR Heydt 1998, S. 52-68.

8 ECR Europe 1997b, S. 1 (im Original hervorgehoben).

9 Vgl. z.B. Bunk 1996, S. 34; Homburg/Grandinger/Krohmer 1996, S. 8f.; Höper/Schmidt 1997, S. 68. In einigen Quellen wird auch kritisch auf die Risiken hingewiesen (vgl. z.B. Klein/Lachhammer 1996, S. 62f.; Heinemann 1997).

10 Vgl. Laurent 1996, S. 200; ECR Europe 1997b, S. 4. Dabei sind nicht die einzelnen Konzepte neu, sondern ihre Integration im Rahmen einer umfassenden Kooperationsstrategie (vgl. Heinemann 1997, S. 191).

11 Vgl. ausführlich zu Supply Side-Konzepten, die oft unter der Bezeichnung „Efficient Replenishment“ zusammengefaßt werden: ECR Europe 1996a und ECR Europe 1996c. „Cross Docking ist ein Distributionsverfahren, bei dem die am Lager [Zwischenlager eines Händlers (Anmerkung des Verfassers)] eingegangenen Güter nicht eingelagert, sondern direkt für die weitere Belieferung an die Filialen vorbereitet und weitergeleitet werden.“ (CCG 1997, S. 54)

Promotion) sowie Zusammenarbeit bei der Produkteinführung (Efficient Product Introduction).[12]

Eine bedeutende Rolle sowohl für die Entstehung der genannten Konzepte als auch für ihre erfolgreiche Umsetzung kommt verschiedenen Technologien zu. Hervorzuheben sind in diesem Zusammenhang der elektronische Datenaustausch (Electronic Data Interchange (EDI)), der elektronische Zahlungsverkehr und Standards für Artikelcodierung und Stammdatenverwaltung.[13]

Im Rahmen der Fallstudie wird das Instrumentarium des Kooperationscontrollings ausschließlich im Zusammenhang mit dem Bestellprozeß untersucht, um eine gute Verständlichkeit und Übersichtlichkeit zu gewährleisten. Insbesondere lassen sich auf diese Weise Zusammenhänge zwischen den einzelnen Instrumenten klar herausstellen. Dem Bestellprozeß kommt bei ECR eine hohe Bedeutung zu: Eine Befragung von Markenartikelherstellern bezüglich der zukünftigen Bedeutung der einzelnen ECR-Konzepte ergab eine „starke Dominanz der Optimierung des Bestellprozesses".[14]

Die meisten Herstellerunternehmen (bzw. Handelsunternehmen) bauen ECR-Partnerschaften mit mehreren Handelsunternehmen (bzw. Herstellerunternehmen) auf. Dies ist notwendig, denn die mit ECR einhergehenden Prozeßveränderungen sind in der Regel nur dann effizient, wenn sie einen bestimmten Mindestanteil (kritische Masse) des Geschäftsvolumens betreffen.[15] Voraussetzung für die unternehmensübergreifende Optimierung eines Prozesses mit verschiedenen Kooperationspartnern ist eine gewisse Standardisierung bestimmter Elemente der beteiligten Unternehmenssysteme. Diese Standardisierung betrifft die oben genannten Technologien, aber auch weitere Aspekte, z.B. die Prozeßorganisation und das Instrumentarium des Kooperationscontrollings, was hier von besonderem Interesse und in den folgenden Unterkapiteln aufzugreifen ist. Da die Standardisierung bei ECR-Partnerschaften jedoch begrenzt ist, „handelt es sich stets um bilaterale Beziehungen zwischen jeweils einem Handels- und einem Industrieunternehmen, um Beziehungen, Vereinbarungen und Formen der Kooperation, die individuell auf diese beiden Unternehmen, ihre Sortimente und ihre logistischen Erfordernisse zugeschnitten sind."[16]

ECR läßt sich – wie jede Kooperationsform – mit Hilfe der in Kap. 3.1.2 gezeigten Gestaltungsdimensionen charakterisieren. Richtung (vertikal), Zielbezug (Zeit-, Kosten-, Qualitäts-

---

12 Vgl. ausführlich zu Demand Side-Konzepten Heydt 1998, S. 102-168.

13 Diese Technologien werden ausführlich in zahlreichen Publikationen der CCG erläutert (vgl. z.B. CCG 1998a zu EDI oder CCG 1998b zur Stammdatenverwaltung).

14 Homburg/Grandinger/Krohmer 1996, S. 13; vgl. auch CCG 1998c, S. 64.

15 Vgl. o.V. 1998, S. 16.

16 CCG 1997, S. 5; vgl. auch o.V. 1998, S. 16.

und Machtziele[17]) sowie betroffene Funktionsbereiche (Logistik und Marketing) sind bereits aufgezeigt worden. Hinsichtlich der Rechtsstruktur bzw. des Formalisierungs- und Institutionalisierungsgrades ist festzustellen, daß schriftlichen Kooperationsverträgen zwischen Hersteller und Händler nur eine geringe Bedeutung zukommt[18], in der Regel keine Kapitalbeteiligungen vorhanden sind und kein Gemeinschaftsunternehmen gegründet wird. ECR ist eine reziproke Kooperation, d.h. die Ressourcenverknüpfung unter den kooperierenden Unternehmen ist auf die Abstimmung von Aktivitäten beschränkt. ECR-Partnerschaften sind grundsätzlich unbefristet. In bezug auf Umfang, Intensität und geographische Ausdehnung der Kooperationsbeziehung sowie Symmetrie und wirtschaftliche Selbständigkeit der beteiligten Unternehmen können ECR-Partnerschaften sehr verschieden sein.

7.2.2 ECR und ECR-Controlling bei Procter & Gamble

P&G zählt mit Umsatzerlösen von über $ 38 Milliarden, von denen mehr als 10% durch die Procter & Gamble Deutschland GmbH erwirtschaftet werden, und ca. 110.000 Mitarbeitern weltweit zu den größten Konsumgüterherstellern.[19] Mit ungefähr 300 Marken in den Bereichen Wasch- und Reinigungsmittel, Papierprodukte, Schönheits- und Gesundheitspflege sowie Getränke und Nahrungsmittel hat das Unternehmen mit Hauptsitz in Cincinnati (USA) im Geschäftsjahr 1998/99 einen Jahresüberschuß von $ 3,8 Milliarden nach Steuern erzielt.[20]

P&G gehört zu den Initiatoren von ECR[21] und gilt bezüglich der Umsetzung und Weiterentwicklung dieser Kooperationsstrategie als führend. Die führende Stellung manifestiert sich sowohl in dem Geschäftsvolumen, welches P&G basierend auf den genannten ECR-Konzepten steuert, als auch in der Rolle, die P&G bei der Verbreitung von ECR in Branchenverbänden und gegenüber den Handelsunternehmen einnimmt.[22] Der in der Unternehmensphilosophie verankerte hohe Innovationsanspruch von P&G zeigt sich also nicht nur in zahlreichen Produktinnovationen, sondern auch in neuartigen Strategien und Managementkonzepten in Form von ECR.[23]

---

17 Machtziele sind in der oben genannten, von ECR Europe formulierten Zielsetzung zwar aus naheliegenden Gründen nicht aufgeführt, werden aber zweifelsohne mit ECR verfolgt. Homburg/Grandinger/Krohmer zeigen in ihrer empirischen Studie die Bindung des Handels als wesentliche mit ECR verfolgte Zielsetzung der Hersteller (vgl. Homburg/Grandinger/Krohmer 1996, S. 7f.).

18 Vgl. Homburg/Grandinger/Krohmer 1996, S. 14f.

19 Vgl. Procter & Gamble 1999a, o.S.; Procter & Gamble 1999d, o.S.

20 Vgl. Procter & Gamble 1999a, o.S.

21 Vgl. Ritter 1999, S. 27.

22 Vgl. z.B. zur Entwicklung des von P&G über Continuous Replenishment gesteuerten Volumens CCG 1997, S. 122; P&G findet in nahezu allen ECR-Publikationen als Vorreiter Erwähnung (vgl. z.B. Friedrich/Hinterhuber/Rodens 1995, S. 58); Heydt 1998, S. 57; zu ECR bei P&G Deutschland vgl. auch Drosten 1997, S. 35-38).

23 „Innovation is the cornerstone of our success." (Procter & Gamble 1999b, o.S.); zur Rolle von Innovation bei P&G vgl. auch Procter & Gamble 1998, S. 1f.

In Europa (ausgenommen Osteuropa) ist P&G mittlerweile mit allen bedeutenden Handelspartnern in ECR-Projekten engagiert, wobei die Intensität der Kooperationsbeziehung sehr unterschiedlich ist. Zur Umsetzung von ECR hat P&G das Customer Business Development (CBD) geschaffen, welches weit über die klassische Vertriebsfunktion hinaus geht. CBD integriert mehrere Funktionsbereiche und will gemeinsam mit den einzelnen Handelsunternehmen den Waren- und Informationsfluß sowie das Geschäft insgesamt (Marktanteil, Rentabilität) verbessern. CBD wurde durch umfassende organisatorische Maßnahmen institutionalisiert. Insbesondere hat P&G für jeden ECR-Partner ein multifunktionales Kundenteam (CBD Team) gebildet, welches die Schnittstelle zum jeweiligen Handelspartner gestaltet. In diesen Teams arbeiten unter der Führung eines CBD Managers Experten für die Funktionen Marketing, Logistik, Produktion, EDV und Controlling zusammen. Idealerweise sollte einem CBD Team ein entsprechendes Team auf Kundenseite gegenüberstehen.[24] Der Experte für das ECR-Controlling wird als CBD Team Finance Manager bezeichnet. Außerhalb der CBD Teams hat P&G CBD Finance Manager-Positionen eingerichtet, welche in erster Linie Koordinations- und Entwicklungsaufgaben wahrnehmen (Koordination des CBD Finance Managements in einem Land, einer Region oder unternehmensweit; Entwicklung innovativer Instrumente).

Die im zweiten und dritten Kapitel mit Hilfe des allgemeinen Aufgabenkataloges und des Regelkreismodells dargelegten Aufgaben des Kooperationscontrollings treffen auch für das ECR-Controlling zu, so daß hier keine Auflistung der Aufgaben des ECR-Controllings notwendig ist. Durch die vorangegangenen Ausführungen zu ECR sind einige Variablen des Regelkreismodells spezifiziert worden, so daß sich auch die Aufgaben und Instrumente des ECR-Controllings spezifizieren lassen. Unter anderem wurden die betroffenen Aktivitäten eingegrenzt und die Ziele präzisiert, so daß als Beispiel für eine konkrete Aufgabe des ECR-Controllings die Kontrolle von Kosten, Qualität und Geschwindigkeit bestimmter Logistikaktivitäten mit einem ECR-Partner zu nennen ist. Die Wahrnehmung der Aufgaben des ECR-Controllings geschieht bei P&G vor allem – aber nicht ausschließlich – durch CBD Team Finance Manager und CBD Finance Manager. Wie mit der Bezeichnung „Manager" anstelle von „Controller" bereits angedeutet wird, gehen diese Positionen jedoch über Controllingaufgaben hinaus. Sie umfassen auch eine Mitverantwortung für die Zielerreichung sowie eine Führungsrolle bei Entscheidungen. Ansonsten ist eine hohe Übereinstimmung zwischen den in der vorliegenden Arbeit abgegrenzten Aufgaben des Kooperationscontrollings und den bei P&G anzutreffenden Aufgaben der CBD (Team) Finance Manager festzustellen. Dies wird im Zuge der folgenden Untersuchung der einzelnen Instrumente deutlich, unter anderem durch

24 Zu den multifunktionalen Teams, welche die traditionelle Konfrontationssituation des Key Account Managers auf Herstellerseite gegenüber dem Einkäufer auf Händlerseite beheben sollen, vgl. Heydt 1998, S. 81.

die Rollenbeschreibung für CBD Team Finance Manager im Rahmen der Betrachtung von Controllingrichtlinien in Kap. 7.5.3.

Nachdem die Grundzüge des in der Fallstudie betrachteten Kooperationssystems bzw. Kooperationscontrollingsystems als Hintergrundinformationen kurz dargelegt wurden, ist nun das Instrumentarium des Kooperations- bzw. ECR-Controllings ausführlich zu untersuchen.

7.3 Kostenrechnung als Instrument des ECR-Controllings bei Procter & Gamble

7.3.1 Vergleich der Ist-Situation bei Procter & Gamble mit den Anforderungen an die kooperationsbezogene Kostenrechnung

Bereits eine grobe Betrachtung offenbart einen hohen Grad an Übereinstimmung der bei P&G im Rahmen von ECR eingesetzten Kostenrechnung mit den in Kap. 4.2 hergeleiteten Anforderungen an die kooperationsbezogene Kostenrechnung: P&G benutzt für das ECR-Controlling grundsätzlich aktivitäts- bzw. prozeßorientierte Kostenrechnungsverfahren, und zwar gemeinsam mit dem jeweiligen ECR-Partner, sofern dieser zustimmt. Die Prozeßkostenrechnung besitzt nicht nur bei P&G, sondern innerhalb der ECR-Diskussion insgesamt eine hohe Bedeutung.[25] Im folgenden wird die von P&G angewandte Methodik detailliert erläutert und den Anforderungen gegenübergestellt.

Bis Ende 1998 benutzte P&G für das ECR-Controlling vor allem das European Category Profit Model, welches auf dem Direkten Produkt-Profit (DPP) basiert, sowie das auf dem Activity-Based Costing (ABC) beruhende Efficient Logistic Quantifications-Verfahren. DPP ist ein für den Handel konzipierter, dem ABC sehr ähnlicher Ansatz, welcher einzelnen Artikeln neben den Einstandskosten weitere Kosten direkt zurechnen will, und zwar über Kostentreiber. Durch Subtraktion aller direkt zurechenbaren Kosten vom Nettoverkaufspreis ergibt sich der Direkte Produkt-Profit, welcher die tatsächliche Profitabilität einzelner Artikel besser abbildet als traditionelle Steuerungsgrößen (Handelsspanne, Bruttonutzenziffer u.a.).[26] P&G entwickelte bereits 1983 in den USA ein EDV-gestütztes DPP-Modell und nahm eine führende Rolle bei der Verbreitung des DPP-Konzeptes in Europa ein.[27] Sowohl das European Category Profit Model als auch das Efficient Logistic Quantifications-Verfahren setzte P&G in erster Linie zur Analyse der Kostenstruktur des Handels ein, um eine Datenbasis für gemeinsame Entscheidungen und Verhandlungen zu generieren.

---

25 In vielen ECR-Publikationen wird die PKR (bzw. das ABC) als wichtiges Instrument vorgestellt (vgl. z.B. ECR-Österreich-Initiative 1997, Teil VI, S. 11; De Santa 1996, S. 17-19; ECR Europe 1997b, S. 18).

26 Vgl. zur DPP-Methodik ausführlich Günther 1993, S. 464-473.

27 Vgl. Günther 1993, S. 463.

Das zentrale Hindernis für einen gemeinsamen Einsatz dieser beiden Verfahren ist die Tatsache, daß sie von P&G entwickelt worden sind und nur Aktivitäten des Handels einbeziehen, also nicht unternehmensübergreifend sind. P&G sieht daher die Notwendigkeit für ein unternehmensübergreifendes Verfahren, welches von einer unabhängigen Organisation stammen muß, um das Vertrauen des Handels zu gewährleisten. Außerdem muß das Verfahren zwecks effizienter Nutzung für möglichst viele ECR-Partnerschaften einsetzbar sein, d.h. eine Art Branchenstandard werden. Einen Ansatz, welcher diese Anforderungen erfüllt, hat die Branchenorganisation ECR Europe durch die Arbeitsgruppe PIETF (Profit Impact of ECR Task Force) entwickeln lassen und in einem Handbuch dokumentiert. P&G hat diesen Ansatz, der weiter unten näher darzustellen ist, in mehreren Pilotprojekten getestet bzw. mitgestaltet und will ihn – wie zahlreiche andere Hersteller und Händler auch – ab 1999 grundsätzlich verwenden.

In den Standardisierungsbemühungen zeigt sich die Bedeutung der Anforderung, Maßnahmen zur Harmonisierung der Kostenrechnungssysteme der kooperierenden Unternehmen zu ergreifen. Die Bedeutung ist so hoch, daß P&G Kostenrechnungsverfahren für das ECR-Controlling weitgehend separat von dem bereits vorhandenen, dem unternehmensinternen Controlling dienenden Kostenrechnungssystem anwendet. Letzteres ist im wesentlichen ein Standardkostenrechnungssystem, wie es in vielen amerikanischen Unternehmen üblich ist und welches Grundzüge der Prozeßkostenrechnung lediglich für Teile des Produktions- und Logistikbereiches aufweist.[28] Eine Integration ist zunächst nicht vorgesehen, allenfalls eine Annäherung. Zum einen wäre der Integrationsaufwand sehr hoch, zum anderen werden die mit dem parallelen Einsatz zweier Verfahren verbundenen Probleme als recht gering eingeschätzt.

P&G benutzt die für das ECR-Controlling genannten aktivitätsorientierten Verfahren nicht wie das Standardkostenrechnungssystem als permanentes Planungs- und Kontrollinstrument, sondern ausschließlich projektgebunden. ECR-bezogene Analysen und Entscheidungen werden bei P&G grundsätzlich im Rahmen von Projekten durchgeführt bzw. getroffen und mit aktivitätsorientierten Kostenrechnungsverfahren unterstützt. Gegenstand der Projekte – und damit der Kostenrechnungsverfahren – sind verschiedenste Verbesserungen ausgewählter Logistik- und Marketingaktivitäten sowie produkt-, sortiments- und konditionenpolitische Entscheidungen (z.B. Ex-ante-Simulation einer Produktneueinführung oder Profitabilitätsanalyse einzelner Produktkategorien).

Zum besseren Verständnis der Ist-Situation erfolgt nun eine Erläuterung der auf der folgenden Seite in Abb. 30 gezeigten Elemente des oben angesprochenen Ansatzes der PIETF, welcher bei P&G Verwendung findet und im folgenden als PIETF-ABC bezeichnet wird.

---

28 Vgl. zu solchen Standardkostenrechnungssystemen z.B. Davidson u.a. 1988, S. 126-131.

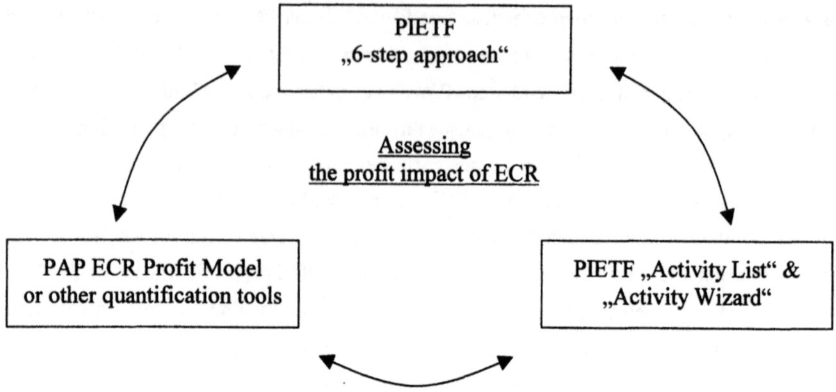

Abb. 30: Die Elemente des PIETF-ABC[29]

Der Ansatz sieht eine Vorgehensweise in sechs Schritten vor, welche als Richtschnur gelten, aber nicht in jedem Fall strikt zu durchlaufen sind. Da das PIETF-ABC stets projektgebunden benutzt wird, beinhaltet der erste Schritt die Vereinbarung der mit dem Einsatz des PIETF-ABC verfolgten Ziele. In diesem Schritt legen die ECR-Partner gemeinsam den konkreten Anwendungsbereich (z.B. Verbesserung bestimmter Logistikaktivitäten) sowie präzise Projektziele (z.B. Kostensenkung um 10%) fest.[30]

Gegenstand des zweiten Schrittes ist die Erfassung der von dem Projekt betroffenen Aktivitäten in ihrem jetzigen sowie in ihrem (geplanten) zukünftigen Zustand. Ziel dieses Schrittes ist die Erreichung eines gemeinsamen Verständnisses, welche Aktivitäten tatsächlich durchgeführt werden und welche Veränderungen möglich bzw. sinnvoll sind.[31] Natürlich ist vor der Einbeziehung von Kostengrößen noch keine endgültige Festlegung des zukünftigen Zustandes möglich. Die einzelnen Schritte des PIETF-ABC sind gegebenenfalls mehrfach abzuarbeiten. Als Hilfsmittel für die Erfassung von Aktivitäten beinhaltet das PIETF-ABC eine hierarchisch aufgebaute Aktivitätenliste („Activity List"), welche fünf ECR-Geschäftsprozesse unterscheidet und sie in Hauptaktivitäten und weiter in einzelne Aktivitäten zerlegt. Das Softwareprodukt „Activity Wizard" ermöglicht die EDV-gestützte Arbeit mit der Aktivitätenliste, welche situativ angepaßt werden kann. Die Aktivitätenliste soll als vorgefertigte, einheitliche Basis die Erfassung von Aktivitäten beschleunigen und standardisieren.[32]

29 Entnommen aus ECR Europe 1998, S. 18.

30 Vgl. zum ersten Schritt ausführlich ECR Europe 1998, S. 26-29.

31 Vgl. zum zweiten Schritt ausführlich ECR Europe 1998, S. 30-32.

32 Vgl. zu Activity List und Activity Wizard ausführlich ECR Europe 1998, S. 63-77.

Der dritte Schritt umfaßt die Identifikation der Kostentreiber und des Ressourcenbedarfes für die einzelnen Aktivitäten sowie die Ermittlung der Kosten der Ressourcen. In diesem Schritt soll ein gemeinsames Verständnis der Kosten und Kostentreiber entwickelt werden.[33]

Auf Grundlage der im dritten Schritt ermittelten Informationen erfolgt im Zuge des vierten Schrittes die Berechnung der tatsächlichen Kosten für den jetzigen Zustand der Aktivitäten sowie der erwarteten Veränderung dieser Kosten durch die im Rahmen des Projektes angestrebten Verbesserungen.[34] Bei bestimmten Anwendungsbereichen des PIETF-ABC (z.B. gemeinsame Sortimentsgestaltung) ist zusätzlich eine Allokation der Aktivitätskosten auf einzelne Produkte oder Produktkategorien erforderlich. Die Umsetzung des dritten und vierten Schrittes kann sehr komplex sein und umfangreiche Festlegungen von Kostendefinitionen, Kostentreibern, Zurechnungsmethoden etc. erforderlich machen, welche unter den ECR-Partnern konsistent sein müssen. Daher empfiehlt die PIETF für die Umsetzung das PAP ECR Profit Model.[35] Dieses bietet eine als Software realisierte Vorstrukturierung von Datenstrukturen und einzelnen Verfahrensschritten des PIETF-ABC. Das PAP ECR Profit Model unterstützt die Modellierung der in der oben erwähnten Aktivitätenliste enthaltenen Aktivitäten von Hersteller und Händler – ist also unternehmensübergreifend ausgerichtet – und stammt von einem unabhängigen Beratungsunternehmen. Folglich ist es für Hersteller und Händler als gemeinsamer Standard akzeptabel. Der Einsatz des PAP ECR Profit Model kann die unternehmensübergreifende Umsetzung des PIETF-ABC wesentlich erleichtern.

Gegenstand des fünften Schrittes ist die Interpretation der im vierten Schritt vorgenommenen Berechnungen. Die Berechnungsergebnisse sind zu überprüfen und den im ersten Schritt formulierten Projektzielen gegenüberzustellen. Außerdem sollen Projektimplikationen untersucht werden, welche das PIETF-ABC nicht abbildet, insbesondere Erlöseffekte, nicht quantifizierbare Effekte, Investitionen, Risiken und Implementierungshindernisse. Abschließend sieht das PIETF-ABC das Treffen einer Entscheidung bezüglich des Projektes vor.[36]

Der sechste Schritt beinhaltet die Projektkontrolle, indem nach der Implementierung die tatsächlichen Kosteneffekte gemessen und mit den geplanten verglichen werden. Ziel dieses Schrittes sind ein gemeinsames Verständnis etwaiger Abweichungen sowie die Ableitung daraus resultierender Entscheidungen.[37]

---

33 Vgl. zum dritten Schritt ausführlich ECR Europe 1998, S. 33-35.

34 Vgl. zum vierten Schritt ausführlich ECR Europe 1998, S. 36-39.

35 Vgl. ECR Europe 1998, S. 18. Dort wird darauf hingewiesen, daß auch andere „quantification tools" in Frage kommen. PAP ist die Kurzform des Namens des Beratungsunternehmens (vollständiger Name: Profit Ability Partnership Consulting), welches das PAP ECR Profit Model entwickelt hat. Die folgenden Informationen über das PAP ECR Profit Model basieren auf über 80 Präsentationsfolien, welche dieses Unternehmen dem Verfasser zur Verfügung gestellt hat (vgl. Gazzard 1999).

36 Vgl. zum fünften Schritt ausführlich ECR Europe 1998, S. 40-43.

37 Vgl. zum sechsten Schritt ausführlich ECR Europe 1998, S. 44-46.

Kritisch zu sehen ist, daß das PIETF-ABC als Entscheidungsmodell konzipiert ist, was sich vor allem im ersten und fünften Schritt zeigt. Viele ECR-bezogene Entscheidungen haben jedoch nicht nur kurzfristige Kostenwirkungen, sondern mittel- bis langfristige Auswirkungen auf Kosten, Erlöse, Investitionen, Risiken und andere Variablen. Diese teilweise schwer zu bestimmenden Auswirkungen sollen im PIETF-ABC pauschal und vereinfacht im fünften Schritt als Projektimplikationen berücksichtigt werden. Ein solches Vorgehen birgt die Gefahr von Fehlentscheidungen. Der alleinige Einsatz der Kostenrechnung im Rahmen von ECR kann zwar für viele produkt-, sortiments- und konditionenpolitische Entscheidungen sowie für einige aktivitätsbezogene Entscheidungen durchaus angemessen sein. Vor allem für viele aktivitätsbezogene Entscheidungen ist jedoch der Einsatz eines Entscheidungsmodells, wie in Kap. 5 dieser Arbeit gezeigt, notwendig. Nur so läßt sich eine vollständige und korrekte Einbeziehung aller Projektimplikationen gewährleisten.

Die bisherigen Ausführungen in diesem Unterkapitel enthalten bereits einige Erkenntnisse hinsichtlich der Übereinstimmung der bei P&G für das ECR-Controlling eingesetzten Kostenrechnungsverfahren mit den Anforderungen, welche die kooperationsbezogene Kostenrechnung zu erfüllen hat. Zwecks Übersichtlichkeit und Vollständigkeit erfolgt nun eine systematische Gegenüberstellung mit den elf in Kap. 4.2 hergeleiteten Anforderungen:

1. Die Anforderung, die Strukturgleichheit der Kontenrahmen der Partner zu überprüfen, hält P&G nicht für notwendig, da das Unternehmen das PIETF-ABC als Bottom-up-Ansatz und projektspezifisch einsetzt. Bei jedem Projekt werden die betroffenen Aktivitäten abgegrenzt und ihnen Ressourcen zugeordnet, deren Bewertung mit Kostensätzen geschieht.[38] Die hohe Bedeutung der Anforderung, Harmonisierungsmaßnahmen in bezug auf Vorgehensweise, Softwareunterstützung, Definitionen etc. durchzuführen, wurde bereits oben herausgestellt.

2. P&G erfüllt die Anforderung, nicht nur pauschal den Verkauf von Produkten als Leistung zu erfassen, indem durch den Einsatz des ABC verschiedenste Teilleistungen im Rahmen einer ECR-Partnerschaft als Kostentreiber erfaßt werden (z.B. Anzahl elektronischer Bestellungen, Verkaufsförderungsmaßnahmen). Eine monetäre Bewertung bestimmter Teilleistungen findet über das Konditionensystem statt: Entgolten werden sowohl Logistikleistungen (Liefermenge pro Bezugspunkt pro Lieferung sowie Zahlungsziel und -art) als auch Marketingleistungen (Kundenentwicklungsfonds für Verkaufsförderungsmaßnahmen).[39] Außerdem vergütet P&G bestimmte Bündel von ECR-Maßnahmen mit 1-2% Ra-

---

38 Vgl. ECR Europe 1998, S. 38. Dort findet neben dem Bottom-up-Ansatz der Top-down-Ansatz Erwähnung, bei dem bereits im Rechnungswesen vorhandene Werte den Aktivitäten zugeordnet werden. Die KAKR wurde in Kap. 4.3 hinsichtlich der Erhebung von Kosteninformationen als Top-down-Ansatz ausgestaltet, um eine Datenbasis zu schaffen, die nicht nur für ein bestimmtes Projekt, sondern für umfangreiche Aufgaben geeignet ist.

39 Vgl. Schobert 1996, S. 269f.

batt.[40] Die Höhe der Rabatte orientiert sich an den tatsächlichen Kosten bzw. Kosteneinsparungen, die mit einer bestimmten Teilleistung verbunden sind.[41] Ansonsten wird innerhalb einzelner ECR-Projekte in der Regel keine Ermittlung von Erlösen für Teilleistungen vorgenommen, weil sie mit großen Schwierigkeiten behaftet ist.

3. Insbesondere durch die Identifikation von Kostentreibern beim Einsatz des PIETF-ABC entspricht P&G der Anforderung, für das ECR-Management relevante Einflußgrößen auf Kosten und Erlöse zu ermitteln. Beispielsweise werden bei ECR-Logistikprojekten systematisch Größen wie die Anzahl der Bestellungen oder der Anteil elektronisch übermittelter Bestellungen hinsichtlich ihrer Kostenwirkungen untersucht.

4. Wie bereits gezeigt, erfüllt P&G durch die Aktivitätsorientierung der Kostenrechnung die Anforderung, Abrechnungsbereiche so abzugrenzen, daß unternehmensübergreifende Beziehungen abbildbar sind. Beispielsweise lassen sich mit Hilfe des PAP ECR Profit Models die Auswirkungen bestimmter ECR-Maßnahmen eines Händlers auf die Kosten von P&G simulieren.

5. Auch wurde bereits erkennbar, daß P&G in hohem Maße der Anforderung nachkommt, Kosten, Erlöse und Einflußgrößen der ECR-Partner einzubeziehen. Das PAP ECR Profit Model ermöglicht die entsprechende Abbildung nahezu aller Aktivitäten von Handelsunternehmen.

6. Im Rahmen des Einsatzes aktivitätsorientierter Verfahren erfüllt P&G die Anforderung, Kosten einzelnen ECR-Aktivitäten verursachungsgerecht zuzurechnen. Für Erlöse erfolgt eine solche Zurechnung nicht, wie bereits in Punkt 2 erwähnt.

7. Die bei P&G eingesetzte Kostenrechnung entspricht nur in geringem Maße der Anforderung, strategische Aktivitäten (Ressourcenaufbau, z.B. Implementierung von EDI-Technologie) und operative Aktivitäten (Ressourceneinsatz, z.B. Abwicklung einer Bestellung) bzw. die dazugehörigen Kosten getrennt zu ermitteln. Es werden aber sehr wohl alle Kosten berücksichtigt, wobei das Hauptaugenmerk auf operativen Aktivitäten liegt.

8. Der Anforderung, fixe und variable Kosten zu trennen, kommen die bei P&G eingesetzten Verfahren eingeschränkt nach. Zwar sieht das PIETF-ABC eine solche Trennung nicht vor, doch – falls erforderlich – berücksichtigt P&G das Kostenverhalten in vereinfachter Form, indem im fünften Schritt grob überprüft wird, inwieweit Teile der einbezogenen Kosten für die betrachtete Entscheidungssituation fix sind.

---

40 Vgl. Schobert 1996, S. 270. Ein dort genanntes Beispiel: Continuous Replenishment wird in Verbindung mit anderen logistischen Maßnahmen mit 1% vergütet.

41 Die plötzliche Kündigung bisheriger Konditionenvereinbarungen sowie die Einführung radikal vereinfachter, an konkreten Leistungen und deren Kostenwirkungen orientierter Regelungen im Zuge der ECR-Strategie hat P&G in Deutschland Ende 1995 vorgenommen. Dies stellte eine Revolutionierung vorhandener Praktiken dar und führte zu großer Unruhe in der deutschen Konsumgüterwirtschaft (vgl. Berdi 1996, S. 13; Jensen 1997, S. 62-65).

9. P&G erfüllt zur Zeit nicht die Anforderung, Koordinations- und Durchführungskosten separat zu ermitteln. Gegenwärtig werden in erster Linie Kosten von unmittelbar produktbezogenen Aktivitäten berücksichtigt, ohne die Kosten zur Durchführung solcher Aktivitäten von den Kosten für ihre Koordination zu trennen. Langfristig strebt P&G eine stärkere Einbeziehung von mittelbar produktbezogenen Aktivitäten an.

10. An vielen Stellen in den bisherigen Ausführungen ist deutlich geworden, daß P&G in hohem Maße der Anforderung entspricht, die Kostenrechnung mit ECR-Partnern abzustimmen bzw. gemeinsam durchzuführen. Stets strebt P&G dabei eine enge Zusammenarbeit an, doch bleibt es bei einigen Projekten – meist auf Wunsch des Partnerunternehmens – beim bloßen Austausch ausgewählter Informationen.

11. Der Anforderung, die Meßbarkeit ECR-bezogener Einflußgrößen (z.B. Vertrauen oder Fit) über Indikatoren bzw. geeignete Meßverfahren sicherzustellen, wird P&G nur vereinzelt bei Sonderanalysen gerecht. Ansätze dafür sind z.B. in der in Kap. 7.5.4 noch vorzustellenden ECR-Scorecard zu sehen. Ein systematischeres Vorgehen als bisher wird für sinnvoll erachtet.[42] Dabei will P&G primär Daten über solche Größen erheben, welche auch tatsächlich beeinflußbar sind.

Da die operative Budgetierung in der vorliegenden Arbeit im Zusammenhang mit der Kostenrechnung untersucht wurde, ist auch sie nun in ihrem Ist-Zustand zu erläutern und den in Kap. 4.3.6 aufgeführten Anforderungen gegenüberzustellen. Die operative Budgetierung[43] von ECR-Aktivitäten ist jedoch bei P&G nicht primär mit den aufgezeigten Kostenrechnungsverfahren verbunden, sondern eher mit dem in Kap. 7.5.1 vorzustellenden Kennzahlensystem. Zwar werden im Rahmen des PIETF-ABC im fünften Schritt Ziele vereinbart und im sechsten Schritt kontrolliert. Aufgrund des projektbezogenen Einsatzes ist die Budgetierung hier jedoch zeitlich und sachlich beschränkt. Eine regelmäßige Planung und Kontrolle der Kosten aller ECR-Aktivitäten findet nicht statt. Eine operative Budgetierung erfolgt aber mittels Vereinbarung von Zielen für bestimmte Kennzahlen[44], und zwar unternehmensintern mit den einzelnen CBD Teams sowie unternehmensextern mit den ECR-Partnern, sofern sie einverstanden sind. Dies wird auf jährlicher oder halbjährlicher Basis vorgenommen, die Kontrolle solcher Zielvereinbarungen in kürzeren Abständen. Eine operative Kooperationsbudgetierung im Sinne der vorliegenden Arbeit geschieht also nicht für das gesamte Kosten- und Erlösgerüst, sondern zwecks Einfachheit und Übersichtlichkeit nur für einige Kennzahlen. Daraus ist jedoch nicht auf eine geringe Bedeutung der Budgetierung zu schließen. Im Gegenteil, die Koordination

---

42 Teilweise ist das Vorgehen bereits sehr systematisch, z.B. bei der stark qualitativ durchgeführten Kundenanalyse.

43 Bei P&G sind die Termini „Budgetierung“ bzw. „Budgeting“ kaum verbreitet. Allgemein wird von „Business Planning“ gesprochen. Budgets (also formale, quantitative Pläne mit primär monetären Informationen) werden als „Firm Forecasts“ bezeichnet.

44 Dabei dienen auch wesentliche Kostentreiber als Kennzahlen; vgl. zu den Kennzahlen Kap. 7.5.1.

von Logistik- und Marketingaktivitäten im Rahmen von ECR durch Vereinbarung und Kontrolle klarer Ziele und damit verbundener Anreize wird von P&G als eine zentrale Aufgabenstellung des ECR-Controllings aufgefaßt. Dabei drückt sich die Aktivitätsorientierung nicht in einer möglichst detaillierten Ermittlung von Aktivitätskosten, sondern allgemeiner in einem aktivitätsbezogenen Controlling aus.

Bezüglich der drei in Kap. 4.3.6 hergeleiteten Anforderungen des Kooperationsmanagements an die Budgetierung zeigt sich bei P&G demnach folgende Situation: Die erste Anforderung, die unternehmensübergreifende Ausrichtung der Budgetierung, wird recht weitgehend erfüllt, da P&G grundsätzlich gemeinsame Zielvereinbarungen mit den ECR-Partnern anstrebt. Der zweiten Anforderung, der Ausrichtung an Aktivitäten bzw. Prozessen, entspricht P&G vor allem bei der projektbezogenen Budgetierung. Ansonsten orientiert sich die Budgetierung eher an der Aufbauorganisation (nämlich an den CBD Teams), wobei jedoch auch aktivitätsbezogene Kennzahlen zur Anwendung kommen. Der dritten Anforderung, der Vermittlung strategie-, d.h. ECR-konformer Anreize an die Verantwortungsträger, wird eine herausragende Bedeutung zugesprochen. Viele ECR-Partner tragen jedoch zur Zeit die von P&G angestrebte hohe Erfüllung dieser – und damit auch der ersten – Anforderung nicht mit. Zu beachten ist, daß P&G ECR-konforme Anreize an seine ECR-Partner nicht nur durch die Budgetierung, sondern vor allem durch das oben bereits erwähnte Konditionensystem vermittelt.

Abschließend kann nach der detaillierten Betrachtung die bereits zu Beginn dieses Unterkapitels getroffene Beurteilung bestätigt werden: Trotz vereinzelter Abweichungen ist insgesamt eine hohe Übereinstimmung festzustellen zwischen den tatsächlich bei P&G für das ECR-Controlling eingesetzten Kostenrechnungsverfahren einerseits und den in der vorliegenden Arbeit hergeleiteten Anforderungen an die kooperationsbezogene Kostenrechnung andererseits. Für eine solche Beurteilung spricht, daß die wesentlichen, grundsätzlichen Anforderungen – d.h. insbesondere die unternehmensübergreifende Ausrichtung und die Aktivitätsorientierung – in hohem Maße erfüllt werden. Als erstes Ergebnis bezüglich der Kostenrechnung liefert die Fallstudie also einen konkreten Hinweis auf eine hohe Relevanz der meisten Anforderungen und damit auf ein hohes Nutzenpotential der darauf beruhenden, in Kap. 4.3 dargelegten Empfehlungen, d.h. auf die KAKR.

7.3.2 Anwendung der Kooperationsaktivitätskostenrechnung

Im folgenden wird die in Kap. 4.3 aufgezeigte KAKR simulativ auf einen ECR-Prozeß angewendet, um weitere Erkenntnisse zu ihrem Nutzenpotential für den betrachteten Fall zu generieren. Die Darstellung der Anwendung orientiert sich an den vier Schritten der KAKR.

Schritt 1: Abgrenzung und Systematisierung der ECR-Aktivitäten

Eine grobe Abgrenzung der ECR-Aktivitäten ist bereits bei der Vorstellung von ECR in Kap. 7.2.1 erfolgt. In den Wertketten von P&G und den kooperierenden Handelsunternehmen betrifft ECR die Aktivitätskategorien Logistik und Marketing. Die KAKR sieht vor, die einzelnen Logistik- und Marketingaktivitäten detailliert zu systematisieren und ihnen im zweiten Schritt Kosten und Kostentreiber zuzuordnen, um so eine Datenbasis für verschiedenste Controllingaufgaben zu erzeugen. Wie bereits in Kap. 7.2.1 erwähnt und begründet wurde, konzentrieren sich die folgenden Ausführungen auf den als Beispiel ausgewählten Bestellprozeß.[45] Dabei orientiert sich die Systematisierung an Vorschlägen, welche die Unternehmensberatung Roland Berger & Partner für ECR Europe erarbeitet hat.[46] Danach wird die Aktivitätskategorie Logistik in vier Prozesse unterteilt: Stammdatenaustausch, Bestellwesen, physische Distribution und Finanzwesen (Zahlungs- und Rechnungsabwicklung). Abb. 31 zeigt den Bestellprozeß bei direkter Filialbelieferung im höchsten Entwicklungsstadium von ECR (sogenanntes Idealmodell) in der Darstellungsmethodik der KAKR.

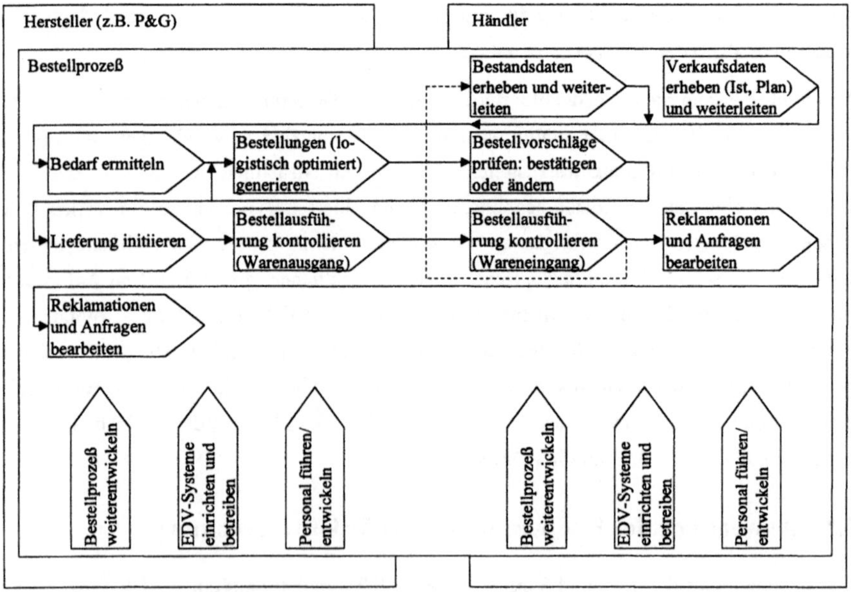

Abb. 31: Der Bestellprozeß im Rahmen von ECR

45 Die KAKR ist jedoch auf alle ECR-Aktivitäten anwendbar.

46 Vgl. ECR Europe 1996b, S. 6-18; vgl. auch ECR Europe 1996d, S. 22-24; CCG 1998c, S. 23.

Die wesentlichen operativen Aktivitäten sowie die Beziehungen zwischen ihnen sind unternehmensübergreifend veranschaulicht. Die strategischen bzw. unterstützenden[47] Aktivitäten beziehen sich hier auf alle operativen Aktivitäten, was der Übersichtlichkeit wegen nicht durch Pfeile symbolisiert wird. Der kooperative Charakter des Bestellprozesses ist deutlich zu erkennen: Die einzelnen Aktivitäten erfordern eine enge Abstimmung zwischen den ECR-Partnern, und es findet ein umfangreicher Datenaustausch statt. Bemerkenswert ist die Übertragung der Bestellsteuerung vom Händler auf den Hersteller (Vendor Managed Inventory).[48]

Schritt 2: Ermittlung der Kosten und Kostentreiber der ECR-Aktivitäten

Im zweiten Schritt sind gemäß dem in Kap. 4.3.4 ausführlich geschilderten Vorgehen zunächst die Kosten der am Bestellprozeß beteiligten Kostenstellen auf die einzelnen Aktivitäten zu verteilen.[49] Außerdem sollen für jede Aktivität im Bestellprozeß Koordinationskostenanteil, Fixkostenanteil, Kostentreiber und Kostentreibermenge bestimmt werden. Abb. 32 (siehe folgende Seite) zeigt die nunmehr vorliegende Datenbasis, und zwar ohne Zahlenangaben, da diese für die Demonstration der Anwendbarkeit nicht notwendig sind. Zwecks guter Übersichtlichkeit enthält Abb. 32 nur Personalkosten. Die vollständige Datenbasis ordnet den Aktivitäten alle wesentlichen Kostenarten zu und enthält die Gesamtkosten.

Schritt 3: Kalkulation und kurzfristige Erfolgsrechnung ECR-bezogener Leistungen

Das Vorgehen im dritten Schritt hängt von der jeweils zu bewältigenden Aufgabe ab. Im Rahmen des ECR-Controllings bietet sich die KAKR insbesondere für Kalkulationsaufgaben an. So können nun für jede Aktivität die Kosten pro Leistungseinheit, d.h. pro Kostentreibermengeneinheit berechnet werden, z.B. die Kosten pro Reklamation oder die Kosten pro Bestellung. Durch Vergleiche (z.B. Zeitvergleich) lassen sich dann Aussagen zur Wirtschaftlichkeit von Aktivitäten ableiten. Dies ist auch auf Prozeßebene möglich, da die Aktivitätskosten zu Prozeßkosten aggregiert werden können, z.B. zu Kosten des Bestellprozesses. Geht es nicht um die Effizienz bestimmter Aktivitäten bzw. Prozesse, sondern um produkt- oder sortimentsbezogene Entscheidungen, dann sind die Aktivitätskosten einzelnen Produkten oder Produktgruppen zuzurechnen.

[47] Die Aktivitäten „EDV-Systeme einrichten und betreiben“ sowie „Personal führen/entwickeln“ haben nur teilweise strategischen Charakter. Deshalb werden sie hier ergänzend als unterstützende Aktivitäten bezeichnet.

[48] Vgl. zu Vendor Managed Inventory Holmstrom 1998; ECR Europe 1996d, S. 8-10.

[49] Für das hier gezeigte Beispiel werden aus Vereinfachungsgründen nur die Kostenstellen „Auftragsbearbeitung“ der kooperierenden Unternehmen betrachtet. Dabei ist auch jeweils die Aktivität „EDV-Systeme einrichten und betreiben“ einzubeziehen, da die dafür entstehenden Kosten den genannten Kostenstellen bzw. dem Bestellprozeß zuzuordnen sind. Damit ist der Bestellprozeß nahezu vollständig abgedeckt.

Kostenstelle	Aktivität	Personalkosten				...	Kostentreiber	
		Anteil an Personalkosten in jeweiliger Kostenstelle		Koordinationskostenanteil	Fixkostenanteil	...	Bezeichnung (jeweils Anzahl von ...)	Menge
		%	$	%	%			
Auftragsbearbeitung (Hersteller, z.B. P&G)	<u>Operative Aktivitäten</u>							
	Bedarf ermitteln						Bedarfspositionen	
	Bestellungen (logistisch optimiert) generieren						Bestellpositionen	
	Lieferung initiieren						Bestellungen	
	Bestellausführung kontrollieren (Warenausgang)						Bestellpositionen	
	Reklamationen und Anfragen bearbeiten						Reklamationen	
	<u>Strategische/unterstützende Aktivitäten</u>							
	Bestellprozeß weiterentwickeln						kein geeigneter Kostentreiber verfügbar	
	EDV-Systeme einrichten und betreiben						kein geeigneter Kostentreiber verfügbar	
	Personal führen/ entwickeln						Mitarbeiter Trainingsstunden	
	<u>Summe</u>							
Auftragsbearbeitung (Händler)	<u>Operative Aktivitäten</u>							
	Bestandsdaten erheben und weiterleiten						Bestandspositionen	
	Verkaufsdaten (Ist und Plan) erheben und weiterleiten						Verkaufspositionen	
	Bestellvorschläge prüfen: bestätigen oder ändern						Bestellpositionen	
	Bestellausführung kontrollieren (Wareneingang)						Bestellpositionen	
	Reklamationen und Anfragen bearbeiten						Reklamationen	
	<u>Strategische/unterstützende Aktivitäten</u>							
	Bestellprozeß weiterentwickeln						kein geeigneter Kostentreiber verfügbar	
	EDV-Systeme einrichten und betreiben						kein geeigneter Kostentreiber verfügbar	
	Personal führen/ entwickeln						Mitarbeiter Trainingsstunden	
	<u>Summe</u>							

Abb. 32: Kosten und Kostentreiber des Bestellprozesses im Rahmen von ECR[50]

---

50 Die Anzahl von „Positionen“ meint jeweils die Anzahl zu bestimmender Datenobjekte, z.B. ergibt sich die Anzahl von Bestandspositionen aus der Anzahl von Artikeln, für die Bestände zu führen sind, kombiniert mit der Häufigkeit, mit welcher der Bestand zu ermitteln ist.

Eine Erfolgsrechnung für die aus den einzelnen ECR-Aktivitäten resultierenden Leistungen ist kaum realisierbar, da für viele dieser Leistungen kein Markt- bzw. Verrechnungspreis vorliegt. Eine Vergütung einzelner Leistungen durch einen ECR-Partner erfolgt kaum, allenfalls in grober Form durch das oben angesprochene Konditionensystem, welches den Handelsunternehmen für einige Leistungen eine Vergütung bietet. Eine monetäre Bewertung des Nutzens aller ECR-Aktivitäten, insbesondere auch der hier als Beispiel gezeigten Bestellaktivitäten, erscheint jedoch nicht möglich. Erfolgswirkungen sind mit der KAKR im Rahmen von ECR nur dann meßbar, wenn die Aktivitätskosten den Produkten zugerechnet werden und die Betrachtung von Erlösen und Erfolg auf Produktebene geschieht.

Schritt 4: Koordination im ECR-System mittels operativer Budgetierung

Im vierten Schritt soll durch die in Kap. 4.3.6 detailliert erläuterte Erstellung, Vereinbarung und Kontrolle von Budgets sichergestellt werden, daß die in den ersten drei Schritten gewonnenen Informationen in das Verhalten der Verantwortungsträger einfließen. Die KAKR sieht vor, daß die ECR-Partner die Budgetierung nicht nur zur unternehmensinternen, sondern auch zur unternehmensübergreifenden Koordination von ECR-Aktivitäten benutzen, d.h. eine miteinander abgestimmte Planung und Kontrolle bestimmter Größen vornehmen. Mit Budgets lassen sich für alle Manager, die für ECR-Aktivitäten verantwortlich sind, Anreize setzen. Bei P&G sind demzufolge insbesondere Budgets für die CBD Team Manager notwendig, aber auch für die Manager in den betroffenen Funktionsbereichen (Logistik und Marketing). So ist mit dem Leiter der Kostenstelle „Auftragsbearbeitung“ bzw. mit dem Prozeßverantwortlichen für den Bestellprozeß ein Budget bestehend aus den oben gezeigten Kosten und Kostentreibern zu vereinbaren. Dieses muß Anreize zur Verbesserung der Prozeßeffizienz (z.B. Plankosten pro Bestellung) geben. Ergänzend sollen Anreize zur Verbesserung der Beziehung zum ECR-Partner in das Budget aufgenommen werden (z.B. Mindestanteil der von P&G generierten Aufträge (Vendor Managed Inventory), Obergrenze für Reklamationen). Da es letztlich ausgewählte Kennzahlen sind, welche mit den Verantwortungsträgern vereinbart werden, erfahren die Budgetinhalte durch die Gestaltung des Kennzahlensystems eine Konkretisierung.[51]

Alle vier Schritte der KAKR erfordern kostenrechnerische Analyseinformationen, wie in Kap. 4.3.7 ausführlich demonstriert. Zusammenhänge zwischen wesentlichen Variablen des ECR-Controllings sind zu untersuchen (z.B. der Zusammenhang zwischen den Bestellkosten und dem Anteil des über Verkaufsförderungsmaßnahmen abgesetzten Volumens). Die Aussagefähigkeit einzelner Zahlen ist durch Vergleiche zu erhöhen (z.B. Plan-Ist-Wird-Vergleich der Bestellkosten, Benchmarking der Bestellkosten).

Die KAKR bzw. die damit einhergehenden Empfehlungen zur Gestaltung der Kostenrechnung als Instrument des ECR-Controllings wurden von den Gesprächspartnern bei P&G insgesamt

---

51 Vgl. dazu Kap. 7.5.1.

positiv beurteilt. Dies ist angesichts der hohen Übereinstimmung der KAKR mit den tatsächlich von P&G eingesetzten kostenrechnerischen Verfahren nicht überraschend. Als wesentliche Unterschiede wurden identifiziert:

- Die Benutzung der KAKR ist im Gegensatz zum PIETF-ABC bei P&G nicht grundsätzlich projektbezogen. Die KAKR schafft zunächst eine Datenbasis, welche dann für verschiedene Entscheidungen zur Verfügung steht. In Verbindung mit der Budgetierung dient die KAKR als permanentes Planungs- und Kontrollinstrument.
- Anders als bei der KAKR findet eine Trennung von fixen und variablen Kosten, von Koordinations- und Durchführungskosten sowie von operativen und strategischen Aktivitäten bei P&G nicht bzw. nur sehr eingeschränkt statt. Die im Zuge der Interviews vom Verfasser vorgetragenen Erläuterungen zur Bedeutung von Koordinationskosten stießen auf Interesse. Jedoch hemmen sowohl die mangelnde Verbreitung von Wissen über Koordinationskosten als auch Operationalisierungsprobleme (insbesondere bei der Abgrenzung von Koordinationskosten) die Umsetzung diesbezüglicher Vorschläge der KAKR. Die Notwendigkeit einer stärkeren Einbeziehung von Gemeinkosten – und damit auch von Koordinationskosten und strategischen Aktivitäten – wird von P&G durchaus gesehen, nicht zuletzt aufgrund ihrer hohen betragsmäßigen Bedeutung.

Die genannten Unterschiede verkörpern keine wesentliche Einschränkung des Nutzenpotentials der KAKR. Sie sind eher als Beleg dafür zu sehen, daß für P&G beim Einsatz der Kostenrechnung für das ECR-Controlling Einfachheit und Pragmatismus im Vordergrund stehen und folglich nicht alle aus der Theorie ableitbaren Empfehlungen Berücksichtigung finden. Die im Rahmen der Fallstudie vorgenommene Anwendung sowie das Kap. 7.3 insgesamt (unter Einbeziehung der Ergebnisse von Kap. 7.3.1) haben als Ergebnis also einen konkreten Hinweis auf ein hohes Nutzenpotential der KAKR hervorgebracht.

7.4 Investitionsrechnung als Instrument des ECR-Controllings bei Procter & Gamble

7.4.1 Vergleich der Ist-Situation bei Procter & Gamble mit den Anforderungen an die kooperationsbezogene Investitionsrechnung

Beim Einsatz der Investitionsrechnung für ECR-bezogene Entscheidungen bei P&G zeigen sich große Abweichungen von den in Kap. 5.2 hergeleiteten Anforderungen. Für Investitionsentscheidungen, deren Auswirkungen sich gut in Zahlungsströmen ausdrücken lassen, finden bei P&G grundsätzlich Kapitalwertverfahren, interner Zinsfuß und/oder Amortisationsrechnung Anwendung. Diese werden jedoch fast nie mit einem ECR-Partner abgestimmt bzw. gemeinsam eingesetzt, denn die meisten ECR-bezogenen Entscheidungen sind nicht partnerspezifisch. Investitionen in ECR-Konzepte (z.B. in Form von Human- und EDV-Ressourcen) betreffen in der Regel mehrere oder alle ECR-Partner, so daß P&G ihre Wirtschaftlichkeit unternehmensintern bewertet.[52] Die Entscheidungsfindung basiert häufig nicht auf einem fest definierten quantitativen Modell, sondern geschieht unter Abwägung verschiedener Analyseinformationen und Argumente, welche durchaus mit ECR-Partnern abgestimmt werden. Andere als die genannten Investitionsrechnungsverfahren (z.B. Nutzwertanalyse) kommen im Rahmen des ECR-Controllings bei P&G nicht zum Einsatz.[53]

Insgesamt besitzt die Investitionsrechnung als Instrument des ECR-Controllings bei P&G keine so hohe Bedeutung wie die Kostenrechnung. Für die meisten Träger des ECR-Controllings bei P&G besteht nur ein begrenzter Bedarf nach Investitionsrechnung. Als wesentliche Anwendungsbereiche wurden im fünften Kapitel die Koordinationsformwahl (ECR versus andere Koordinationsformen), die Partnerwahl sowie verschiedene Entscheidungen zur Ausgestaltung der Kooperation (Konfigurationsentscheidungen) genannt. Die Koordinationsformwahl ist bei P&G bereits auf höchster Unternehmensebene als grundsätzliche strategische Richtungswahl ohne quantitatives Entscheidungsmodell erfolgt. Für die Auswahl der Partner werden verschiedene (auch quantitative) Informationen herangezogen, aber keine Investitionsrechnungsverfahren. Die verbleibenden, im Rahmen des ECR-Controllings zu unterstützenden Konfigurationsentscheidungen sind vor allem Entscheidungen zu einzelnen Logistik- und Marketingaktivitäten. Diese werden bei P&G in der Regel mit Hilfe des in Kap. 7.3.1 vorgestellten PIETF-ABC beurteilt. Für Entscheidungen mit großen strukturellen bzw. finanziellen Implikationen kommen zusätzlich die oben genannten Verfahren (insbesondere interner Zinsfuß) zum Einsatz. Daß solche Entscheidungen beim ECR-Management zu treffen sind und damit ein gewisser Bedarf nach Investitionsrechnung bestehen dürfte, belegt unter anderem eine Befragung von Markenartikelherstellern, gemäß welcher „47% der Unternehmen erhebliche Investitionen für die Umsetzung des ECR-Konzeptes vorgenommen"[54] haben.

Die Abweichung zwischen der aufgezeigten Ist-Situation bei P&G und den in Kap. 5.2 hergeleiteten Anforderungen ist offensichtlich, so daß eine ausführliche, systematische Gegenüberstellung kaum weitere Erkenntnisse erwarten läßt und daher unterbleibt. Zwar ergibt sich durch die Anwendung des Kapitalwertverfahrens bei P&G eine gewisse Übereinstimmung mit einigen Anforderungen.[55] Außerdem gewährleistet – trotz der in Kap. 7.3.1 genannten Kritikpunkte – die Benutzung des PIETF-ABC als Entscheidungsinstrument, daß einige Entscheidungs- und Zielvariablen von ECR-Partnern einbezogen werden und eine gemeinsame Ent-

---

52 Für einige ECR-Konzepte erhalten die ECR-Partner dann über das bereits erwähnte Konditionensystem einen Anreiz für entsprechende Investitionen ihrerseits.

53 P&G führt zwar keine Nutzwertanalyse durch, zieht aber bei einigen Entscheidungen K.o.-Kriterien heran.

54 Homburg/Grandinger/Krohmer 1996, S. 15.

55 Dies betrifft die Anforderungen Nr. 3, 5, 6 und 10 (vgl. Abb. 21 auf S. 128 in Kap. 5.2). Diese Anforderungen sind jedoch recht allgemeiner Natur, d.h. sie treffen auf die meisten strategischen Entscheidungen zu.

scheidungsfindung möglich ist. Aber die wesentlichen Anpassungsmaßnahmen, d.h. vor allem die unternehmensübergreifende Ausrichtung sowie die Integration mehrerer Verfahren, sind bezüglich der Investitionsrechnung bei P&G nicht anzutreffen. Insgesamt gesehen besteht nur eine geringe Übereinstimmung zwischen dem tatsächlichen Einsatz der Investitionsrechnung im ECR-Controlling bei P&G einerseits und den hergeleiteten Anforderungen andererseits.

Aufgrund des Befundes zur Investitionsrechnung überrascht es nicht, daß eine strategische Budgetierung von ECR-Partnerschaften bei P&G nur fragmentarisch vorhanden und nicht mit quantitativen Entscheidungsmodellen verbunden ist. Eine systematische Dekomposition errechneter Kapitalwerte oder ähnlicher Zielgrößen in strategische Budgets findet nicht statt. Ansonsten ist auf den Befund zur operativen Budgetierung in Kap. 7.3.1 zu verweisen. In diesem Zusammenhang ist festzustellen, daß unter den Zielgrößen, welche mit den CBD Managern vereinbart werden, gut meßbare und (kurzfristig) beeinflußbare Größen dominieren. Erfolgs- bzw. Fähigkeitspotentiale sind insbesondere im Rahmen der ein- bis zweimal jährlich stattfindenden Beurteilung der „CBD Team Effectiveness“ Gegenstand einer systematischen Planung und Kontrolle. Diese Beurteilung beruht auf verschiedenen qualitativen Kriterien und resultiert in einer Endnote. Als Konsequenz der Beurteilung werden vor allem personalpolitische Vorgaben abgeleitet, z.B. ECR-bezogene Personalentwicklungsmaßnahmen wie „CBD College“. Eine Abstimmung potentialorientierter Größen mit ECR-Partnern findet nur sehr eingeschränkt statt.

Abschließend ist festzuhalten, daß sich im betrachteten Fall aus dem Vergleich mit der Ist-Situation ein geringes Nutzenpotential für die KWR ergibt.

7.4.2 Anwendung der Kooperationswertrechnung

Nun ist die in Kap. 5.3 detailliert erläuterte KWR simulativ auf eine ECR-bezogene Entscheidung anzuwenden, um weitere Erkenntnisse hinsichtlich ihres Nutzenpotentials für den betrachteten Fall zu gewinnen. Die Darstellung orientiert sich an den vier Schritten der KWR.

Schritt 1: Handlungsalternativen für eigenes Unternehmen und ECR-Partner definieren

Als Beispiel für eine zu beurteilende ECR-bezogene Entscheidung wird im folgenden die Gestaltung des Bestellprozesses dargestellt. Hier besteht für P&G – wie für alle in ECR-Partnerschaften engagierten Unternehmen – durch das vor kurzem entwickelte CPFR-Konzept (Collaborative Planning, Forecasting and Replenishment) ein aktuelles Entscheidungsproblem. CPFR beinhaltet im Vergleich zur jetzigen Situation eine engere Kooperation im Bestellprozeß.[56] Der Hersteller vereinbart mit dem Handelsunternehmen einen Plan (Was wird

---

[56] CPFR ist nicht auf den Bestellprozeß beschränkt, sondern weiter gefaßt. Es bringt bestimmte Aspekte in die ECR-Diskussion ein, insbesondere die Vereinbarung gemeinsamer Pläne bzw. Prognosen für eine bestimmte Periode sowie die Einbeziehung von „exceptional items“, mit denen in erster Linie Absatzmengen gemeint sind, die über Verkaufsförderungsmaßnahmen abgesetzt werden.

verkauft? Wie, wo und wann wird es vermarktet?) und darauf aufbauend eine gemeinsame Verkaufsprognose.[57] Diese kann dann in stark automatisierter Weise in einen Lieferplan übersetzt und ausgeführt werden, so daß einige zur Zeit im Bestellprozeß ausgeführte Aktivitäten nicht mehr notwendig sind.[58] CPFR bietet also eine Alternative zum jetzigen Bestellprozeß, und zwar sowohl für P&G als auch für seine ECR-Partner. Eine nähere Erläuterung der beiden hier im Beispiel betrachteten Handlungsalternativen (Bestellprozeß unter CPFR versus jetziger Bestellprozeß) ist für die Darstellung der Fallstudie nicht erforderlich. Bei der tatsächlichen Anwendung der KWR dagegen sind die Alternativen detailliert zu beschreiben.

Schritt 2: Kapital- bzw. Nutzwertermittlung für mögliche Alternativenkonstellationen

Um der Mehrzielausrichtung von ECR zu entsprechen, erfolgt die Bewertung der alternativen Gestaltungsmöglichkeiten des Bestellprozesses auf der Basis von Nutzwerten. Diese könnten um Kapitalwerte ergänzt werden.[59] Das unterbleibt hier, da einige Auswirkungen von Bestellprozeßänderungen sich sehr schwer in Zahlungsgrößen transferieren lassen sind und die Fallstudiendarstellung nicht zu komplex sein soll.

Zunächst sind aus den Unternehmens- bzw. Kooperationszielen die für die Entscheidung relevanten Zielgrößen abzuleiten. Von den in Kap. 3.1.3 abgegrenzten Kooperationszielen dient die mögliche Umgestaltung des Bestellprozesses – wie ECR insgesamt – insbesondere dem Ziel „Effizienzsteigerung durch Funktionsabstimmung". Sie wirkt sich sowohl auf Kosten- als auch auf Differenzierungsvorteile aus. Als Zielgrößen werden daher die von der Entscheidung betroffenen Aktivitätskosten und Differenzierungsquellen herangezogen.

Abb. 33 (siehe folgende Seite) zeigt die nach genauer Herleitung der einzelnen Zielgrößen vorliegende Nutzwertmatrix für P&G. Auch für den jeweiligen ECR-Partner ist eine entsprechende Nutzwertmatrix aufzustellen. Zahlenangaben sind hier für die Demonstration der Anwendbarkeit der KWR nicht notwendig. Folglich werden die Gewichtung der Zielgrößen, die Zuordnung von Zielerfüllungsgraden, die Transformation in Teilnutzwerte und die Addition zum Nutzwert hier nicht fallbezogen dargestellt. Sie sind gemäß den Erläuterungen in Kap. 5.3.4 durchzuführen, wobei eine genaue Prozeßmodellierung und Ergebnisse aus der KAKR wertvolle Hilfe bei der Bewertung leisten können.

---

57 Vgl. VICS Association 1998b, o.S.

58 Vgl. zum Bestellprozeß unter CPFR ausführlich VICS Association 1998c, o.S.

59 Vgl. S. 134f. in Kap. 5.3.2.

Nutzwertermittlung für den Hersteller (z.B. P&G)		Alternative 1: Jetziger Bestellprozeß			Alternative 2: Bestellprozeß unter CPFR		
Zielgrößen	Gewichtung	Zielerfüllungsgrad	Teilnutzwert	Gew. Teilnutzwert	Zielerfüllungsgrad	Teilnutzwert	Gew. Teilnutzwert
Kosten:							
Logistikkosten (inkl. Bestellprozeßkosten)							
Vertriebskosten							
Produktionskosten							
Differenzierung:							
Prozeßzuverlässigkeit							
Produktverfügbarkeit							
Prozeßgeschwindigkeit							
Prozeßflexibilität							
Beziehung zum ECR-Partner							
Marktmacht							
	100%	Nutzwert 1:			Nutzwert 2:		

Abb. 33: Nutzwertmatrix für eine Gestaltungsentscheidung zum Bestellprozeß[60]

Schritt 3: Integration von eigener Perspektive und Partnerperspektive sowie abschließende Beurteilung der Handlungsalternativen mit Hilfe der Spieltheorie

Für die Modellierung der Entscheidungssituation und für die Entscheidungsfindung bietet nun die Spieltheorie den Rahmen. Es ist sicherzustellen, daß die wesentlichen Elemente der Entscheidungssituation (Spieler, Handlungsalternativen, Ergebnisse, Spielregeln) Berücksichtigung finden. Stellt sich beispielsweise heraus, daß das zu erwartende Ergebnis (der Nutzwert) des Bestellprozesses unter CPFR für P&G sehr viel günstiger ausfällt als für den jeweiligen ECR-Partner, dann sind Nutzenausgleichszahlungen in die Spielregeln aufzunehmen, z.B. in Form von Rabatten. Eine solche Einbeziehung aller Elemente erhöht die Wahrscheinlichkeit, daß die den gesamten Nutzwert (Nutzwert von P&G plus Nutzwert des ECR-Partners) optimierende – und damit in der Regel auch für den Konsumenten optimale – Alternativenkonstellation ausgewählt wird. Für die hier betrachtete Gestaltung des Bestellprozesses ist der

60 Die Zuordnung der Bestellprozeßkosten zu den Logistikkosten entspricht der in Kap. 7.3.2 vorgenommenen Zuordnung des Bestellwesens zur Logistik. Die mit Alternative 2 verbundenen Umstellungskosten sind in den aufgeführten Kostenpositionen zu berücksichtigen, lassen sich aber auch als separate Position einbeziehen.

Nutzen der Spieltheorie allerdings aufgrund der geringen Anzahl möglicher Alternativenkonstellationen begrenzt.[61]

Schritt 4: Koordination (der Implementierung der Entscheidung bzw.) des ECR-Systems mittels strategischer Budgetierung

Die getroffene Entscheidung, die aus Sicht von P&G grundsätzlich der Bestellprozeß unter CPFR sein soll[62], ist nun durch Transformation in strategische Budgets zu implementieren. Der Nutzwert ist also in konkrete Anreize für bzw. Zielvereinbarungen mit den Bestellprozeßverantwortlichen aufzuspalten, wobei einige der dafür notwendigen Informationen schon in der Nutzwertmatrix enthalten sind. Das entstehende Budgetsystem soll Größen zur Investitions-, Personalentwicklungs- und Projektsteuerung für die Implementierung des neuen Bestellprozesses wie auch Größen zur langfristigen Entwicklung der betroffenen Aktivitätskosten und Differenzierungsquellen enthalten. Wie die operative Budgetierung erfährt auch die strategische Budgetierung in Kap. 7.5.1 mit der Anwendung des Kooperationskennzahlensystems eine Vertiefung.

Grundsätzlich hielten die Gesprächspartner bei P&G die meisten der im Zuge der KWR gemachten Empfehlungen für vernünftig, billigten ihnen jedoch für das ECR-Controlling insgesamt nur ein geringes Nutzenpotential zu. Hauptursache dafür sind nicht etwa methodische Unzulänglichkeiten der KWR, sondern Sachverhalte, welche sich bereits bei der Ist-Analyse in Kap. 7.4.1 andeuteten: ein Mangel an Anwendungsmöglichkeiten sowie eine gewisse Zurückhaltung gegenüber Verfahren, welche bei P&G unüblich sind. Der Mangel an Anwendungsmöglichkeiten im ECR-Controlling offenbarte sich bei den Gesprächen in der Schwierigkeit, geeignete Anwendungsbeispiele für die KWR zu identifizieren. Besonders deutlich trat dies im dritten Schritt hervor: Für ECR-bezogene Konfigurationsentscheidungen, bei denen die Partner schrittweise bestimmte Aktivitäten gemeinsam koordinieren, bietet die spieltheoretische Analyse wenig Nutzen, da hier die kooperierenden Unternehmen nicht autonom über grundsätzlich unterschiedliche Alternativen entscheiden. Die angesprochene Zurückhaltung offenbarte sich vor allem bei der Benutzung von Nutzwerten. Deren Vorzüge bei der Beurteilung schlecht monetär abzubildender Entscheidungen werden zwar gesehen, aber trotzdem standen die Gesprächspartner einem möglichen Einsatz der bei P&G unüblichen Nutzwertanalyse skeptisch – wenn auch nicht ablehnend – gegenüber.

---

61 Die Alternativen der kooperierenden Unternehmen sind hier äquivalent, da sie jeweils nur von beiden gemeinsam durchgeführt werden können, denn CPFR sieht eine gemeinsame Planung vor. Es ist allerdings sehr wohl denkbar, daß in einigen ECR-Partnerschaften die Entscheidung für CPFR fällt, in anderen aber dagegen. Aufgrund der Standardisierungszwänge dürfte eine Einbeziehung mehrerer Partner sinnvoll sein. Dies führt dann zu einer komplexeren Entscheidungssituation mit mehr Alternativenkonstellationen.

62 Ralph Drayer, Vice President ECR bei P&G: „I believe CPFR paves the way for the next major breakthrough in realizing our vision of a fully integrated supply chain.“ (zitiert nach VICS Association 1998a, o.S.)

Als Ergebnis von Kap. 7.4 ist festzuhalten: Zwar konnte die Anwendbarkeit der KWR für das ECR-Controlling demonstriert werden, doch ergab sich aus dem Vergleich von Ist-Situation und Anforderungen sowie aus der Beurteilung durch die Gesprächspartner ein geringes Nutzenpotential der KWR für den betrachteten Fall. Da die Gründe für das geringe Nutzenpotential in recht hohem Maße ECR- bzw. P&G-spezifisch sind, erscheint ein positiverer Befund für andere Fälle, d.h. für andere Kooperationsformen bzw. Unternehmen, durchaus möglich.[63]

7.5 Sonstige Instrumente

7.5.1 Kennzahlensystem als Instrument des ECR-Controllings bei Procter & Gamble

P&G mißt dem Einsatz geeigneter Kennzahlen im Rahmen des ECR-Controllings eine hohe Bedeutung bei. In Abhängigkeit von der jeweils zu bewältigenden Controllingaufgabe finden viele verschiedene Kennzahlen Anwendung, und zwar auf Grundlage des Konzeptes der Balanced Scorecard.[64] Den Mittelpunkt bildet die sogenannte Team Scorecard, ein aus insgesamt ca. 12-18 Kennzahlen bestehendes Kennzahlensystem, welches nach den vier Perspektiven der Balanced Scorecard gegliedert ist. Nähere Angaben zum Aufbau der Team Scorecard sind hier aus Vertraulichkeitsgründen nicht möglich. Für jedes CBD Team – und damit für jede ECR-Partnerschaft – wird eine Team Scorecard eingesetzt. Sie verkörpert ein Budget, nämlich einen auf zentrale Größen komprimierten Plan, der mit dem jeweiligen CBD Manager vereinbart und zur Erfolgskontrolle herangezogen wird. P&G strebt grundsätzlich eine Abstimmung der Team Scorecard mit dem jeweiligen ECR-Partner an, die vereinzelt auch schon stattfindet. Dabei bleiben bei beiden ECR-Partnern einige Kennzahlen geheimhaltungsbedürftig.

P&G verwendet Kennzahlen im Rahmen des ECR-Controllings nicht nur für die verhaltenssteuernde Koordination durch Budgetierung, sondern auch für die Analyse von Ursache-Wirkungs-Beziehungen. Ein Beispiel: Für einen Einkäufer eines ECR-Partners ist der Marktanteil der von ihm eingekauften Produktgruppe eine bedeutende Zielgröße. Daher zerlegt P&G diese Größe zwecks Untersuchung von Beeinflussungsmöglichkeiten wie folgt: Marktanteil = Haushaltsdurchdringung * Konsumentenloyalität * Ausgabenindex.[65]

---

63 Für die Anwendbarkeit einzelner Elemente der KWR sind in der Literatur Belege vorhanden. Beispielsweise demonstriert Michel mit einer Fallstudie die Anwendbarkeit von Kapitalwertverfahren bzw. Wertsteigerungsanalyse für die wertorientierte Planung und Gestaltung einer Unternehmenskooperation (vgl. Michel 1996, S. 201-215).

64 Für einen Überblick geeigneter Kennzahlen vgl. ECR Europe 1997a, S. 53; ECR Europe 1998, S. 15; CCG 1998c, S. 9. Die an zweiter Stelle genannte Quelle stammt von der in Kap. 7.3.1 erwähnten PIETF, in der auch P&G mitgearbeitet hat.

65 Zur Erläuterung: Haushaltsdurchdringung: Anteil der Haushalte, die Filialen des Unternehmens besuchen; Konsumentenloyalität: derjenige Anteil am Gesamtbedarf eines Haushalts, der in den Filialen des Unternehmens ausgegeben wird; Ausgabenindex: Ausgaben dieser Haushalte gegenüber dem Durchschnitt. Beispielrechnung: 50% * 50% * 1,1 = 27,5%. Die genannten Größen werden gegebenenfalls weiter zerlegt.

Die bei P&G für das ECR-Controlling eingesetzten Kennzahlen bzw. Kennzahlensysteme weisen eine hohe Übereinstimmung mit den in Kap. 6.1.2 genannten Anforderungen an kooperationsbezogene Kennzahlensysteme auf. Die wesentlichen monetären und nicht-monetären Variablen des ECR-Managements werden einbezogen, und zwar zumindest ansatzweise unternehmensübergreifend. Es handelt sich vor allem um ein Ordnungssystem, welches als Koordinationsinstrument dient, aber partiell auch um ein Rechensystem für Analyseaufgaben.

Im folgenden wird das in Kap. 6.1.2 detailliert aufgezeigte Kooperationskennzahlensystem auf den Bestellprozeß angewendet (siehe Abb. 34). Dahinter steht die Annahme, daß beim ECR-Controlling nicht nur Team Scorecards, sondern auch Scorecards für verschiedene ECR-Prozesse zum Einsatz kommen. Dies ist bei P&G derzeit nicht der Fall, wird hier aber trotzdem unterstellt, um bei dem bereits begonnenen Beispiel zu bleiben und den erwähnten Vertraulichkeitsanforderungen nachzukommen.

	Ziel	**Kennzahlen**	**Ist**	**Plan**	**Wird**
ECR-Erfolgsperspektive	Unternehmenswert steigern	Bestellkosten pro Auftrag Bestellprozeßbezogene Investitionen			
	Unmittelbare ECR-Ziele erreichen	Produktverfügbarkeitsindex (in Filialen) Bestandsreichweite (in Filialen)			
	Preis-Leistungs-Verhältnis für Kunden (ECR-Partner) verbessern	Anteil perfekter (rechtzeitig, vollständig etc.) Aufträge			
ECR-Aktivitätsperspektive	ECR-Aktivitäten bzw. -Ressourcen optimieren	Aufträge pro Mitarbeiter Bestandsreichweite (beim Hersteller) Bestellprozeßgeschwindigkeit			
	Kooperationsbeziehung optimieren	Mannstunden für gemeinsame Meetings/Projekte Qualitätsmaßzahl für die Beziehungsqualität			
	Im Rahmen von ECR lernen	Anteil elektronisch abgewickelter Aufträge ECR-Trainingsstunden pro Mitarbeiter			

Abb. 34: Kooperationskennzahlensystem für den Bestellprozeß[66]

[66] Die Kennzahlen wurden basierend auf den Ausführungen in Kap. 6.1.2, 7.3.2 und 7.4.2 sowie einer entsprechenden Analyse und Recherche des Bestellprozesses festgelegt.

Die den sechs im Kooperationskennzahlensystem abgegrenzten Zielen zuzuordnenden Kennzahlen ergeben sich teilweise aus den bei der Nutzwertermittlung in Kap. 7.4.2 berücksichtigten Zielgrößen. Dort wurden die für den Bestellprozeß relevanten Zielgrößen aufgelistet. Mit diesen müssen die Kennzahlen aufgrund der unterschiedlichen Einsatzzwecke von KWR und Kooperationskennzahlensystem zwar nicht identisch, wohl aber kompatibel sein.[67] Abb. 34 zeigt die wichtigsten der Kennzahlen, welche für das Management des Bestellprozesses im Rahmen von ECR bzw. für die Beeinflussung des Verhaltens der dafür Verantwortlichen geeignet erscheinen. Durch die engen Beziehungen zwischen den Zielen ist eine eindeutige Zuordnung der Kennzahlen teilweise schwierig. Beispielsweise können die Bestellkosten pro Auftrag einerseits dem Unternehmenswert zugeordnet werden, da die Kosten ein wesentlicher Werttreiber sind. Andererseits lassen sie sich auch unter die unmittelbaren ECR-Ziele (Verbraucherwünsche besser, schneller und kostengünstiger erfüllen!) subsumieren.

Das abgebildete Kooperationskennzahlensystem ist – wie bei der Darstellung der Ist-Situation kurz beschrieben – für Koordination und Analyse einzusetzen. Es ist so konzipiert, daß es sowohl von P&G als auch von kooperierenden Handelsunternehmen genutzt werden kann. Auf diese Weise verfügt jeder Partner über ein weitgehend auf das eigene Unternehmen bezogenes Kooperationskennzahlensystem, welches eine unternehmensübergreifende Abstimmung stark unterstützt.

Das Kooperationskennzahlensystem bzw. die damit einhergehenden Empfehlungen wurden von den Gesprächspartnern bei P&G insgesamt positiv beurteilt. Als Ergebnis von Kap. 7.5.1 ergibt sich für den betrachteten Fall aufgrund dieser Beurteilung sowie der oben genannten hohen Übereinstimmung von Ist-Situation und Anforderungen ein hohes Nutzenpotential für das Kooperationskennzahlensystem.

7.5.2 Berichtssystem als Instrument des ECR-Controllings bei Procter & Gamble

Im ECR-Controlling bei P&G werden zwar Berichte als Informationsversorgungsinstrument genutzt, doch ein Berichtssystem in Form einer geordneten Struktur mehrerer Berichte, welche inhaltlich, personell, formal und zeitlich auf den ECR-bezogenen Informationsbedarf abgestimmt sind, ist nur in groben Zügen vorhanden. Der formalen Kommunikation im ECR-System mit Hilfe von Berichten mißt P&G eine sehr hohe Bedeutung bei. Unter den genutzten Berichten dominieren monatliche Standardberichte verschiedener Funktionsträger. Daneben sind auch in größeren Abständen (ca. einmal pro Jahr) verfaßte Berichte anzutreffen, welche im Sinne strategischer Audits einer eher grundsätzlichen Überprüfung einer ECR-Partner-

---

67 Während die KWR die jeweils entscheidungsrelevanten Zielgrößen einbezieht, muß das Kooperationskennzahlensystem konkrete Maßzahlen für vom jeweiligen Verantwortungsträger tatsächlich beeinflußbare Zielgrößen enthalten.

schaft dienen. Wie bei den bereits untersuchten Instrumenten gilt auch hier, daß die Intensität der unternehmensübergreifenden Ausrichtung der Berichte in den einzelnen ECR-Partnerschaften von P&G unterschiedlich hoch ist. Eine Informationsversorgung des Partners mit Berichten findet also nicht in allen Partnerschaften statt, wird von P&G aber grundsätzlich angestrebt.

Inhalte der Berichte sind verschiedenste Informationen – insbesondere in Form von Kennzahlen – zu ECR-Aktivitäten bzw. ECR-Projekten sowie darauf basierende Schlußfolgerungen oder Vorschläge. Für die formale Gestaltung von Berichten hat P&G recht strikte Regelungen, welche für das gesamte Unternehmen gelten, also auch für das ECR-Controlling.

Als wesentliche Anforderungen des ECR-Managements an Berichte bzw. Berichtssysteme ergeben sich aus den Ausführungen in Kap. 6.2.2: die systematische Ausrichtung am Bedarf an erfolgszielrelevanten Informationen über ECR-Partnerschaften; die unternehmensübergreifende Ausrichtung des Berichtswesens, so daß es als formales Kommunikationsnetz für das ECR-System dient; die Ergreifung von Maßnahmen zur Milderung von Unterschieden, die zwischen den ECR-Partnern hinsichtlich ihrer unternehmensspezifischen Grundsätze für das Berichtswesen bestehen. Die obigen Ausführungen offenbaren, daß diese Anforderungen im ECR-Controlling bei P&G nur eingeschränkt erfüllt werden. Somit liegt hier ein Hinweis auf ein mittleres Nutzenpotential der in Kap. 6.2.2 hergeleiteten Gestaltungsempfehlungen zum Kooperationsberichtssystem vor.

In Fortführung des für die Fallstudie ausgewählten Beispiels sind nun die in Kap. 6.2.2 aufgezeigten Gestaltungshilfen für das Kooperationsberichtssystem auf den Bestellprozeß anzuwenden. Abb. 35 (siehe folgende Seite) zeigt die Kooperationsberichtsmatrix, wobei vereinfachend angenommen wird, daß sowohl bei P&G als auch beim kooperierenden Händler lediglich drei Instanzen einzubeziehen sind. Die Matrix unterstützt die Gestaltung des Berichtssystems und damit die systematische Identifikation und Befriedigung des ECR-bezogenen Informationsbedarfes. Zu beachten ist, daß eine auf bestellprozeßbezogene Inhalte beschränkte Betrachtung des Berichtssystems zwar die hier beabsichtigte, übersichtliche Veranschaulichung ermöglicht, jedoch nicht dem tatsächlichen Vorgehen entspricht.[68]

Bei der Gestaltung des ECR-Berichtssystems sind die Grundsätze für die Kooperationsberichtsgestaltung, welche in Kap. 6.2.2 neben der Kooperationsberichtsmatrix als Gestaltungshilfe hergeleitet wurden, zu berücksichtigen. Sie sind teilweise in Abb. 35 erkennbar[69] und sollen hier nicht erneut aufgeführt werden.

---

68 Für viele Berichte dürfte eine Beschränkung auf bestellprozeßbezogene Informationen nicht sinnvoll sein. Dies zeigt sich auch in der abgebildeten Matrix (z.B. Kundenentwicklungsbericht). Wie in Kap. 6.2.2 erwähnt, sollten beim tatsächlichen Einsatz der Matrix die meisten Berichtssysteme durch EDV-Unterstützung in ihrer gesamten Komplexität darstellbar sein.

69 Vgl. die Grundsätze Nr. 1-4 auf S. 175 in Kap. 6.2.2.

<table>
<tr><th colspan="2" rowspan="2">Empfänger
Sender</th><th colspan="3">Hersteller (z.B. P&G)</th><th colspan="3">Händler</th></tr>
<tr><th>Auftragsbe-arbeitungs-abteilung</th><th>CBD Team Finance</th><th>Überge-ordnete Controlling-instanz</th><th>Auftragsbe-arbeitungs-abteilung</th><th>Träger des ECR-Controllings (Einkäufer, ECR-Team o.a.)</th><th>Überge-ordnete Controlling-instanz</th></tr>
<tr><td rowspan="3">Herstel-ler (z.B. P&G)</td><td>Auftragsbe-arbeitungs-abteilung</td><td>permanente Dokumen-tation von Bestellpro-zeßdaten</td><td>monatlicher Bericht von Bestellpro-zeßinfor-mationen in bezug auf jeweiligen Händler</td><td>wie für CBD Team, jedoch kompri-mierter und für alle Kunden</td><td>---</td><td>---</td><td>---</td></tr>
<tr><td>CBD Team Finance</td><td>---</td><td>---</td><td>vierteljähr-licher Kun-denent-wicklungs-bericht</td><td colspan="3">vierteljährlicher Bericht ausgewählter Bestellprozeßkennzahlen in bezug auf jeweiligen Händler; jährlich Teile der Kundenentwicklungsberichte</td></tr>
<tr><td>Überge-ordnete Controlling-instanz</td><td colspan="2">monatlicher Budgetbericht</td><td>permanente Dokumen-tation der Kosten des Bestellpro-zesses</td><td>---</td><td>---</td><td>---</td></tr>
<tr><td rowspan="3">Händler</td><td>Auftragsbe-arbeitungs-abteilung</td><td>---</td><td>---</td><td>---</td><td colspan="3" rowspan="3">nicht Bestandteil des ECR-Berichtssystems des Herstellers</td></tr>
<tr><td>Träger des ECR-Controllings (Einkäufer, ECR-Team o.a.)</td><td colspan="3">vierteljährlicher Bericht ausgewählter Bestellprozeßkennzahlen in bezug auf jeweiligen Hersteller (hier P&G); jährlich Lieferantenentwicklungsbericht</td></tr>
<tr><td>Überge-ordnete Controlling-instanz</td><td>---</td><td>---</td><td>---</td></tr>
</table>

Abb. 35: Kooperationsberichtsmatrix für die Versorgung mit bestellprozeßbezogenen Informationen im Rahmen des ECR-Controllings

Obwohl bei der Anwendung der Matrix einige Probleme auftreten, beurteilten die Gesprächspartner bei P&G die Gestaltungshilfen für das Kooperationsberichtssystem insgesamt positiv. Als Ergebnis von Kap. 7.5.2 ergibt sich daher – unter Einbeziehung des oben genannten Befundes zur Ist-Situation – für den betrachteten Fall ein mittleres Nutzenpotential des Kooperationsberichtssystems bzw. der dafür erarbeiteten Gestaltungshilfen.

7.5.3 Richtlinienkatalog für das ECR-Controlling bei Procter & Gamble

Da Richtlinien für das Kooperationscontrolling in hohem Maße situationsspezifisch sind, beschränkten sich die Ausführungen in Kap. 6.3.2 auf einzelne, recht allgemein gehaltene Empfehlungen zur inhaltlichen und formalen Gestaltung eines Richtlinienkataloges. Deswegen erfolgt die Überprüfung des Nutzenpotentials dieser Empfehlungen hier ausschließlich durch ihre Gegenüberstellung mit der Ist-Situation bei P&G.[70]

P&G hat recht umfassende Richtlinien für das ECR-Controlling entwickelt. Als Grundlage für alle Controllingaktivitäten dient bei P&G der sogenannte Comptroller's Guide, ein mehrere Hundert Seiten umfassendes Werk, welches einen ausführlichen Richtlinienkatalog für alle Aspekte des Controllings verkörpert. Die meisten ECR-spezifischen Controllingrichtlinien liegen jedoch nicht in Form eines Kataloges vor, sondern eher als Sammlung verschiedener Dokumente. Ein wesentliches Dokument in dieser Hinsicht ist die Rollenbeschreibung für CBD Team Finance Manager (CTFM), aus der Richtlinien für Aufgaben und Organisation des ECR-Controllings hervorgehen:

„The CTFM will:

Drive Customer and P&G profitability by leveraging financial expertise!

Provide leadership for business decision-making and strategic planning!

Enable improvements in external and internal financial processes!

MAIN GOAL: Profitably build our mutual business."[71]

Die Rollenbeschreibung enthält weitere Angaben zu den genannten Aufgaben sowie eine Auflistung von Fähigkeiten, über die ein CTFM verfügen muß. Richtlinien zum Einsatz von Controllinginstrumenten liegen insbesondere in Form der Handbücher von ECR Europe vor, welche bereits in die Untersuchung der einzelnen Instrumente eingeflossen sind.[72] Eine nähere Erläuterung der internen Dokumente, mit denen P&G Richtlinien zum ECR-Controlling geschaffen hat, erfolgt hier aus Vertraulichkeitsgründen nicht.

Für die formale Gestaltung der Richtlinien mit ECR-Partnern hält P&G nicht schriftliche Verträge für sinnvoll, sondern eher lose Vereinbarungen.[73] Allgemeine Regelungen und Standards für die unternehmensübergreifende Abstimmung des Controllings kommen vor allem von unabhängigen Verbänden, z.B. in Form der erwähnten Handbücher, welche ECR Europe

70 Anforderungen und Empfehlungen wurden für den Richtlinienkatalog simultan aufgezeigt.

71 Procter & Gamble 1999c, o.S.

72 Hier sind in erster Linie zu nennen: ECR Europe 1998 (als Handbuch zum PIETF-ABC); ECR Europe 1997a (als Handbuch zur ECR Scorecard). Beide enthalten auch Ausführungen zu Kennzahlen.

73 Außer Vertraulichkeitsvereinbarungen schließt P&G in der Regel keine schriftlichen Verträge zur Regelung ECR-bezogener Aspekte mit den Partnern ab.

in Zusammenarbeit mit Beratungsunternehmen erstellt.[74] Für spezielle Regelungen innerhalb einer ECR-Partnerschaft gibt P&G gegenüber schriftlichen Verträgen anderen Koordinationsmechanismen den Vorzug: Da es bei ECR um kooperative Beziehungen zu Kunden geht, versucht P&G nicht mit formalen Bindungen, sondern mit Vertrauen, Service, Überzeugung und enger Zusammenarbeit zu einer effizienten Abstimmung zu gelangen.

Die kurze Darstellung der Ist-Situation offenbart eine recht hohe Übereinstimmung mit den in Kap. 6.3.2 erarbeiteten inhaltlichen Empfehlungen, da P&G über Richtlinien für Aufgaben, Instrumente und Organisation des ECR-Controllings verfügt. Hinsichtlich der formalen Empfehlungen ist die Übereinstimmung eingeschränkt. Wichtige Richtlinien werden auch bei enger Partnerschaft nicht mit recht hohem Detaillierungs- und Verbindlichkeitsgrad mit dem Partner vereinbart.

Als Ergebnis von Kap. 7.5.3 ergibt sich für den betrachteten Fall ein mittleres Nutzenpotential des Richtlinienkataloges für das Kooperationscontrolling bzw. der dafür erarbeiteten Gestaltungsempfehlungen.

7.5.4 Weitere Instrumente des ECR-Controllings bei Procter & Gamble: ECR-Scorecard

Wie bei der theoretischen Herleitung der Instrumente des Kooperationscontrollings stellt sich auch im Rahmen der Fallstudie die Frage, inwiefern weitere Instrumente zur Bewältigung der Aufgaben des ECR-Controllings notwendig sind. Bei P&G wird neben den bereits vorgestellten Instrumenten die ECR-Scorecard eingesetzt, ein mittlerweile weit verbreitetes Instrument, dessen Ursprung bei P&G selbst liegt.[75] Es handelt sich dabei um eine Auflistung von Kriterien, welche mit Hilfe von Punktzahlen bewertet werden. Die Kriterien beziehen sich auf die einzelnen ECR-Konzepte (z.B. Continuous Replenishment oder Cross Docking). Es existieren verschiedene Versionen der ECR-Scorecard, von denen hier in erster Linie die offizielle europäische ECR-Scorecard von ECR Europe interessiert, da sie die von P&G in Europa vorwiegend eingesetzte Version ist.[76]

Die ECR-Scorecard dient zur Beurteilung des Entwicklungsstandes eines Unternehmens in bezug auf ECR. Durch Beobachtung der Punktwerte im Zeitablauf ermöglicht sie die Fortschrittskontrolle bei der Implementierung von ECR. Durch Vergleiche mit den Punktwerten anderer Unternehmen gibt sie Hinweise auf Stärken und Schwächen.[77] So benutzt P&G die

---

[74] Die Gründe dafür wurden bereits bei der Kostenrechnung in Kap. 7.3.1 angesprochen (Notwendigkeit von Branchenstandards etc.).

[75] Vgl. Heydt 1998, S. 231.

[76] Vgl. zu dieser ECR-Scorecard-Version ausführlich das entsprechende Handbuch von ECR Europe (ECR Europe 1997a).

[77] Vgl. zu Anwendungsbereich und Vorgehensweise Heydt 1998, S. 232f.; ausführlich ECR Europe 1997a, S. 7-18.

ECR-Scorecard, um für sich und seine ECR-Partner ein Profil zu erstellen. Solche Profile helfen, brachliegende Potentiale zu identifizieren, d.h. festzulegen, worüber mit dem Partner zu diskutieren ist. Die ECR-Scorecard wird für manche Partner nur einmal benutzt, für andere alle ein bis zwei Jahre. P&G strebt – wie bei allen bisher besprochenen Instrumenten – grundsätzlich einen gemeinsam mit dem jeweiligen ECR-Partner abgestimmten Einsatz an.

Die ECR-Scorecard weist einige Mängel auf, z.B. halten die Bewertungskriterien teilweise nicht mit aktuellen Entwicklungen Schritt bzw. erscheinen hinsichtlich der Intervallbildung, d.h. der Zuordnung von Punktzahlen zu bestimmten Intervallen von Kriterienausprägungen, unangemessen.[78] Die als Lösung in der Literatur vorgeschlagene regelmäßige Überarbeitung der ECR-Scorecard[79] beeinträchtigt die Vergleichbarkeit von Punktwerten für verschiedene Zeitpunkte sowie für verschiedene Unternehmen.

Die ECR-Scorecard weist Ähnlichkeiten mit der bereits vorgestellten Nutzwertanalyse auf. Beide nehmen eine Bewertung auf der Grundlage von Punktwerten für mehrere Kriterien vor. Die Ähnlichkeit verstärkt sich, wenn die einzelnen Punktwerte gewichtet und zu einem Gesamtpunktwert addiert werden, wie es die ECR-Scorecard-Version der amerikanischen Branchenorganisation ECR Central vorsieht[80] und bei P&G gelegentlich geschieht. Der wesentliche Unterschied zur Nutzwertanalyse liegt darin, daß die ECR-Scorecard kein Entscheidungsinstrument ist. Sie dient als Checkliste zur Überprüfung der ECR-Strategie, während die Nutzwertanalyse für eine bestimmte Entscheidungssituation Handlungsalternativen anhand ihrer Zielerfüllung in bezug auf relevante Zielgrößen bewertet. Aus diesem Grund wurde die ECR-Scorecard nicht in Kap. 7.4.1 einbezogen.

Die ECR-Scorecard weist außerdem enge Verbindungen zu Kennzahlensystemen auf. Für wesentliche ECR-Aktivitäten liefert sie Punktwerte, welche sich im gezeigten Kooperationskennzahlensystem als Kennzahlen für die ECR-Aktivitätsperspektive interpretieren bzw. nutzen lassen. Beispielsweise sieht die offizielle europäische ECR-Scorecard einen Punktwert für das Ausmaß der Automatisierung innerhalb von Bestandsführung und Bestellsystem vor.[81] Damit offenbart sich eine – vom Namen her naheliegende – Verbindung zum Konzept der Balanced Scorecard.

Der Vergleich mit Nutzwertanalyse und Kennzahlen zeigt, daß die ECR-Scorecard in methodischer Hinsicht nur begrenzt als eigenständiges, zusätzliches Instrument anzusehen ist. Neben den bereits untersuchten Instrumenten und der ECR-Scorecard ergab sich im Rahmen der Fallstudie kein Bedarf an weiteren Instrumenten für das ECR-Controlling.

78 Für einige Kriterien sind die Bewertungsschritte zu fein oder aber bestimmte Punktwerte scheinen kaum erreichbar.

79 Vgl. Mathews 1995, S. 80.

80 Vgl. ECR Central 1999, o.S. Die offizielle europäische ECR-Scorecard sieht keine Addition zum Gesamtpunktwert vor.

81 Vgl. ECR Europe 1997a, S. 33.

7.6 Zwischenergebnis: Zusammenfassung und kritische Würdigung der Resultate der Fallstudie

Die Fallstudie hat eine Überprüfung aller zuvor theoretisch hergeleiteten Instrumente des Kooperationscontrollings bzw. der wesentlichen, damit verbundenen Gestaltungsempfehlungen geleistet. Dabei ergaben sich für den betrachteten Fall Hinweise auf ein hohes Nutzenpotential bei der KAKR und beim Kooperationskennzahlensystem, ein mittleres Nutzenpotential beim Kooperationsberichtssystem und beim Richtlinienkatalog für das Kooperationscontrolling sowie ein geringes Nutzenpotential bei der KWR. Für die KWR zeigte sich, daß ein positiverer Befund für andere Fälle durchaus möglich ist. Die Anwendbarkeit konnte für die KAKR, die KWR, das Kooperationskennzahlensystem und das Kooperationsberichtssystem mit nur geringen Einschränkungen demonstriert werden.[82]

In der Gesamtbetrachtung beurteilten die Gesprächspartner die Gestaltungsempfehlungen als gut und relevant. Die Empfehlungen entsprechen weitgehend dem, was P&G im Rahmen des ECR-Controllings instrumentell bereits realisiert hat oder aber realisieren möchte.

Mit den genannten Ergebnissen fand in der Fallstudie auch die wesentlichste Prämisse der vorliegenden Arbeit Bestätigung: Controllinginstrumente müssen den Anforderungen des Kooperationsmanagements angepaßt werden! Dies zeigte sich bei P&G insbesondere in bezug auf Kostenrechnung und Kennzahlensysteme, da hierbei für das ECR-Controlling andere Verfahren Verwendung finden als für das unternehmensinterne Controlling. Auch wurde deutlich, daß der Umfang des entwickelten Instrumentariums für die Erfüllung der Aufgaben des ECR-Controllings hinreichend ist, d.h. es offenbarten sich keine wesentlichen Lücken.[83] Im Zuge der Anwendung des gesamten Instrumentariums auf den Bestellprozeß war eher die Gefahr eines zu intensiven Einsatzes von Instrumenten zu spüren.

Bei der Interpretation der dargestellten Ergebnisse der Fallstudie ist die allgemein auf Einzelfallstudien zutreffende Kritik zu beachten.[84] Insbesondere sind, um bezüglich der Instrumente Aussagen mit höherer Allgemeingültigkeit treffen zu können, weitere Fallstudien bzw. breitere empirische Erhebungen notwendig. Folglich konnte die vorliegende Fallstudie lediglich erste Hinweise auf das Nutzenpotential generieren.

Ein weiterer, wesentlicher Punkt bei der Ergebnisinterpretation ist die Fokussierung der Fallstudie – wie der gesamten Arbeit – auf methodische Aspekte. Diese Aspekte sind wichtig, wie sich unter anderem im Umfang der ihnen in der ECR-Diskussion gewidmeten Beiträge zeigt. Für die tatsächliche Umsetzung der methodischen Empfehlungen sind jedoch vor allem auch

---

82 Für den Richtlinienkatalog wurde eine simulative Anwendung nicht vorgenommen (vgl. dazu Kap. 7.5.3).

83 Einzige Ausnahme ist die ECR-Scorecard, die jedoch nur eingeschränkt als eigenständiges Instrument anzusehen ist, wie in Kap. 7.5.4 erläutert wurde.

84 Vgl. die Ausführungen zur Fallstudienmethodik auf S. 11f. in Kap. 1.3.

organisatorische Voraussetzungen zu schaffen. P&G stößt bei der Umsetzung vieler der aufgezeigten instrumentellen Empfehlungen auf umfangreiche Implementierungsprobleme. Es besteht Bedarf nach einer praktischen Implementierungshilfe, um neue Methoden inklusive dazugehöriger Strukturen, Verhaltensweisen etc. einzuführen und dabei auftretende Änderungswiderstände bei den ECR-Partnern und im eigenen Unternehmen zu überwinden. Implementierungsprobleme ergeben sich beim ECR-Controlling für P&G insbesondere daraus, daß ECR-Partner unzureichende Controllingressourcen für ECR bereitstellen. Mögliche Ursachen für diese Probleme sind Unterschiede in bezug auf Ausgestaltung bzw. Entwicklungsstand des Controllings zwischen P&G und einem Partner, aber auch Abweichungen hinsichtlich der mit ECR verfolgten Ziele. Da Probleme der Organisation bzw. Implementierung des Kooperationscontrollings nicht Gegenstand der vorliegenden Arbeit sind, erfolgt hier keine vertiefende Diskussion.

Bezüglich der Instrumente des ECR-Controllings gilt für P&G: „The big idea here is finding a way to quantify the benefits of ECR practices using best in class approaches (e.g. ABC) and developing easy to understand selling techniques to convince the trade about the mutual benefits of these practices. This, in a sentence is our dilemma. The need is from both a cost/profit quantification as well as a cash flow quantification.“[85] Zur Bewältigung dieser Problemstellung dürfte die vorliegende Arbeit einen nützlichen Beitrag geliefert haben, indem sie Empfehlungen für entsprechende Ansätze gibt und ihren Nutzen verdeutlicht.

Als Gesamtergebnis der Fallstudie läßt sich ein positives Fazit ziehen: Für die meisten der in Kap. 4, 5 und 6 hergeleiteten Gestaltungsempfehlungen zu Instrumenten des Kooperationscontrollings konnten Hinweise auf ein mittleres oder hohes Nutzenpotential für die Praxis gewonnen werden.

---

85 Aussage eines hochrangigen CBD Finance Managers im Rahmen der vom Verfasser mit P&G geführten Korrespondenz.

„Obwohl nichts durch Zahlen geschieht, so geschieht doch alles in Zahlen."
(Johann Wolfgang von Goethe)

8 Schlußbetrachtung

Im Mittelpunkt dieser Forschungsarbeit stand die Frage, wie das Controlling das Kooperationsmanagement instrumentell unterstützen soll. Das Ziel war, für das Kooperationscontrolling ein Instrumentarium mit einem hohen Nutzenpotential zu schaffen, und zwar durch Anpassung bedeutender Controllinginstrumente an die Anforderungen des Kooperationsmanagements. Inwieweit diese Zielsetzung erreicht wurde, geht weitgehend aus den Zwischenergebnissen hervor, die jeweils am Ende der drei Teile der Arbeit stehen. Folglich ist hier eine kurze Zusammenfassung ausreichend:

- Der erste Teil diente der Schaffung theoretischer Grundlagen zu Controllingsystem, -aufgaben und -instrumenten sowie zu Unternehmenskooperationen, Kooperationsmanagement und -controlling. Die wesentlichen Ergebnisse führte der in Kap. 3.4 dargestellte theoretische Bezugsrahmen strukturiert zusammen: Einerseits die Aufgaben des Kooperationscontrollings, welche sich aus der Zusammenführung des allgemeinen Kataloges von Controllingaufgaben mit dem Regelkreis des Kooperationsmanagements ergeben und die Anforderungen an das Instrumentarium des Kooperationscontrollings bestimmen. Andererseits die ausgewählten Controllinginstrumente, welche gemäß den Anforderungen anzupassen sind.
- Auf dieser Grundlage erfolgte dann im zweiten Teil die systematische Erarbeitung von Gestaltungsempfehlungen zur Anpassung von Kostenrechnung, Investitionsrechnung, Budgetierung, Kennzahlensystemen und Berichtssystemen. Als zentrale Ergebnisse liegen diese Empfehlungen in Form der Kooperationsaktivitätskostenrechnung (KAKR), der Kooperationswertrechnung (KWR), des Kooperationskennzahlensystems und des Kooperationsberichtssystems vor. Diese vier Instrumente bilden – gegebenenfalls ergänzt um weitere Instrumente – das Instrumentarium des Kooperationscontrollings. Die Kap. 4, 5 und 6 enthalten zahlreiche Argumente dafür, daß durch die Gestaltungsempfehlungen das Nutzenpotential der ausgewählten Instrumente für das Kooperationscontrolling erhöht wurde und insgesamt ein Instrumentarium mit einem hohen Nutzenpotential entstanden ist.
- Der dritte Teil überprüfte das erarbeitete Instrumentarium anhand einer Fallstudie, um eine erste praxisbezogene Beurteilung des Nutzenpotentials zu erhalten. Als Ergebnis konnten für die meisten der mit den einzelnen Instrumenten einhergehenden Empfehlungen Hinweise auf ein mittleres oder hohes Nutzenpotential für die Praxis gewonnen werden. Außerdem leistete die Fallstudie eine Veranschaulichung der Instrumente.

Bei der Interpretation der Ergebnisse dieser Forschungsarbeit sind verschiedene Kritikpunkte bezüglich des Kooperationscontrollings und des Vorgehens der Arbeit zu berücksichtigen. Kritik am Kooperationscontrolling bzw. seinen Instrumenten ist in mehreren Unterkapiteln geübt worden.[1] Beispielsweise war auf Quantifizierungs-, Prognose- und Zurechnungsprobleme hinzuweisen, die grundsätzlich beim Einsatz von Controllinginstrumenten auftreten und durch eine geeignete Ausgestaltung der Instrumente allenfalls gemildert werden können. Erinnert sei hier auch daran, daß dem Kooperationscontrolling durch seine Spezialisierung auf eine analytisch-rationale, erfolgszielorientierte, auf bestimmte Aufgaben konzentrierte Managementunterstützung Grenzen gesetzt sind. Solche Grenzen zeigen sich beispielsweise bei rechtlichen oder bei persönlichen, politisch-intuitiven Aspekten des Kooperationsmanagements. „Die persönlichen Motive der Manager gruppieren sich um Fragen der persönlichen Anerkennung, um das Streben nach internationalem Flair, globaler Größe und Bedeutung, um Absichten, mit dem Gelingen eines Kooperationsabschlusses die eigene Karriere zu beschleunigen, um persönliche Eitelkeiten etc.“[2] Entsprechende Aspekte können in Konflikt mit dem Kooperationscontrolling stehen, etwa wenn ein Kooperationsprojekt, welches ein Vorstandsmitglied aus persönlichen Gründen forciert, gemäß investitionsrechnerischer Analyse unvorteilhaft erscheint. Wird das Projekt dann „schön gerechnet“, ist eine erfolgszielorientierte Unterstützung durch das Controlling nur sehr eingeschränkt gegeben.

Bezüglich des Vorgehens der Arbeit ist unter anderem die Verwendung des Systemansatzes als Grundlage des theoretischen Bezugsrahmens kritisch zu hinterfragen. Der Systemansatz hat sich zwar als geeignete Grundlage erwiesen, doch impliziert er auch eine bestimmte Betrachtungsweise. Die Verwendung eines anderen Ansatzes (z.B. verhaltensorientierter Ansatz) könnte zu anderen bzw. zusätzlichen Erkenntnissen führen. Kritisch zu betrachten ist auch die Konzentration auf eine Fallstudie sowie das Anliegen, die Anpassung der Controllinginstrumente pauschal für alle Kooperationsformen vorzunehmen, also nicht spezifisch auf einzelne Formen einzugehen. In den genannten Punkten zeigt sich nach Einschätzung des Verfassers offener Bedarf nach weiteren Forschungsarbeiten, welche durch andere Ansätze, empirische Untersuchungen sowie kooperationsformspezifische Überlegungen neue Erkenntnisse zum Instrumentarium des Kooperationscontrollings generieren. Die vorliegende Arbeit erhebt also keinesfalls den Anspruch, den gesamten Forschungsbedarf hinsichtlich des Instrumentariums abzudecken.

Insgesamt betrachtet hofft der Verfasser, einen wesentlichen Beitrag zur Erreichung der eingangs genannten Zielsetzung geleistet und damit sowohl die Controllingforschung als auch die Kooperationsforschung einen Schritt weiter gebracht zu haben. Das entwickelte Instrumentarium weist ein hohes Nutzenpotential für die Wahrnehmung der Aufgaben des Koope-

---

1 Vgl. insbesondere Kap. 3.3.1, 4.3.8, 5.3.7 und 7.6.

2 Schertler 1995, S. 25.

rationscontrollings auf. Aufgrund der praktisch-normativen Ausrichtung der vorliegenden Arbeit dürften die erarbeiteten Gestaltungsempfehlungen nicht nur für die Forschung, sondern auch für die Praxis wertvoll sein.

Literaturverzeichnis

Ahlert/Burg 1996
Ahlert, D.; Burg, M.: Kooperations-Controlling, in: Schulte, C. (Hrsg.): Lexikon des Controlling, München und Wien 1996, S. 439-445.

Ahn 1999
Ahn, H.: Ansehen und Verständnis des Controlling in der Betriebswirtschaftslehre, in: Controlling, 11. Jg. (1999), H. 3, S. 109-114.

Albach 1988
Albach, H.: Kosten, Transaktionen und externe Effekte im betrieblichen Rechnungswesen, in: ZfB, 58. Jg. (1988), H. 11, S. 1143-1170.

Albe 1996
Albe, F.: Total-dynamic-Controlling zwischenbetrieblicher Kooperation, Northeim 1996.

Altman 1980
Altman, S.M.: Pitfalls of Data Analysis, in: Majone, G.; Quade, E.S. (Hrsg.): Pitfalls of Analysis, Chichester u.a. 1980, S. 44-57.

Amshoff 1993
Amshoff, B.: Controlling in deutschen Unternehmungen, 2. Aufl., Wiesbaden 1993.

Anderson/Sweeney/Williams 1979
Anderson, D.R.; Sweeney, D.J.; Williams, T.A.: An Introduction to Management Science: Quantitative Approaches to Decision Making, 2. Aufl., St. Paul u.a. 1979.

Angele/Roth 1994
Angele, T.; Roth, A.: Prozeßkostenmanagement: ein Instrument der Führungsunterstützung, in: Zeitschrift für Planung, 5. Jg. (1994), H. 5, S. 369-376.

Ashby 1971
Ashby, W.R.: An Introduction to Cybernetics, 4. Nachdruck, London 1971.

Asser 1971
Asser, G.: Das Berichtswesen (Analyse – Aufbau – Kontrolle), in: Bobsin, R. (Hrsg.): Handbuch der Kostenrechnung, München 1971, S. 653-678.

Aumann 1987
Aumann, R.J.: Game Theory, in: Eatwell, J.; Milgate, M.; Newman, P. (Hrsg.): The New Palgrave, Bd. 2, London und Basingstoke 1987, S. 460-482.

Axelrod 1984
Axelrod, R.M.: The Evolution of Cooperation, New York 1984.

Backhaus/Piltz 1990
Backhaus, K.; Piltz, K.: Strategische Allianzen – eine neue Form des Wettbewerbs?, in: ZfbF, 42. Jg. (1990), Sonderheft Nr. 27, S. 1-10.

Backhaus/Plinke 1990
Backhaus, K.; Plinke, W.: Strategische Allianzen als Antwort auf veränderte Wettbewerbsstrukturen, in: ZfbF, 42. Jg. (1990), Sonderheft Nr. 27, S. 21-33.

Baden 1997
Baden, A.: Strategische Kostenrechnung: Einsatzmöglichkeiten und Grenzen, Wiesbaden 1997.

Baetge 1974
Baetge, J.: Betriebswirtschaftliche Systemtheorie, Opladen 1974.

Balling 1997
Balling, R.: Kooperation: Strategische Allianzen, Netzwerke, Joint-Ventures und andere Organisationsformen zwischenbetrieblicher Zusammenarbeit in Theorie und Praxis, Frankfurt am Main u.a. 1997.

Ballwieser 1994
Ballwieser, W.: Adolf Moxter und der Shareholder Value-Ansatz, in: Ballwieser, W.; Bökking, H.-J.; Drukarczyk, J.; Schmidt, R.H. (Hrsg.): Bilanzrecht und Kapitalmarkt, Düsseldorf 1994, S. 1379-1405.

Bamberg/Coenenberg 1996
Bamberg, G.; Coenenberg, A.G.: Betriebswirtschaftliche Entscheidungslehre, 9. Aufl., München 1996.

Barzen 1990
Barzen, D.: Marketing-Budgetierung, Frankfurt am Main u.a. 1990.

Baumbusch 1988
Baumbusch, R.: Normativ-deskripitive Kennzahlen-Systeme im Management, Frankfurt am Main 1988.

Baumgarten 1998
Baumgarten, C.: Unternehmenskooperation: eine Betrachtung aus der Perspektive der Führung, Herrsching 1998.

Bea/Haas 1997
Bea, F.X.; Haas, J.: Strategisches Management, 2. Aufl., Stuttgart 1997.

Bechmann 1978
Bechmann, A.: Nutzwertanalyse, Bewertungstheorie und Planung, Bern und Stuttgart 1978.

Beck 1998
Beck, T.: Kosteneffiziente Netzwerkkooperation: Optimierung komplexer Partnerschaften zwischen Unternehmen, Wiesbaden 1998.

Becker 1990
Becker, W.: Funktionsprinzipien des Controlling, in: ZfB, 60. Jg. (1990), H. 3, S. 295-318.

Becker 1997
Becker, C.: Die Kundenschiene, in: Manager-Magazin, 27. Jg. (1997), H. Juni, S. 120-129.

Beer 1985
Beer, S.: Diagnosing the System for Organisations, Oxford 1985.

Berdi 1996
Berdi, C.: Reden ist Gold, in: Handelsjournal, o.Jg. (1996), H. 6, S. 8-13.

Berlien 1993
Berlien, O.: Controlling von make or buy: Konzepte und Möglichkeiten der strategischen Unternehmensführung, Berlin und Ludwigsburg 1993.

Berninghaus/Völker/Ehrhart 1996
Berninghaus, S.K.; Völker, R.; Ehrhart, K-M.: How to Win the Game of Business: Anwendungsmöglichkeiten der Spieltheorie in der betrieblichen Praxis, in: Die Betriebswirtschaft, 56. Jg. (1996), H. 4, S. 509-521.

Bertalanffy 1949
Bertalanffy, L.v.: Zu einer allgemeinen Systemlehre, in: Biologia Generalis, 19. Jg. (1949), H. 1, S. 114-129.

Bertalanffy 1968
Bertalanffy, L.v.: General System Theory: Foundations, Development, Applications, New York 1968.

Berthel 1995
Berthel, J.: Ziele, in: Corsten, H. (Hrsg.): Lexikon der Betriebswirtschaftslehre, 3. Aufl., München und Wien 1995, S. 1072-1078.

Bidlingmaier 1967
Bidlingmaier, J.: Begriff und Formen der Kooperation im Handel, in: Bidlingmaier, J.; Jacobi, H.; Uherek, E.W. (Hrsg.): Absatzpolitik und Distribution, Wiesbaden 1967, S. 353-395.

Biethahn/Fischer 1994
Biethahn, J.; Fischer, D.: Controlling-Informationssysteme, in: Biethahn, J.; Huch, B. (Hrsg.): Informationssysteme für das Controlling: Konzepte, Methoden und Instrumente zur Gestaltung von Controlling-Informationssystemen, Berlin u.a. 1994, S. 25-68.

Biethahn/Huch 1994
Biethahn, J.; Huch, B. (Hrsg.): Informationssysteme für das Controlling: Konzepte, Methoden und Instrumente zur Gestaltung von Controlling-Informationssystemen, Berlin u.a. 1994.

Bircher 1976
Bircher, B.: Langfristige Unternehmungsplanung: Konzepte, Erkenntnisse und Modelle auf systemtheoretischer Grundlage, Bern und Stuttgart 1976.

Birk 1991
Birk, S.: Berichtssysteme: Operative Berichterstattung in Konzernen, München 1991.

Bleeke/Ernst 1991
Bleeke, J.; Ernst, D.: The Way to Win in Cross Border Alliances, in: HBR, 69. Jg. (1991), H. November-December, S. 127-135.

Bleeke/Ernst 1995
Bleeke, J.; Ernst, D.: Is Your Strategic Alliance Really a Sale?, in: HBR, 73. Jg. (1995), H. January-February, S. 97-105.

Bleicher 1995
Bleicher, K.: Das Konzept integriertes Management, 3. Aufl., Frankfurt am Main und New York 1995.

Bleicher/Hahn 1989
Bleicher, K.; Hahn, D.: Konzernplanung, in: Szyperski, N. (Hrsg.): Handwörterbuch der Planung, Stuttgart 1989, Sp. 898-913.

Bleymüller 1996
Bleymüller, J.: Statistik für Wirtschaftswissenschaftler, München 1996.

Bloech 1994
Bloech, J.: Berichte in der strategischen Planung, in: Bloech, J.; Götze, U.; Burkhard, H.; Lücke, W.; Rudolph, F. (Hrsg.): Strategische Planung: Instrumente, Vorgehensweisen und Informationssysteme, Heidelberg 1994, S. 194-208.

Blohm 1974
Blohm, H.: Die Gestaltung des betrieblichen Berichtswesens als Problem der Leitungsorganisation, 2. Aufl., Herne und Berlin 1974.

Blohm 1982
Blohm, H.: Berichtswesen, betriebliches, in: Management-Enzyklopädie, Bd. 1, 2. Aufl., Landsberg am Lech 1982, S. 866-876.

Blohm/Lüder 1995
Blohm, H.; Lüder, K.: Investition: Schwachstellenanalyse des Investitionsbereichs und Investitionsrechnung, 8. Aufl., München 1995.

Bortz/Döring 1995
Bortz, J.; Döring, N.: Forschungsmethoden und Evaluation, 2. Aufl., Berlin u.a. 1995.

Bössmann 1982
Bössmann, E.: Volkswirtschaftliche Probleme der Transaktionskosten, in: Zeitschrift für die gesamte Staatswissenschaft (Journal of Institutional and Theoretical Economics), 138. Jg. (1982), H. 4, S. 664-679.

Botschatzke 1998
Botschatzke, W.: Koordination und Informationsversorgung als Kernfunktionen des Controlling, in: Steinle, C.; Eggers, B.; Lawa, D. (Hrsg.): Zukunftsgerichtetes Controlling: Unterstützungs- und Steuerungssystem für das Management, 3. Aufl., Wiesbaden 1998, S. 97-108.

Botta 1997
Botta, V.: Kennzahlensysteme als Führungsinstrumente: Planung, Steuerung und Kontrolle der Rentabilität im Unternehmen, 5. Aufl., Berlin 1997.

Bramsemann 1990
Bramsemann, R.: Handbuch Controlling: Methoden und Techniken, 2. Aufl., München und Wien 1990.

Brandenburger/Nalebuff 1996
Brandenburger, A.M.; Nalebuff, B.J.: Mehr Geschäftserfolg – dank der Spieltheorie, in: Harvard Business Manager, 18. Jg. (1996), H. 2, S. 82-93.

Breid 1994
Breid, V.: Erfolgspotentialrechnung: Konzept im System einer finanztheoretisch fundierten, strategischen Erfolgsrechnung, Stuttgart 1994.

Bronder 1992
Bronder, C.: Unternehmensdynamisierung durch Strategische Allianzen: ein konzeptioneller Ansatz zum Kooperationsmanagment, Diss., Hochschule St. Gallen 1992.

Bronder 1993a
Bronder, C.: Kooperationsmanagement: Unternehmensdynamik durch strategische Allianzen, Frankfurt am Main und New York 1993.

Bronder 1993b
Bronder, C.: Was einer Kooperation den Erfolg sichert, in: Harvard Business Manager, 15. Jg. (1993), H. 1, S. 20-26.

Bronder/Pritzl 1991
Bronder, C.; Pritzl, R.: Leitfaden für strategische Allianzen, in: Harvard Manager, 13. Jg. (1991), H. 1, S. 44-53.

Bronder/Pritzl 1992
Bronder, C.; Pritzl, R.: Ein konzeptioneller Ansatz zur Gestaltung und Entwicklung Strategischer Allianzen, in: Bronder, C.; Pritzl, R. (Hrsg.): Wegweiser für Strategische Allianzen: Meilen- und Stolpersteine bei Kooperationen, Frankfurt am Main und Wiesbaden 1992, S. 17-44.

Brown 1997
Brown, M.G.: Kennzahlen: Harte und weiche Faktoren erkennen, messen und bewerten, München und Wien 1997.

Bruck 1996
Bruck, J.: Entwicklung einer Gesamtkonzeption für das Management strategischer Allianzen im F-&-E-Bereich, Frankfurt am Main u.a.1996.

Brune 1995
Brune, J.W.: Der Shareholder-Value-Ansatz als ganzheitliches Instrument strategischer Planung und Kontrolle: eine Untersuchung unter Beachtung besonderer Rahmenbedingungen in der Bundesrepublick Deutschland, Diss., Univ. Köln 1995.

Buaron 1981
Buaron, R.: New-game Strategies, in: The McKinsey Quarterly, 17. Jg. (1981), H. 2, S. 24-40.

Büchel u.a. 1997
Büchel, B.; Prange, C.; Probst, G; Rüling, C.-C.: Joint Venture-Management: aus Kooperationen lernen, Bern u.a. 1997.

Bühner 1990
Bühner, R.: Das Management-Wert-Konzept: Strategien zur Schaffung von mehr Wert im Unternehmen, Stuttgart 1990.

Bühner 1993
Bühner, R.: Strategie und Organisation: Analyse und Planung der Unternehmensdiversifikation mit Fallbeispielen, 2. Aufl., Wiesbaden 1993.

Bühner 1994
Bühner, R.: Unternehmerische Führung mit Shareholder Value, in: Bühner, R. (Hrsg.): Der Shareholder-Value-Report: Erfahrungen, Ergebnisse, Entwicklungen, Landsberg am Lech 1994, S. 9-75.

Bühner/Weinberger 1991
Bühner, R.; Weinberger, H.-J.: Cash-flow und Shareholder Value, in: Betriebswirtschaftliche Forschung und Praxis, 43. Jg. (1991), H. 3, S. 187-208.

Bund 1998
Bund, M.: Efficient Consumer Response, in: Das Wirtschaftsstudium, 27. Jg. (1998), H. 11, S. 1287.

Bunk 1996
Bunk, B.: In Wertschöpfung vereint?, in: Absatzwirtschaft, 39. Jg. (1996), H. 7, S. 30-37.

Busse von Colbe 1996
Busse von Colbe, W.: Budgetierung, in: Schulte, C. (Hrsg.): Lexikon des Controlling, München und Wien 1996, S. 109-112.

Butler/Letza/Neale 1997
Butler, A.; Letza, S.R.; Neale, B.: Linking the Balanced Scorecard to Strategy, in: Long Range Planning, 30. Jg. (1997), H. 2, S. 242-253.

Casson 1987
Casson, M.: The Firm and the Market: Studies on Multinational Enterprise and the Scope of the Firm, Cambridge 1987.

CCG 1997
CCG (Centrale für Coorganisation GmbH): Efficient Consumer Response (ECR) – eine Materialsammlung, Köln 1997.

CCG 1998a
CCG (Centrale für Coorganisation GmbH): Einführung in den elektronischen Datenaustausch (EDI), Köln 1998.

CCG 1998b
CCG (Centrale für Coorganisation GmbH): SINFOS Stammdatenpool – das Kompendium, Köln 1998.

CCG 1998c
CCG (Centrale für Coorganisation GmbH): Efficient Replenishment in Deutschland, Köln 1998.

Chow/Haddad/Williamson 1997
Chow, C.W.; Haddad, K.M.; Williamson, J.E.: Applying the Balanced Scorecard to Small Companies, in: Management Accounting, 79. Jg. (1997/98), H. 2 (August 1997), S. 21-27.

Christmann/Witthoff 1994
Christmann, J.; Witthoff, H.-W.: Kosten- und Leistungsrechnung: Einführung in die Grundlagen, Wiesbaden 1994.

Chung 1998
Chung, W.H.: Spezifität und Unternehmungskooperation: eine institutionenökonomische Analyse unter besonderer Brücksichtigung dynamischer Aspekte, Berlin 1998.

Clauß/Ebner 1975
Clauß, G.; Ebner, H.: Grundlagen der Statistik, 2. Aufl., Zürich und Frankfurt am Main 1975.

Clinton/Hsu 1997
Clinton, B.D.; Hsu, K.-C.: JIT and the Balanced Scorecard: Linking Manufacturing Control to Management Control, in: Management Accounting, 79. Jg. (1997/98), H. 3 (September 1997), S. 18-24.

Coenenberg 1997
Coenenberg, A.G.: Kostenrechnung und Kostenanalyse, 3. Aufl., Landsberg am Lech 1997.

Coenenberg/Baum 1987
Coenenberg, A.G.; Baum, H.-G.: Strategisches Controlling: Grundfragen der strategischen Planung und Kontrolle, Stuttgart 1987.

Coenenberg/Fischer 1991
Coenenberg, A.G.; Fischer, T.M.: Prozeßkostenrechnung: Strategische Neuorientierung in der Kostenrechnung, in: Die Betriebswirtschaft, 51. Jg. (1991), H. 1, S. 21-38.

Coenenberg/Günther 1990
Coenenberg, A.G.; Günther, T.: Der Stand des strategischen Controlling in der Bundesrepublik Deutschland: Ergebnisse einer empirischen Untersuchung, in: Die Betriebswirtschaft, 50. Jg. (1990), H. 4, S. 459-470.

Cokins 1996
Cokins, G.: Activity-Based Cost Management: Making It Work, Chicago u.a. 1996.

Commons 1931
Commons, J.: Institutional Economics, in: The American Economic Review, 21. Jg. (1931), S. 648-657.

Connolly/Ashworth 1994
Connolly, T.; Ashworth, T.: An Integrated Activity-Based Approach to Budgeting, in: Management Accounting, 75. Jg. (1993/94), H. 9 (March 1994), S. 32-37.

Contractor/Lorange 1988
Contractor, F.J.; Lorange, P.: Competition versus Cooperation: a Benefit/Cost Framework for Choosing Between Fully-Owned Investments and Cooperative Relationships., in: Management International Review, 28. Jg. (1988), Special Issue, S. 5-18.

Cooper 1990
Cooper, R.: Activity-Based Costing – Wann brauche ich ein Activity-Based Cost-System und welche Kostentreiber sind notwendig?, in: KRP, 34. Jg. (1990), H. 5, S. 271-279.

Cooper/Kaplan 1988
Cooper, R./Kaplan, R.S.: Measure Costs Right: Make the Right Decisions, in: HBR, 66. Jg. (1988), H. September-October, S. 96-103.

Cooper/Kaplan 1991
Cooper, R.; Kaplan, R.S.: Activity-Based Costing: Ressourcenmanagement at Its Best, in: Harvard Manager, 13. Jg. (1991), H. 4, S. 87-94.

Copeland/Koller/Murrin 1990
Copeland, T.; Koller, T.; Murrin, J.: Valuation: Measuring and Managing the Value of Companies, New York u.a. 1990.

Copeland/Koller/Murrin 1993
Copeland, T.; Koller, T.; Murrin, J.: Unternehmenswert: Methoden und Strategien für eine wertorientierte Unternehmensführung, Frankfurt am Main und New York 1993.

Creusen 1993
Creusen, U.: Controlling-Konzepte im Franchising am Beispiel der OBI Bau- und Heimwerkermärkte, in: Mayer, E. (Hrsg.): Controlling-Konzepte, 3. Aufl., Wiesbaden 1993, S. 282-297.

Czap 1990
Czap, H. (Hrsg.): Unternehmensstrategien im sozio-ökonomischen Wandel: wissenschaftliche Jahrestagung der Gesellschaft für Wirtschafts- und Sozialkybernetik am 3. und 4. November 1989 in Trier, Berlin 1990.

Dambrowski 1986
Dambrowski, J.: Budgetierungssysteme in der deutschen Unternehmenspraxis, Darmstadt 1986.

Däumler 1996
Däumler, K.-D.: Anwendung von Investitionsrechnungsverfahren in der Praxis: mit Fragen und Aufgaben, Antworten und Lösungen, Tests und Tabellen, 4. Aufl., Herne und Berlin 1996.

Davidson u.a. 1988
Davidson, S./Maher, M.W./Stickney, C. P./Weil, R.L.: Managerial Accounting: an Introduction to Concepts, Methods, and Uses, 3. Aufl., Chicago u.a. 1988.

Davis 1993
Davis, M. D.: Spieltheorie für Nichtmathematiker, 2. Aufl., München 1993.

Davis/Darling 1996
Davis, T.R.V.; Darling, B.L.: ABC in a Virtual Corporation, in: Management Accounting, 78. Jg. (1996/97), H. 4 (October 1996), S. 18-26.

De Santa 1996
De Santa, R.: Real Life ECR – a Most Measured Approach, in: Supermarket Business, 51. Jg. (1996), H. 11, S. 17-20.

Deyhle 1991
Deyhle, A.: Entwicklungsperspektiven des Controlling, in: Risak, J.; Deyhle, A. (Hrsg.): Controlling: State of the Art und Entwicklungstendenzen, Wiesbaden 1991, S. 359-386.

Digman 1990
Digman, L.A.: Strategic Management, 2. Aufl., Homewood und Boston 1990.

Dilger 1991
Dilger, F.: Budgetierung als Führungsinstrument: Budgetierungsinstrumente und ihre speziellen Anwendungsgebiete, Köln 1991.

Dixit/Nalebuff 1995
Dixit, A.K.; Nalebuff, B.J.: Spieltheorie für Einsteiger, Stuttgart 1995.

Doz 1992
Doz, Y.: Empirische Relevanz von Strategischen Allianzen in Europa, in: Bronder, C.; Pritzl, R. (Hrsg.): Wegweiser für Strategische Allianzen: Meilen- und Stolpersteine bei Kooperationen, Frankfurt am Main und Wiesbaden 1992, S. 47-62.

Dreyer 1975
Dreyer, A.: Nutzwertanalyse als Entscheidungsmodell bei mehrfacher Zielsetzung: eine Untersuchung zu Grundlagen und Durchführung der Nutzwertanalyse, Diss., Univ. Hamburg 1975.

Drosten 1997
Drosten, M.: Kein Wort mehr über Konditionen: worüber Manager jetzt verhandeln, in: Absatzwirtschaft, 40. Jg. (1997), H. 12, S. 34-39.

Dusch/Möller 1997
Dusch, M.; Möller, M.: Praktische Anwendung der Balanced Scorecard: ein neuer Ansatz zur Fabriksteuerung in der Philips Bildröhrenfabrik Aachen, in: Controlling, 9. Jg. (1997), H. 2, S. 116-121.

Ebert 1997
Ebert, G.: Handbuch des Controlling, Loseblattausgabe, 6. Aufl., Landsberg am Lech 1997.

Ebert/Koinecke/Peemöller 1996
Ebert, G.; Koinecke, J.; Peemöller, V.H.: Controlling, 6. Aufl., Landsberg am Lech 1996.

ECR Central 1999
ECR Central: ohne Titelangabe (www-Seite zum Herunterladen der ECR-Scorecard), URL: http://www.ecr-central.com/score.htm, Stand: 05.07.1999.

ECR Europe 1996a
ECR Europe: Efficient Replenishment – eine Einführung, o.O. 1996.

ECR Europe 1996b
ECR Europe: Modelle der Logistikkette, o.O. 1996.

ECR Europe 1996c
ECR Europe: Efficient Replenishment – die Methoden, o.O. 1996.

ECR Europe 1996d
ECR Europe: Efficient Replenishment – Pilotprojekte, o.O. 1996.

ECR Europe 1997a
ECR Europe: The Official European ECR Scorecard, o.O. 1997.

ECR Europe 1997b
ECR Europe: Efficient Consumer Response – eine Einführung, o.O. 1997.

ECR Europe 1998
ECR Europe: Assessing the Profit Impact of ECR, o.O. 1998.

ECR-Österreich-Initiative 1997
ECR-Österreich-Initiative: ECR-Handbuch Österreich, o.O. 1997.

Eisele 1995
Eisele, J.: Erfolgsfaktoren des Joint-Venture-Managements, Wiesbaden 1995.

Englert/Scholich 1998
Englert, J.; Scholich, M.: Unternehmensführung auf der Basis eines umfassenden Shareholder-Management-Konzepts, in: Betriebs-Berater, 43. Jg. (1998), H. 13, S. 684-689.

Epstein/Manzoni 1997
Epstein, M.J.; Manzoni, J.-F.: Translating Strategy into Action, in: Management Accounting, 79. Jg. (1997/98), H. 2 (August 1997), S. 26-36.

Fertakis 1968
Fertakis, J.P.: Towards a Systems-Oriented Concept of Controllership, in: Management Accounting, 50. Jg. (1968/69), H. 6 (December 1968), S. 5-23.

Fontanari 1996
Fontanari, M.: Kooperationsgestaltungsprozesse in Theorie und Praxis, Berlin 1996.

Frank 1994
Frank, C.: Strategische Partnerschaften in mittelständischen Unternehmen: Option zur Sicherung der Eigenständigkeit, Wiesbaden 1994.

Franken/Fuchs 1974
Franken, R.; Fuchs, H.: Grundbegriffe zur Allgemeinen Systemtheorie, in: Grochla, E.; Fuchs, H.; Lehmann, H. (Hrsg.): Systemtheorie und Betrieb, Opladen 1974, S. 23-49.

Franz/Kajüter 1997
Franz, K.-P.; Kajüter, P.: Kostenmanagement in Deutschland: Ergebnisse einer empirischen Untersuchung in deutschen Großunternehmen, in: Franz, K.-P.; Kajüter, P. (Hrsg.): Kostenmanagement: Wettbewerbsvorteile durch systematische Kostensteuerung, Stuttgart 1997, S. 481-503.

Friedrich/Hinterhuber/Rodens 1995
Friedrich, S.A.; Hinterhuber, H.H.; Rodens, B.: Partnerschaft für den Konsumenten, in: Gabler's Magazin, 9. Jg. (1995), H. 11-12, S. 58-63.

Friese 1998
Friese, M.: Kooperation als Wettbewerbsstrategie für Dienstleistungsunternehmen, Wiesbaden 1998.

Fröhling 1992
Fröhling, O.: Prozeßkostenrechnung – Management von Aktivitäten und Kosten, in: Witt, F.-J. (Hrsg.): Betriebswirtschaft heute, Wiesbaden 1992, S. 95-122.

Fröhling 1994
Fröhling, O.: Dynamisches Kostenmanagement: konzeptionelle Grundlagen und praktische Umsetzung im Rahmen eines strategischen Kosten- und Erfolgs-Controlling, München 1994.

Fröhling/Fritz 1997
Fröhling, O.; Fritz, V.: Controlling on the Information Highway: vom Controller als Technologienehmer zum Technologiegestalter, in: Controller Magazin, 22. Jg. (1997), H. 6, S. 394-401.

Fröhls 1995
Fröhls, M.: Internationale Joint Ventures: eine finanztheoretische Analyse aus Sicht der Eigenkapitalgeber, Wiesbaden 1995.

Fruhan 1979
Fruhan, W.E.: Financial Strategy: Studies in the Creation, Transfer, and Destruction of Shareholder Value, Homewood 1979.

Fuchs-Wegner 1974
Fuchs-Wegner, G.: „Systemanalyse“: eine Forschungs- und Gestaltungsstrategie, in: Grochla, E.; Fuchs, H.; Lehmann, H. (Hrsg.): Systemtheorie und Betrieb, Opladen 1974, S. 69-82.

Gahl 1991
Gahl, A.: Die Konzeption strategischer Allianzen, Berlin 1991.

Gaiser 1993
Gaiser, B.: Budgetierung, in: Horváth, P.; Reichmann, T. (Hrsg.): Vahlens großes Controllinglexikon, München 1993, S. 87-88.

Gaiser/Kaufmann 1997
Gaiser, B.; Kaufmann, L.: Strategische Ziele in konkreten Kennzahlen darstellen, in: Blick durch die Wirtschaft, Nr. 184 vom 24.09.1997, S. 3.

Gaitanides 1979
Gaitanides, M.: Praktische Probleme der Verwendung von Kennzahlen für Entscheidungen, in: ZfB, 49. Jg. (1979), H. 1, S. 57-64.

Gaitanides u.a. 1975
Gaitanides, M; Remer, A.; Oechsler, W.A.; Staehle, W.H.: Forschungsziele der systematischen Betriebswirtschaftslehre, in: Jehle, E. (Hrsg.): Systemforschung in der Betriebswirtschaftslehre, Stuttgart 1975, S. 107-132.

Gälweiler 1990
Gälweiler, A.: Strategische Unternehmensführung, 2. Aufl., Frankfurt am Main u.a. 1990.

Gazzard 1999
Gazzard, N.: An Overview of the PAP ECR Profit Model (EPM), unveröffentlichte Präsentationsunterlagen, o.O. 1999.

Gerlach 1995
Gerlach, D.: Lean Reporting im Personalwesen, in: Die Bank, o.Jg. (1995), H. 7, S. 418-421.

Gerth 1971
Gerth, E.: Zwischenbetriebliche Kooperation, Stuttgart 1971.

Glad/Becker 1996
Glad, E.; Becker, H.: Activity-Based Costing and Management, Chichester u.a. 1996.

Glaser 1991a
Glaser, H.: Prozeßkostenrechnung als Kontroll- und Entscheidungsinstrument, in: Scheer, A.-W. (Hrsg.): Rechnungswesen und EDV, Heidelberg 1991, S. 222-240.

Glaser 1991b
Glaser, H.: Zur Bedeutung der Prozeßkostenrechnung als Controllinginstrument, in: Controlling, 3. Jg. (1991), H. 6, S. 299-301.

Glaser 1992
Glaser, H.: Prozeßkostenrechnung – Darstellung und Kritik, in: ZfbF, 44. Jg. (1992), H. 3, S. 275-288.

Glesti 1995
Glesti, J.: Wertmanagement in den verschiedenen Lebensphasen der Unternehmung, Diss., Hochschule St. Gallen 1995.

Gomez 1981
Gomez, P.: Modelle und Methoden des systemorientierten Managements: eine Einführung, Bern und Stuttgart 1981.

Gomez/Probst 1995
Gomez, P.; Probst, G.: Die Praxis des Ganzheitlichen Problemlösens: vernetzt denken, unternehmerisch handeln, persönlich überzeugen, Bern u.a. 1995.

Gomez/Weber 1989
Gomez, P.; Weber, B.: Akquisitionsstrategie: Wertsteigerung durch Übernahme von Unternehmungen, Stuttgart 1989.

Göpfert/Hoppenheit 1991
Göpfert, I.; Hoppenheit, C.: Controlling in Forschung und Entwicklung, in: Albach, H.; Weber, J. (Hrsg.): Controlling: Selbstverständnis, Instrumente, Perspektiven, Wiesbaden 1991, S. 147-165.

Götze/Bloech 1995
Götze, U.; Bloech, J.: Investitionsrechnung: Modelle und Analysen zur Beurteilung von Investitionsvorhaben, 2. Aufl., Berlin u.a. 1995.

Grochla 1976
Grochla, E.: Systemtheorie und Organisationstheorie, in: Grochla, E. (Hrsg.): Organisationstheorie, 2. Teilband, Stuttgart 1976, S. 554-566.

Groll 1991
Groll, K.-H.: Erfolgssicherung durch Kennzahlensysteme, 4. Aufl., Freiburg im Breisgau 1991.

Grote 1990
Grote, B.: Ausnutzung von Synergiepotentialen durch verschiedene Koordinationsformen ökonomischer Aktivitäten: zur Eignung der Transaktionskosten als Entscheidungskriterium, Frankfurt am Main u.a. 1990.

Grünig 1990
Grünig, R.: Verfahren zur Überprüfung und Verbesserung von Planungskonzepten, Bern und Stuttgart 1990.

Gugler 1992
Gugler, P.: Building Transnational Alliances to Create Competitive Advantage, in: Long Range Planning, 25. Jg. (1992), H. 1, S. 90-99.

Gulati/Khanna/Nohria 1994
Gulati, R.; Khanna, T.; Nohria, N.: Unilateral Commitments and the Importance of Process in Alliances: a Framework for Cooperating and Managing within an Alliance, in: Sloan Management Review, 35. Jg. (1993/94), H. 3 (Spring 1994), S. 61-69.

Günther 1991
Günther, T.: Erfolg durch Strategisches Controlling?, München 1991.

Günther 1993
Günther, T.: Direkter Produkt-Profit: ein besonderer Kostenrechnungsansatz an der Schnittstelle von Handel und Industrie, in: ZfbF, 45. Jg. (1993), H. 5, S. 460-483.

Günther 1997
Günther, T.: Unternehmenswertorientiertes Controlling, München 1997.

Güth 1992
Güth, W.: Spieltheorie und ökonomische (Bei)Spiele, Berlin u.a. 1992.

Güth 1997
Güth, W.: Spieltheorie, in: Gabler Wirtschafts-Lexikon, Bd. 3 (L-So), 14. Aufl., Wiesbaden 1997, S. 3512-3521.

Haberfellner 1975
Haberfellner, R.: Die Unternehmung als dynamisches System: der Prozeßcharakter der Unternehmungsaktivitäten, 2. Aufl., Zürich 1975.

Hachmeister 1995
Hachmeister, D.: Der Discounted Cash Flow als Maß der Unternehmenswertsteigerung, Frankfurt am Main u.a. 1995.

Hahn 1995
Hahn, D.: Unternehmungsziele im Wandel: Konsequenzen für das Controlling, in: Controlling, 7. Jg. (1995), H. 6, S. 328-338.

Hahn 1996
Hahn, D. (Hrsg.): PuK, Controllingkonzepte: Planung und Kontrolle, Planungs- und Kontrollsysteme, Planungs- und Kontrollrechnung, Wiesbaden 1996.

Hahn/Kaufmann 1994
Hahn, D.; Kaufmann, L.: Strategic Alliances, in: Dülfer, E. (Hrsg.): International Handbook of Cooperative Organzations, Göttingen 1994, S. 833-841.

Haidekker 1975
Haidekker, A.: Die kybernetische System-, Informations- und Regelungstheorie als Grundlage des Controlling, in: Haberland, G. (Hrsg.): Handbuch des Controlling und Finanzmanagement, München 1975, S. 125-146.

Haken 1981
Haken, H.: Erfolgsgeheimnisse der Natur: Synergetik, die Lehre vom Zusammenwirken, 3. Aufl., Stuttgart 1981.

Hammes 1994
Hammes, W.: Strategische Allianzen als Instrument der strategischen Unternehmensführung, Wiesbaden 1994.

Hanke 1993
Hanke, J.: Hybride Koordinationsstrukturen: Liefer- und Leistungsbeziehungen kleiner und mittlerer Unternehmen der Automobilzulieferindustrie aus transaktionskostentheoretischer Sicht, Bergisch Gladbach und Köln 1993.

Hardt 1995
Hardt, R.: Logistik-Controlling für industrielle Produktionsbereiche auf der Basis der Prozeßkostenrechnung am Beispiel des Werkes Hamburg der Mercedes-Benz AG, in: KRP, 39. Jg. (1995), H. 4, S. 199-206.

Hardtmann 1996
Hardtmann, G.: Die Wertsteigerungsanalyse im Managementprozeß, Wiesbaden 1996.

Harms 1973
Harms, V.: Interessenlagen und Interessenkonflikte bei der zwischenbetrieblichen Kooperation, Würzburg und Wien 1973.

Harrigan 1986
Harrigan, K.R.: Managing for Joint Venture Success, Lexington 1986.

Hartlieb 1997
Hartlieb, C.: Konzeption eines unternehmensübergreifenden Schnittstellen-Controlling zur Realisierung einer Just-in-Time-Wertschöpfungspartnerschaft, Lohfelden 1997.

Hasselberg 1989
Hasselberg, F.: Strategische Kontrolle im Rahmen strategischer Unternehmensführung, Frankfurt am Main u.a. 1989.

Hauer 1994
Hauer, G.: Hierarchische kennzahlenorientierte Entscheidungsrechnung: ein Beitrag zum Investitions- und Kostenmanagement, München 1994.

Heide/Miner 1992
Heide, J.B.; Miner, S.M.: The Shadow of the Future: Effects of Anticipated Interaction and Frequency of Contact on Buyer-Seller Cooperation, in: Academy of Management Journal, 35. Jg. (1992), H. 2, S. 265-291.

Heinemann 1997
Heinemann, G.: Dynamisierung im Absatzkanal: ECR – ein Allheilmittel?, in: Absatzwirtschaft, 40. Jg. (1997), Sondernummer Oktober, S. 186-191.

Heinen 1970
Heinen, E.: Betriebliche Kennzahlen – eine organisationstheoretische und kybernetische Analyse, in: Linhardt, H.; Penzkofer, P.; Scherpf, P. (Hrsg.): Dienstleistungen in Theorie und Praxis, Stuttgart 1970, S. 227-235.

Heinrich/Roithmayr 1992
Heinrich, L.J.; Roithmayr, F.: Wirtschaftsinformatik-Lexikon, 4. Aufl., München u.a. 1992.

Hejl 1983
Hejl, P.M.: Kybernetik 2. Ordnung, Selbstorganisation und Biologismusverdacht, in: Die Unternehmung, 37. Jg. (1983), S. 41-62.

Helm/Mehlhorn/Strohmayer 1996
Helm, R.; Mehlhorn, A.; Strohmayer, M.: Die Vertrauensproblematik bei zwischenbetrieblichen Kooperationen in der mittelständischen Industrie, in: Zeitschrift für Planung, 7. Jg. (1996), H. 7, S. 73-90.

Henkel 1992
Henkel, C.B.: Akquisitionen und Kooperationen als strategische Alternativen aus Sicht der deutschen Automobilindustrie, Diss., Hochschule St. Gallen 1992.

Hergert/Morris 1989
Hergert, M.; Morris, D.: Accounting Data for Value Chain Analysis, in: Strategic Management Journal, 10. Jg. (1989), S. 175-188.

Hermann 1989
Hermann, R.: Joint-Venture-Management: Strategien, Strukturen, Systeme und Kulturen, Gießen 1989.

Herter 1994
Herter, R.N.: Unternehmenswertorientiertes Management (UwM): strategische Erfolgsbeurteilung von dezentralen Organisationseinheiten auf der Basis der Wertsteigerungsanalyse, München 1994.

Herz 1973
Herz, C.: Der Kooperationserfolg: Probleme seiner Bestimmung und Ermittlung, Berlin 1973.

Heß 1991
Heß, G.: Marktsignale und Wettbewerbsstrategie: theoretische Fundierung und Fälle aus der Unternehmenspraxis, Stuttgart 1991.

Heydt 1998
Heydt, A.v.d.: Efficient Consumer Response (ECR): Basisstrategien und Grundtechniken, zentrale Erfolgsfaktoren sowie globaler Implementierungsplan, 3. Aufl., Frankfurt am Main u.a. 1998.

Hinterhuber 1996
Hinterhuber, H.H.: Strategische Unternehmungsführung, Bd. I: Strategisches Denken, 6. Aufl., Berlin und New York 1996.

Hippe 1997
Hippe, A.: Interdependenzen von Strategie und Controlling in Unternehmensnetzwerken, Wiesbaden 1997.

Hlinski/Weigand/Zeuzem 1995
Hlinski, N.; Weigand, A.; Zeuzem, V.: Weiterentwicklung des Controlling-Systems bei einem integrierten Mineralölunternehmen, in: Controlling, 7. Jg. (1995), H. 4, S. 200-207.

Höfer 1997
Höfer, S.: Strategische Allianzen und Spieltheorie: Analyse des Bildungsprozesses strategischer Allianzen und planungsunterstützender Einsatzmöglichkeiten der Theorie der strategischen Spiele, Lohmar und Köln 1997.

Hoffmann/Niedermayr/Risak 1995
Hoffmann, W.; Niedermayr, R.; Risak, J.: Führungsergänzung durch Controlling, in: Eschenbach, R. (Hrsg.): Controlling, Stuttgart 1995, S. 3-47.

Hofmann 1982
Hofmann, V.: Die Auswahl eines Kooperationssystems als Entscheidungsproblem mittelständischer Einzelhandelsunternehmer, Berlin 1982.

Hoitsch/Lingnau 1999
Hoitsch, H.-J., Lingnau, V.: Kosten- und Erlösrechnung, 3. Aufl., Berlin u.a. 1999.

Holler/Illing 1996
Holler, M.J.; Illing, G.: Einführung in die Spieltheorie, 3. Aufl., Berlin u.a. 1996.

Holmstrom 1998
Holmstrom, J.: Implementing Vendor-Managed Inventory the Efficient Way: a Case Study of Partnership in the Supply Chain, in: Production and Inventory Management Journal, 39. Jg. (1998), H. 3, S. 1-5.

Homburg/Grandinger/Krohmer 1996
Homburg, C.; Grandinger, A.; Krohmer, H.: Efficient Consumer Response (ECR) – Erfolg durch Kooperation mit dem Handel, Vallendar 1996.

Homburg/Werner 1998
Homburg, C.; Werner, H.: Kundenorientierung mit System: mit Customer Orientation Management zu profitablem Wachstum, Frankfurt am Main und New York 1998.

Höper/Schmidt 1997
Höper, U.; Schmidt, C.: ECR bei Milchfrischprodukten, in: Dynamik im Handel, 41. Jg. (1997), H. 10, S. 68-72.

Horak 1995
Horak, C.: Controlling in Nonprofit-Organisationen, 2. Aufl., Wiesbaden 1995.

Horváth 1979
Horváth, P.: Controlling, 1. Aufl., München 1979.

Horváth 1983
Horváth, P.: Der Einsatz von Kennzahlen im Rahmen des Controlling, in: Wirtschaftswissenschaftliches Studium, 12. Jg. (1983), H. 7, S. 349-356.

Horváth 1991
Horváth, P.: Strategisches Kostenmanagement, in: Horváth, P.; Gassert, H.; Solaro, D. (Hrsg.): Controllingkonzeptionen für die Zukunft: Trends und Visionen, Stuttgart 1991, S. 71-90.

Horváth 1997
Horváth, P.: Perspektiven der Prozeßkostenrechnung, in: Becker, W.; Weber, J. (Hrsg.): Kostenrechnung: Stand und Entwicklungsperspektiven, Wiesbaden 1997, S. 235-245.

Horváth 1998
Horváth, P.: Controlling, 7. Aufl., München 1998.

Horváth/Herter 1992
Horváth, P./Herter, R.N.: Benchmarking: Vergleich mit den Besten der Besten, in: Controlling, 4. Jg. (1992), H. 4, S. 4-11.

Horváth/Herter/Michel 1994
Horváth, P.; Herter, R.N.; Michel, U.: Wertorientiertes Management von strategischen Allianzen, in: Höfner, K; Pohl, A. (Hrsg.): Wertsteigerungs-Management: das Shareholder Value-Konzept, Frankfurt am Main und New York 1994, S. 227-262.

Horváth/Mayer 1989
Horváth, P.; Mayer, R.: Prozeßkostenrechnung: der neue Weg zu mehr Kostentransparenz und wirkungsvolleren Unternehmensstrategien., in: Controlling, 1. Jg. (1989), H. 4, S. 214-219.

Horváth/Mayer 1995
Horváth, P.; Mayer, R.: Konzeption und Entwicklungen der Prozeßkostenrechnung, in: Männel, W. (Hrsg.): Prozeßkostenrechnung: Bedeutung – Methoden – Branchenerfahrungen – Softwarelösungen, Wiesbaden 1995, S. 59-86.

Horváth/Renner 1990
Horváth, P.; Renner, A.: Prozeßkostenrechnung: Konzept, Realisierungsschritte und erste Erfahrungen, in: Fortschrittliche Betriebsführung und Industrial Engineering, 39. Jg. (1990), H. 3, S. 100-107.

Horváth/Seidenschwarz/Sommerfeldt 1993
Horváth, P.; Seidenschwarz, W.; Sommerfeldt, H.: Kostenmanagement – warum die Schildkröte gewinnt, in: Harvard Business Manager, 15. Jg. (1993), H. 3, S. 73-82.

Horváth u.a. 1993
Horváth, P.; Kieninger, M.; Mayer, R.; Schimank, C.: Prozeßkostenrechnung – oder wie die Praxis die Theorie überholt: Kritik und Gegenkritik, in: Die Betriebswirtschaft, 53. Jg. (1993), H. 5, S. 609-628.

Husmann 1996
Husmann, C.: Investitions-Controlling: Ansätze zur Überwindung von Informationsasymmetrien im Entscheidungsprozess über Investitionen in dezentralisierten Industrieunternehmen, Bergisch Gladbach und Köln 1996.

Illing 1995
Illing, G.: Spieltheorie in den Wirtschaftswissenschaften, in: Wirtschaftswissenschaftliches Studium, 24. Jg. (1995), H. 10, S. 509-516.

Jansen 1998
Jansen, S.A.: Mergers & Acquisitions: Unternehmensakquisitionen und -kooperationen – eine strategische, organisatorische und kapitalmarkttheoretische Einführung, Wiesbaden 1998.

Jaspersen 1997
Jaspersen, T.: Investition: computergestützte Verfahren und Controlling im Investitionsprozeß, München und Wien 1997.

Jehle/Wiesehahn/Willeke 1997
Jehle, E.; Wiesehahn, A.; Willeke, M.: Ansätze des prozeßorientierten Gemeinkostenmanagement, in: Becker, W.; Weber, J. (Hrsg.): Kostenrechnung: Stand und Entwicklungsperspektiven, Wiesbaden 1997, S. 271-296.

Jensen 1997
Jensen, S.: Die Abzocker, in: Manager-Magazin, 27. Jg. (1997), H. Oktober, S. 57-66.

Johnson/Kaplan 1987
Johnson, H.T.; Kaplan, R.S.: Relevance Lost: the Rise and Fall of Management Accounting, Boston 1987.

Joslyn/Heylighen 1992
Joslyn, C.; Heylighen, F.: Cybernetics and Systems Science in Academics,
URL: http://pespmc1.vub.ac.be/cybsacad.html, Stand: Januar 1992.

Knoblich 1969
Knoblich, H.: Zwischenbetriebliche Kooperation: Wesen, Formen und Ziele, in: ZfB, 39. Jg. (1969), H. 8, S. 497-514.

Koch 1994
Koch, R.: Betriebliches Berichtswesen als Informations- und Steuerungsinstrument, Frankfurt am Main u.a. 1994.

Kolf 1997
Kolf, F.: Kooperationen verleihen Europa Flügel, in: Handelsblatt, Nr. 251 vom 31.12.1997, S. 29.

Kosiol 1964
Kosiol, E.: Betriebswirtschaftslehre und Unternehmensforschung: eine Untersuchung ihrer Standorte und Beziehungen auf wirtschaftswissenschaftlicher Grundlage, in: ZfB, 34. Jg. (1964), H. 12, S. 743-762.

Kosmider 1994
Kosmider, A.: Controlling im Mittelstand: eine Untersuchung der Gestaltung und Anwendung des Controllings in mittelständischen Industrieunternehmen, 2. Aufl., Stuttgart 1994.

Kraege 1997
Kraege, R.: Controlling strategischer Unternehmungskooperationen: Aufgaben, Instrumente und Gestaltungsempfehlungen, München und Mering 1997.

Krause 1973
Krause, W.: Investitionsrechnung und unternehmerische Entscheidungen, Berlin 1973.

Krieger 1995
Krieger, R.: Betriebsindividuelle Gestaltung der Kostenrechnung: ein Beitrag zur Weiterentwicklung der situativen Kostenrechnungstheorie unter besonderer Berücksichtigung der Industriebetriebe, Berlin 1995.

Krieger 1996
Krieger, D.J.: Einführung in die allgemeine Systemtheorie, München 1996.

Kromrey 1998
Kromrey, H.: Empirische Sozialforschung: Modelle und Methoden der Datenerhebung und Datenauswertung, 8. Aufl., Opladen 1998.

Kronen 1994
Kronen, J.: Computergestützte Unternehmenskooperation: Potentiale – Strategien – Planungsmodelle, Wiesbaden 1994.

Kruschwitz 1995
Kruschwitz, L.: Investitionsrechnung, 6. Aufl., Berlin und New York 1995.

Kruse 1998
Kruse, K.-O.: Anreizsysteme in Abnehmer-Zulieferer-Kooperationen, Hamburg 1998.

Kubicek 1975
Kubicek, H.: Empirische Organisationsforschung: Konzeption und Methodik, Stuttgart 1975.

Kucher/Simon 1997
Kucher, E.; Simon, H.: Market Pricing als Basis des Target Costing, in: Franz, K.-P.; Kajüter, P. (Hrsg.): Kostenmanagement: Wettbewerbsvorteile durch systematische Kostensteuerung, Stuttgart 1997, S. 141-161.

Kühn 1978
Kühn, R.: Entscheidungsmethodik und Unternehmungspolitik: Methodische Überlegungen zum Aufbau einer betriebswirtschaftlichen Spezialdisziplin, erarbeitet am Gegenstandsbereich der Unternehmungspolitik, Stuttgart 1978.

Küpper 1991
Küpper, H.-U.: Betriebswirtschaftliche Steuerungs- und Lenkungsmechanismen organisationsinterner Kooperation, in: Wunderer, R. (Hrsg.): Kooperation, Stuttgart 1991, S. 175-203.

Küpper 1997
Küpper, H.-U.: Controlling: Konzeption, Aufgaben und Instrumente, 2. Aufl., Stuttgart 1997.

Küpper/Winckler/Zhang 1990
Küpper, H.-U.; Winckler, B.; Zhang, S.: Planungsverfahren und Planungsinformationen als Instrumente des Controlling, in: Die Betriebswirtschaft, 50. Jg. (1990), S. 435-458.

Küting 1983
Küting, K.: Grundsatzfragen von Kennzahlen als Instrumente der Unternehmensführung, in: Wirtschaftswissenschaftliches Studium, 12. Jg. (1983), H. 5, S. 237-241.

Küting/Lorson 1995
Küting, K.; Lorson, P.: Stand, Entwicklungen und Grenzen der Prozeßkostenrechnung, in: Männel, W. (Hrsg.): Prozeßkostenrechnung: Bedeutung – Methoden – Branchenerfahrungen – Softwarelösungen, Wiesbaden 1995, S. 87-101.

Kutschker 1994
Kutschker, M.: Strategische Kooperationen als Mittel der Internationalisierung, in: Schuster, L. (Hrsg.): Die Unternehmung im internationalen Wettbewerb, Berlin 1994, S. 121-157.

Lachnit 1976
Lachnit, L.: Zur Weiterentwicklung betriebswirtschaftlicher Kennzahlensysteme, in: ZfbF, 28. Jg. (1976), S. 216-230.

Landsberg 1988
Landsberg, G.v.: Control Reporting – Informationsverdichtung und Abweichungserklärung, in: KRP, 32. Jg. (1988), H. 3, S. 101-106.

Landsberg/Mayer 1988
Landsberg, G.v.; Mayer, E.: Berufsbild des Controllers, Stuttgart 1988.

Landsberg/Springer/Richarz 1997
Landsberg, G.v.; Springer, V.; Richarz, R.: Return on Controlling (ROC): über den Nutzen der Informationstechnik (IT) für das Controlling, in: Controller Magazin, 22. Jg. (1997), H. 5, S. 317-320.

Laurent 1996
Laurent, M.: Vertikale Kooperationen zwischen Industrie und Handel, Frankfurt am Main 1996.

Laux 1998
Laux, H.: Entscheidungstheorie, 4. Aufl., Berlin u.a. 1998.

Lehmann 1993
Lehmann, F.O.: Strategische Budgetierung: Entwurf und Fundierung eines Instruments des strategischen Controllings, Frankfurt am Main u.a. 1993.

Lehmann 1994a
Lehmann, F.O.: Strategische Budgetierung: Instrument des Controlling in einem Unternehmen der Verlagsbranche, in: Bloech, J.; Götze, U.; Burkhard, H.; Lücke, W.; Rudolph, F. (Hrsg.): Strategische Planung: Instrumente, Vorgehensweisen und Informationssysteme, Heidelberg 1994, S. 141-158.

Lehmann 1994b
Lehmann, S.: Neue Wege in der Bewertung börsenorientierter Aktiengesellschaften: ein Cash-flow-orientiertes Ertragswertmodell, Wiesbaden 1994.

Lewis 1994
Lewis, T.G.: Steigerung des Unternehmenswertes: Total-value-Management, Landsberg am Lech 1994.

Liebig 1977
Liebig, V.W.: Kennzahlenanalyse: Grundlagen und Möglichkeiten der praktischen Anwendung, in: ZfbF-Kontaktstudium, 29. Jg. (1977), H. 4, S. 71-79.

Lingle/Schiemann 1996
Lingle, J.H.; Schiemann, W.A.: From Balanced Scorecard to Strategic Gauges: Is Measurement Worth It?, in: Management Review, 85. Jg. (1996), H. 3, S. 56-61.

Linn 1989
Linn, N.: Die Implementierung vertikaler Kooperation: theoretische Konzeption und erste empirische Ergebnisse zum Prozeß der Ausgliederung logistischer Teilaufgaben, Frankfurt am Main u.a. 1989.

Littler/Leverick 1995
Littler, D.; Leverick, F.: Joint Ventures for Product Development: Learning from Experience, in: Long Range Planning, 28. Jg. (1995), H. 3, S. 58-67.

Lode 1974
Lode, R.: Formen der Unternehmenskooperation: betriebswirtschaftliche Überlegungen und Ansätze zur Begriffsbildung der Unternehmenskooperation und zur Systematisierung ihrer Formen, Diss., Univ. Münster 1974.

Loistl/Betz 1994
Loistl, O.; Betz, I.: Chaostheorie: zur Theorie nichtlinearer dynamischer Systeme, 2. Aufl., München 1994.

Lorange/Morton 1986
Lorange, P./Morton, M.F.S.: Strategic Control, St. Paul 1986.

Lorange/Roos 1992a
Lorange, P.; Roos, J.: Stolpersteine beim Managment Strategischer Allianzen, in: Bronder, C.; Pritzl, R. (Hrsg.): Wegweiser für Strategische Allianzen: Meilen- und Stolpersteine bei Kooperationen, Wiesbaden 1992, S. 341-356.

Lorange/Roos 1992b
Lorange, P; Roos, J.: Strategic Alliances – Formation, Implementation und Evolution, Cambridge und Oxford 1992.

Lorson 1993
Lorson, P.: Straffes Kostenmanagement und neue Technologien: Anforderungen, Instrumente und Konzepte unter besonderer Würdigung der Prozeßkostenrechnung, Herne und Berlin 1993.

Löwer 1993
Löwer, M.: Unternehmung, in: Dichtl, E.; Issing, O. (Hrsg.): Vahlens großes Wirtschaftslexikon, Bd. 2 (L-Z), 2. Aufl., München 1993, S. 2173.

Lück 1998
Lück, W.: Controlling: Ergebnisse einer empirischen Untersuchung zum Controlling in der Bauwirtschaft, Krefeld 1998.

Luhmann 1994
Luhmann, N.: Soziale Systeme: Grundriß einer allgemeinen Theorie, 4. Aufl., Frankfurt am Main 1994.

Lützig 1982
Lützig, W.-P.: Die vieldimensionale Kalkulation der Kooperation, Diss., Freie Univ. Berlin 1982.

Malik 1984
Malik, F.: Strategie des Managements komplexer Systeme: ein Beitrag zur Management-Kybernetik evolutionärer Systeme, Bern und Stuttgart 1984.

Malik 1991
Malik, F.: Controlling und vernetztes Denken, strategische Früherkennung, in: Risak, J.; Deyhle, A. (Hrsg.): Controlling: State of the Art und Entwicklungstendenzen, Wiesbaden 1991, S. 195-230.

Männel 1997
Männel, W.: Entwicklungsperspektiven der Kostenrechnung, 3. Aufl., Lauf an der Pegnitz 1997.

Maschmeyer 1998
Maschmeyer, V.: Management by Balanced Scorecard – alter Wein in neuen Schläuchen?, in: Personalführung, 31. Jg. (1998), H. 5, S. 74-80.

Mathews 1995
Mathews, R.: Know the Score, in: Progressive Grocer, 74. Jg. (1995), H. 5, S. 80.

Maturana/Varela 1987
Maturana, H.R.; Varela, F.J.: Der Baum der Erkenntnis, Bern 1987.

Mayer/Liessmann/Mertens 1996
Mayer, E.; Liessmann, K.; Mertens, H.W.: Kostenrechnung: Grundwissen für den Controllerdienst, 6. Aufl., Stuttgart 1996.

Meckl 1993
Meckl, R.: Unternehmenskooperationen im EG-Binnenmarkt, Wiesbaden 1993.

Meier-Scherling 1996
Meier-Scherling, P.: Shareholder Value Analyse vs. Stakeholder Management: unternehmenspolitische Grundkonzeptionen als Ansätze zur Erweiterung der Theorie der Unternehmung, Diss., Univ. Freiburg (Schweiz) 1996.

Menrad/Niethammer 1982
Menrad, S.; Niethammer, T.: Formeln und Kennzahlen aus der Kosten- und Leistungsrechnung, in: Wirtschaftswissenschaftliches Studium, 11. Jg. (1982), H. 11, S. 530-536.

Merkle 1982
Merkle, E.: Betriebswirtschafltiche Formeln und Kennzahlen und deren betriebswirtschaftliche Relevanz, in: Wirtschaftswissenschaftliches Studium, 11. Jg. (1982), H. 7, S. 325-330.

Mertens/Cas/Meier 1997
Mertens, P.; Cas, K.; Meier, M.: Die Integration von internen und externen Informationen als Herausforderung für das Controlling, in: Becker, W.; Weber, J. (Hrsg.): Kostenrechnung: Stand und Entwicklungsperspektiven, Wiesbaden 1997, S. 367-382.

Meuser 1997
Meuser, S.: Koordinationskostenrechnung: ein auf dem Lean Management-Gedanken basierendes Controlling-Instrument im Anlagengeschäft, Frankfurt am Main u.a. 1997.

Meyer 1994
Meyer, C.: Betriebswirtschaftliche Kennzahlen und Kennzahlen-Systeme, 2. Aufl., Stuttgart 1994.

Michaelis 1985
Michaelis, E.: Organisation unternehmerischer Aufgaben: Transaktionskosten als Beurteilungskriterium, Frankfurt am Main u.a. 1985.

Michel 1994
Michel, U.: Kooperation mit Konzept: Wertsteigerung durch strategische Allianzen, in: Controlling, 6. Jg. (1994), H. 1, S. 20-28.

Michel 1996
Michel, U.: Wertorientiertes Management strategischer Allianzen, München 1996.

Mika-Helfmeier 1994
Mika-Helfmeier, J.: Der Regelkreis als Paradigma in der soziologischen, politischen und ökonomischen Systemtheorie, Köln 1994.

Miller/Vollmann 1985
Miller, J.G.; Vollmann, T.E.: The Hidden Factory, in: HBR, 63. Jg. (1985), H. September-October, S. 142-150.

Mirani 1987
Mirani, A.: Kosten- und Investitionsmanagement für moderne Industrieanlagen, in: KRP, 31. Jg. (1987), H. 6, S. 225-230.

Mirow 1999
Mirow, M.: Von der Kybernetik zur Autopoiese: systemtheoretisch abgeleitete Thesen zur Konzernentwicklung, in: ZfB, 69. Jg. (1999), H. 1, S. 13-27.

Moog 1993
Moog, H.: Investitionsplanung bei Mehrfachzielsetzung, Ludwigsburg und Berlin 1993.

Moxter 1990
Moxter, A.: Grundsätze ordnungsmässiger Unternehmensbewertung, 2. Aufl., Wiesbaden 1990.

Müller 1996
Müller, A.: Kann die koordinationsbezogene Konzeption eine theoretische Fundierung des Controlling hervorbringen? in: KRP, 40. Jg. (1996), H. 3, S. 139-147.

Müller-Merbach 1992
Müller-Merbach, H.: Vier Arten von Systemansätzen, dargestellt in Lehrgesprächen, in: ZfB, 62. Jg. (1992), H. 8, S. 853-876.

Müller-Stewens/Gocke 1995
Müller-Stewens, G.; Gocke, A.: Kooperation und Konzentration in der Automobilindustrie: Strategien für Zulieferer und Hersteller, Chur 1995.

Müller-Stewens/Hillig 1992
Müller-Stewens, G.; Hillig, A.: Motive zur Bildung Strategischer Allianzen: die aktivsten Branchen im Vergleich, in: Bronder, C.; Pritzl, R. (Hrsg.): Wegweiser für Strategische Allianzen: Meilen- und Stolpersteine bei Kooperationen, Frankfurt am Main und Wiesbaden 1992, S. 63-101.

Müller/Goldberger 1986
Müller, K.; Goldberger, E.: Unternehmens-Kooperation bringt Wettbewerbsvorteile: Notwendigkeit und Praxis zwischenbetrieblicher Zusammenarbeit in der Schweiz, Zürich 1986.

Murray/Mahon 1993
Murray, E.A.; Mahon, J.F.: Strategic Alliances: Gateway to the New Europe?, in: Long Range Planning, 26. Jg. (1993), H. 4, S. 102-111.

Nalebuff/Brandenburger 1996
Nalebuff, B.J.; Brandenburger, A.M.: Coopetition – kooperativ konkurrieren: mit der Spieltheorie zum Unternehmenserfolg, Frankfurt am Main und New York 1996.

Nash 1951
Nash, J.F.: Non-cooperative Games, in: Annals of Mathematics, 54. Jg. (1951), H. 2, S. 286-295.

Neumann/Heider 1996
Neumann, U.; Heider, G.: Controlling in Franchise-Systemen, in: Hagen, K.; Weber, P.W. (Hrsg.): Der Controlling-Berater, Loseblattausgabe, Freiburg im Breisgau, Stand: Juni 1996, Gruppe 11, S. 47-78.

Neumann/Morgenstern 1944
Neumann, J.v.; Morgenstern, O.: Theory of Games and Economic Behavior, Princeton 1944.

Niedermayr 1994
Niedermayr, R.: Entwicklungsstand des Controlling: System, Kontext und Effizienz, Wiesbaden 1994.

Nowak 1966
Nowak, P.: Betriebswirtschaftliche Kennzahlen, in: Hax, K.; Wessels, T. (Hrsg.): Handbuch der Wirtschaftswissenschaften, 2. Aufl., Köln und Opladen 1966, S. 701-726.

O.V. 1990
O.V.: Analyse, in: Duden Fremdwörterbuch, 5. Aufl., Mannheim u.a. 1990, S. 58.

O.V. 1991a
O.V.: Cash Flow, in: Lücke, W. (Hrsg.): Investitionslexikon, 2. Aufl., München 1991, S. 40-41.

O.V. 1991b
O.V.: Kapitalwert, in: Lücke, W. (Hrsg.): Investitionslexikon, 2. Aufl., München 1991, S. 218-219.

O.V. 1991c
O.V.: Kapitalwertmethode, in: Lücke, W. (Hrsg.): Investitionslexikon, 2. Aufl., München 1991, S. 224-225.

O.V. 1992a
O.V.: Aktivität, in: Gabler-Wirtschafts-Lexikon, Bd. A-E, 13. Aufl., Wiesbaden 1992, S. 83.

O.V. 1992b
O.V.: Spieltheorie, in: Gabler-Wirtschafts-Lexikon, Bd. Sp-Z, 13. Aufl., Wiesbaden 1992, S. 3057-3058.

O.V. 1992c
O.V.: Unternehmung, in: Gabler-Wirtschafts-Lexikon, Bd. Sp-Z, 13. Aufl., Wiesbaden 1992, S. 3431-3432.

O.V. 1993
O.V.: Berichtssystem, in: Horváth, P.; Reichmann, T. (Hrsg.): Vahlens großes Controllinglexikon, München 1993, S. 56.

O.V. 1996a
O.V.: Berichtsgestaltung, in: Schulte, C. (Hrsg.): Lexikon des Controlling, München und Wien 1996, S. 66-67.

O.V. 1996b
O.V.: Berichtswesen, internes, in: Schulte, C. (Hrsg.): Lexikon des Controlling, München und Wien 1996, S. 67.

O.V. 1996c
O.V.: MISICAL: Joined Vision für Joint Ventures,
URL: http://www.localglobal.de/96/misical.htm, Stand: 15.12.1996.

O.V. 1997a
O.V.: Betrieb, in: Gabler-Wirtschafts-Lexikon, Bd. 1 (A-E), 14. Aufl., Wiesbaden 1997, S. 523-525.

O.V. 1997b
O.V.: Erfolg, in: Liessmann, K. (Hrsg.): Gabler-Lexikon Controlling und Kostenrechnung, Wiesbaden 1997, S. 183.

O.V. 1998
O.V.: Das wäre schon schön! Ein Gespräch mit den Unternehmen Tengelmann und Nestlé über ihre ECR-Kooperation, in: Coorganisation, 17. Jg. (1998), H. 2, S. 14-19.

O.V. 1999a
O.V.: Allianz von Tengelmann und Edeka, in: Handelsblatt, Nr. 180 vom 17./18.09.1999, S. 13.

O.V. 1999b
O.V.: Bank 24 und Yahoo kooperieren, in: Handelsblatt, Nr. 234 vom 02.12.1999, S. 24.

O.V. 1999c
O.V.: Valeo und Bosch-Tochter gründen Joint Venture, in: Handelsblatt, Nr. 210 vom 29./30.10.1999, S. 22.

O.V. 2000
O.V.: Kooperationen treiben Biotech-Aktien nach oben, in: Handelsblatt, Nr. 8 vom 12.01.2000, S. 13.

Oeller 1979
Oeller, K.-H.: Systemorientierte Unternehmensführung mit Hilfe kybernetischer Kennzahlensysteme, in: Malik, F. (Hrsg.): Praxis des Systemorientierten Managements, Bern und Stuttgart 1979, S. 111-153.

Olfert 1996
Olfert, K.: Kostenrechnung, 10. Aufl., Ludwigshafen (Rhein) 1996.

Ossadnik 1998
Ossadnik, W.: Controlling, 2. Aufl., München und Wien 1998.

Ossadnik/Maus 1995
Ossadnik, W.; Maus, S.: Strategische Kostenrechnung?, in: Die Unternehmung, 49. Jg. (1995), H. 2, S. 143-158.

Pampel 1993a
Pampel, J.: Controlling von Zulieferbeziehungen als Beitrag zum strategischen Beschaffungs-Controlling, in: Controlling, 5. Jg. (1993), Sonderheft 1, S. 71-81.

Pampel 1993b
Pampel, J.: Kooperation mit Zulieferern: Theorie und Management, Wiesbaden 1993.

Panzar/Willig 1981
Panzar, J.C.; Willig, R.D.: Economies of Scope, in: American Economic Review, Papers and Proceedings, 71. Jg. (1981), H. May, S. 268-272.

Parkhe 1993
Parkhe, A.: Strategic Alliance Structure: a Game Theoretic and Transaction Cost Examination of Interfirm Cooperation, in: Academy of Management Journal, 36. Jg. (1993), H. 4, S. 794-829.

Parsons 1951
Parsons, T.: The Social System, 5. Nachdruck, New York 1951.

Parsons 1977
Parsons, T.: Social Systems and the Evolutions of Action Theory, New York 1977.

Pastor 1998
Pastor, P.M.: Balanced-Scorecard, in: Management Berater, o.Jg. (1998), H. Mai, S. 41-43.

Pekar/Allio 1994
Pekar, P.; Allio, R.: Making Alliances Work: Guidelines for Success, in: Long Range Planning, 27. Jg. (1994), H. 4, S. 54-65.

Perridon/Steiner 1997
Perridon, L.; Steiner, M.: Finanzwirtschaft der Unternehmung, 9. Aufl., München 1997.

Peschke 1997
Peschke, M.A.: Wertorientierte Strategiebewertung: Modell, Konzeption und Umsetzung, Wiesbaden 1997.

Pfaff 1993
Pfaff, D.: Kostenrechnung, Unsicherheit und Organisation, Heidelberg 1993.

Pfeffer/Salancik 1978
Pfeffer, J.; Salancik, G.R.: The External Control of Organizations: a Resource Dependences Perspective, New York 1978.

Pflaumer 1995
Pflaumer, P.: Investitionsrechnung: Methoden, Beispiele, Aufgaben, Übungsfälle mit Mathcad, 2. Aufl., München und Wien 1995.

Picot 1982
Picot, A.: Transaktionskostenansatz in der Organisationstheorie: Stand der Diskussion und Aussagewert, in: Die Betriebswirtschaft, 42. Jg. (1982), H. 2, S. 267-284.

Picot/Dietl 1990
Picot, A.; Dietl, H.: Transaktionskostentheorie, in: Wirtschaftswissenschaftliches Studium, 19. Jg. (1990), H. 4, S. 178-184.

Plaßmann 1974
Plaßmann, M.: Die Kooperationsentscheidung des Unternehmers, Diss., Univ. Münster 1974.

Pohle 1990
Pohle, K.: Quantifizierungsaspekte im strategischen Controlling, in: Controlling, 2. Jg. (1990), H. 4, S. 186-191.

Pohlmann 1995
Pohlmann, M.: Industrielle Netzwerke: antagonistische Kooperationen an der Schnittstelle Beschaffung – Zulieferung, München u.a. 1995.

Porter 1985
Porter, M.E.: Competitive Advantage: Creating and Sustaining Superior Performance, New York 1985.

Porter 1991
Porter, M.E.: Towards a Dynamic Theory of Strategy, in: Strategic Management Journal, 12. Jg. (1991), H. 12, S. 95-117.

Porter 1992
Porter, M.E.: Wettbewerbsvorteile (Competitive Advantage): Spitzenleistungen erreichen und behaupten, 3. Aufl., Frankfurt am Main und New York 1992.

Preißler 1995
Preißler, P.: Controlling-Lexikon, München und Wien 1995.

Preißler 1998
Preißler, P.R.: Controlling: Lehrbuch und Intensivkurs, 10. Aufl., München und Wien 1998.

Probst 1981
Probst, G.J.B.: Kybernetische Gesetzeshypothesen als Basis für Gestaltungs- und Lenkungsregeln im Management: eine Methodologie zur Betrachtung von Managementsituationen aus kybernetischer Sicht, Bern und Stuttgart 1981.

Probst 1987
Probst, G.J.B.: Selbst-Organisation: Organisationsprozesse in sozialen Systemen aus ganzheitlicher Sicht, Berlin und Hamburg 1987.

Procter & Gamble 1998
Procter & Gamble: Annual Report 1998, Cincinnati 1998.

Procter & Gamble 1999a
Procter & Gamble: P&G Fiscal Year Net Earnings $3.76 Billion, über E-Mail an registrierte P&G-News-Benutzer verschickte Pressemitteilung, Cincinnati 29.07.1999.

Procter & Gamble 1999b
Procter & Gamble: Purpose, Values, Principles, URL: http://www.pg.com/about/overview/english/pvp.html, Stand: 26.05.1999.

Procter & Gamble 1999c
Procter & Gamble: CBD Team Finance Manager – Role Description, unveröffentlichtes Dokument, o.O., Stand: Mai 1999.

Procter & Gamble 1999d
Procter & Gamble: Geschäftsergebnisse Fiskaljahr 1998/99, URL: http://www.procterundgamble.de/unternehmen/ergebnisse/content.html, Stand: 30.12.1999.

Pucik 1988
Pucik, V.: Strategic Alliances, Organizational Learning, and Competitive Advantage: the HRM Agenda, in: Human Resource Management, 27. Jg. (1988), H. 1, S. 77-93.

Pyhrr 1973
Pyhrr, P.A.: Zero-Base Budgeting: a Practical Management Tool for Evaluating Expenses, New York u.a. 1973.

Radke 1991
Radke, M.: Handbuch der Budgetierung, 2. Aufl., Landsberg am Lech 1991.

Rappaport 1981
Rappaport, A.: Selecting Strategies that Create Shareholder Value, in: HBR, 59. Jg. (1981), H. May-June, S. 139-149.

Rappaport 1986
Rappaport, A.: Creating Shareholder Value: the New Standard for Business Performance, New York 1986.

Rappaport 1995
Rappaport, A.: Shareholder Value: Wertsteigerung als Maßstab für die Unternehmensführung, Stuttgart 1995.

Rasche 1970
Rasche, H.O.: Kooperation – Chance und Gewinn: Einführung und Leitfaden für wirtschaftliche Zusammenarbeit, Heidelberg 1970.

Reckenfelderbäumer 1994
Reckenfelderbäumer, M.: Entwicklungsstand und Perspektiven der Prozeßkostenrechnung, Wiesbaden 1994.

Refäuter 1990
Refäuter, D.: Strategisches Controlling auf der Basis des Cash Flow, Wiesbaden 1990.

Reichling/Köberle 1992
Reichling, P./Köberle, G.: Gemeinkosten-Controlling mit der Prozeßkostenrechnung, in: Spremann, K.; Zur, E. (Hrsg.): Controlling: Grundlagen – Informationssysteme – Anwendungen, Wiesbaden 1992, S. 487-510.

Reichmann 1997
Reichmann, T.: Controlling mit Kennzahlen und Managementberichten: Grundlagen einer systemgestützten Controlling-Konzeption, 5. Aufl., München 1997.

Reichmann/Kleinschnittger/Kemper 1988
Reichmann, T.; Kleinschnittger, U.; Kemper, W.: Empirische Untersuchung zur Funktionsbestimmung und Funktionsabgrenzung des Controlling, in: Reichmann, T. (Hrsg.): Controlling-Praxis: erfolgsorientierte Unternehmenssteuerung, München 1988, S. 16-59.

Reichmann/Lachnit 1976
Reichmann, T.; Lachnit, L.: Planung, Steuerung und Kontrolle mit Hilfe von Kennzahlen, in: ZfbF, 28. Jg. (1976), S. 705-723.

Reinschmidt 1989
Reinschmidt, J.: Beschaffungs-Controlling mit Kennzahlensystemen, Bergisch Gladbach und Köln 1989.

Rieper 1992
Rieper, B.: Betriebswirtschaftliche Entscheidungsmodelle: Grundlagen, Herne und Berlin 1992.

Ritter 1999
Ritter, S.: Mehr als dreisilbige Anglizismen ..., in: Coorganisation, 18. Jg. (1999), H. 1, S. 26-32.

Rockart 1979
Rockart, J.F.: Chief Executives Define Their Own Data Needs, in: HBR, 57. Jg. (1979), H. March-April, S. 81-92.

Rodermann 1997
Rodermann, M.: Strategische Unternehmensführung und Synergiemanagement: Entwicklung konzeptioneller Grundlagen, Diss., Univ. Trier 1997.

Roolfs 1996
Roolfs, G.: Gemeinkostenmanagement unter Berücksichtigung neuerer Entwicklungen in der Kostenlehre, Bergisch Gladbach und Köln 1996.

Rose/Glorius-Rose 1995
Rose, G.; Glorius-Rose, C.: Unternehmungsformen und -verbindungen: Richtformen, Beteiligungsformen, Konzerne, Kooperationen, Umwandlungen (Formwechsel, Verschmelzungen und Spaltungen) in betriebswirtschaftlicher, rechtlicher und steuerlicher Sicht, 2. Aufl., Köln 1995.

Rößl 1990
Rößl, D.: Die Entwicklung des Bezugsrahmens und seine Stellung im Forschungsprozeß, in: Journal für Betriebswirtschaft, 40. Jg. (1990), H. 2, S. 99-110.

Rotering 1993a
Rotering, J.: Wie strategische Allianzen zum Erfolg werden, in: Blick durch die Wirtschaft, Nr. 2 vom 05.01.1993, S. 1.

Rotering 1993b
Rotering, J.: Zwischenbetriebliche Kooperation als alternative Organisationsform: ein transaktionskostentheoretischer Erklärungsansatz, Stuttgart 1993.

Rückle 1970
Rückle, D.: Zielfunktion und Rechengrößen der Investitionsrechnung, in: Der Österreichische Betriebswirt, 20. Jg. (1970), S. 39-76.

Rückle 1983
Rückle, D.: Betriebliche Investitionen, in: Die Betriebswirtschaft, 43. Jg. (1983), H. 3, S. 457-476.

Rückle 1989
Rückle, D.: Investitionskalküle für Umweltschutzinvestitionen, in: Betriebswirtschaftliche Forschung und Praxis, 41. Jg. (1989), H. 1, S. 51-67.

Rückle 1990
Rückle, D.: Einführung in die Konzernrechnungslegung, in: Seicht, G. (Hrsg.): Beteiligungen: Management, Rechnungslegung, Wien 1990, S. 145-192.

Rückle/Gerhards 1998
Rückle, D.; Gerhards, R.: Interner Revisor und Controller – zwei Berufsbilder im Vergleich, in: Interne Revision, 33. Jg. (1998), H. 5, S. 268-280 (Fortsetzung des Artikels aus Heft 4/1998).

Rüegg-Stürm 1998
Rüegg-Stürm. J.: Neuere Systemtheorie und unternehmerischer Wandel, in: Die Unternehmung, 52. Jg. (1998), H. 1, S. 3-17.

Rugman/Lecraw/Booth 1985
Rugman, A.,M.; Lecraw, D.J.; Booth, L.D.: International Business: Firm and Environment, New York u.a. 1985.

Rühle von Lilienstern 1963
Rühle von Lilienstern, H.: Konkurrenzfähiger durch zwischenbetriebliche Kooperation, Stuttgart 1963.

Rühle von Lilienstern 1972
Rühle von Lilienstern, H.: Planung und Organisation der Kooperation, in: Boettcher, E. (Hrsg.): Theorie und Praxis der Kooperation, Tübingen 1972, S. 19-33.

Rürup 1982
Rürup, B.: Die Nutzwertanalyse, in: Wirtschaftswissenschaftliches Studium, 11. Jg. (1982), H. 3, S. 109-113.

SAP 1997
SAP AG: System R/3 Rechnungswesen, Walldorf 1997.

Schäfer 1994
Schäfer, H.-C.: Strategische Allianzen: Erklärung, Motivation und Erfolgskriterien, in: Das Wirtschaftsstudium, 23. Jg. (1994), H. 8-9, S. 687-692.

Schanz 1988
Schanz, G.: Methodologie für Betriebswirte, 2. Aufl., Stuttgart 1988.

Scharf 1993
Scharf, D.: Grundzüge des betrieblichen Rechnungswesen, Wiesbaden 1993.

Scheer 1997
Scheer, A.-W.: Kostenorientiertes Geschäftsprozeßmanagement mit ARIS, in: Becker, W.; Weber, J. (Hrsg.): Kostenrechnung: Stand und Entwicklungsperspektiven, Wiesbaden 1997, S. 411-427.

Scheffler 1989
Scheffler, E.: Im strategischen Management erfolgreich sein: Anforderungen und Voraussetzungen an ein strategisches Controlling in der Konsumgüterindustrie, in: Controlling, 1. Jg. (1989), H. 1, S. 26-33.

Scheffler 1993
Scheffler, E.: Das konzerninterne Berichtswesen als Grundlage für ein effizientes Konzern-Controlling, in: Küting, K., Weber, C.-P. (Hrsg.): Konzernmanagement: Rechnungswesen und Controlling, Stuttgart 1993, S. 303-318.

Schehl 1994
Schehl, M.: Unternehmensexterne und -interne Strukturveränderungen als Einflußfaktoren der industriellen Kostenrechnung, in: KRP, 38. Jg. (1994), H. 4, S. 230-238.

Scherer 1995
Scherer, N.: Kooperationsentscheidungen in Forschung und Entwicklung, Frankfurt am Main u.a. 1995.

Schertler 1995
Schertler, W.: Management von Unternehmenskooperationen – Entwurf eines Bezugsrahmens, in: Schertler, W. (Hrsg.): Management von Unternehmenskooperationen: Branchenspezifische Analysen, neueste Forschungsergebnisse, Wien 1995, S. 19-51.

Schertler 1996
Schertler, W.: Skriptum zur Veranstaltung „Strategisches Management", Wintersemester 1996/97, Trier 1996.

Schertler 1998
Schertler, W.: Unternehmensorganisation: Lehrbuch der Organisation und strategischen Unternehmensführung, 7. Aufl., München und Wien 1998.

Schmidt 1997
Schmidt, D.O.: Unternehmenskooperation in Deutschland: Voraussetzung und Verbreitung, Wiesbaden 1997.

Schneeweiß 1991
Schneeweiß, C.: Planung, Bd. 1: Systemanalytische und entscheidungstheoretische Grundlagen, Berlin u.a. 1991.

Schneider 1973
Schneider, D.J.G.: Unternehmungsziele und Unternehmungskooperation, Wiesbaden 1973.

Schneider 1985
Schneider, D.: Die Unhaltbarkeit des Transaktionsansatzes für die „Markt oder Unternehmung"-Diskussion, in: ZfB, 55. Jg. (1985), H. 12, S. 1237-1254.

Schneider 1992a
Schneider, D.: Investition, Finanzierung und Besteuerung, 7. Aufl., Wiesbaden 1992.

Schneider 1992b
Schneider, D.: Controlling im Zwiespalt zwischen Koordination und interner Mißerfolgs-Verschleierung, in: Horváth, P. (Hrsg.): Effektives und schlankes Controlling, Stuttgart 1992, S. 11-35.

Schneider 1994
Schneider, D.: Rahmenbedingungen und konzeptionelle Grundlagen, in: Schneider, D.; Baur, C.; Lienhard, H. (Hrsg.): Re-Design der Wertkette durch make or buy, Wiesbaden 1994, S. 13-126.

Schneider/Kornrumpf/Mohr 1993
Schneider, W.; Kornrumpf, J.; Mohr, W.: Statistische Methodenlehre: Definitions- und Formelsammlung zur deskriptiven und induktiven Statistik mit Erläuterungen, München und Wien 1993.

Schobert 1996
Schobert, F.: Procter & Gamble's „Neuer Weg": eine neue Dimension für die Zusammenarbeit von Hersteller und Handel, in: Marketing Journal, 29. Jg. (1996), H. 4, S. 264-270.

Schott 1991
Schott, G.: Kennzahlen: Instrument der Unternehmensführung, 6. Aufl., Wiesbaden 1991.

Schrade 1996
Schrade, A.: Data Warehouse – die strategische Waffe für den Unternehmenserfolg, in: Office Management, 44. Jg. (1996), H. 12, S. 50-53.

Schreyögg 1996
Schreyögg, G.: Organisation: Grundlagen moderner Organisationsgestaltung, mit Fallstudien, Wiesbaden 1996.

Schreyögg/Steinmann 1985
Schreyögg, G.; Steinmann, H.: Strategische Kontrolle, in: ZfbF, 37. Jg. (1985), H. 5, S. 391-410.

Schröder 1996
Schröder, E.F.: Modernes Unternehmens-Controlling: Handbuch für die Unternehmenspraxis, 6. Aufl., Ludwigshafen 1996.

Schubert-Lüthans 1999
Schubert-Lüthans, B.: Große Nachfrage nach Controllern: es wird weiter gespart, in: Handelsblatt, Nr. 101 vom 28./29.05.1999, S. K1.

Schwab/Eisele 1992
Schwab, A.; Eisele, J.: Die Planung internationaler strategischer Kooperationen deutscher Unternehmen unter besonderer Berücksichtigung der Wertkettenanalyse, Arbeitspapier, Mannheim 1992.

Schweitzer/Küpper 1995
Schweitzer, M./Küpper, H-U.: Systeme der Kosten- und Erlösrechnung, 6. Aufl., München 1995.

Sell 1994
Sell, A.: Internationale Unternehmenskooperationen, München und Wien 1994.

Serfling 1992
Serfling, K.: Controlling, 2. Aufl., Stuttgart u.a. 1992.

Shank 1989
Shank, J.K.: Strategic Cost Management: New Wine, or Just New Bottles, in: Journal of Management Accounting Research, 1. Jg. (1989), H. Fall, S. 47-65.

Shank/Govindarajan 1995
Shank, J.K.; Govindarajan, V.: Vorsprung durch strategisches Kostenmanagement, Landsberg am Lech 1995.

Siegwart 1992
Siegwart, H.: Kennzahlen für die Unternehmungsführung, 4. Aufl., Bern u.a. 1992.

Siegwart/Raas 1989
Siegwart, H.; Raas, F.: Anpassung der Kosten- und Leistungsrechnung an moderne Fertigungstechnologien, in: KRP, 33. Jg. (1989), H. 1, S. 7-14.

Sierke 1990
Sierke, B.: Investitions-Controlling im Controlling-System: Darstellung eines integrierten Ansatzes mit Hilfe ausgewählter linearer Dekompositionsverfahren, Korbach 1990.

Sölter 1966
Sölter, A.: Grundzüge industrieller Kooperationspolitik, in: Wirtschaft und Wettbewerb, 16. Jg. (1966), H. 3, S. 223-262.

Spatzier 1997
Spatzier, J.: Betriebliches Berichtswesen als EDV-gestütztes Controlling-Instrument, Mikrofiche-Ausgabe, Marburg 1997.

Spremann 1990
Spremann, K.: Asymmetrische Information, in: ZfB, 60. Jg. (1990), H. 5/6, S. 561-586.

Spremann 1992
Spremann, K.: Projekt-Denken versus Perioden-Denken, in: Spremann, K.; Zur, E. (Hrsg.): Controlling, Wiesbaden 1992, S. 363-380.

Staehle 1969
Staehle, W.H.: Kennzahlen und Kennzahlensysteme als Mittel der Organisation und Führung von Unternehmen, Wiesbaden 1969.

Staehle 1994
Staehle, W.H.: Management: eine verhaltenswissenschaftliche Perspektive, 7. Aufl., München 1994.

Stahlknecht/Hasenkamp 1999
Stahlknecht, P., Hasenkamp, U.: Einführung in die Wirtschaftsinformatik, 9. Aufl., Berlin u.a. 1999.

Staudt u.a. 1985
Staudt, E.; Groeters, U.; Hafkesbrink, J.; Treichel, H.-R.: Kennzahlen und Kennzahlensysteme, Berlin 1985.

Staudt u.a. 1992
Staudt, E.; Toberg, M.; Linné, H.; Bock, J.; Thielemann, F.: Kooperationshandbuch: ein Leitfaden für die Unternehmenspraxis, Stuttgart 1992.

Steinbichler 1990
Steinbichler, G.: Das Berichtswesen im internationalen Unternehmen: Gestaltungsmöglichkeiten für das Controlling, in: Controlling, 2. Jg. (1990), H. 3, S. 144-147.

Steinle/Kraege 1998
Steinle, C.; Kraege, R.: Kooperationscontrolling: eine zukunftsorientierte und phasenbezogene Konzeption der Aufgaben und Instrumente des Controlling strategischer Kooperationen, in: Steinle, C.; Eggers, B.; Lawa, D. (Hrsg.): Zukunftsgerichtetes Controlling: Unterstützungs- und Steuerungssystem für das Management, 3. Aufl., Wiesbaden 1998, S. 407-428.

Steinmann/Schreyögg 1997
Steinmann, H.; Schreyögg, G.: Management: Grundlagen der Unternehmensführung, 4. Aufl., Wiesbaden 1997.

Stewart 1991
Stewart, G.B.: The Quest for Value: a Guide for Senior Managers, New York 1991.

Stier 1996
Stier, W.: Empirische Forschungsmethoden, Berlin u.a. 1996.

Stoffel 1995
Stoffel, K.: Controllership im internationalen Vergleich, Wiesbaden 1995.

Strautmann 1993
Strautmann, K.P.: Ein Ansatz zur strategischen Kooperationsplanung, München 1993.

Striening 1988
Striening, H.-D.: Prozeß-Management: Versuch eines integrierten Konzeptes situationsadäquater Gestaltung von Verwaltungsprozessen, Frankfurt am Main u.a. 1988.

Strohmayer 1996
Strohmayer, M.: Expansion durch Kooperation: Wachstumsstrategien mittelständischer Unternehmen im europäischen Binnenmarkt, Frankfurt am Main u.a. 1996.

Stünzner 1996
Stünzner, L.: Systemtheorie und betriebswirtschaftliche Organisationsforschung: eine Nutzenanalyse der Theorien autopoietischer und selbstreferentieller Systeme, Berlin 1996.

Sydow 1993
Sydow, J.: Strategische Netzwerke: Evolution und Organisation, Wiesbaden 1993.

Szyperski/Winand 1975
Szyperski, N.; Winand, U.: Spieltheorie – eine Einführung zwecks Anregung: Ausgangslage, Elemente und Grundbegriffe (1), in: Das Wirtschaftsstudium, 4. Jg. (1975), H. 9, S. 424-428.

Teichert 1994
Teichert, T.A.: Erfolgspotential internationaler F&E-Kooperationen, Wiesbaden 1994.

Thomas/McGee 1986
Thomas, H.; McGee, J.: Introduction: Mapping Strategic Management Research, in: McGee, J.; Thomas, H. (Hrsg.): Strategic Management Research: a European Perspective, Chichester u.a. 1986, S. 1-18.

Töpfer 1976
Töpfer, A.: Planungs- und Kontrollsysteme industrieller Unternehmungen: eine theoretische, technologische und empirische Analyse, Berlin 1976.

Tröndle 1987
Tröndle, D.: Kooperationsmangement: Steuerung interaktioneller Prozesse bei Unternehmungskooperationen, Bergisch Gladbach und Köln 1987.

Troy 1994
Troy, K.: Change Management: Strategic Alliances, New York 1994.

Trumpp 1995
Trumpp, A.: Kooperation unter asymmetrischer Information: eine Verbindung von Prinzipal-Agenten-Theorie und Transaktionskostenansatz, Neuried 1995.

Ulrich 1970
Ulrich, H.: Die Unternehmung als produktives soziales System, 2. Aufl., Bern und Stuttgart 1970.

Ulrich 1990
Ulrich, H.: Unternehmungspolitik, 3. Aufl., Bern und Stuttgart 1990.

Ulrich/Probst 1988
Ulrich, H.; Probst, G.J.B.: Anleitung zum ganzheitlichen Denken und Handeln: ein Brevier für Führungskräfte, Bern und Stuttgart 1988.

Unzeitig/Köthner 1995
Unzeitig, E.; Köthner, D.: Shareholder-value-Analyse: Entscheidung zur unternehmerischen Nachhaltigkeit – wie Sie die Schlagkraft Ihres Unternehmens steigern, Stuttgart 1995.

Vaughan 1992
Vaughan, D.: Theory Elaboration: the Heuristics of Case Analysis, in: Ragin, C.C.; Becker, H.S. (Hrsg.): What is a Case? Exploring the Foundations of Social Inquiry, Cambridge u.a. 1992, S. 173-202.

Venker 1993
Venker, K.: Die wissenschaftlichen Arbeits- und Denkmethoden der Betriebswirtschaftslehre: Darstellung, Anleitung und Übung, München 1993.

VICS Association 1998a
VICS Association: CPFR Press Release – 10/98: VICS Helps Trading Partners Collaborate to Reduce Uncertainty with CPFR Guidelines, URL: http://www.cpfr.org/19981008.html, Stand: 02.12.1998.

VICS Association 1998b
VICS Association: Executive Summary, URL: http://www.cpfr.org/executivesummary.html, Stand: 02.12.1998.

VICS Association 1998c
VICS Association: The CPFR Process Modell, URL: http://cpfr.org/processmodel.html, Stand: 02.12.1998.

Vikas/Klein 1997
Vikas, K.; Klein, A.: Wege zum Prozeßkostenmanagement, in: Becker, W.; Weber, J. (Hrsg.): Kostenrechnung: Stand und Entwicklungsperspektiven, Wiesbaden 1997, S. 465-483.

Volck 1997
Volck, S.: Die Wertkette im prozeßorientierten Controlling, Wiesbaden 1997.

Volkswagen AG 1997
Volkswagen AG: AutoEuropa Automóveis Lda. Joint Venture Ford/Volkswagen in Portugal, Wolfsburg 1997.

Vollmuth 1997a
Vollmuth, H.J.: Controlling-Instrumente von A-Z, 3. Aufl., Planegg und München 1997.

Vollmuth 1997b
Vollmuth, H.J.: Führungsinstrument Controlling: Planung, Kontrolle und Steuerung, 4. Aufl., Planegg 1997.

Vornhusen 1994
Vornhusen, K.: Die Organisation von Unternehmenskooperationen: Joint-ventures und strategische Allianzen in Chemie- und Elektroindustrie, Frankfurt am Main u.a. 1994.

Wagner 1999
Wagner, G.: Virtualisierung von Organisationen: strategische Relevanz des Einsatzes von Intra-/Extranet, Wiesbaden 1999.

Walter-Busch 1990
Walter-Busch, E.: Integrationskonzepte der Betriebswirtschaftslehre: das Beispiel der Harvard Business School, in: Die Betriebswirtschaft, 50. Jg. (1990), H. 2, S. 237-248.

Warnick 1995
Warnick, B.: Praktische Einsatzschwerpunkte der Prozeßkostenrechnung, in: Männel, W. (Hrsg.): Prozeßkostenrechnung: Bedeutung – Methoden – Branchenerfahrungen – Softwarelösungen, Wiesbaden 1995, S. 187-198.

Weber 1991
Weber, Jo.: Controlling im international tätigen Unternehmen: Effizienzsteigerung durch Transaktionskostenorientierung, München 1991.

Weber 1993a
Weber, Jo.: Bericht, in: Horváth, P.; Reichmann, T. (Hrsg.): Vahlens großes Controllinglexikon, München 1993, S. 54-55.

Weber 1993b
Weber, Jü.: Produktions-, Transaktions- und Koordinationskostenrechnung, in: KRP, 37. Jg. (1993), Sonderheft 1, S. 19-23.

Weber 1994
Weber, Jü.: Einführung in das Controlling, 5. Aufl., Stuttgart 1994.

Weber 1995
Weber, Jü.: Prozeßkostenrechnung und Veränderung von Organisationsstrukturen, in: Männel, W. (Hrsg.): Prozeßkostenrechnung: Bedeutung – Methoden – Branchenerfahrungen – Softwarelösungen, Wiesbaden 1995, S. 27-30.

Weber 1997
Weber, Jü.: Einführung in das Rechnungswesen II: Kostenrechnung, 5. Aufl., Stuttgart 1997.

Weber 1998a
Weber, Jü.: Controlling 2000 – wohin geht der Weg der Controller?, in: Controller Magazin, 23. Jg. (1998), H. 1, S. 1-6.

Weber 1998b
Weber, Jü.: Einführung in das Controlling, 7. Aufl., Stuttgart 1998.

Weber/Schäffer 1998
Weber, J.; Schäffer U.: Controlling-Entwicklung im Spiegel von Stellenanzeigen 1990-1994, in: KRP, 42. Jg. (1998), H. 4, S. 227-233.

Wedell 1986
Wedell, H.: Grundlagen des betriebswirtschaftlichen Rechnungswesens: Aufgaben, Instrumente, Verrechnungstechnik, 4. Aufl., Herne und Berlin 1986.

Wehrle-Streif 1989
Wehrle-Streif, U.: Empirische Untersuchung zur Investitionsrechnung, Köln 1989.

Weimer 1994
Weimer, T.: Strategische Allianzen – Notwendigkeit, Formen und Erfolgsfaktoren, in: Eschenbach, R. (Hrsg.): Externes Wachstum: Allianzen, Beteiligungen, Akquisitionen, Wien 1994, S. 13-29.

Weisser 1998
Weisser, L.: Controlling in kybernetischer Sicht, in: Controller Magazin, 23. Jg. (1998), H. 2, S. 94-103.

Welge 1988
Welge, M.K.: Unternehmensführung, Bd. 3: Controlling, Stuttgart 1988.

Wheelen/Hunger 1995
Wheelen, T.S.; Hunger, J.D.: Strategic Management, 5. Aufl., Reading 1995.

Wielpütz 1996
Wielpütz, A.U.: Verhaltensorientiertes Controlling, Lohmar und Köln 1996.

Wienhold 1993
Wienhold, K.: Investitionsrichtlinien, in: Horváth, P.; Reichmann, T. (Hrsg.): Vahlens großes Controllinglexikon, München 1993, S. 324-326.

Wildemann 1997
Wildemann, H.: Controlling: Leitfaden zum Controlling schlanker Unternehmensstrukturen und Geschäftsprozesse, 4. Aufl., München 1997.

Williamson 1975
Williamson, O.E.: Markets and Hierarchies: Analysis and Antitrust Implications – a Study in the Economics of Internal Organization, New York und London 1975.

Williamson 1981
Williamson, O.E.: The Modern Corporation: Origins, Evolution, Attributes, in: Journal of Economic Literature, 19. Jg. (1981), H. 12, S. 1537-1568.

Williamson 1985
Williamson, O.E.: The Economic Institutions of Capitalism: Firms, Markets, Relational Contracting, New York and London 1985.

Winand 1989
Winand, U.: Erfolgspotentialplanung, in: Szyperski, N. (Hrsg.): Handwörterbuch der Planung, Stuttgart 1989, Sp. 440-452.

Wissenbach 1967
Wissenbach, H.: Betriebliche Kennzahlen und ihre Bedeutung im Rahmen der Unternehmerentscheidung: Bildung, Auswertung und Verwendungsmöglichkeiten von Betriebskennzahlen in der unternehmerischen Praxis, Berlin 1967.

Witte 1986
Witte, T. (Hrsg.): Systemforschung und Kybernetik für Wirtschaft und Gesellschaft: Wissenschaftliche Jahrestagung der Gesellschaft für Wirtschafts- und Sozialkybernetik am 11. und 12. Oktober 1985 in Osnabrück, Berlin 1986.

Wöhe 1996
Wöhe, G. (Hrsg.): Einführung in die allgemeine Betriebswirtschaftslehre, 19. Aufl., München 1996.

Wöhe 1997
Wöhe, G.: Bilanzierung und Bilanzpolitik: betriebswirtschaftlich, handelsrechtlich, steuerrechtlich, 9. Aufl., München 1997.

Wollnik 1978
Wollnik, M.: Systemtheoretische Ansätze, in: Kieser, A.; Kubicek, H.: Organisationstheorien: wissenschaftstheoretische Anforderungen und kritische Analyse klassischer Ansätze, Stuttgart u.a. 1978, S. 77-104.

Wurche 1994
Wurche, S.: Strategische Kooperation: theoretische Grundlagen und praktische Erfahrungen am Beispiel mittelständischer Pharmaunternehmen, Wiesbaden 1994.

Yin 1994
Yin, R.K.: Case Study Research: Design and Methods, 2. Aufl., Thousand Oaks u.a. 1994.

Zangemeister 1976
Zangemeister, C.: Nutzwertanalyse in der Systemtechnik: eine Methodik zur multidimensionalen Bewertung und Auswahl von Projektalternativen, 4. Aufl., München 1976.

Zenz 1998
Zenz, A.: Controlling: Bestandsaufnahme und konstruktive Kritik theoretischer Ansätze, in: Dyckhoff, H.; Ahn, H, (Hrsg.): Produktentstehung, Controlling und Umweltschutz: Grundlagen eines ökologieorientierten F&E-Controlling, Heidelberg 1998, S. 27-60.

Zettelmeyer 1984
Zettelmeyer, B.: Strategisches Management und strategische Kontrolle, Darmstadt 1984.

Ziegenbein 1998
Ziegenbein, K.: Controlling, 6. Aufl., Ludwigshafen (Rhein) 1998.

Zielke 1992
Zielke, A.E.: Erfolgsfaktoren internationaler Joint-ventures: eine empirische Untersuchung der Erfahrung deutscher und amerikanischer Industrieunternehmen in den USA, Frankfurt am Main u.a. 1992.

Zwicker/Rottenbacher 1996
Zwicker, E.; Rottenbacher, C.: Distributed Cooperative Budget-Planning and -Control, in: König, W.; Kurbel, K; Mertens, P; Pressmar, D. (Hrsg.): Distributed Information Systems in Business, Berlin u.a. 1996, S. 73-86.

GPSR Compliance

The European Union's (EU) General Product Safety Regulation (GPSR) is a set of rules that requires consumer products to be safe and our obligations to ensure this.

If you have any concerns about our products, you can contact us on ProductSafety@springernature.com

In case Publisher is established outside the EU, the EU authorized representative is:

Springer Nature Customer Service Center GmbH
Europaplatz 3
69115 Heidelberg, Germany

Batch number: 10815964

Printed by Printforce, the Netherlands